当代美育教程

主　编　马健昕
副主编　王翠萍　周　婕

电子工业出版社
Publishing House of Electronics Industry
北京·BEIJING

内容简介

《当代美育教程》结合美育理论与艺术鉴赏，展现了学术见解与创新价值。本教材从美育本质出发，系统阐述了中西方美育思想及马克思主义美育观念，并探讨了美育的价值。教材讲授了自然美、社会美、科技美的内涵及表现形式，尤其加入了"审美与美感"的分析及解读，深刻揭示了美感形成的心理因素及创造体验。此外，本教材还重点讲授了艺术审美，涵盖了音乐、戏曲、舞蹈、绘画、设计、建筑、博物馆等多个领域，着力传播和弘扬中华文化艺术及其宝贵遗产的价值，将其融汇贯通于新时代艺术发展之中，并将北京的地域特色巧妙地融入其中。《当代美育教程》是契合新时代美育需求的优秀教材，也是当代美育研究的新成果。

本教材可供大学美育课程教学使用，也可供美育和文艺爱好者阅读。

图书在版编目（CIP）数据

当代美育教程 / 马健昕主编 . -- 北京：电子工业
出版社 , 2025. 2. -- ISBN 978-7-121-49877-0

Ⅰ . G40-014

中国国家版本馆 CIP 数据核字第 2025KS0002 号

责任编辑：扈　婕

印　　刷：中国电影出版社印刷厂
装　　订：中国电影出版社印刷厂
出版发行：电子工业出版社
　　　　　北京市海淀区万寿路 173 信箱　　邮编：100036
开　　本：787×1092　　1/16　印张：16.5　字数：402 千字
版　　次：2025 年 2 月第 1 版
印　　次：2025 年 2 月第 1 次印刷
定　　价：49.80 元

凡所购买电子工业出版社图书有缺损问题，请向购买书店调换。若书店售缺，请与本社发行部联系，联系及邮购电话：（010）88254888，88258888。

质量投诉请发邮件至 zlts@phei.com.cn，盗版侵权举报请发邮件至 dbqq@phei.com.cn。

本书咨询联系方式：qiyuqin@phei.com.cn。

序

哲学家一般将人的精神活动分为知、情、意三个部分。知是认识活动，即通过概念，认识客观事物的规律，认识真理，是求真的精神活动。情则是联结知和意的桥梁，是人在情感和感知方面的精神活动，是驱动人们追求美、创造艺术、欣赏美和艺术的核心。意是意志，掌管人的实践行动规范，是建立道德伦理方面规则，是求善的精神实践活动。德国古典哲学家席勒在其著作《美育书简》中，提出了用游戏冲动来平衡理性冲动和感性冲动的方法。他所指的游戏冲动的对象是"活的形象"，即审美形象。席勒认为，仅当个体达到人性的完全实现，超越了纯粹感性层面的束缚时，方能沉浸于游戏之中，体验审美之乐，进而创造并欣赏艺术之美。

审美教育是通向自由王国的必经之路。我国著名教育家蔡元培在德国留学期间，曾研究德国古典美学和席勒的审美教育理论。在新文化运动期间，他将美育引入我国，倡导美育，并提出"以美育代宗教"的观点；同时，他还大力推进我国现代化艺术教育的发展，具体提出了涵盖学校美育、社会美育和家庭美育在内的"三位一体"美育思想。鲁迅在1913年发表了《拟播布美术意见书》，对美术（艺术）的本质、特点、功能和传播提出了精辟见解。林风眠从法国回国后，担任北平艺专校长，并创办了国立杭州艺专，还在北京举办了艺术大会。他竭力推行蔡元培的美育理念，倡导艺术社会化，实施社会美育，在杭州组织并支持了一系列新的艺术活动。在此期间，高等及中等艺术教育成为培养艺术创作和美育人才的重要阵地，我国现代艺术教育和美育均得到了较快的发展。中华人民共和国成立后，在马克思主义美学的引领下，我国社会主义文艺创作和审美观念得到进一步的丰富和发展，学校教育确立了德智体美全面发展的教育方针。近年来，国家对社会美育和学校美育高度重视，当代美育进入了新的发展时期，美育已成为大中小学的必修课程之一。为了响应新时代学校和社会美育的需求，学者们开始编著新的美育教材，以期推进美育学科的建设与发展。

由北京联合大学艺术学院马健昕副教授主编的《当代美育教程》，契合了高校和社会读者对美育教材的实际需求。马健昕副教授本科毕业于北京舞蹈学院，硕士毕业于北京大学艺术学院。她不仅拥有丰富的舞蹈创作与表演经验，在艺术理论和美学方面也具有较高的理论水平。凭借十多年的艺术鉴赏与美育教学的经验，以及参与北京大学艺术学院主持的多卷本《中国艺术批评通史》的写作经验，马健昕副教授展现出了良好的学术素养。她带领清华大学、南京艺术学院的几位青年学者，通过广泛的调研和详尽的资料收集，开展了对新的美育教材的研究工作，最终编写并出版了《当代美育教程》。

《当代美育教程》是我国目前出版的富有新时代特征的优秀美育教材，特点鲜明。书中将美育理论和艺术鉴赏相结合，体系完备，结构合理，并提出了诸多新的学术见解。

该教材文学叙述畅达，可读性强，文图并茂，充分考虑到了美育课程的教学特点，并针对大学美育课程教学的实践环节进行了精心的设计，具有广泛的应用价值。

《当代美育教程》的第一章讲述了美育的本质，阐述并回答了"何以为美，美是什么"的美学问题，奠定了全书的理论基础。该章分别阐述了中国和西方代表性的有关"美"的理论学说和美育思想，以及马克思主义美育观念，进一步探讨了美育何为的价值问题，并提出了现代美育觉醒和复兴的新视角，以及当代美育现实发展的新观点；同时，该章还论述了美育与普通教育及当代美育的价值关联，对美育的功能进行了全新的阐述。第二章至第四章分别论述了自然美、社会美和科技美。传统美学主要关注自然美、社会美和艺术美，该教材则在此基础上新增了科技美，并将其细分为科学美和技术美加以阐述，探讨了科学技术中的审美要素，强调了科技与艺术、审美的结合，并指出科技美的功能是"以美育新"，即通过艺术设计和审美因素的融入，促进科技产品的创新发展，使美学和艺术浸润到科技创新中。这些内容对社会经济和科技的发展有着较为重要的意义。

美育是一个融合了审美心理、美感体验及审美活动的教育过程，该教材第五章"审美与美感"，深入探讨了美感形成的心理因素，如感觉和知觉、联想与想象、理解与认知，引导学生和读者关注审美中这些重要的心理因素；同时，该章还强调了美感中的创造与体验，特别重视审美中的情感与个性的作用，认为审美活动也是一种创造性思维活动。值得一提的是，作者在本章中还设有"美感与人生境界"一节，将美育教育同人的内在修养和审美体验相结合，通过美育和审美活动，开拓人们认识世界的广度和深度，帮助他们树立正确的价值观和人生观，实现个人的自我价值和理想追求，同时增强创造力，完善人格发展。这不仅有益于个人价值的实现，还能助推社会文明程度的提高。将美育和培养人的价值观与创造力相结合，是该教材的又一特色。

第六章至第十三章集中讲述了艺术审美，分别介绍了音乐之美、戏曲之美、舞蹈之美、戏剧之美、绘画之美、设计之美、建筑之美以及博物馆之美。作者在阐述上述艺术领域的审美特征时，不仅对中外艺术史上的经典作品进行了鉴赏，还对北京地区的艺术文物和非遗作品进行了研究，并将研究成果融入了教材。例如在论述戏曲之美时，作者对京剧进行了重点介绍；在讲解设计之美时，作者着重介绍了京派工艺美术的品牌作品；在讲建筑之美时，作者介绍了北京城市建筑的发展与特征，特别是北京中轴线的建筑特点、四合院与王府井的建筑风格，以及天坛与颐和园的建筑艺术之美。这些内容不仅彰显了北京地域的艺术审美特色，还丰富了地域文化与艺术的个性表达，构成了本教材的优势与特征之一。

《当代美育教程》是一部具有创新意义的优秀美育教材，广泛适用于北京和全国各省市的艺术学院、综合大学、师范大学及理工科大学的美育课程教学，也适合广大美育爱好者、文艺爱好者阅读。该教材既包含了美学和审美的理论知识，深入浅出地讲解了美和审美的相关理论，引导读者鉴赏各个领域的艺术之美，同时，该教材将美育和丰富生动的艺术赏析相结合，不仅具备深刻的理论观点和创新的学术价值，还兼具艺术鉴赏的实用价值，适合作为大学美育课程的通识教材。此外，该教材还回答了当代美育和审美教育的相关问题，提出了新的学术见解，展现出鲜明的当代性、学术性、应用性和普及性等特征，是一本高质量的美育新教材，也是当代美育研究的新成果。

清华大学美术学院　陈池瑜
2024 年 9 月 9 日于清华园

目 录

第一章

美育的本质

本 章 概 述

　　"美"凝聚着人类文化的精髓。"美育"一词由来已久，它不仅关乎人们对美与审美的认知，更是推动人类实现自由与全面发展的有效教育途径。当下，美育在我国国民素质教育中的地位尤为凸显。本章旨在从宏观理论的视角出发，引导学生理解美育的内涵，通过对美、审美到美育相关理论的讲解，帮助学生理解"何以为美"，即探讨中西方对美的不同认知与理解；同时阐述"美育何为"，让学生知晓中国当代美育理论体系的建构是以马克思主义美学思想为理论基础，并在中国当代的具体实践中不断发展，走向中国特色的社会主义现代美育之路。本章将带领学生深刻领悟中西方思想的精髓，理解美育内涵的多维度和多面向。美育的实施关乎个人、社会与国家的发展，其目的在于让学生在对美与审美的认知中，自觉地感知美育、接受美育、践行美育。通过美育，为个人的全面发展与人格的提升注入思想的源泉，为日后美育的终身学习奠定一定的思想理论基础。

　　虽然"美育"一词作为专门的概念被提出的时间并不长，但中西方关于"美育"的思想却历史悠久、源远流长。"美育，即通过自然美、艺术美与社会美的途径，在潜移默化中对广大人民，特别是青年一代进行情感的陶冶、健康审美力的培养与健全人格的塑造。"[1]美育的对象是人，美育作为一种贯穿于生命过程的引导方式，存在于个人成长的每一个阶段。美育强调人格的教育，其关键落在"育"。"育"既是方法，也是目的。美育是有目的、有计划、有组织地通过各种美的事物来进行审美教育、情操教育与心灵教育。美育不仅能提升个人的审美素养，还能潜移默化地影响人的情感、趣味、气质和胸襟，激励人的精神，温润人的心灵。

　　谈起美育，我们首先要思考"何以为美"，即"美"作为美育所遵循的内在规律，指导美育活动的展开；接着，我们思考"美育何为"，即如何实现美育目标，并达到何种层次的"美"的境界。美育蕴含着对美的理解，涵盖着关于美的教育中的诸多要素，其达成必然是合目的性与合规律性的统一。

第一节　何以为美

　　美的事物让人感到幸福，美的现象给人以振奋，美的作品能使人心灵升华。美无处不在，美以各种各样的方式影响着我们，只要我们留意，无论是在风景、艺术、美食还是生活中，都可以发现美的存在。对美的追求是人类的天性使然，人在感受到美的时候会由内而外地感到愉悦和畅快。

　　任何时代的人们都无法漠视美的存在，美承载着人类审美的理想与追求，让我们的生活变得更加充盈美好。欣赏美是生动具体、轻松愉快的过程，美感的产生让我们知道什么事物在什么条件下才是美的，从而能够清楚地区分美与不美。回答"什么东西是美的"并不难，但若有人问"美是什么"，却常常让我们百思不得其解，这的确不是一个很好回答的问题。关于"美是什么"的本质探讨，是美学中最艰难、最复杂的问题之一，被称为人文社科领域中的"哥德巴赫猜想"。法国哲学家狄德罗认为："为什么差不多所有人都同意世界上存在着美，其中许多人还强烈地感觉到美之所在，而知道什么是美的人又是那样少呢？"[2]德国古典哲学家黑格尔认为："乍看起来，美好像是一个很简单的观念，但是不久我们就会发现，美可以有许多方面，这个人抓住的是这一方面，那个人抓住的是那一方面；纵然都是从一个观点去看，究竟哪一方面是本质的，也还是一个引起争论的问题。"[3]

　　古今中外的哲学家、思想家、诗人和艺术家对美的讨论从未停止。古希腊哲学家柏拉图在其著作《大希庇阿斯篇》中，通过苏格拉底与希庇阿斯对话的形式，探讨了"什么是

1. 曾繁仁．美育十五讲 [M]．北京：北京大学出版社，2012:1.
2. 杨辛，甘霖．美学原理 [M]．北京：北京大学出版社，1993:15.
3. 杨辛，甘霖．美学原理 [M]．北京：北京大学出版社，1993:16.

美"和"什么东西是美"的问题。柏拉图对美的本质的探求展现出了非凡的智慧。在讨论的过程中，苏格拉底和希庇阿斯尝试给出了诸如"有用""有益""快感"等可能的答案。然而，经过论辩后他们发现，如果从感性具体的表象出发，永远也回答不了这个问题。正如，将美简单归结为"美丽的小姐"或"美丽的瓶子"，这样的回答显然是不充分的。柏拉图清醒地预见到对"什么是美"下定义的困难，也因此得出他对美的本质的看法，即"美是难的"。

中国古代对美的理解是深远且独特的，尽管在中国古代的诸多思想观点中，并未形成对美的本质的系统逻辑探索，但是对于美的研究始终贯穿于中华美学思想的发展历程中。中国古典美学对"美"的理解，大致可归结为以下三大脉络：第一，中国古代论美，大多与善相结合来进行研究。在先秦诸子百家中都有关于美的言论，老子、孔子对于美与善关系的探讨，奠定了中国古代美学理论的基础。第二，中国古代多将艺术风格和审美境界相结合来研究美。例如，在主客体的审美观照中得出了"美在境界"的结论，还产生了"妙""神""逸""清"等有关"美"的表述。在探讨艺术的内容与形式之间的辩证关系时，音乐艺术所追求的"声情并茂"，造型艺术所追求的"形神兼备"等，这些都是"美"的体现。魏晋时期的刘勰认为，好的作品要"衔华佩实""舒文载实"，即内容和形式相统一方为美。中国古代对艺术的品评，比如《诗品》《画品》《乐论》《书品》等都从艺术风格上研究美。第三，中国古代多结合现实来研究美。南朝刘义庆的《世说新语》对人格美的诸多品评，以及晋人所追求的"飘逸""风骨""清朗""洒脱"等，均是关于人的品性美的观点。刘勰用"自然之道"来说明美是客观的，美在自然事物本身。中国绘画讲究"传物之神"，艺术家通过对自然物客观存在的外部形状的描绘，同样彰显了一种内在的本质力量。在对自然美的欣赏中，艺术家通过对自然界外部形状的描写，表现出人的某种精神状态与精神品质。传物之神，实质是传人之神。所谓山水传神，便是将自然山水带给人的感受在画中呈现。

由此可见，中外哲学家和思想家均致力于从不同角度出发，力图将这种不可言说的东西变成某种概念、思想。让我们在中外美学的思想中汲取养分，理解"美是什么"，充分展开对美的外延与内涵的探讨，并在此基础上，不断探索和实践美的多样表现形式，以丰富我们的审美体验和提升我们的审美素养。

◆ 一、西方论"美" ◆

西方各种美学理论的形成与发展始终围绕着如下问题展开：美是精神的还是物质的？美是客观的还是主观的？美是自然的还是社会的？美是内容的还是形式的？美是相对的还是绝对的？我们不需要给出答案，因为关于美的论辩本来就是一个充满悖论的思辨过程。正如，美是抽象的普遍，同时美又是感性的具体。

（一）苏格拉底从理性出发探索美的根源，提出"美是有用"

苏格拉底是古希腊哲学的先驱，一生在雅典度过。他智慧超群，虽未留下任何亲笔著作，但其言行和观点都被弟子们详细记载下来。苏格拉底对真理的探讨从不是简单的说教，而是通过引导的方式启发人们对真理的洞察与思考。在他的思想中，美成为一个值得思考的理性问题。他追求美的普遍定义，苏格拉底提出的"自为之美"的观点，最早把美与善、美与使用者的关系变得如此紧密。他认为自为之美是事物适合使用者的美，因此美是相对的，同一事物可能符合某一种效用，却未必符合另一种。苏格拉底认为有用就是美，合目的性构成了美的基础。苏格拉底对美的思考绽放着人本主义的光芒，首次将美的探究与人的关系如此紧密地结合起来。

（二）柏拉图从精神上探索美的本源，提出"美是理式"

柏拉图是苏格拉底的学生，他的《大希庇阿斯篇》是西方美学史上首篇系统探讨美的著作。该著作以"美是难的"这一论断，强调了探寻"美本身"的必要性。在柏拉图之前，人们对于美的认知处于朦胧阶段，常将美和美的事物混为一谈，错误地将美的事物当成美，但美的事物只能说明它本身的美，而不能说明其他事物的美。大千世界，美的东西千千万，我们需从纷繁的美的表象中提炼出美的普遍规律，实现从现象到本质的跨越。柏拉图试图总结美的普遍规律，彰显美的理性价值，第一次打开了探究美的理性的大门。柏拉图对美的本质的探讨，不仅是对美的本体论的认识，更是对美的普遍真理的探究。

柏拉图认为，美的本质就是美的理式。他认为现实中的一切事物的美都根源于"美的理式"即"美本身"，它是使一切事物"成为美的那个品质"，"这美本身，加到任何一件事物上面，就是那件事物成其唯美，不管是一块石头、一块木头、一个人、一个神、一个动作，还是一门学问。"[1] 首先，美的理式是先于美的事物而存在的，是绝对的。美的理式不受任何条件的制约，是一种超时空的、无条件的、永恒的美。其次，理式是客观世界的根源，理式是第一性的，客观世界是第二性的，它是理式世界的摹本和影子。艺术是第三性的，是对现实世界的模仿。柏拉图有关理式的观点是客观唯心主义的，"理式"是柏拉图心中真正的、纯粹的、最高的美，而这种美一旦绝对化便终止，就成为了脱离现实世界的形而上的抽象存在。黑格尔在《美学》中称赞柏拉图，他认为柏拉图对于美的本质的探讨提出了更为严格的要求，柏拉图要求人们认识现象时，应该超越其特殊性，把握其普遍性。因此，柏拉图从"个别到一般"对美的本质的论断，包含着诸多合理的因素和有价值的理论。

（三）亚里士多德从物质属性上探索美的根源，提出"美是整一"

亚里士多德（公元前384年至公元前322年）批判了柏拉图的"理念论"。亚里士多德承认现实世界的真实性，并主张美蕴含于事物的本身之中，致力于在事物本身中寻找美的本源。他在《诗学》中写道："一个美的事物——一个活东西或一个由某些部分组成之物——不但它的各部分应有一定的安排，而且它的体积也应有一定的大小；因为美要依靠体积与安排，一个非常小的活东西不能美，因为我们的观察处于不可感知的时间内，以致模糊不清；一个非常大的活东西，例如一个一万里长的活东西，也不能美，因为不能一览而尽，看不出它的整一性。"[2] 亚里士多德认为，美是兼具一定体积与有序组织的有机整体，他的这一观点影响了西方艺术家在艺术创作中对比例关系的追求，无论是造型艺术的比例，还是戏剧艺术的表演时长，都被视为美的条件。他对美的本质的探讨是唯物主义的，他肯定了美在事物的形式、比例等诸多要素的构成，其观点对文艺复兴乃至18世纪和19世纪

---

1. 杨辛，甘霖 . 美学原理 [M]. 北京：北京大学出版社，1993:17.
2. 杨辛，甘霖 . 美学原理 [M]. 北京：北京大学出版社，1993:25.

西方艺术的实践都产生了深远的影响。

（四）车尔尼雪夫斯基从社会生活中探索美的根源，提出"美是生活"

19世纪俄国著名革命民主主义美学家车尔尼雪夫斯基（1828年—1889年），在其著作《艺术对现实的审美关系》中提出了"美即生活"的观点。他认为，美就是生活本身，他提出："一、美包含着一种可爱的，为我们内心所宝贵的东西；二、美是活生生的事物，是多种多样的对象，生活便具有上述的特点。"[1]他反对艺术脱离社会现实的"为艺术而艺术"的"唯美主义"倾向，并试图借助艺术手段推动社会现实的变革。车尔尼雪夫斯基对于美的观点代表了马克思主义美学出现以前的最高水平。他通过对社会生活中人物形象美的分析，揭示了不同社会地位的人们对于美的不同看法，把美建立在广阔的现实生活中，具有一定的进步意义。

综上所述，对美的本质的认识仍是一个悬而未决的问题，需要人类不断地探索真理。在西方美学史中，苏格拉底、柏拉图、亚里士多德三位哲学家的师承关系犹如一道亮丽的风景，他们开启了对美的本质问题的探索，奠定了西方对美的认知的理论基础。亚里士多德的名言"我爱我师，我尤爱真理"，是引领我们不断前进、探究真理的一句座右铭。人类始终在万物中寻找美的普遍真理，随着文明的推进，对美的探索也在不断革新、不断迈进。关于真理的争辩没有对与错，前人的智慧为我们提供了丰富的思想资源，研究这些思想对于我们开启美的世界具有重要价值。

◆二、中国论"美"◆

从词源学上对"美"进行探究，《说文解字》中有"羊大为美"，人们认为羊长得肥大、羊肉好吃就是美，这反映了美与满足人的物质需要的关联。另一种说法是"羊人为美"，人们认为人戴着羊头跳舞象征着"美"的起源。在甲骨文中，"美"与"舞"最早是同一个字，这说明美与原始的巫术活动及礼仪息息相关，且与最早的歌舞有渊源。无论是"羊大为美"还是"羊人为美"，都揭示了"美"具有与人相关联的含义和属性，既满足人的感性需要，又带有社会性质的意义。中国古代论美与西方有很大的不同，西方将美与善、美与真进行思辨，有时这种思辨趋于理性认识的极端。中国古代论美并不从美的本身和概念出发，而是与"道"的宇宙观和文化形态紧密联系，展现出朴素而辩证的特点。美的范畴是无限的，涵盖了生活、经验、情感与艺术，人在无限的宇宙中对真善美的辩证追求，使生命得以彰显。朱光潜在《谈美》一书中认为："真善美三者俱备才可以算是完全的人""美是事物最有价值的一面，美感的经验是人生中最有价值的一面。"[2]他坚信情感比理智重要，主张洗刷人心应从"怡兴养情"做起，人心净化要先人生美化。朱光潜从艺术和人生的关系出发，阐述了美的价值。美是一种内在的情趣，情趣越丰富，生活也愈美满。

老子论美

（一）从"美与善"的角度来研究美

在中国古代，美与善是交相统一的，并无明显区分，这种观点渗

1. 杨辛，甘霖.美学原理[M].北京：北京大学出版社，1993：31.
2. 朱光潜.谈美[M].北京：北京大学出版社，2008：15.

透在道家和儒家对美的理解中。老子在《道德经》中说："天下皆知美之为美，斯恶已；皆知善之为善，斯不善已"，意为天下的人都知道什么是美，这就有丑恶了；天下的人都知道什么是善，这就有不善了。老子对美与善进行分别阐释，并揭示了美丑、善恶的相对性和比较性。孔子提出"尽善尽美"的主张，强调音乐要尽善尽美、美善统一，相对于老子来说更进了一步。孔子的美与善总是协调一致的。子谓《韶》："尽美矣，又尽善也"，这一观点不仅是孔子对于"乐"的特征的评判，而且在孔子看来，艺术必须符合道德要求，蕴含道德内容才能引发美感。孔子在区分美与善内涵的基础上，要求在艺术中将美与善相统一，特别是在"乐"中，美与善还要体现出"仁"，即乐既要有形式的美，也要有内容的善。孔子对美与善的认识在中国美学史上具有划时代的意义。

（二）从"艺术"角度来研究美

中国古代虽然系统研究美的论点不多，但围绕艺术创作和艺术欣赏来谈美的论著却十分丰富。在对各类艺术的鉴赏中，有与绘画、书法、诗歌、音乐、舞蹈相关的论点；有体现中国古代审美理想共性的诸多审美观念，如意境、气韵、传神等；有从艺术风格本身来研究美的各种特征，如雄浑、冲淡、洗练、劲律、含蓄、豪放、壮美等。中国古代对于美的感受往往是从感性出发，在自然的人化中表达自我、抒发情感。对美的追求可以从以下几个角度来理解：

首先，从主观与客观相统一中研究美。艺术家对客观自然的欣赏，并非聚焦于景、境、物的本身，而是从情、我、意的角度，对其进行艺术性的描写。中国古代追求美的境界是艺术家的主观情感与客观自然的交相融合、交相统一。艺术家通过寄情于景、借景抒情的手法，实现情与景的交融，情是核心，景是基础，化景物为情思，化景物为意境。

其次，从内容与形式相统一中研究美。唐代画家张彦远在品鉴绘画时指出，"若气韵不周，空陈形似，笔力未道，空善赋彩。"意为仅形似而非神似，没有气韵，即便色彩再丰富、形态再逼真，也不是优秀的艺术作品。在舞蹈中讲究的是"形神兼备"，中国古典舞通过动作与姿态的结合，以神领形，以形传神，此乃舞蹈表达的关键。

最后，从艺术风格来研究美。艺术作品的风格特色与艺术家所处的时代及个人性格有关。以绘画作品为例，同样是画马，唐代韩干笔下的马和宋代李公麟所画的马就表现出截然不同的审美取向。不同时代对于美的要求会随着时代风格的变化而变化，唐代的丰硕之美与宋代的清瘦之美的风格差异，鲜明地体现在绘画的形式之美中。在任何时代，优秀的艺术作品都是美的集中体现。

李公麟的《五马图》

（三）从"客观现实"出发来研究美

美是客观的，人们对于美的观照始终无法脱离社会实践和社会生活。从客观现实或物质属性层面对艺术进行研究，是中国历史上探寻美的观点之一。人类对于美的认知经历了漫长的历史过程，从现实的角度出发来研究美，涵盖了对人物品藻、自然山水、社会生活等诸多方面。

首先，对人物特征品格的描绘，传递出古代对人格品质的肯定，是一种人格美。孟子继承了孔子"仁"的思想，并强调了"人性"的作用。孟子认为，美是内容和形式的统一，美的内容指的是人的品德，即仁、义、礼、智等美好品质；所谓"充实以为美"就是指充实人的品德才可以具有"茂好于外"的形式，美好的品德是美的根源。魏晋时期，中国人对人格美的欣赏达到了高峰，宗白华认为，晋人的美学是"人物的品藻"。魏晋时代是人的自我意识觉醒的时代，人们开始欣赏个性之美，并尊重个性价值。人格的个性之美是品格与风度，也是才情与风貌，每一个人物形象的美都是一种独具性格的美。竹林七贤的代表人物嵇康是魏晋时期最具影响力的人物之一，人们对他的评判为"萧萧肃肃，爽朗清举""肃肃如松下风，高而徐引。"他不仅擅长咏歌、作诗、弹琴，还喜欢打铁，嵇康在东市被临刑之前，3000个太学生请求拜其为师。嵇康刚烈慷慨的秉性，注定了他悲剧性的命运，却也成就了他人格之美的千古佳话。

其次，对自然之美的推崇，可视为一种自然美的表现。世界万物都有其自身的美，我们面对日月星辰、山川河流、花鸟虫鱼……人们欣赏大自然，寄情于自然山水，把它们当作审美对象，引发我们对美的感知。古人对自然的欣赏细致入微，在诗人和画家的作品中，山水之美形态各异，他们将四时之美与人们不同的情感联系起来，并将自然之美人格化、心灵化。所谓"比德"，即审美主体在对自然山水的审美把握中，把自然物的某些特征与人类伦理道德的某种品质相比拟，通过自然人格化，来寻求人与自然山水间内在精神的契合。人们对自然美欣赏的"比德"审美观就是将自然拟人化的一种表现，正所谓"凡物之美者，盈天地间皆是也，然必待人之神明才慧而见"。这种美一方面在于自然本真之美，另一方面在于人将自然对象化，主观与客观统一交融，二者缺一不可。诗经中的每首诗都与大自然的植物有关。芦苇是一种平常的植物，但是在诗经中被赋予特别的美感，在诗人的笔下芦苇具有苍莽、荒疏之美。《蒹葭》中，男人对女子的爱慕不急不躁，朝思暮想但不会放弃。《氓》中，女孩子用桑叶来形容自己的情感，桑叶从青绿到变黄，再到掉落，这就是季节。人们的这种悲秋之情隐藏着对青春逝去的忧伤，但是人们相信四季循环，万物复苏的春天一定会来，因此他们的情感"哀而不伤"。诗人以自然本真之美，引发我们无限的遐想。

第二节 美育何为

◆一、现代美育的觉醒与复兴◆

（一）中西方美育的碰撞

走过中西方对美的认知的历史长河，人们对美研究的重心经历了从"美"向"审美"的转变，从对事物的客观理性分析转到了对人类主体的感性认识上来。无论是西方"唯理论"对美的理性认识，还是中国古代哲学对艺术的审美观照，在美学诞生之后中西方都不约而同地走向更为广阔的育美之路，并结合生命经验形成了各种看法。在西方，"美育"一词最早由德国哲学家席勒在1795年出版的《美育书简》中提出，并将其定义为人性的自由解放与发展。席勒的主张从康德的"审美判断力"对主体的观照，转向以主客体关系的"自然向人的生成"，继而叔本华、尼采、海德格尔、福柯等人把对艺术与审美的问题提升到人类生存状态的层面，倡导"人生艺术化"。中国的美育传统开始于绵延五千年的"礼乐教化"，是一种具有中国特色的综合哲学、生存方式与艺术的特殊社会文化与美育形态。[1]

席勒

20世纪初，王国维、蔡元培等人将"美育"这一概念引入中国。王国维在《论教育之宗旨》中写道："美育者'一面使人之感情发达'以达完美之域；一面又为德育与智育之手段，此又教育者所不可不留意也。"[2]王国维倡导美育，主张以美育培养"完全之人物"。蔡元培在《以美育代宗教》一文中指出："纯粹之美育，所以陶养吾人之感情，使有高尚纯洁之习惯，而使人之我见、利己损人之私念，以渐消沮者也"；[3]并在《美育与人生》中论述道："美育之目的，在陶冶活泼、敏锐之性灵，养成高尚纯洁之人格。"[4]梁启超的美育思想建立在启蒙、救国、致用的学术路径之上，提出了"新民说"的美育思想。他的美育理论完全突破了"礼乐教化"的传统模式，以其强烈的实践性，结合当时特别紧迫的"民族危亡""国民性的改造""生活的艺术化"等问题。[5]康有为、谭嗣同等与梁启

梁启超

超一并构成了"不中不西即中即西"之新学派。在中西文化之精髓中，建立了一种与国家民族共命运的美育见地，也引导了中国近代以来文艺发展的指导思想与主旋律，并影响了后期美育发展的基调。

中华人民共和国成立以来，美育同我国的教育事业同步发展。在社会主义建设的初期

---

1. 曾繁仁. 美育十五讲 [M]. 北京：北京大学出版社，2012：2.
2. 王国维. 情志之美 王国维美学精选集 [M]. 长春：吉林人民出版社，2021：141.
3. 蔡元培. 以美育代替宗教 [M]. 杭州：浙江教育出版社，1997：60.
4. 蔡元培. 中国现代美学家文丛：蔡元培卷 [M]. 杭州：浙江大学出版社，2009：104.
5. 曾繁仁. 美育十五讲 [M]. 北京：北京大学出版社，2012：31.

阶段，教育必须为国家建设服务，学校要面向广大工农，大力提高人民的文化水平。毛泽东在延安文艺座谈会上发表讲话，其思想精髓引领了其后文化教育和文艺发展的方向。毛泽东认为："文艺必须与群众相结合，而以向工农兵的普及作为它的第一任务。"[1]毛泽东的文艺思想是战争时期运用马克思主义的典范之作，文艺在战争中起到发动群众、鼓舞士气的作用。基于人民政治与人民经济基础之上的教育发展路线，引领这一时期美育走向为人民服务的"大众化"的方向。当时，周扬作为中共中央宣传部、文化教育事业发展的负责人，他是毛泽东文艺思想的具体阐释者和执行者。他的美育思想主要呈现出"从军事型美育思想向以美育作为共产主义思想教育工具或武器的思想的转变、对普及与提高关系的论述、现实主义文艺教育思想等，以上三个方面又是互相交融的……即在现实主义文艺，尤其是在社会主义现实主义文艺之中，实现共产主义思想教育、普及与提高。"[2]周扬在普及的基础上强调了民族化的美育发展。在戏曲改革问题上周扬认为，"它应当帮助国家正确地教育人民，用爱国的思想，民主的和社会主义的思想教育人民，传播社会的新的风气，提高人们的道德品质，丰富人们的精神生活。如果不能这样，在新的人民的生活中也就没有它的光荣的地位。"[3]周扬在推动文艺普及与提升的过程中，进一步阐释了文艺与艺术相关的问题，特别是艺术创作中的思想性层面，他着重强调了向艺术遗产学习的必要性，以及对待民族遗产应持的正确态度，主张既要继承也要发展民族传统的艺术形式，这一观点具有跨时代的意义。

苏联的教育理论、教材建设、文艺理论、美学著作等都对我国美育事业的发展产生了至关重要的影响。在此，我们以凯洛夫主编的《教育学》中的美育观点为例，其中有些观点显示出辩证而深刻的学术含义，现在看来也有一定的现实意义。凯洛夫认为，美育与诸育之间是一种复杂的交融与交叉的关系，往往随着具体的教学内容而定。例如，对于美育与体育的关系，凯洛夫认为："既然体育需要注意到人体美及动作美，那么，它就跟美育联系在一起了。"[4]同时，凯洛夫对于美育心理活动中感性与理性的认知也很深刻，他认为，"美育的本质，

凯洛夫

不仅是培养对于作品外形的知觉能力，而且在于发展印象的再现、分析、联想以及回忆以往体验的能力，在于正确地掌握和鉴别被观察的对象的一切能力以及建立自己的内在世界与人生观之间的联系的能力。"[5]凯洛夫在解释美育的本质与诸育之间的关系时，把对美育的认知提升到了审美活动的层面，从而强调了美育在塑造人的内在世界和人生观方面的重要作用。

中国美育事业的发展始终与当代社会的变迁紧密相连，并深受政治局势的影响。在中国与西方文化的交流与融合中，中国的美育体系逐渐得以建立。其中，对苏联美育思想的借鉴，以及与马列主义、毛泽东思想的深度融合，为中国美育事业的奠基起到了积极的推动作用。随着时代的不断进步，中国美育事业将迎来更加广阔的探索空间和发展前景。

---

1. 陆定一文集编辑组. 陆定一文集 [M]. 北京：人民出版社，1992：422.
2. 曾繁仁，刘彦顺. 中国美育教育思想通史：当代卷 [M]. 济南：山东人民出版社，2017：19.
3. 罗君策. 周扬文集：第二卷 [M]. 北京：人民文学出版社，1984：166.
4. 曾繁仁，刘彦顺. 中国美育教育思想通史：当代卷 [M]. 济南：山东人民出版社，2017：150.
5. 曾繁仁，刘彦顺. 中国美育教育思想通史：当代卷 [M]. 济南：山东人民出版社，2017：153.

（二）美育的全面推进

《改革开放以来的中国美育学术发展研究》一书将中国美育学术的发展历程划分为初步恢复、稳定发展及深化开拓三个阶段，中国美育在探索中不断前行。当下，我们始终坚持以马克思主义美育思想为指导，融合先秦儒道及中国古代美育智慧，弘扬中华美育精神。在融合中西美育思想的过程中，我们以更为科学系统的理论视角，全面推进美育事业进入新时代，开创一条符合中国特色的社会主义现代美育发展之路。

我们从美育的地位、功能及实践三个维度出发，聚焦于美育教育形式的创新、美育教育观念的树立以及美育思想体系的建立。教育，作为我国社会主义事业的重要组成部分，直接关系到民众的福祉及民族的未来。伴随着改革开放的伟大进程，人民生活水平显著提升，改革开放既为我们带来前所未有的机遇与发展，也伴随着诸多挑战。

在全面建成社会主义现代化强国、实现中华民族伟大复兴的宏伟进程中，美育被赋予了更高的要求。首先，美育的地位和作用得到了全新的阐释和强调，主要体现在美育与社会发展、美育与普通教育、美育与艺术教育、美育与人的发展的关系上。杜卫认为，"美育是普通教育的一部分，任何以培养全面发展的个性为目标的教育都不可缺少美育，同时美育最充分最直接地体现了素质教育的宗旨。它把促进个体平衡健康的成长和提高个体综合素质作为自己最根本的任务。美育以整个的人为对象，致力于使人的各种潜能协调平衡地得到发展。因此，它不仅伴随人的一生，而且也渗透到其他各种教育领域之中，不仅为各种能力的发展提供动力，而且使这些能力的发展始终不脱离个体生命的完整性。美育以这种突出的人文性和面向整体人格的全面性而成为普通教育的基础。"[1] 其次，在美育功能的探讨上，随着人们对美育本质认知的不断深化，研究视角逐渐转向目的论，聚焦于美育所具备的独立且内在的功能。何齐宗提出，美育功能可从以下几个角度进行解析：第一，从美育作用对象的角度可分为个体功能与社会功能；第二，从美育作用层次的角度可分为基本功能和派生功能；第三，从美育作用表现形式的角度可以分为直接功能和间接功能。最后，美育实践领域已实现全方位的拓宽。关于美育的相关命题不仅涵盖了自然美育、社会美育和艺术美育，还进一步延伸到了生态美育、生活美育和生命美育。关于美育的实施路径也已渗透进家庭美育、学校美育和社会美育领域。与此同时，各学科的艺术美育理论正不断地在历史与当下、理论与实践的框架内进行全面构建，探讨美育与美学、教育学、心理学、社会学、人类学、生理学、脑科学等相关学科之间的关系。美育在与这些学科的交叉融合中，推动了针对学生、教师、学校等不同主体以及多区域多元文化背景下的美育研究。

◆二、当代美育的现实发展◆

（一）学校美育地位的提升

一直以来，美育是党的教育方针的重要组成部分，学校美育工作是立德树人、培根铸魂的事业。随着我国人民物质生活水平的不断提高，党和国家日益重视并积极推进学校的美育工作。

---

1. 杜卫. 美育论［M］. 北京：教育科学出版社，2014.6：125.

1999年，中共中央、国务院发布《关于深化教育改革全面推进素质教育的决定》，素质教育已成为我国教育改革发展的战略主题，美育正式作为实施素质教育不可替代的重要途径。2013年，党的十八届三中全会通过了《中共中央关于全面深化改革若干重大问题的决定》，将美育提升到了一个新的高度。2015年，美育被正式纳入《中华人民共和国教育法》与《中华人民共和国高等教育法》，这标志着美育已经从素质教育中的边缘角色转变为高校教育不可或缺的组成部分，并成为必然的发展趋势。同年，国务院办公厅下发了《关于全面加强和改进学校美育工作的意见》，全面且明确地界定了学校美育工作的总体目标及具体内容。该意见强调了美育与文化融合的原则，即"以美育人、以文化人"，并规定了各级各类学校必须全面开设并充分保障美育课程教学时间的具体期限；同时，还对构建科学合理的美育课程体系及大力改进美育教育教学做了详尽的安排。

2019年，教育部出台《关于切实加强新时代高校美育工作的意见》，对高校的美育工作作出了新的部署，明确提出到2035年，构建成一个多元化、高质量且独具中国特色的社会主义现代化高校美育体系。2020年，中共中央办公厅与国务院办公厅联合发布《关于全面加强和改进新时代学校美育工作的意见》。作为一份纲领性文件和行动指南，这一文件全面指导并推动了学校美育的改革与发展。该意见对大学美育的课程和教材体系做出全面部署，"肯定了学校美育在人的精神建设上的价值，拓展了美育内涵及育人功能，强化了美育融合理念及学校美育体系建设，提出了改进美育教学的更高目标及推动美育评价改革的要求，夯实了美育师资队伍及硬件设施建设及乡村美育帮扶机制，阐明了美育学科建设的价值与思路"。[1]

为深入学习贯彻党的二十大精神，教育部于2023年12月印发《关于全面实施学校美育浸润行动的通知》，旨在进一步加强学校美育工作，并强化其在教育中的育人作用。该通知提出重点实施八项行动，构建一个全方位、全过程且全员参与的学校美育工作体系，"以美育浸润学生，全面提升学生文化理解、审美感知、艺术表现、创意实践等核心素养，丰富学生的精神文化生活，让学生身心更加愉悦，活力更加彰显，人格更加健全。""美育浸润"不仅是新时代美育的行动指南，还是实施美育的具体途径与方法。这一概念的提出，积极响应了新时代的迫切需求，成为推进社会主义现代化国家建设进程中的一项关键措施。同时，它也是构建全方位、多元化、高质量的具有中国特色社会主义现代化学校美育体系不可或缺的一环，是通往这一目标的必经之路。全面实施美育浸润行动已列入教育强国规划纲要，是教育强国建设的重大工程。实现教育的现代化就是要全面推动形成全覆盖、多样化、高质量的具有中国特色的现代化美育体系。

在党和国家政策的推动下，美育所肩负的使命越来越大。美育之于学生，具有提升其审美素养、陶冶情操、温润心灵、激发创新活力的功能。美育之于国家，则是增强国家文化软实力、提升国家综合竞争力的关键因素。"人的自由全面发展"理论作为马克思主义美育观的核心理念，指出美育是人类改造客观世界、丰富和完善精神世界的有效工具，是实现个人自由全面发展的关键途径。无论是教育还是美育，其发展历程均植根于社会实践，具有实践性、发展性和流动性的特点。美育对人类的精神涵养具有重要意义，其基本目标在于推动国民审美素养的提升，并将持续作为推动人类社会发展的重要实践活动。

---

1. 汪宏，赵伶俐. 政策视阈下中国学校美育百年嬗变 [J]. 西南大学学报（社会科学版）. 2021(01):168.

（二）当代美育的教育走向

党的十八大以来，习近平总书记高度重视美育工作，以回答时代之问的政治站位，对新时代背景下的美育工作提出了明确要求，即进一步强化学校美育的育人功能，推动构建德智体美劳全面发展的教育体系。习近平总书记在 2018 年给中央美术学院老教授回信时强调："做好美育工作，要坚持立德树人，扎根时代生活，遵循美育特点，弘扬中华美育精神，让祖国青年一代身心都健康成长。"[1] 它为我们在新时代中倡导、推行并落实美育提供了明确的方向。新时代的美育，其教育宗旨在于"立德树人"，其审美导向在于弘扬中华美育精神。通过审美的培养，旨在促进身心的健康发展，并最终实现"以美育人、以美化人、以美培元"的人的综合素养之养成。

1、以"立德树人"为美育宗旨

在马克思看来，要达到人的自由而全面的发展是通过完善人的精神世界来实现的。在新时代的背景下，美育被视为培养"五育并举"全面发展的社会主义建设者和接班人的重要环节。美育在"立德树人"的教育理念中发挥着独特且不可替代的作用，学校理应成为贯彻和落实"立德树人"这一教育理念的主要阵地。"'立德'是老祖先流传下来的教育理念，是中华文化传统中宝贵的文化基因。'树人'是培养成才的意思。在习近平新时代中国特色社会主义思想中，'立德树人'具有了新的时代内涵，社会主义核心价值观是'德'应有之义，因为'核心价值观是一个民族赖以维系的精神纽带，是一个国家共同的思想道德基础'。"[2]

当代学者袁济喜将中国美育的首要任务概括为两个方面：一是启悟人生价值。他认为，当代美育要承担起人性启蒙的重任，将人们从过分物欲化的人生中唤醒并超脱出来，为他们描绘出新的人生乐趣的画卷，使人们知道，除了有形的物质幸福之外，还有更高级的精神文化的价值所在。启发人们为改变自己的命运而去创造，在不断地创造中实现自己的价值。二是提升人格境界。他认为，由于市场经济受制于商业利益，适者生存、优胜劣汰是市场经济的铁定法则，它使人性与人格都受其奴役。教育是人格提升的关键，美育应当培养人格的超越品质，向往理想的人生境界。[3] 美育作为高校的一种教育形式，在大学生思想政治教育中发挥着其他学科所不能替代的作用。在学校美育的发展历程中，美育一直是思想政治教育的有效载体。审美或许可以超越差异与意义而存在，但审美教育必然具备明确的导向价值，它对于学生树立正面的世界观、人生观、价值观具有不可忽视的作用。

高校美育是学生人格培养与提升的关键阶段。王一川认为，"大学美育的目标与大学生健全人格的定型途径有关。"大学美育不仅是审美教育，也是心灵教育、情操教育。"习近平总书记强调指出，培养什么人，是教育的首要问题。扎根中国大地办大学，就要把立德树人的成效作为检验高校一切工作的根本标准，切实解决好中国特色社会主义建设者和接班人的培养问题。"[4] 当前，"课程思政"作为一种新兴的教育理念顺势而出，正在高校的美育教学中逐步推广并实践。该理念深入挖掘各专业课程中的思政教育元素，将思政教育有机地融入课程教学中。在"课程思政"的引领下，美育与思政教育相辅相成，共同

1. 习近平. 习近平给中央美术学院老教授回信 [N]. 人民日报, 2018-08-31(1).
2. 李兵. 习近平新时代中国特色美育思想的基本要领 [J]. 汕头大学学报（人文社会科学版），2022(6)：10.
3. 何齐宗. 改革开放以来中国美育学术发展研究 [M]. 北京：人民出版社，2023:455.
4. 张大良. 课程思政：新时期立德树人的根本遵循 [J]. 中国高教研究，2021(1)：5.

为"立德树人"这一教育目标提供了持续挖掘与探索的新视角。高校以"立德树人"为核心，秉持"全员、全程、全方位"的育人理念，推动美育课程与思想政治理论课程协同并进，共同发挥育人作用。此外，"立德树人"在美育教学实践中具体体现为，通过优秀文艺作品的审美引领，传递正能量，着重于学生精神的陶冶与品格的塑造，使美育在潜移默化中滋养美好心灵。美育教育者坚持以社会主义核心价值观为指引，将以美育德、立德树人的理念贯穿于教育过程中，为学生"系好人生的第一颗纽扣"。正如王一川所言，大学美育具有"文心涵濡"的属性，"即以感性形象涵濡的方式为大学生人格定型提供生动的形象范式"。[1]

2、以"中华美学精神"为美育导向

习近平总书记在 2021 年 12 月 14 日中国文联第十一次全国代表大会、中国作协第十次全国代表大会开幕式上讲话时指出："挖掘中华优秀传统文化的思想观念、人文精神、道德规范，把艺术创造力和中华文化价值融合起来，把中华美学精神和当代审美追求结合起来，激活中华文化生命力。"在当下，我们应从历史与现实出发，结合时代发展的需要，深入挖掘并提炼中华五千年文化中的思想精髓，借助美育的力量，传承并弘扬中华美学精神。中华文明博大精深，古代中国关于艺术与美的诸多论述在当今时代依然具有极高的美学价值。西方美学的引入，为我们提供了美学认知的途径。经过对西方美学的探索、吸收与扬弃，我们已在自身悠久的文化传统中，建立了广阔的知识体系。

中华文明蕴藏着深厚的文化遗产，其中包括诗歌、汉赋、唐诗、宋词、元曲、杂剧、小说、民间艺术、绘画、书法、舞蹈、音乐等门类，以及儒、道、禅宗美学等，这些都是中华文明的瑰宝。"习近平对中华美学的特征作了精当的概括，譬如在表达方式上，喜欢比德，托物言志；在表达技巧方面，追求'不著一字，尽得风流'的节制；在表达效果上，追求'形神兼备、意境深远'，真善美融为一体。体现在文学中，就是言志与载道的传统；在书法上，就是笔圆而韵胜的格调；在绘画中，就是气韵生动的追求；在戏曲舞台上，就是故事与形式的完美融合。正是这些美学特质，建构了中国人的精神世界，培育了中国人的审美观。"[2]在中国艺术中感受"道、气、心、舞、悟、和"的艺术精神，以及"天人合一"的审美观念，进而观照内心，将艺术审美提升为对人生、生命和宇宙的感悟。儒家思想讲究的是温柔敦厚、文质彬彬、中庸之道；道家思想追求的是逍遥自在、体悟大道、光而不耀的人生境界，这些都是中华美学的精髓。王一川运用冯友兰的人生境界论，提出了中华美育包含四层境界：第一层级为以美兴人的境界；第二层级为以美化人的境界；第三层级为以美立人的境界；第四层级为以美和天的境界。"[3]这四层境界揭示了中华美学传统精神的内涵与特质，是我们在艺术审美中所力求达到的境界。以"意境"为例，意境乃中国古典艺术所竭力追求的审美境界，在中国艺术中，艺术家致力于表达"意境"，在情景交融的艺术形象塑造中，情是灵魂，景是基础。王安石的诗句"柳叶鸣蜩绿暗，荷花落日红酣。三十六陂春水，白头想见江南"便是绝佳例证，前三句细腻描绘了江南如画的景致，而末句却为这美景添上了一抹淡淡的忧伤，全诗无一字言情，正所谓"不著一字，尽得风流"。这样的诗句将我们带入到对世事变迁、岁月流逝的人生命题的思考中。

1. 王一川. 大学美育 [M]. 北京：北京师范大学出版社，2021.10：12.
2. 李兵. 习近平新时代中国特色美育思想的基本要领 [J]. 汕头大学学报（人文社会科学版），2022(6)：10.
3. 王一川. 大学美育 [M]. 北京：北京师范大学出版社，2021：30-32.

中国传统艺术深刻体现了中华美学精神，这一精神无论在历史还是未来，都对我们具有永不褪色的价值。正如朱良志认为，"在中国美学中，人们感兴趣的不是外在美的知识，也不是经由外在对象'审美'所产生的心理现实。它所重视的是内心对知识的荡涤进而体验万物，通于天地，融自我和万物为一体，从而获得灵魂的适意。中国美学是一种生命安顿之学"。[1] 我们从中华美学精神和中华优秀传统艺术中汲取养分，学习中华优秀传统文化，坚守中华文化立场，并在传承中华文化基因的过程中，不断提升自己的人生境界。

3、以"美育大同"为美育愿景

著名社会学家费孝通曾总结出"各美其美，美人之美，美美与共，天下大同"这一处理不同文化关系的十六字"箴言"。"新时代'新美育'必须打破传统美育局限于个人道德情操塑造，转向当前更加宏观的、复杂的社会现实中进行观照，从'美育修身'的个人境界走向'美育大同'的社会理想。"[2] 新时代标志着中国式现代化的全面展开，相应地，中国式现代化美育也需构建更加宏大的美好愿景。面对全球前所未有的大变革，美育也要以实现中华民族的伟大复兴为己任，进而推动社会主义物质文明、精神文明、政治文明、生态文明建设的协调发展，探索一条全面实现文化强国、教育强国、人才强国、体育强国目标的现代化美育发展路径。美育，作为促进人的全面发展的重要手段，在新时代的发展中亟需得到高度重视。当前，中国正处于中国特色社会主义现代化建设的新时代，人民对美好生活的向往已不再仅仅局限于物质层面，而是更多地转向了精神文化领域。在新时代背景下，美育在教育体系中的地位和作用被提升到了前所未有的高度，并被赋予了新内涵、新内容和新使命。

新时代的美育要扎根于中华大地，成为人们追求美好生活愿景的有效途径。美育须紧跟时代的步伐，关注民众关切的实际问题，将"以美育人"的理念融入社会生活的各个领域。

乡村振兴需要乡村美育，城市的高质量发展需要城市美育，实现人与自然的和谐共生需要生态美育，满足人民对美好生活的向往需要生活美育，繁荣社会主义文艺需要文艺美育。新时代"新美育"建构具有三层指向意义：第一，新时代"新美育"不仅要面向个人，更要面向民众，要让各个年龄阶段的人在学校、家庭、社会等任何场所都能接受美育，即"以美育人、以美化人"；第二，新时代"新美育"要关注我国当下的社会问题，直面现实问题，与社会实践相结合，打破传统美育"谱系化"的学科教育，以艺术的手段去解决社会现实问题；第三，以艺术为纽带，成为构建"人类命运共同体"的新助力，即以美为媒，互鉴文化之美，增进中国和其他国家民众间的相互了解、文化互信，实现彼此互鉴欣赏，助力国家形象塑造。[3]

学校美育作为学生美育实施的核心场所，应坚决贯彻"立德树人"的核心目标，充分发挥其"以美化人、以美育人"的精神导向作用，积极探索美育教育的多元化路径。尤其是在全球新科技革命背景下，随着"新文科"理念的提出，美育逐渐突破传统文科的框架，促进了多学科间的交叉、融合，以美启智，以美导真，为学生提供融合美育的综合性、跨学科学习体验。

社会美育作为促进社会稳定和谐的群众性教育活动，不仅广泛融入美术馆、博物馆、

1. 朱良志. 中国美学十五讲 [M]. 北京：北京大学出版社，2006.4:2.
2. 金江波，张习文. 引领与融合：新文科建设语境下的"新美育"建构思考 [J]. 装饰，2021(7):21.
3. 金江波，张习文. 引领与融合：新文科建设语境下的"新美育"建构思考 [J]. 装饰，2021(7):22.

动物园、游乐场及影剧院等公共艺术场所，还渗透在社区、街道等日常生活环境中，旨在促进人与环境、人与社会之间的有效融合，营造并满足人们对"美"的生活需求的环境氛围，并借助"美"的创造力推动社会经济的发展。比如，在乡村振兴战略的引导下，社会各界积极参与到乡村振兴的工作中，通过帮助塑造地域特色精神风貌，助力当地文化遗产的保护与传承。例如，在北京地区，非遗小院、非遗工坊、科技小院等文化旅游项目蓬勃发展，致力于构建非物质文化遗产的传播与传承的生态空间。这些项目不仅提升了当地的知名度，促进了地方经济的发展，还有效地解决了区域内人员的就业与发展等问题。

老北京兔儿爷非遗工坊

家庭美育作为人生美育教育的起点，在人的一生中扮演着至关重要的角色。美育本质上是一种促进生命发展的审美教育方法，它强调贯穿人生各阶段的培养，教导人们以一种发现美的视角去看待自然、社会与人生，引导每个人成为"生活的艺术家"。"艺术本身并不是美育；艺术作为美育'化人'的路径和手段应用，并不直接等于'人化'的美育目标。但艺术可以通向美育、成就美育；作为美育路径的艺术，可以具体承担起'化人'的功能任务。"[1] 全社会通过美育行动，将美注入到科技、经济、社会及自然的发展进程中，同时关注美育与网络、生命、生态等与当下人们密切相关的话题，引导人们自觉地搭建健康心灵与精神之间的桥梁，并呼吁整个社会在追求"美"的过程中，满足人们对美好生活的需求与向往。

通过美育增强国家的文化软实力及中华文化的国际影响力，并强化国际传播体系的建设，推动中华文化更好地走向世界；通过讲好中国故事，促进传统文化与现代文化、中国文化与世界多种文化之间的对话与互鉴。美育最善于用艺术的方式进行表达，用文艺作品来讲述中国故事，持续向世界提供中国智慧和中国方案。

当下，我国文化产业和文艺市场的发展都以树立中国形象，彰显中国特色、中国气派为己任，众多优秀的影视作品、舞蹈、音乐及戏剧作品不断涌现；同时，传统艺术借助数字信息传播技术实现了文化传播方式的革新，赋予中华文化以活力，使其频频出圈、扩圈。习近平总书记在庆祝中国共产党成立 100 周年大会上的重要讲话中，明确提出"坚持把马克思主义基本原理同中国具体实际相结合、同中华优秀传统文化相结合"的重要命题。用美育行动弘扬中华优秀传统文化，同时弘扬以爱国主义为核心的伟大民族精神，以改革创新为核心的时代精神，不断增强中华文明的吸引力、说服力和传播力，进而提升国家的软实力。在推行"全域美育"的过程中，应致力于激发每个中国人的文化自觉与文化自信，以实现美育的时代任务。

1. 王德胜. 作为美育的艺术、艺术史如何可能？[J]. 中国文艺评论，2022(12)：6.

第三节 中西方美育思想观念

　　自古以来，"美"伴随着人类发展的各个阶段，但"美育"这一概念则是经过了悠久的历史沉淀才被提出的。人类从对美的认知到美学的建立，先后经历了对美的本质、美的理性、美的现象等多方面的思辨。直至美育概念的提出，标志着美与美学的研究范畴已拓展至涉及"人的审美教育"的层面。关于"美育"的定义，目前并没有权威的说法，其内涵与外延处于动态的变化中。作为一门学科，美育正处于持续的构建阶段。为探寻美育的本质，我们需要从中西方美学家的众多美育思想理论中汲取智慧，探寻美育思想价值体系构建的多维度与多面向。这些思想理论共同为美育作为"人的教育"提供了全面而系统的阐释，彰显了美育作为感性教育与情感教育在"人的教育"中的特性。

◆一、中国古代美育思想观点◆

　　虽然"美育"这一概念是从西方引入中国的，但中国自古以来就拥有美育的优良传统。美育思想的萌芽可追溯至先秦时期，在夏、商、周时期，就已形成并确立了完整的礼乐教化体系，特别是周朝的"制礼作乐"，代表了中国古代礼乐教化制度的高度发展。中华美育思想深受礼乐文化的影响，以儒家学说为主导，在儒道互补的美育形态下，中国古代美育大体呈现出以仁德为根基、以自然为本真的"天人合一"的理念，正如中国艺术的表达既注重审美人格的教化作用，又追求审美人格的高远境界，艺术表现为崇尚善良、本真与美好。我国现代美育思想虽受西学东渐的影响，但其内核依然植根于中国传统美学思想，是中西美学思想交融后形成的具有中国特色的美育体系。

　　曾繁仁阐述了中国古代美育思想的"中和论"，其精髓可概括为："保合大和"的自然生态之美；元亨利贞"四德"中的吉祥安康之美；"中庸之道"的适度适中之美；"和而不同"的相反相成之美；"和实相生"的生命旺盛之美，以及"人文化成"的礼乐教化之美。"中和论"的思想是以"天人合一"的哲学观为基础。在中国古代美学思想中，"中和论"占据核心地位，其形成与发展紧密关联于以儒家思想为主导的中国古代美育思想，并与"中和"观念的形成与确立有着不可分割的联系。理解"中和论"，在个人层面上，有利于人格的成长与身心的和谐；在社会层面上，有利于社会的稳定以及人与自然的和谐相处；在艺术层面上，则有利于艺术实现真、善、美的协调统一。

　　"天人合一"的美学思想在道家思想、宋明时期的理学以及心学等多个流派中均有体现。"中国古典美育是以'法自然'的天人合一为基础，以'中和之美'为理论体系的核心……从历史角度看，以儒家为主、道家为辅的中华古典美育思想，对于塑造中华民族的美感素质、传承中华文化、维系中华民族的生机发挥了巨大的作用。"[1]李泽厚认为，儒道互补构成了两千多年来中国思想的一条核心脉络，儒道的共通之处，也正是中华美学的共同特征。儒道思想对中国人的人格品性与民族性格，以及对中国古代艺术的审美追求都有着深远的影响。我们可以从对先秦时期以儒家和道家为代表的思想观念的探讨中，理解

---

1. 何齐宗. 改革开放以来中国美育学术发展研究 [M]. 北京：人民出版社，2023：320.

奠定中国文化精神的哲学思想精髓，这对于我们弘扬中华美学精神、理解中华美育思想具有重要的意义。

（一）道家美育精神

道家学派的主要代表人物是老子和庄子。老子，姓李，名耳，字聃，是先秦时期哲学思想的代表人物，其美学思想被视为中国美学史的开端。老子的美学精髓集中体现在其著作《道德经》中，涵盖了哲学、治国、教育、修身等各个方面。庄子，姓庄，名周，其代表作包括《庄子·知北游》与《逍遥游》，他继承并发展了老子之后的道家美学。庄子的思想蕴含着深厚的哲学意味，强调自然之道，推崇美和艺术的独立性，这对中国古典艺术产生了极其深远的影响。闻一多曾赞誉庄子为最纯粹的诗人，认为其思想本身就是一首绝妙的诗。

庄子

1、"体道至真，至善至美"的艺术追求

正如中国古典美学体系的中心范畴不是"美"，老庄的美学体系围绕的是"道"，这也是老庄哲学的中心范畴与最高范畴。老子的美育思想以"体道"为目标，崇尚自然的本真状态。庄子则通过"体道"的方式，追求一种独立自主且绝对自由的理想境界。老子有言："道生一，一生二，二生三，三生万物"，意指"道"是世间万物的本原，同时指出了"道"创造万物的过程。这个"道"充满了哲学的辩证思维，代表着道家的最高理想与最高范畴，它揭示了生命演进的过程，也是深入体悟生命本真的途径，最终达到"真"的境界。"真"即代表自然、本真与自由，是最理想的状态。道家对于"真"的追求，蕴含了"气与象""有与无""美与真"之间辩证统一的深刻哲理。

首先，道是"气与象"的统一。"既然万物的本体和生命是'道'，是'气'，那么'象'也就不能脱离'道'和'气'。如果脱离'道'和'气'，'象'就失去了本体和生命，就成为毫无意义的东西。"[1]在中国古代的审美观念中，"取之象外"强调艺术作品不仅要精准捕捉形式上的美感，更应致力于探索超越具体形象之外的"象外之境"，以此达到对"道"的观照。几千年来中国绘画所追求的"气韵生动"这一至高境界，正是艺术创作在道家哲学的影响下，对宇宙本质及生命境界所追求的最高审美法则。

其次，道是"有与无"的统一。道没有具体形象，有就是无，无就是有。"老子认为，天地万物都是'无'和'有'的统一，'虚'和'实'的统一。有了这种统一，天地万物才能流动、运化，才能生生不息。"[2]有无相生，使艺术具有不断超越玩味的趣味，虚实相生体现在中国古典艺术、园林艺术、书法艺术中，使物与象超越真实的存在而生成了无限的表达。

最后，道是"美与真"的统一。老子认为，"五色令人目盲，五音令人耳聋，五味令人口爽，驰骋畋猎令人心发狂，难得之货令人行妨。是以圣人为腹不为目，故去彼取此"。老子反对过度追求感官上的享受和生理上的快感，如狭义的"五色""五音""五味"指的是五彩缤纷的颜色、靡靡之音的歌舞、奢靡的山珍海味等不实用的东西，它们往往导致

---

1. 叶朗. 中国美学史大纲 [M]. 上海：上海人民出版社，1985:27.
2. 叶朗. 中国美学史大纲 [M]. 上海：上海人民出版社，1985:29.

人的贪婪之心膨胀，容易让人失去自我、迷失人生的方向。圣人应当保持生活的简约，审慎地选择所需，舍弃那些不必要的奢华之物。"五音"与"五色"也可引申为艺术和美。因此，从这一视角出发，对于那些虽美却缺乏实用性的东西，老子秉持着从满足基本需求而非追求感官愉悦的立场，即"为腹不为目"，显示出他对纯粹的美与艺术的反对。进而，老子提出"味"与"拙"同样具备美的特质，倡导追求"大巧若拙，大辩若讷"以及"淡乎其无味"的审美境界，这便成为中国古代艺术家所极力追求的审美理想与人格情操。"为无为，事无事，味无味"，老子的"无"，与庄子所提出的大地间存在的"大美"，都被视为"道"的最高境界，是至高无上的美。庄子在《庄子·知北游》中阐述："天地有大美而不言，四时有明法而不议，万物有成理而不说"。庄子认为，天地间由"道"所派生出来的美，无须依靠语言便能展现其魅力，四季更迭的规律无须讨论便能自然彰显，世间万物的道理也无须人为阐述便能被人们所理解。庄子推崇自然、本然，强调顺应天时之道，那种未经人工修饰、保持原始本真的状态，正是中国古典艺术所追求的最高境界。

2、"光而不耀，上善若水"的个人品格

在道家的思想里，"道"并不是纯精神的东西，而是被诠释为一个更为客观、可感知的具体概念，并且充满了生命的趣味，这种趣味是和自然回归息息相关的。换言之，"道法自然"中的"道"，其概念源自自然，最终亦将回到自然中去。

老子依据"道法自然"的原则，引申出"光而不耀""上善若水"的人生智慧。老子曰："圣人方而不割，廉而不刿，直而不肆，光而不耀"。"圣人"作为老子思想的集中体现者，是具有最高智慧的人。"光而不耀"是道家"中和之道"的一个重要辩证法命题，强调了唯有"中和之光"方能有利于人生。他以暗淡无光喻人之逆境，以光彩照人喻人之顺境。这里的"光而不耀"，意在提醒人们在处于顺境、得意之时，应铭记这一准则，既不妄自尊大、炫耀自我，也不以强光刺人，而是秉持"中和其光"的平和心态，保持谦逊低调的为人处世之道。这是一种深藏不露、智慧高超的处世哲学。"上善若水。水善利万物而不争，处众人之所恶，故几于道。居善地，心善渊，与善仁，言善信，政善治，事善能，动善时。夫唯不争，故无尤。"水是万物之源，老子以水喻道，圣人的品格应该像水那样，一方面具有柔而不争，柔弱处下的德行；另一方面，水以其无形无色的特性，能随外界的变化而变化，或为奔腾江河，或为潺潺清泉，没有穷尽。水滋润万物而不居功，恬淡自然，若人的品格能如水一般，便能与大道和谐共生，达到逍遥自在的境界。

庄子在《逍遥游》中说："且夫水之积也不厚，则其负大舟也无力。"如果水聚积得不够深厚，它就不能载动大船。人们常用"心如止水"来比喻人内心的平和状态。老子对于如水之"静"的人格也十分向往。他说："致虚极，守静笃"。老子告诉人们，应使心灵保持虚和静的至极笃定状态，不要受外界的影响。对于"静"的追求，庄子与老子的观点一致。庄子曾云："水静则明烛须眉，平中准，大匠取法焉。水静犹明，而况精神！圣人之心静乎！天地之鉴也，万物之镜也"。这句话的意思是说，平静的水面可以清楚地映照出人的头发和眉毛，技艺高超的工匠取法于水。水在平静时，就能澄清，人的精神更是如此。圣人平静而澄澈的心，就是映照天地万物的明镜。[1]

---

1. 叶朗. 中国美学史大纲[M]. 上海：上海人民出版社，1985:27.

3、"涤除玄鉴、逍遥至乐"的生命志趣

老子提出的"涤除玄鉴，能无疵乎？"这一命题，在中国古典艺术审美中占有重要地位。他所说的"涤除玄鉴"，是一种观道的方法，它要求人们在观照时清除心中的杂念，保持心灵的纯净与宁静，这样才可以洞察万物背后"道"的本源。同时，"涤除玄鉴"也体现出对审美主体心灵层面的至高要求。老子认为，虽然人的心境本是清澈光明的，但往往会因内心的障碍而产生先入为主的观念、偏见和成见，导致人们误以为自己所见即是事物的本性。因此，他强调，只有当人们能够如实地映照万物时，才能达到与道合一的境界。

宗炳提出的"澄怀味象"强调了观赏者需具备审美的胸怀。刘勰在《文心雕龙·神思》中提出的"虚静"理念，则突出了静心在文学构思中的重要作用，指出唯有心境宁静方能细致观察，心若浮躁则容易视而不见。他所说的"形在江海之上，心存魏阙之下"，意指构思与想象能够超越现实时空的限制，达到"思接千载，视通万里"的广阔境界。"涤除玄鉴"的观点直接影响了中国古代关于审美心胸的理论命题，它作为关乎主体审美心理的重要概念，深刻地影响着人们的审美趣味。在庄子的《逍遥游》中，可以看到庄子将"道"作为理想，并追求一种"至乐"的生命志趣。《逍遥游》通过多个故事，讲述了庄子所追求的快乐是基于人的自由本性而展现的快乐。他认为快乐有不同层次，但关键要能自由地发挥天赋才能，顺应自然且展现本性同样也能体验到快乐。"庄子《逍遥游》篇里叙述大鹏和小鸟的故事，大鹏和小鸟的飞翔能力全然不同。大鹏能够扶摇直上九万里，小鸟甚至从一棵树飞到另一棵树都感到勉强，但是大鹏和小鸟各尽所能地飞翔时，都感到自己非常快乐。这说明，万物不是生来一致的，强求一致也并无必要。"[1]庄子讲述了战国时期的思想家列子能够御风而行，列子这种顺应自然而游于无穷之中的人，是达到至乐的人。庄子所定义的圣人，乃是凭借自然的本性，顺应天地六气之变，从而超越本我，达到"无我"之境，此即庄子所向往的与大道融为一体的生命层次。庄子的哲学虽超脱尘世，但并不否认生命价值，反而对自然界中的生命持有珍视与爱护的态度。

（二）儒家美育精神

儒家美育思想在中国美育思想史上具有极其重要的地位。儒家美学以理性主义精神为核心，探究艺术与审美在社会生活中的作用与地位，以孔子为代表的儒家学派把理性的引导贯彻在日常现实生活、伦理纲常和政治观念中。

儒家学派的创始人孔子（公元前551年至公元前479年），名丘，字仲尼，被尊称为"中国古代第一圣人"，也被后人尊称为"夫子"，是儒家学派的创始人。他构建了一套宏大的政治理论体系，其政治观点经由他的学生们整理成《论语》。

孔子

1、"仁与礼"的道德准则

在儒家思想中，孔子的"仁"和"礼"是最基本的核心问题，它们构成了孔子思想体系的两大支柱，具有普遍而深远的价值。

孔子主张的"仁"是人之所以为人的本质，其核心在于"爱人"，即"仁者爱人"，

---

1. 冯友兰. 中国哲学简史[M]. 赵复三，译. 武汉：长江文艺出版社，2015:101.

意指在人际交往中应广泛关爱周围的人，做到与所有人都友善。"仁"是孔子人际关系理论的核心，"爱人"则是孔子仁学思想的本质，二者共同构成了孔子处理人际关系的总法则。"仁"的观念包含了家庭伦理的范畴，要求人们在对待家庭关系和血亲家族成员时，要做到"爱人"。正如《论语·颜渊》中提出："弟子入则孝，出则悌，谨而信，泛爱众，而亲仁。"《论语·学而》亦提出："君子务本，本立而道生。孝弟也者，其为仁之本与。"在中国古代，人与人之间最根本的关系就是血缘关系，其核心是父与子、兄弟之间的关系，因此，"爱人"的根本在于"孝悌"。这可以理解为，如同儿子应敬爱父母、弟弟应尊重兄长一样，人们应珍视这种源自血缘的真感情。从西周时期奴隶制下的宗法制度的视角来审视，在家庭中能对父兄尽"孝悌"之情，亦能在政治上转化为对君主的忠诚。人的"爱人"之心，是先从爱自己开始，随后将这份感情由内向外层层推衍，从而推及到爱自己的父母和兄弟姐妹，以至到爱更多的人，正所谓"仁者，人也，亲亲为大"。

　　"仁"的理念包含了处理人际关系的态度和准则，具体体现为"忠恕"与"克己"。其中，"忠"就是全心全意、毫无保留地去爱人；"恕"就是要站在别人的立场上，设身处地地为别人着想，自己做不到的也不要强加给别人，要体谅到别人的难处，所谓"己所不欲，勿施于人"。孔子认为："克己复礼为仁。一日克己复礼，天下归仁焉。"春秋时期，礼崩乐坏，那些在自我修养和言行举止上都符合"礼"的规范要求，将"礼"作为原则来规范自己的人，被视为真正的仁者。"克己复礼，天下归仁"是孔子一生的政治追求。

　　"仁"还体现在"恭、宽、信、敏、惠"这些道德标准上，孔子认为这五种品质是仁人应当具备的品德。孔子所提及的孝、悌、恭、敬、忠、宽、信、敏、惠，都是"仁"在人的道德行为中的具体展现。

　　由此可见，"仁"的内涵极其丰富，它涵盖了个人修养、人际交往以及国家治理等多个方面，是从内在思想到外在行为来对人进行规范的理想标准。只有符合这样标准的人，孔子才会将其称为"君子"。

　　"仁"是"礼"的基础，把仁注入礼，礼才可以永葆活力。礼的涵盖面很广，是社会规范、文化制度和行为方式。礼是宗法等级社会的制度与规范，强调尊卑长幼之序，是具有不同名分的人之间的区别与对立。礼是仅次于仁的又一个重要的概念，从孔子伦理学的角度来看，礼是人们的行为准则，体现了社会对人外在行为的约束……仁是一种从个体出发的修养方式，是一种内在的东西……礼对个体来讲是一种外在的东西，是一种对任何人都能起作用的社会规范和社会制度。[1]孔子推崇"制礼作乐"的周朝，周公所倡导的"尊礼"体系是调节等级社会中不同身份地位者之间人际关系的伦理规范。例如，在周朝，只有天子在祭祀时使用的乐舞是八佾，即八行八列的队伍，而诸侯则为六佾，大夫则为四佾。然而，到了春秋时期，"礼崩乐坏"，诸侯也开始在庭院中使用八佾的乐舞，对此，孔子愤怒地表示："是可忍也，孰不可忍也。"周朝的礼在建立等级的同时，也稳定了社会的秩序。为了使社会和谐，在周公所倡导的"作乐"制度中，"'礼'讲究差异，'乐'则讲究和同。《礼记·乐记》说：'乐者，天地之和也；礼者，天地之序也。和，故百物皆化；序，故群物皆别。乐由天作，礼以地制'。"[2]周朝的宫廷乐舞——《大武》，不仅是等级制度的体现，而且在和合之音中展现了和谐的状态，音乐让人们彼此间充满爱，而礼则使人们相互尊重。

---

1. 黄素华. 浅谈孔子"仁""礼"思想 [J]. 文学界（理论版），2011(3):106.
2. 樊树志. 国史十六讲 [M]. 北京：中华书局，2009:28.

人们在和谐的乐声中，体现了周公所崇尚的礼乐之文明。周朝的宫廷乐舞《大武》既是等级制度的体现，也在和合之音中体现出和谐的状态。在音乐中人们可以相互亲爱，在礼中人们相互尊重，人们在和同之乐中体现出周公所崇尚的礼乐之文明。

孔子提出的"仁和礼"相统一的观点，不仅是对个体道德品质与完整人格的要求，对审美和艺术同样具有重要的意义。我们在艺术审美中，可以通过"兴于诗、立于礼、成于乐"的培育，不断提升自己的"仁"之素养。在礼乐文明的影响下，达到孔子所崇尚的"仁"与"礼"统一的审美境界。

2、"美与善"的审美标准

在孔子的美学思想中，"就'美'与'善'二字而言，《说文》将二者解释为同义之词，即'美，善也'，'善，美也'。注美、善二字皆从'羊'，在一定历史时期内，二者之同义很有可能从文字之同源发展而来。"[1]

在艺术与审美的观念上，孔子倡导"美善合一"，他倾向于将艺术作为"道""德""仁"的工具，即艺术是承载教化之道的工具。孔子肯定了艺术在社会生活中的重要作用，并制定了艺术审美的评判准则。他对韶乐的认可，正是其艺术审美标准——"尽善尽美"的体现。子谓《韶》："尽美矣，又尽善也。"谓《武》："尽美矣，未尽善也。"孔子认为，从音乐的旋律和乐感上二者都美，但是从内涵来看，《韶》乐是歌颂仁德之君尧与舜之功德的，音乐形式与人物内在品德匹配，内外一致则'尽善尽美'；《武》乐歌颂的是周武王用武力而非仁德赢取天下，音乐形式与人物内在品德不匹配，所以'尽美'而'未尽善也'。孔子以此处理善与美的关系，强调以善为美，美善统一，尽善尽美方为美，明确提出儒家'美的'审美判断标准。"[2]由此我们可以看出，孔子十分注重艺术的社会价值。在艺术中，美善统一的思想体现在孔子"诗教"的观点中，正如"《诗》可以兴，可以观，可以群，可以怨"。诗可以使人受到感染，从而得到启发和鼓舞；诗可以观察人情风俗的盛衰，帮助人们认识社会现实；诗可以促进彼此情感的交流，使人们相互感染，和谐共处；诗可以抒发心中不平，成为针砭时弊的利器。孔子将诗歌的作用概括为兴、观、群、怨，并认为诗与仁有着密切的关系，这体现了孔子对诗歌社会功能的认识和总结。

此外，我们还可以从"寓美于善"的关系中理解孔子对艺术的审美标准。贾祯祯认为，"孔子从未脱离政治或君子人格养成等善的具体语境而谈美……从词义上说，在美善同源、二分的基础上，孔子显示出使美、善同归于'善'义的语义表达倾向；在美善关系上，孔子认为善是美的先决条件。"孔子的审美观念表明，美是以善为基础的，艺术作品的价值首要体现在其精神境界的高低。在审美评判中，善占据了主导地位。这一观念对于我们理解当代艺术的创作具有重要的时代价值。

3、"文与质"的修养品格

在儒家思想体系中，"文"与"质"的和谐统一构成了其文艺观念与审美标准的重要组成部分。子曰："质胜文则野，文胜质则史。文质彬彬，然后君子。""质"指的是人内在的道德品质，"文"则是指文辞上的修饰。若文饰胜过质会显得粗野，而质胜过文饰则会显得虚浮不实，二者相辅相成，相得益彰，才能真正体现出君子应有的修养与品德，

1. 贾祯祯. 美善统一还是寓美于善？——孔子审美思想新探 [J]. 人文杂志，2023(1)：52.
2. 高建平. 中华美学精神 [M]. 北京：中国社会科学出版社，2018：65.

这是孔子对个人品德修养所追求的理想状态。"文质彬彬"是指一个人只有"文质相符"，才能合乎礼节，成为君子。"在周文化中，'君子'本来专指君之子——贵族指嫡脉，是一种尊贵的社会身份——唯有公侯贵族弟子可以称为'公子'或者'君子'。然而孔子之所谓'君子'，则不是特指身份和出身，而是指修养和道德。在孔子看来，无论任何人，即使出身于小人、野人，身份是'庶子'或者'竖子'也有教无类。只要其修养有道德，则这种人也可以成为'彬彬君子'。孔子使'君子'成为一种道德人格的美称，换句话说，单凭血缘关系、宗嫡身份不能保证贵公子们成为'君子'、成为'士人'。"[1]孔子构建了以"君子"之道为规范的人格理想，并始终强调"仁"的内核。台湾知名学者蒋勋阐释道，"仁"好比种子坚硬的外壳里包裹着的最柔嫩的芽，"仁"让生命不断成长，那就是善最好的部分。蒋勋的观点独特且有人情味，一个内心被"仁"充分滋养的人，方能成为一位文质彬彬的君子。

中国古代文人的艺术创作深受"文与质"关系的影响。艺术家在处理内容与形式之间的关系时，都强调二者的和谐统一，这一理念还可以进一步扩展到艺术与道德的关系中。例如，在春秋战国时期形成的"比德"审美观，便是孔子儒家学说的重要理论。

（三）中国当代美育思想的建立

20世纪以来，在中西文化碰撞、传统与现代交织的背景下，中国美育逐渐走上了本土化发展的历史征途。受现实主义或写实主义文艺思潮的影响，诸多思想家、美学家、文艺理论家以政治革新为议题，展开了对艺术与文化的讨论。蔡元培、王国维、梁启超等人期望通过艺术来改造国民性，渴望唤醒大众，实现艺术的教化或美育的功能。在此阶段，中国社会对美育或感性或理性的探索，转向了对社会性和个体性的关注，形成了诸多中国现代美育思想的新型话语，也对中国当代美育思想体系的建设产生了深远的影响。

1、蔡元培"以美育代宗教"观

"美育者，应用美学之理论于教育，以陶养感情为目的者也。"[2]1901年，蔡元培在其发表的《哲学总论》中写道："其他有教育学之一科，则亦心理之应用，即教育学中，智育者教智力之应用，德育者教意志之应用，美育者教情感之应用是也。"[3]他首次使用了"美育"一词，并提出智育、德育、美育在教育中分别对应的是智力、意志与情感的教育。1917年，蔡元培就任北京大学校长期间，在《新青年》中提出"以美育代宗教"的思想。这一思想诞生于反封建的民主主义革命洪流之中，旨在寻求国家的存亡之道。在新文化运动蓬勃兴起，大力宣扬"科学"与"民主"的旗帜下，该思想应运而生，成为一股新思潮，推翻了当时流行的"宗教救国论"的思想。

"蔡元培立足启蒙理性立场和社会进化论视角，坚决反对宗教救国论调，指出宗教虽在人类文明早期兼摄人的认知、意志、情感三种精神作用，但随着科学发展和文明进步，知识和道德脱离宗教而走向独立，唯有情感与宗教的结合最为紧密，而各种宗教也正是通过引人入胜的艺术之美来感化人心，使人养成对神祇的虔敬、崇拜之情。他认为，这种依附于宗教的美育并无'陶养之作用，而转以激刺感情'，而脱离宗教的'纯粹之美育'才

---

1. 何新．诸子的真相 [M]．北京：现代出版社，2019：26.
2. 蔡元培．美育人生 [M]．北京：中国画报出版社，2022：106.
3. 蔡元培．蔡元培全集：第一卷 [M]．浙江教育出版社，1996：357.

是文明发展的必然。"[1]蔡元培在有生之年，积极倡导、实践并推行美育，这一努力促使我国首次将美育纳入国民教育的政策体系之中，使美育成为现代教育重要的组成部分，并融入国家意识。美国现代学者杜威认为，"以一个校长的身份，而能领导那所大学对一个民族，一个时代起到转折作用的，除了蔡元培之外，恐怕找不出第二个。"[2]

学术界普遍认为，蔡元培的美育思想蕴含着深厚的人道主义精神。蔡元培倡导"教育救国"，将美育视为情感教育的重要组成部分。他认为美育能够塑造人的性格，引导人的行为，其最终目的在于促进社会和国家的进步。蔡元培提出，"公民道德及美育皆毗于德育"[3]，凸显了美育是对健康人格的培养，教育的目的是"陶冶活泼敏锐之性灵，养成高尚纯洁之人格。"[4]

2、王国维"审美境界论"观

王国维堪称中国现代学术的开拓者，他深入研究了自西方启蒙运动以来的资产阶级学术思想，并将这些思想引入中国的学术研究领域。1903年，王国维在《教育世界》杂志上发表了题为《教育之宗旨》的文章，率先在中国倡导美育，全面而深入地探讨了美育的内涵、作用及目的。王国维的学术造诣卓越非凡，后人难以超越，他的思想价值为美育研究奠定了坚实的基础，并一直影响至今。

王国维提出了"心育论"的思想，成为中国现代史上首位系统性地倡导现代美育的学者。他将康德关于"知情意"三分法的理论，以及"美育即情育"的观点，引入中国美育体系的建构中。他认为"教育之宗旨"涵盖了体育与心育两大范畴，其中心育又可细分为智育、德育与美育三个方面。关于这三者之间的关系，王国维认为，"美育者，一面使人之感情发达，已达完美之域；一面又为德育与智育之手段。"[5]美育作为中介，是构成"完全之人"的重要组成部分。王国维认为美育的作用是"无用之用"，这是一个充满辩证思维的定义。美育是构筑精神文明不可或缺的精神财富，因为艺术作品的价值能够穿越时代的变迁，进而转化为不可磨灭的精神力量。

王国维的"境界论"是他最重要的理论贡献。该理论包含审美境界论和人生境界论，二者相互启迪，相互作用。艺术提升人们的审美境界，是手段；美育借助于艺术的精神力量构建至高的人生境界，是目的。王国维的审美境界论引领了中国现代美育理论向人生美学的探讨，使美育脱离了理性，与感性紧密相连，是个体生命意义的彰显，标志着中国美育发展的新起点。

3、宗白华的"人生同情论"观

宗白华满怀深情地感叹，"艺术的生活就是同情的生活啊！"无限的同情激发了艺术感知的产生，也构成了艺术创作的目的。宗白华的"同情论"在此可以理解为"共情"。艺术通过"共情"融入人们的生活，人们在艺术中产生共鸣，从而催生出美感，令人能够感受一幅画、一首诗或一首悲伤的歌曲所蕴含的无穷无尽的美。宗白华认为："诗人艺术家，在这个境界中，无有不发生艺术的底冲动，或舞或绘画，或雕刻创造，皆由于对于自然，

1. 郑萼. 美育经典导读[M]. 北京：高等教育出版社，2021:50.
2. 冯友兰. 中国现代哲学史[M]. 广州：广东人民出版社，1999:53-59.
3. 曾繁仁. 美育十五讲[M]. 北京：北京大学出版社，2012(1):298.
4. 曾繁仁. 美育十五讲[M]. 北京：北京大学出版社，2012(1):304.
5. 曾繁仁. 美育十五讲[M]. 北京：北京大学出版社，2012:309.

对于人生，起了极深厚的同情。"[1] 这不仅道出了艺术的魅力，还阐明了艺术的价值。通过艺术，人们能将同情心推及到整个自然界，认识到宇宙是一个充满蓬勃生命力的宏大存在。艺术成为了人与自然、人与社会之间沟通的桥梁，让人有感于大宇宙的自然境界，进而培养出充满同情心和共情能力的人生境界。这对于当代大学生的情感培养和人格塑造具有重要的现实启示意义。

◆二、西方现代美育思想观念◆

在西方，古希腊的毕达哥拉斯及其学派所倡导的通过音乐来净化心灵的主张，可视为西方美育思想的最早萌芽。进入 20 世纪，西方现代美育思想经历了从古典形态对美的抽象思考转向对美与人生关系的探索，以及从哲学美学向人生美学的转变。[2] 在西方社会现代化的进程中，诸多美学家不仅是学科意义上的美学家，也是对人类与社会命运充满忧虑的思想家。他们在对各门艺术的探讨中展现出人文关怀，他们面对各种社会问题和人性的缺失，试图通过审美与艺术来改变人类的生存状态，使人类找到真正的精神家园。

（一）"美在关系"的艺术美育观

狄德罗提出的"美在关系说"，为唯物主义认识论美学的研究奠定了基础。他认为，"美"分为真实的美和相对的美。真实的美源于事物本身的特质，而相对的美则体现了审美主体与客体之间特定关系的建立，这种关系在不同的情境下会赋予审美对象不同的含义。狄德罗强调，相对的美的形成是基于人与人、人与物之间相互作用的复杂关系。

狄德罗的观点体现在他的戏剧美育观中，他创立了以现实生活为题材的市民剧（也可称为正剧），并强调了戏剧的审美教育功能。狄德罗认为，戏剧美育不仅是人格教育，还强调了戏剧作为一种特殊的艺术形式，在表演上提供了人们进行人际交往的原则和参与公共生活所彰显的价值，从而凸显了戏剧在社会教育方面的作用。人物可以在舞台上讨论道德，道德剧对人的教育作用在于"应该争取的真正的喝彩，不是一句漂亮的诗句以后突然爆发的掌声，而是长时间静默压抑后能使之释然的发自灵魂的一声深沉的叹息。"[3] 戏剧艺术教会人如何扮演角色，戏剧情节教会人们如何在生活中有意识地进行情感交流，潜移默化地打动人们，

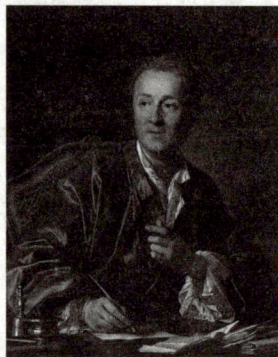

狄德罗

并使人们获得"最有教育意义和芬芳隽永的阅读"，正如一部美妙的戏剧作品所包含的深刻思想内涵是令人们回味不已的。

（二）"生命艺术"的人生美育观

《悲剧的诞生》是尼采的处女作，该书奠定了尼采哲学思想的重要基调，"他以酒神精神对古希腊文化作了全新的阐释，提出艺术是'生命的伟大兴奋剂'的重要观点，奠定

---

1. 郑莘.美育经典导读 [M]. 北京：高等教育出版社，2021：229.
2. 曾繁仁.美育十五讲 [M]. 北京：北京大学出版社，2012：185.
3. 郑莘.美育经典导读 [M]. 北京：高等教育出版社，2021：260.

了西方整个 20 世纪作为人文教育的广义的美育，即人生美学的发展之路。"[1] 尼采提出了一个关于人生的疑问：人何以承受悲苦人生呢？在讨论希腊艺术时，他认为不同的文化种类（形式）都是为了解决这一人生难题，或者说是为解决这一难题提供方法和通道。"尼采是借助于日神阿波罗和酒神狄奥尼索斯这两个希腊神话形象来传达自己的艺术观和艺术理想的。阿波罗是造型之神、预言之神、光明之神，表征着个体化的冲动、设立界限的冲动；狄奥尼索斯则是酒神，表征着融合和合一的冲动……尼采也在生理意义上把阿波罗称为'梦'之本能，把狄奥尼索斯称为'醉'之本能。"[2] 尼采认为造型艺术、史诗

尼采

是阿波罗艺术，音乐艺术、抒情诗是狄奥尼索斯艺术。他最推崇悲剧艺术，他认为悲剧艺术是"总是一再地在一个阿波罗形象世界里爆发出来的狄奥尼索斯合唱歌队"。[3] 悲剧艺术是一种二元性交融下的艺术文化形态，它通过一种形而上学的慰藉方式给予人们解脱。其中，日神精神以"梦"的形式呈现出适度、朴素、梦幻、理想化和幻想的状态，而酒神精神则以"醉"的状态呈现出放纵、癫狂、奔放的状态，二者构成了两个截然不同的艺术世界。尼采对艺术神话般的阐释，揭示了艺术生命的原始追求与原始快乐，有助于我们更好地理解"艺术是人类最高的使命"。悲剧超越了现象领域、道德领域和哲学领域的慰藉，人们通过艺术得到了人生的补偿和生命的提升与肯定。

（三）"自由解放"的审美境界观

马丁·海德格尔作为 20 世纪最具影响力的美学家之一，他提出的"人诗意地栖居在大地上"的理念，代表了当代存在主义美学的重要思想，这一理念揭示了诗及诗人存在的意义。他认为，"诗人的使命就是在神祇（存在）与民众（现实生活）之间，面对茫茫黑暗中迷失存在的民众，将存在的意义传达给民众，使神性的光辉照耀宁静而贫弱的现实，从而营造一个美好的精神家园。"[4] 海德格尔的审美理想便蕴含在这一观点之中，该观点是在西方历经两次世界大战后，针对机械化生产导致的人性异化而提出的，充满了人文关怀。那时人们在精神上的焦虑取代了物质匮乏的忧虑。海德格尔主张人们在艺术与审美中寻找精神的栖息地。他认为审美境界是人生存的一种本然的追求，人人都可以是诗人，或者说人本来就是诗人，都能在诗意的境界中实现自由解放和美好生存。

◆三、马克思主义美育思想观念◆

美育是培养人类创造世界和改造世界的重要手段，是塑造全面人格的重要途径。我国的美育理论在近现代取得了丰硕成果。进入新时代，我们必须坚持以马克思主义为指导，全面贯彻党的教育方针；坚持不懈地传播马克思主义科学理论，抓好马克思主义理论教育，为学生的成长奠定科学的思想基础。在马克思主义的经典文本中，直接阐述美育的内容较为罕见，然而，通过马克思关于审美及艺术的观点，我们能够把握马克思主义美育观的全

---

1. 曾繁仁. 美育十五讲 [M]. 北京：北京大学出版社，2012:191.
2. 尼采. 悲剧的诞生 [M]. 北京：商务印书馆，2017:186.
3. 尼采. 悲剧的诞生 [M]. 北京：商务印书馆，2017:190.
4. 曾繁仁. 美育十五讲 [M]. 北京：北京大学出版社，2012:205.

貌，领悟马克思关于人的美育理论，进而运用这些理论指导当代美育实践。

马克思的美育思想并非凭空产生的，而是在对前人美育思想批判性继承的基础上形成的。马克思和恩格斯以辩证唯物主义与历史唯物主义为指导，坚持理论与实践相统一，逻辑与历史相统一。在此基础上，马克思美育理论综合了哲学、美学、教育学等诸多学科的理论精髓，同时批判性地吸收并发展了鲍姆嘉通、席勒、康德、黑格尔、费尔巴哈以及空想社会主义者等诸多前人的思想。马克思认为实践构成了社会生活的本质，他的美育观念将人的本质与美的本质联系在一起，并进一步将美育与社会发展联系起来。中国化的马克思主义美育观，就是中国马克思主义者在长期革命与建设过程中，将马克思主义的美育观点本土化为一系列指导中国美育实践的理论成果。马克思主义美育观是一种大美育观，主张通过审美的认知来理解和把握客观世界，以此来实现人自由而全面的发展。

（一）马克思主义美育思想的逻辑起点——社会生产劳动实践

马克思主义美育观具有鲜明的实践性。马克思认为，"整个所谓世界历史不外是人通过人的劳动而诞生的过程，是自然界对人来说的生成过程……"[1] 物质生产劳动是一切生活的基本条件，也是人类文明的源泉。在人类社会生产发展的实践过程中，人们有意识、有目的地从事生产活动，是区分人类与动物的根本标志。马克思强调"劳动创造了美"，在马克思看来，人类之所以与动物不同，在于人类不仅能在实践中创造世界，还可以在创造性的劳动中使自己的审美感官不断地形成和完整。人的本体、人的本体的性质、以及人的审美意识的产生，都可以在社会生产劳动实践中找到科学证明与答案。人类在劳动中获得了生存和发展，通过劳动在自然界中获得了自由创造。人类有能力将意识、思维和智慧融入所从事的劳动对象中，并在精神上和实践中实现自我二重化，在所创造的世界中直观地认识自己。

人类不仅在劳动中获得了审美感官的发展，而且在劳动中确立了人与客观对象审美关系的建立。人类对美的发现，对美的创造，促进美的发展进步，都是随着人类劳动实践的深入而不断变化和丰富的。人类最初的审美对象多与生产劳动相关，后逐渐脱离了单纯的实用目的，而更多地具有了审美意识。原始先民区别于动物的显著特征就是能够通过劳动制造工具，旧石器时代的人类使用砍砸器、刮削器、尖状器等不同形状的石器作为工具，但人类却逐渐显得极为偏爱用光滑、整齐的砾石（鹅卵石）来制作石器呢？因为这种形状圆润且便于用手持握，人类为了不断地适应于手感的舒适，生产工具的制造也逐渐凸显出具有圆润、光滑等形式美感。当人类对劳动工具在造型美、舒适度上的追求有明显意识之时，物质生产工具的创造使得人类同美的创造融为一体，也形成了人与自然社会审美关系的确立，人类的创造的智慧与才能在生产劳动中得到了自我本质力量的确证。

（二）马克思主义美育思想的审美起因——按照美的规律建造

马克思认为，"动物是按照它所属的那个物种的尺度和需要来进行塑造，而人则懂得按照任何物种的尺度来进行生产，并且随时随地都能用内在固有的尺度来衡量对象，所以人也按照美的规律来塑造物体。"[2] 原始人类在制造和使用工具的过程中，已经培养了对

---

1. 马克思 . 1844 年经济学－哲学手稿 [M]. 北京：人民出版社，2018：89.
2. 马克思 . 1844 年经济学－哲学手稿 [M]. 北京：人民出版社，2018：53.

美观、整齐、平滑、均匀等初步的审美观念，这种观念使他们预先在心理上完成了对工具加工方向的预设，由此不同样式和功能的工具便应运而生。人类审美观念一旦形成，就会反作用于客观对象，人们不仅追求工具的实用性，也在不断追求着工具形制美的审美规律，从而创造出更加美观且实用的劳动工具。在这个过程中，人类不断地形成和发展自己的各种能力，丰富着人的感觉，这些感觉不断地与美相适应。人类通过社会生产实践，一方面改造了客观自然；另一方面也慢慢熟悉和掌握了自然的规律。人类在意识中预期一种未来，并创造一个对象世界，这体现了人类的自我意识。当人们可以对形状、颜色、音色、动作的予以感知的同时，就会按照自我意识的确证使它们变得美观、变得完整，并逐渐与美相适应。

因此，无论是一幅画还是一段音乐，都是人类通过物质使之对象化为自己的形象，在这个过程中提升和超越自己。人类对美的规律的认识和创造，丰富了人们的情感，促进了审美意识的进一步生成。人们有目的、有计划的审美活动促进了社会审美的发展，人类在生产劳动中形成共同审美标准和审美共识，这样一来，审美就有了社会性，得到社会的认可，并会随着社会实践的发展而发展。

（三）马克思主义美育思想的理想世界——人的全面发展

马克思关于人的全面发展学说具有丰富的思想内涵，是一个包含着哲学、政治经济学、心理学、教育学的重要理论命题。"马克思在《资本论》中指出，共产党是以'每个人的全面而自由地发展为基本原则的社会形式'……马克思把人类历史划分为三大社会形态：资本主义以前的属'最初的社会形态'，以资本主义为典型的商品经济称为'第二大社会形态'，共产主义则属第三大形态。"[1]在共产主义社会里，人终将可以成为社会的主人，成为自然界的主人，成为自己的主人，实现全面而自由的发展，并具备高度的审美素养。

"马克思、恩格斯要从根本上实现人的身体和精神共同的解放，使二者能够达成统一和谐之美。要实现这一目标，根本方法就是在解放人类的同时，实现人的自由全面发展。马克思、恩格斯在1848年发表的《共产党宣言》中说道：'代替那存在着阶级和阶级对立的资产阶级旧社会的，将是这样一个联合体，在那里，每个人的自由发展是一切人自由发展的条件。'至此，形成了他们关于人的全面发展的理论，这也是马克思、恩格斯最终想要实现的目标。人的自由全面发展理论不仅是共产主义的社会理想，也是美育发展、美育工作的理想。人能够在劳动中获得精神上的满足，人们不再作为劳动的机器，而是在自己所创造出的劳动中发现美的东西，并在劳动的同时肯定自己，收获一个全面而自由发展的自我，获得劳动带来的幸福和满足，这些都是马克思主义美育观指导下劳动创造美的精神价值追求。马克思、恩格斯提出的关于人的自由而全面的发展，'自由'二字体现为人的个性、想象力、创造力和审美能力都不应受到阻碍，最终达到人在物质和精神层面的协调统一。"[2]

马克思提出的"人的全面发展"理念与我国教育关于人的全面培养的目标紧密相连。在现代美育理论中，关于人的培养所强调的德、智、体、美、劳"五育并举"的观念里，人的全面发展始终占有重要的地位。赵利民和李孝弟在探讨马克思美育思想时指出，该思

1. 戚延贵. 美的发生与流变 [M]. 长春：吉林文史出版社，1992：833.
2. 贺武华，杨再来. 习近平关于美育重要论述的理论体系与哲思理路 [J]. 观察与思考，2024(7)：51.

想立足于社会理想与个人理想的统一，美育的目的在于通过审美教育来培养全面发展的人，并且认为审美教育是推动人的全面发展的重要途径之一，但并非唯一途径。在教育培养全方位发展的新人的过程中，德、智、体、美、劳各自承担着不同的任务。陈元晖认为，"教育中的智育、美育、德育是三足鼎立的关系，就是因为人类所创造的三种价值便是真、善、美。其中'真'要解决的是真与伪的问题，'善'要解决的是善与恶的问题，而'美'解决的是分清美与丑的问题。"[1]实现人的自由、全面的发展，是一个关乎实现人与社会、人与自然、人与规律，以及自然与必然、规律与发展之间内在辩证和谐统一的过程。这要求每一个人在自我和社会层面上实现人性的解放与本性的复归，这是对"人的异化"的扬弃。人类要在生产实践中不断地推进社会的进步与自我的发展，并通过本质力量的对象化，依据美的规律进行塑造，以构建一个充满"丰富个性"的审美世界。总之，马克思主义的共产主义所构想的理想化社会，是实现人的自由与全面发展的社会。

第四节　美育的功能

美育的功能

◆一、美育与普通教育◆

美育是普通教育的一部分，在过去的一段时间里，我们也曾用素质教育来代替美育，其内涵和实质是一样的。美育体现了素质教育的宗旨，它是伴随人一生的终身教育，其诉求在于促进个体平衡健康地成长，并以提升个人的综合素质为主要目标，它本质上是一种非职业性、非专业性的教育。美育能够渗透到各种教育之中，为人的发展提供动力，并始终坚持推动人的全面发展。我们所倡导的美育是对整体人格全面性的塑造。美育是普通教育的基础，通过探究美育与其他教育之间的关系，可以理解美育的育人价值。

（一）美育与艺术教育

很多人会把美育等同于艺术教育，认为美育就是艺术教育。这种武断的观点是对美育与艺术教育的内涵与外延的误解。美育指的是审美培育，即通过运用审美的方式实施教育，促进完善人格的形成、实现人的自由全面发展。美育通过构建人与世界之间的审美关系，实现对个体由内而外的全面塑造与培养。在这个过程中，艺术作为审美教育的主要手段，自然而然地成为了实施美育的重要途径。日本美学家竹内敏雄指出："艺术一般被认为是审美价值或审美文化的典型"；[2] "艺术的价值规律对规定一般的人才培养目标的价值规律性显示出最大的内在亲近性"。[3] 艺术教育以培养人的审美感受力、表现力及创造力为核心，旨在帮助个体掌握艺术技巧、领悟审美规律，进而提升人的综合审美能力及素养。

---

1. 曾繁仁，刘彦顺. 中国美育教育思想通史：当代卷 [M]. 济南：山东人民出版社，2017:341.
2. 竹内敏雄. 美学百科辞典 [M]. 哈尔滨：黑龙江人民出版社，1986:397.
3. 竹内敏雄. 美学百科辞典 [M]. 哈尔滨：黑龙江人民出版社，1986:400.

艺术教育，通过特定的艺术活动形式，影响着个体的审美观、价值观及人生观，完善人格的构建，是实现美育目标的重要手段。美育主要通过艺术教育这一途径来实现，艺术是美育最集中、最直接的表现方式。它不仅能激发学生的审美情趣，提高他们的审美能力，还能培养学生的创新精神和实践能力。

艺术教育是美育的重要组成部分，也是学校教育中不可或缺的一环。艺术教育是美育的重要内容，但是这并不意味着艺术教育等同于美育。审美领域还包含自然美、社会美、科技美（科学美与技术美）等方面，艺术美只是其中的重要组成部分，它们一同构成了"美育"这个整体。艺术作为人类精神文明的重要载体，其以更为生动和直观的形式实现美育的目标，在美育实施过程中的作用更为凸显。

（二）美育的"中介性"地位

教育，乃养成人格之事业。它是德育、智育、体育、美育、劳动教育的"综合中介"，对"五育"具有渗透和协调的功能，使其形成一个有机的整体。德育求善、智育求真、体育求健、美育求美、劳育润心，通过美育能够以美育善、以美启智、以美健体、以劳育美，从而实现身心的和谐统一与全面发展。

1、德育求善，在"以美育善"中实施德育

"德育旨在培养正确的思想观点和高尚的道德观念，从理智上对客观社会现象做出正确的评价，而理智的评价总是以情感的评价为必要条件，理智上的肯定与否定总是以情感上的爱憎为前提。"[1]因此，美育是培养高尚人格、道德情操的重要手段。张彦远早在《历代名画记》就已明确指出，绘画具有"成教化，助人伦"[2]的社会功用。苏东坡在《与可画墨竹屏风赞》中赞美文与可，"与可之文，其德之糟粕；与可之诗，其文之毫末；诗不能尽，溢而为书，变而为画，皆诗之余。其诗与文，好者益寡。有好其德如好其画者乎？悲夫！"由此可见，苏东坡对文与可的道德品质尤为钦佩。道德认识与道德行为，既是思想也是行动，既是动机也是效果，但都必须经由道德情感的激发，通过思想的鼓舞和感染，方能达到润物细无声的效果。

在美育的过程中，我们能够通过提升审美评判力，来区分社会中的美与丑、善与恶、高尚与庸俗，还能深刻影响一个人的荣誉感与廉耻心。美育采用潜移默化、熏陶感染的方式来实现德化教育的目的，构成了对强调理论规范和准则约束的德育的一种有力补充。艺术作品是思想教育最有力的抓手，"习近平总书记指出，'文艺只有向上向善才能成为时代的号角。止于至善，方能臻于至美。'追寻意义是人类精神活动的内核，从孔子'成于乐''尽善尽美'的价值自觉，到周敦颐'文以载道'的价值追求，再到承孟子'知人论世''知言养气'而来的'文如其人'（突出作者的价值主导作用）的批评传统，注重文艺的价值取向、追求作品的精神高度始终是我国传统文艺的优质基因。"[3]那些致力于弘扬中华优秀传统文化、革命文化和社会主义先进文化的艺术精品，以其高尚的审美追求和积极的价值取向，充盈着我们的内心，提升我们的精神境界与思想觉悟。

---

1. 曾繁仁. 美育十五讲 [M]. 北京：北京大学出版社，2012:100.
2. 张彦远. 历代名画记 [M]. 人民美术出版社，2004:1.
3. 徐贞. 新时代经典文艺形象的文化逻辑 [N]. 中国艺术报，2024-07-22(7).

2、智育求真，在美育对智育的促进中体现"以美启智"

智育是促进人科学认知发展的教育，它涵盖了知识获取、智力培养及认知能力提升等多个层面。对于一个人的全面培养，我们期望个体既能具备科学的思维方式，又能拥有艺术的感知能力。科学的思考是智育所致力于实现的主要部分，学生通过对以概念理解和逻辑思维为主导的自然科学和社会科学知识的深入探索来实现。在此过程中，我们尤为重视培养的是一种准确判断、逻辑推理的认知能力。美育的主要目标是对学生审美能力的培养。审美能力虽然包含了对科学的理解和对客观世界的认识，但这种理解和认识一定是建立在审美基础之上的，是一种认知力与审美力共同作用的能力体现。

在艺术不断发展的过程中，科学的进步总是会推动艺术的发展。科学家的认知方式直接改变了艺术家原先的认知和表达方式，这也带来了艺术的变革与发展。在科学建构下的西方绘画体系中，人们学到了透视学、解剖学、力学、大气学等诸多科学原理在艺术中的体现。在中国，人们从孔子"诗学"中也可以"多识于鸟兽草木之名"。诗既有增进人认知的教化作用，同时人们也在"春蚕到死丝方尽，蜡炬成灰泪始干"的诗句中，体悟到人生情感与生命智慧。

在艺术的世界里，"真"是人类对客观世界及其运行规律的认知与把握；而"善"则是人类在"真"的基础上，对世界进行符合目的的改造。智育是以求真、向善为目标；美育则是一种对内在的培养，要求真、善、美的统一。美育中"以美启智"的理念，强调了美育对智育发展的重要促进作用。创造性思维超越了常规智力的范畴，是智力发展的最高形式。科学家通常把这种创造性思维称之为"直觉"，"爱因斯坦不仅认为对艺术品的理解应采用直觉的感受，而且还认为，这种直觉与科学直觉是一致的，其功能就是'以最适当的方式来画出一幅简化和易于领悟的世界图像'。"[1]

由此可见，美育在创新人才培养、促进创造性思维能力发展方面发挥着重要作用。美育已成为当下科学工作者知识结构中不可或缺的一部分。美育是人们有效调节自身的脑力与精力的重要手段，人们要按照美的规律，不断地认识并改造世界。美好的幸福生活是人们在物质需求被满足的基础之上对美提出的更高要求，因此，我们应更好地以美启真，寓美于真。让美学智慧引领我们探索真理，丰富真实的内涵。

3、"以美健体"，美育同体育一同促进身心的健康发展

体育是以身体健康为目标，美育则是以心灵健康为目标。身体健康是心灵健康的基础，心灵健康对身体健康具有重要的促进作用，二者互为支撑。在身心的培养过程中，美育和体育都可以通过对体力、耐力、身体运动能力的培养来实现。在体育训练中，我们可以借助美育来丰富体育教育的形式，体育项目本身也可以通过强化美的元素和美的意识，达到体育所追求的"美"的目标。当下，美育可以作为体育训练的一种途径与手段。校园里流行的各种艺术体操、体育舞蹈等都是把美育引入体育的一种形式，学生不仅能够感受到美的动作、美的力量，还能增加对体育训练的热情。

人们都崇尚并欣赏健康的人体美。在体育训练中，人们可以感受到对身体机能的锻炼，还能获得美的力量所带来的愉悦。一个拥有健康形体的人，往往是热爱运动、热爱生活的人。对于每个人而言，人体美是可以通过美育中的形体训练、舞蹈练习来实现的，同样也

---

1. 杜卫. 美育论 [M]. 北京：科学教育出版社，2014:145.

可以通过参与各类体育活动来实现。这二者并无本质差异，正如从事艺术的人也会热爱体育，体育运动员也能在艺术的熏陶下追求身体的更加完美。例如，花样滑冰和艺术体操便是艺术与体育完美融合的艺术形式，它们最终的呈现既充满了力量的美感，又极具艺术的表现力。在培养人的意志力和耐力方面，体育与美育相辅相成，二者都要求学习者具备坚持不懈的决心和毅力，在各自的领域里共同促进人们身心健康的发展。

4、"以劳育美"，通过美育与劳动教育的结合来实现"以美润心"

"劳动技术的学习本身就是智力与体力的综合运用，在劳动技术教育过程中，学生得以将自身的知识、意志、情感、体力在创造性实践活动中全部展示出来，物化为劳动成果，并由此直观自身的创造性与个性。在整个劳动过程中，学生的思维始终处于积极探索与创新的状态，这对意志力是极好的考验与磨炼，对情感是强烈的陶冶与升华，并随时进行着对自身认识与行为的自我评价和反馈调节，从而不断获得正确的自我意识、自我发现、自我教育与自我完善。"[1]正如人类最初审美关系的建立就是在社会生产劳动实践中产生的一样，人们在劳动中锻炼了自己的肢体，提高了自身的生存与发展的能力，并通过实践不断扩大了自身的存在。人类进步的文明最终被打上了劳动的印记，人们也在劳动中获得了对美的规律的认知，成为人类本质力量的确证，进而也获得了物质生活与精神生活的满足。比如，陶器的发明源自人类生活发展对新型耐火器皿的需求。人类基于对火的掌握和利用，以及对黏土性能的重大发展，使人类进入了一个具有划时代意义的陶器时代。陶器作为一种区别于木、石、竹等的合成材料，不仅标志着人类技术的进步，更是人类智慧与创造力本质力量的对象化，其核心就是劳动。

在自然科学领域，物理实验、化学实验、数量统计等都属于劳动，天文学、地质学专业的实地勘探也属于劳动；在社会科学领域，毛泽东同志早年为研究农民运动所发起的田野调查也是一种劳动。在艺术研究领域，艺术的原始创作与后期设计都属于劳动。正如艺术来源于生活，劳动也源于生活。在劳动的过程中，我们可以感受生活的美好，通过对各种劳动技能的学习，有利于学生树立积极健康的生活理念。例如，生活中常见的烹饪、插花、裁剪以及手工艺制作等生活技能类活动的开展，都有助于学生在实践中发现劳动的价值。通过实践，学生能够发现生活中的美，感受到劳动带来的收获与幸福，从而获得成就感。这些活动通过劳育的方式，培养了学生发现美、创造美的能力，同时也培养了他们的奋斗精神、奉献精神以及创造精神。

◆二、当代美育的价值◆

"美育的功能，即美育在与其内外环境相互作用时所表现出来的稳定的反应能力。它一般指美育活动对人和社会所引起的变化与产生的作用。"[2]随着对美育的研究和探索，美育的功能从目的论的视角逐渐扩展到了更为广泛且深刻的认知层面。当代美育的功能彰显了其独立性，体现了它的内在价值，美育的目标已成为教育的终极目标之一。《教育学讲义》中曾提到，"至于对道德有乐而为之之状态，始为人格陶冶之极致，亦即教育目的之终局，而欲达此目的，唯有美育之一法。"[3]美育对于个人、社会乃至国家的发展均具

1. 桑新民．对"五育"地位作用及其相互关系的哲学思考［J］．中国社会科学，1991(6):166.
2. 何齐宗．改革开放以来中国美育学术发展研究［M］．北京：人民出版社，2023:199.
3. 李睦，高登科．美育教学方法论［M］．北京：人民邮电出版社，2024:20.

有重要意义。美育通过陶冶人的审美情操，使人获得高尚的品格，从而成为一个全面发展的人。个人的发展进一步促进社会的发展，从而为国家的发展做出贡献。美育不仅承担着教育的责任，还肩负着社会与国家发展的重任。美育的功能可以从不同视角进行分层理解，具体而言，可以从个人、社会和国家的层面来探讨美育的价值体现。

（一）美育的价值层级

1. 美育对个体发展具有深远影响

美育的特殊作用是培养"审美力"和造就"生活的艺术家"。[1] 美育能够提升个体的审美观，培育其审美能力和创造美的能力，引导学生进行审美生活。

大学美育在塑造学生人格方面具有重要作用。它不仅促进学生形成正确的世界观、人生观、价值观，还激励他们在积极向上的人生态度中追求理想、实现抱负，最终成长为具有高尚道德情操和健全人格的人。美育是培养学生道德情操和品德品性的有力方式。学生通过审美体验丰富内心世界，保持心理与情感的健康平衡，能够以积极乐观的态度面对生活中的各种挑战，坚持正确的世界观、人生观和价值观，从而成为一名具有健全人格且有利于社会和国家发展的人。

大学美育有助于学生核心素养的全面发展。2016 年 9 月，教育部《中国学生发展核心素养》总体框架正式发布。该框架以培养"全面发展的人"为核心，强调教育应致力于学生的全面发展，包括对知识、技能、情感态度、价值观等多方面的培养。这一理念旨在帮助学生适应个人终身发展和社会发展的需要，促进学生成长，提升他们的社会参与能力。学生核心素养由文化基础、自我发展和社会参与三方面构成，其中人文底蕴、科学精神、学会学习、健康生活、责任担当、实践创新是核心素养的具体表现。美育能够引导学生对自然美、社会美、艺术美以及科技美形成全面的认知，并使他们具备将感性思维与理性思维相统一的能力。通过美育，学生的审美能力、创造能力、合作能力以及批判性思维得到培养，综合素养得以提升，进而实现德智体美劳的全面发展。

大学美育为学生未来的发展提供了丰富的心灵储备。通过开展丰富多彩的审美活动，使学生在情感、思想及精神层面得到熏陶与提升，增强了他们面对未来挑战的适应力与创造力。美育帮助学生建立积极向上的生活态度和追求美好生活的信念，使他们在未来的人生道路上能够更加自信、从容地前行。美育不仅关注学生当下的发展，更注重学生长远的成长，致力于培养学生终身受用的精神理想。通过美育，学生能够树立起求真、向善、尚美的精神追求，形成积极向上的人生态度及崇高的人生理想，激励他们在今后的人生中不断追求卓越，实现自我价值。

2. 美育对于社会和国家的发展展现出价值

美育着眼于经济与文化的发展，揭示并促进了人与社会、人与国家之间协调发展的关系。

在经济层面，当代生活日益趋向精致化与审美化，只要和"美"相关的社会生活元素都已成为构成审美生活不可或缺的部分。例如，服饰艺术、美食艺术、家居艺术等均可被视为艺术范畴，用以提高人们的生活品位。人们在生产活动中，把对物质生活的需求与审

---

1. 曾繁仁 . 美育十五讲 [M]. 北京：北京大学出版社，2012.1.

美相关联，那些既具备技术素养又拥有审美素养的劳动创造者，也是赋予生活以高价值的人。"在 21 世纪，商品的文化价值特别是审美价值将超过其使用价值和交换价值而成为主导价值，人们的文化修养和审美修养的高低将直接关系到社会经济发展速度的快慢。"[1] 数字化技术的发展，不仅改变了人们的生活方式，还极大地促进了人们思维和审美方式的革新，成为了人们追求"艺术化生存"的核心要素。高科技与高情感、高审美的结合，已成为当下经济生活的重要增长点。对当代劳动技术者审美能力的培养，直接关系到社会经济效益的提高。因此，人人都应接受全面系统的审美教育，将美育精神融入社会生产的各个领域，从而推动经济的发展。

在文化层面，美育为社会和国家培养出具有崇高价值追求、审美意识、创新能力及综合文化素养的高素质人才，推动了中华民族现代文明的建设与发展。杜卫认为，"美育的文化功能体现为，通过培养能够自觉创造和享受审美文化的审美个性而作用于文化的健康发展。"[2] 美育教育包含了审美文化的传承教育，旨在不断弘扬人类优秀的审美文化传统。中国文化遗产资源丰富，其保护与传承不仅关乎物质层面的留存，更承载着人民卓越智慧与审美创造力的传承与发展。一个民族的自强，离不开每个公民精神层面的自觉与自信，而文化心理的传承对于文化遗产的保存与利用至关重要。美育的作用在于不断促进个体精神文化领域的健康与和谐，引导人们在历史、当下与未来之间守正创新，确保人类优秀的审美文明得以延续；同时，坚持创造性转化与创新性发展，"要持续加强文化和自然遗产传承、利用工作，使其在新时代焕发新活力、绽放新光彩，更好满足人民群众的美好生活需求。"[3]

（二）北京地域特色美育的价值

中国地域宽广，幅员辽阔，拥有丰富的地域文化，这些文化共同构成了中国璀璨且珍贵的文化宝库。地域文化指在特定地理环境、历史背景、民族习俗及审美积淀中孕育而成的独特文化现象。地域文化中蕴含着丰富的文化元素与美学价值，不仅是美育教育不可或缺的内容，也为当代美育教育提供了独特的教学资源。美育，作为一种独特的教育形态，通过深入挖掘地域文化的感染性、多元性与独特性，能够充分发挥地域特色美育的优势与价值，进而增强该地区人们的向心力与自信力。在地域文化的语境下，美育能够赋予人们精神层面的凝聚力与自信力，从而助推文化的传播力与影响力的不断提升。

习近平总书记指出："北京历史文化是中华文明源远流长的伟大见证。"北京地域文化是在特定区域内孕育并发展起来的，但其影响范围却能够扩展至全国，乃至全世界。北京作为首都，是全国政治中心、文化中心、国际交往中心和科技创新中心，在国家的政治、文化、国际交流和科技等领域中发挥着至关重要的作用。北京的古都文化、革命文化、京味文化以及创新文化，为学生提供了丰富多样且具有独特价值的美育资源和教育素材。

1.美育彰显底蕴深厚的古都文化

故宫、天坛、颐和园、明十三陵等古迹，作为中国古代宫廷文化的杰出代表，不仅是

1. 何齐宗 . 改革开放以来中国美育学术发展研究 [M]. 北京：人民出版社，2023:238.
2. 何齐宗 . 改革开放以来中国美育学术发展研究 [M]. 北京：人民出版社，2023:240.
3. 新华社 . 习近平对加强文化和自然遗产保护传承利用工作作出重要指示 [R]. (2024-08-06)[2024-08-06]http://www1.xinhuanet.com/politics/20240806/75b44db7bce846c58b3e3cdfa191e499/c.html.

中华文化宝库中的瑰宝，更是彰显国家传统文化形象的有力象征。带领学生走进这些历史文化景点，感受中华文明的博大精深，提高学生的文化认同感和自豪感，增强文化自觉与文化自信，提升审美能力和综合文化素养。2024年7月27日，"北京中轴线——中国理想都城秩序的杰作"列入《世界遗产名录》。中轴线作为北京城市的脊梁与灵魂，承载着丰富的中华历史与传统思想文化的精髓。漫步在气势恢宏的宫殿之间，逛一逛天桥、地安门、什刹海等充满市井生活气息的商业民俗街道……优势的美育资源充分彰显了中轴线的历史价值、社会价值、艺术价值、政治价值和文化价值，展现了中华优秀传统文化中所蕴含的仁爱、秩序、规则、智慧等价值观。

2. 美育延续丰富厚重的革命文化

革命文化与马克思主义中国化进程相伴而生，并在中国革命和建设以及改革开放的伟大实践中，发挥出精神动力的作用。目前，北京拥有各类革命遗址遗迹、革命纪念场馆，例如中国共产党历史展览馆等红色文化遗存，以及各种构成中国共产党人精神谱系的无形精神遗产，如时代劳模、五四奖章获得者等，都是革命精神与改革精神在新时代的鲜明体现。五四

中国共产党历史展览馆

运动的爆发，为北京镌刻了激荡人心的历史记忆。北京大学是新文化运动的摇篮，北大红楼汇聚了那个时代杰出的知识精英，成为早期马克思主义传播活动的重要场所。北京凭借其得天独厚的文化资源，成为启迪学生理想的实践基地，不同时代的青年无不受其文化的影响和感召。

3. 美育彰显特色鲜明的京味文化

"京味文化是北京地区人们在长期生产生活中形成的有利于社会进步的风俗习惯、礼仪礼节、道德规范，承载着市民群众的乡愁。新时代传承发展京味文化，要立足首善之区建设，坚持辩证扬弃、开放包容、推陈出新，着力涵养历史与现代、传统与时尚、质朴与绚丽兼具的城市文化韵味，温润人们的精神世界和心灵空间。"[1]京味艺术，以话剧、文学及影视作品为载体，生动展现了北京的方言特色，深刻地揭示了市井文化的底蕴以及四合院、胡同中所蕴含的平民文化精髓。曲艺与相声，作为地道的北京艺术形式，呈现了民间艺人的技艺与民俗风情。京剧，作为北京文化的标志性符号，汇聚了中国戏曲的精华，历史上深受宫廷与民众的喜爱。而非遗传统舞蹈，则是旧时北京节庆时令的重要组成部分，彰显了人们的信仰与风俗。美育教育积极弘扬地域价值，通过开设主题明确、形式多样的地域特色文化教育课程，帮助学生发现美、鉴赏美、感受美，并激发他们对北京的热爱，引导他们积极传承并弘扬北京文化，增强他们对美好生活的向往与热爱。

4. 美育弘扬开放包容的创新文化

北京，作为首善之区、模范之地与创新之城，在区域协调发展中发挥着至关重要的引

---

1. 中共北京市委关于新时代繁荣兴盛首都文化的意见 [N]. 北京日报，2020-04-10.

领作用，对国家的发展具有重要的战略意义。因此，北京地区的大学美育工作自然也承担着相应的责任与使命：坚持立德树人、扎根时代生活，培育首都学子的精神文明素养及综合创新能力，促进学生形成健全的人格，拥有崇高的理想，成为对社会、国家发展有益的人。当代北京的文化艺术事业呈现出蓬勃的创新发展态势，中华优秀传统文化在科技的助力下，与数字产业深度融合，实现了"创造性转化与创新性发展"，打造出了一系列走向世界的中华艺术精品。文艺创作实现了具有"品牌效应"的联动创新发展，例如舞剧《只此青绿》不仅在国内火爆出圈，还极大地激发了相关文化市场的创新活力。

美育不仅是教育的目的，更是一种精神力量的凝聚。学生在深入领略北京的艺术魅力的同时，应聚焦于新时代的发展，将对北京的热爱汇聚成一股强大的精神力量。这股力量，无论学生未来身处何方，都将化作内心深处最真挚、最动人的情感底色。

思考题：

1. 举例说明在儒家或道家的中华美育思想中所获得的启示与感悟。
2. 结合艺术作品，从不同角度理解中国古代论"美"。
3. 试论美育在"五育并举"中的地位，以及德育、智育、劳育、体育对人的全面发展的功能所在。
4. 结合自身与实践，理解美育的价值层级。
5. 以北京地区的文化遗产、优秀传统文化为例，谈谈北京地域美育资源的特点。

第二章

自然美

本 章 概 述

　　本章主要探讨自然美的概念及其在不同文化背景下的表现形式。首先，介绍自然美的定义，分析自然美的产生与发展，并将其置于实用、审美和畅神三个阶段进行考察。其次，对比中国和西方美学中自然美的不同特点，讨论自然美与其他几种美的形式——社会美、艺术美和自然生态美的关系，强调自然美对当代大学生的重要性，并提出大学生如何进行自然美审美的方法，旨在引导学生理解自然美的本质及其在个人成长中的重要性。通过本章学习，学生应能够掌握自然美的概念及发展历程；理解自然美与社会美、艺术美和自然生态美的区别与联系；能够识别并欣赏自然美；具备分析自然美与其他美的形式之间关系的能力；能够运用所学知识提升自身审美能力；树立正确的审美观念和生态保护意识。

第一节　什么是自然美

二十四节气中的
自然美

　　千姿百态的大自然构成了一个无比美丽的世界。但是，关于自然美是怎样形成的，古今中外的美学家却持有种种不同的看法。有人认为自然美是出自然物本身的要素所决定的，是生来如此；也有人认为自然美是神赋予的，神才是美的创造者和来源；还有人认为自然本身无所谓美与丑，自然美是欣赏者把自己的主观情感投射到客观对象中去的结果，是人内心一些美好的东西与对象的契合。这些观点，无论是从自然美的客观性出发，还是从人的主观性出发，或者是从神意出发，都没有揭示自然美与人类社会实践和社会生活的本质联系，所以也都是不科学的。

　　马克思说："人是自然界的一部分"。因此，人类并非独立存在，而是与万物共生、共荣、共存的。人们的生命、人们的存在，都深深地植根于广袤而丰富的自然之中。人们的呼吸，依赖着空气的清新；人们的饮食，依赖着大地的滋养；人们的活动，影响着生态系统的平衡。人的一切活动，包括生产活动、审美活动及其他各种社会实践活动，都是自然界里的社会性表现，其本源都在自然界中。自然美作为人的感觉系统与自然物的形式表现相契合而形成的产物，其根源也就理所当然地在自然界中了。在尚未出现生命体的这个阶段，自然物按照自身的规律生长、繁衍和消亡，它们之间的美丑之分是没有意义的。当人类社会诞生之后，人们对美的认识与创造经历了一个复杂的实践过程，并且随着人类社会的发展和进步而逐渐深化。在人类社会早期，受生产力和认知水平的限制，人们对美的认识和欣赏能力还比较有限。随着劳动实践的不断深入和扩展，人们开始逐渐增强对美的认识，并通过各种方式去创造和表达美。因此，美、人类、劳动三者之间存在着密切的联系。在人类社会中，美是随着人类社会的发展和进步而逐渐产生和深化的，而劳动实践则是人类认识和创造美的重要途径之一。通过劳动实践，人们不仅学会了如何适应和改造自然，还学会了如何欣赏和创造美。

◆一、自然美的内涵◆

　　自然美是源于大自然，未经人工雕琢、纯粹由自然界创造出的美丽景象。它涵盖了山川河流、花草树木、日月星辰等一切自然元素所展现出的美感。

（一）自然美的产生与发展

　　自然美的产生与发展可以从实用、审美、畅神三个阶段来认识。

　　首先是实用阶段，也称为致用阶段。这一阶段出现在人类社会初期。在这个阶段，人们对自然美的认识和欣赏主要是基于其实用性。自然美是与人们的生存紧密相关的，此时人们主要从实用和功利的角度出发，关注如何利用自然资源来满足生存和生活的需求。例如，在以狩猎和采集为生的时代，古人对自然界的观察和欣赏主要是为了寻找食物和生存资源。这种实用的自然审美观是全人类社会发展初期的普遍现象。在美的起源阶段，美与用总是统一的。从石器时代起，自然元素就已出现于艺术品中（如生产工具、生活日用品、装饰品等），而这些在艺术品中出现的自然元素，总是与创作者所属部落的生产方式或职业有关。

其次是审美阶段，也称为比德阶段。在这个阶段，人们开始从审美的角度来欣赏自然。随着社会的发展和文化的进步，人们开始关注自然景观的形式、色彩、线条等元素，以及它们所传达的情感和意义。自然景观成为了人们精神享受和审美体验的一个来源，如山水、花草、日出日落等，人们在艺术和文学中表达对自然美的感悟和赞美。这个阶段的自然美更多地体现在人们对自然景观的审美体验和情感表达上，如山水画、田园诗等。比德阶段始于汉朝，人们开始将自然视为一种超然于人类之外的力量，强调品德修养和感悟自然之美的重要性。人们开始认识到自然事物的某些属性与人的品性有某种相通之处，从而产生了对自然美的审美意识。这种审美意识不仅体现在对自然景观的欣赏上，也体现在对自然物质的理解和感悟上。

最后是畅神阶段。这是欣赏自然美的最高境界，它超越了实用和审美的局限，达到了精神和心灵的层面。在这个阶段，人们不仅欣赏自然美，还通过自然美来寻求心灵的净化和精神的升华。畅神阶段最早出现在唐朝，它标志着人进入了审美欣赏的自觉阶段。山水画家宗炳曾经说过，自然山水为人之所好，不过是因为它能"畅神"而已。这种观点认为自然美能陶冶人们的情操、舒畅人们的心情。人们开始将自然视为独立的艺术领域，赞美自然之美成为主流，强调审美的纯粹性和自由性。人们开始认识到自然的赏心悦目、畅人心神之处，将自然美作为独立的价值来追求和欣赏。这种审美观念在中国传统文化和艺术中留下了深刻的烙印，并体现在诗歌、绘画、音乐等领域中。

自然美的产生与发展经历了从实用到审美再到畅神三个阶段。这三个阶段不是严格分离的，而是相互交织、互相影响的。每个阶段都反映了人类对自然美的不同认识和追求，也体现了人类审美观念的发展和演变。随着个人和社会的不断进步，人们对自然美的认识和欣赏也在不断深化和扩展。自然美作为一种重要的文化和精神资源，对于提升人们的生活质量和精神境界具有不可替代的作用。

（二）自然美的性质

自然美的性质复杂而多面，具体可以分为原始性与天然性、多样性与丰富性、直观性与直接性、永恒性与普遍性、情感性与象征性。

1. 原始性与天然性

自然美是客观世界中自然物、自然现象的美的表现。它具有原始性，即未经过人工雕琢，直接呈现于人的感官前。原始森林是自然美原始性的最佳例证，茂密的植被，高耸的树木，林间的鸟鸣兽语，一切都保持着最原始、最自然的状态。走进原始森林，人们可以感受到那种纯净、静谧和神秘的自然氛围，仿佛回到了人类最初的家园。人迹罕至的荒野、广袤的沙漠、无垠的草原和险峻的峡谷等，无不体现着自然美的原始性，它们都以其独特的原始风貌吸引着探险者和摄影师前来探索和记录。自然美具有天然性，这种美是天然形成的，而非人为创造。这种性质使自然美具有一种纯真、质朴的美感，能够唤起人们内心深处对自然最本真、最纯粹的向往和追求。日出日落便是自然美的天然性的典型例证。每天清晨和傍晚，太阳从地平线上升起和落下，散发出绚丽的朝晖和晚霞，完全是大自然的杰作，没有任何人工的痕迹。当人们看到日出日落的美景时，不禁会感叹大自然的神奇和伟大。瀑布飞泉也是自然美天然性的体现。这些瀑布飞泉往往是由河流在岩石或山崖上形成的，水流倾泻而下，形成美丽的瀑布和飞溅的泉水。这些瀑布飞泉壮观美丽，充满了力量和活力，让人们感受到大自然的磅礴气势和无穷魅力。因此，原始性与天然性都是自然美的重要特性。这些特性也使自然美成为人类文化、艺术和哲学等领域的重要灵感源泉。

2. 多样性与丰富性

自然美包含了广泛的自然现象和自然景观，如彩虹、山川、河流、森林、草原等。这些自然现象和景观各具特色、形态各异，共同构成了自然美的多样性和丰富性。自然美的多样性指的是自然界中存在着多种多样美的形态和类型。从巍峨的高山到广袤的平原，从深邃的峡谷到宁静的湖泊，不同的地貌景观展现出自然美的多样性。例如，黄山以其奇松、怪石、云海、温泉著称，展现了山的雄伟与秀丽；美国的黄石公园具有火山

中国黄山

地貌、热泉、间歇泉等独特景观。自然美的丰富性指生命形态是极为丰富的。在自然界中，生命展现出多样化的形态——从体积微小的细菌到体型庞大的鲸鱼，从色彩缤纷的鸟类到形态各异的昆虫。每一种生命体都拥有其独特的生存策略和迷人魅力，它们共同编织出一个生机勃勃、多姿多彩的生态世界。自然美的丰富性还指自然界中美的元素和表现形式是极为丰富的。色彩、形态、声音、气味等共同构成了自然美的丰富性，云卷云舒、花开花落、一年四季的变化，都使自然美的色彩、线条、声音随之变化。例如，春天樱花盛开时，粉色的花瓣与嫩绿的树叶相映成趣，构成了一幅美丽的画卷；而自然界的声音，如鸟儿的歌唱、昆虫的鸣叫、风吹过树叶的沙沙声，以及流水潺潺的叮咚声，构成了自然界的交响乐。总之，自然美的多样性与丰富性互相交融，构成了千姿百态的自然美，也为人们提供了无尽的创作灵感和审美享受。

3. 直观性与直接性

自然美的直观性指的是自然美能够直接作用于人的感官，不需要经过复杂的思考或推理过程就能被直接感知和理解。这种直观性源于自然美的本真和纯粹，它不需要任何修饰或加工，就能以最直接的方式呈现给人们。在自然景观中，直观性体现得尤为明显。当人们置身于大自然之中，无论是高山流水、蓝天白云，还是繁花似锦、绿草如茵，这些美景都能直接作用于人们的视觉感官，让人们感受到自然的美妙和壮丽。这种直观性不仅让人们能够迅速捕捉到自然美的特征，还能让人们在欣赏的过程中获得愉悦和放松。当人们站在黄山之巅，眺望着四周连绵起伏的山脉和云海翻腾的景象时，美景能够直接冲击人们的视觉感官，让人们感受到山的雄伟和云的壮观。这种直观性让人们能够迅速捕捉到黄山之美，并在欣赏的过程中获得心灵的震撼和感动。自然美的直接性指的是它不需要经过中介或加工就能直接作用于人的感官和心灵。自然美的直接性指的是自然美能够直接作用于人的情感和心灵。这种直接性源于自然美的真实和深刻，它直接触及人们的内心深处，引发人们的情感共鸣和深入思考。在自然界中，许多景象都具有直接性的美学特质。例如，当人们在海边散步时，听着海浪拍打着岸边的声音，看着海浪一次次地冲刷着沙滩，这种景

象能够直接引发人们对大海的敬畏和感慨。人们会被大海的广阔和深邃所震撼，也会被海浪的坚韧和力量所感动。这种直接性让人们能够更深入地理解大海的魅力和价值，也让人们更加珍惜和爱护自然资源。自然美的直接性还体现在它能够直接激发人们的创造力和想象力。当人们置身于大自然之中时，会被周围的景象所启发和激发，从而产生各种创意和灵感。这种直接性让人们能够更加自由地表达自己的情感和思想，也让人们更加享受创作的过程。因此，自然美的直观性与直接性共同构成了人们感知和欣赏自然美的基础，让人们能够更加深入地理解和体验大自然的美丽和魅力。理解了直观性与直接性，也有助于人们更好地把握自然美的本质和内涵。

4. 永恒性与普遍性

自然美的永恒性指的是自然美具有超越时间和空间的特性，不会因时间的流逝或空间的转移而消失或改变。它源于自然本身的稳定性和持久性，使自然美成了一种超越短暂和瞬间的永恒存在。首先，自然景观的壮丽和宏伟常常令人惊叹，而这些景观往往能够跨越时间的长河，保持其原有的美丽和魅力。大自然的壮丽景色，如喜马拉雅山脉的巍峨、亚马逊雨林的繁茂，都以其永恒不变的美丽吸引着无数人的目光。其次，自然美的永恒性还体现在生命的循环和再生上。虽然生物个体有生有死，但整个生物圈却保持着永恒的生命力和活力。春去秋来，花开花落，生命的循环和再生使自然美得以永恒延续。永恒性不仅体现在生命的多样性上，也体现在生命的顽强和坚韧上。沙漠中的仙人掌、高山上的雪莲，这些植物在恶劣的环境中依然能够生存和繁衍，展现出了生命的顽强和美丽。自然美还具有普遍性，即它存在于世界各地，人们都能在自己的生活中找到自然美的踪迹。自然美的普遍性源于自然美的客观性和本质性，指的是自然美不受地域、文化和个人的限制，能够被所有人所感知和欣赏。自然美的普遍性体现在多个方面。首先，自然美是客观存在的，它不需要任何主观的加工或修饰，就能够被所有人所感知和欣赏。这种普遍性使自然美成为了一种跨越文化和地域的普遍价值。其次，自然美的普遍性体现在人类对自然美的共同追求和向往上。无论身处何地、文化背景如何，人类都对自然美有着共同的追求和向往。人们喜欢在大自然中放松身心、寻找灵感和寻求内心的平静。这种共同追求和向往使自然美成为了一种跨越文化和个人的普遍情感。

5. 情感性与象征性

自然美的情感性指的是自然美能够触动人们内心深处的情感。无论是高山峻岭的雄伟壮丽，还是流水潺潺的柔美恬静，自然美总是能够以其独特的形态和韵味，引发人们内心深处的情感共鸣。面对浩渺无垠的大海，人们会被大海的波澜壮阔所感染，得到一种宽广、深邃的情感体验；而站在巍峨耸立的山巅，人们则会被其壮丽的气势所震撼，激发出豪情壮志。这些情感体验使自然美不再仅仅是一种视觉享受，更是一种情感的交流和传递。自然美的象征性指的是它往往承载着丰富的文化内涵和象征意义。在人类的历史长河中，自然美往往被赋予丰富的象征意义，成为文化传承和表达的重要载体。例如，太阳作为一颗恒星，其光辉灿烂、永恒不变的特性，使它成为光明、希望、生命等美好事物的象征；而月亮则因其柔和的光芒和周期性的变化，被赋予了温柔、浪漫和思乡等情感色彩。这些象征意义不仅丰富了自然美的内涵，也使人们在欣赏自然美的同时，能够更深入地理解和感受其中所蕴含的文化精神和价值观念。

自然美的情感性与象征性还常常相互交织、相互影响。一方面，自然美的情感性能够激发人们的想象力和创造力，从而为自然赋予更多的象征意义；另一方面，自然美的象征性又能够加深人们对自然美的理解和感受，使其情感性得到进一步升华。例如，在文学作品中，作家常常通过对自然美的描绘和赞美来表达情感和传递思想，这正是自然美的情感性和象征性完美融合的体现。通过情感性的触动和影响，自然美能够引发人们内心深处的情感共鸣；而通过象征性的承载和表达，自然美又能够传递丰富的文化内涵和价值观念。二者共同构成了自然美丰富多彩的美学内涵。

◆二、自然美与社会美、艺术美、生态美◆

（一）自然美与社会美

自然美和社会美是审美中相对的两个重要概念，它们既是审美的重要来源，又包含了各自的价值取向。自然物的美具有非人为的天然属性，其属性和形式是自然地呈现，而非人类主观意志所改造的。自然物的形式因素在自然美中起主导作用，它以赏心悦目的直观形式吸引人的注意力，激发人的想象力和情感。自然物的美具有易于变动的特性，因为自然物本身充满活力，且能唤起人的不确定联想。社会美来源于人的社会实践。社会美包括实践活动美、实践成果美、实践主体美等。社会美强调的是人类的主动性和创造力，以及与社会历史条件的密切联系。社会美不仅体现于动态的社会实践过程中，也体现于静态的社会实践成果中，如建筑、艺术、音乐、文学等都是人类在社会生活中创造的美的表现形式。社会美也涉及人的审美观念和价值观，是人与社会相互作用的产物。

自然美与社会美不同。首先，审美体验不同。人们在欣赏自然美时，往往能够全身心地投入到自然之中，这种审美体验是直观的、感性的，同时包含理性的思考，而社会美的审美体验则更多地涉及人的审美观念和价值观。人们在欣赏社会美时，往往会思考作品或景观所表达的思想内涵、社会意义和历史价值等，这种审美体验是复杂的、多元的。其次，审美价值不同。自然美的审美价值主要体现在其能够给人带来精神上的愉悦和放松，促进人的身心健康，还能够激发人的想象力和创造力，促进人与自然的和谐共生。社会美的审美价值则更多地体现在其能够反映人类社会的历史、文化和精神面貌，能够激发人的自豪感和荣誉感，增强人们的凝聚力和向心力。

自然美与社会美相互影响。首先，二者在表现形式和审美观念上互相启发和借鉴。社会美往往从自然美中获取灵感，而自然美也受到社会美的影响和改造。其次，二者都可以影响人的审美情趣和审美观念。通过欣赏自然美和社会美的景观和作品，人们可以培养和提升自己的审美能力，获得美的享受。再次，二者相互补充。自然美和社会美在美学体系中相互补充，共同构筑了一个完整的美学世界。自然美为人们提供了天然的审美对象，而社会美则通过人类的创造和加工，为审美活动提供了更丰富的形式和更深刻的内涵。

综上所述，自然美与社会美既各自独立又相互影响。在美学研究中，我们需要全面考虑自然美和社会美的特点及二者之间的关系，以便更深入地理解美的本质和特征。

（二）自然美与艺术美

自然美是指自然物本身所呈现出来的美的形态或自然物的天然之美。自然美是社会美和艺术美的基础，社会美和艺术美是模仿自然美逐渐创造出来和发展起来的。大自然是人们审美情感与审美体验的最丰富的源泉，与艺术作品不同的是，它是现实的、直接的、生动的、丰富的、多变的。自然景致就具有天然质朴、色彩丰富的特点，而且随季节、昼夜和天气变化而经常变换。因此自然美具有非常大的生动性和随机性，如自然山水本身的美，某些石头的美，人的身体比例匀称、身体健康、眉清目秀的美。

叶朗认为自然美和艺术美一样，都是意象世界，都是人的创造，都真实地显现人的生活世界，就这一点说，自然美和艺术美并没有谁高谁低之分。[1]自然美就是一种美的事物，艺术美却是对于一个事物所作的美的形象显现或描绘。[2]

《蔡元培美育论集》中指出，自然美不能完全满足人的爱美欲望，所以必定要于自然美外有人造美。[3]艺术美是人造美的形式，是指人们在自然美的基础上经过人为的加工的美，如图案的美、根雕的美，这体现了人们对艺术作品的审美价值选择。在审美领域，艺术作品可以满足人们的审美需要，激发精神自由与情感愉悦，构成艺术美。从这个意义上说，艺术美是作为审美价值而存在的，不同于艺术作品的道德价值、科学价值。[4]

自然美是历史的产物，它的出现与发展离不开社会文化环境。中西方对自然美的追寻不同，西方对自然美的发现是在文艺复兴时期。瑞士学者雅各布·布克哈特认为，"这种欣赏自然美的能力，通常是一个长期而复杂发现的结果，而它的起源是不容易被察觉的，因为在它表现在诗歌和绘画中并因此使人意识到以前可能早就有这样的模糊的感觉存在。"[5]而中国人对自然美的发现一般认为是在魏晋时期。该时代超越性和放达的宇宙观塑造了超然的生活态度和艺术境界。为此，有学者认为，中国的魏晋时期和欧洲的文艺复兴时期相似，都是充满强烈、矛盾、热情的时代，是精神大解放的时代。谢灵运、刘勰、王羲之的代表作无不体现出晋人新鲜活泼、自由自在的心灵，以及对这个世界的领悟。

从古希腊哲人开始，人们便开始探讨艺术美与自然美的关系问题，但将艺术美与自然美在价值高低上作出比较，实际上是很难得出最后结论的。后来出现的艺术美高于自然美（生活美）的说法，其实并非一个科学的命题。艺术美与自然美作为不同性质和形态的美，它们之间并不是谁"高于"或者"低于"谁的关系，而是"不同而互补"的关系。

（三）自然美与自然生态美

自然美与自然生态美是一对既有联系又存在显著差异的概念。自然美属于传统美学的范畴，指自然界中固有的美。这种美独立于人类的主观意识之外，存在于自然界本身，例如，雄伟的山脉、奔腾的河流、绚烂的日落等都可以被看作是自然美的具体体现。而自然生态美则属于生态美学的范畴，指生态系统内部和谐与平衡之美，它强调的是自然界中各物种与环境之间的相互依存和相互作用的关系。生态美不仅关注个体的美，更关注整体生态系统的健康与完整。学者徐碧辉在《和谐社会的美学解读》一文中指出，建设和谐社会，人与环境的和谐是一个基本的前提，是考察和谐社会的一个基本指标。[6]自然美的根源被认为是人类的社会实践，而自然生态美的根源却被认为是自然生态各要素之间的相互联系、

---

1. 叶朗. 美在意象[M]. 北京：北京大学出版社，2010:193.
2. 朱光潜. 西方美学史[M]. 人民文学出版社，2020.
3. 高平叔. 蔡元培美育论集[M]. 长沙：湖南教育出版社，1987:194.
4. 雷礼锡. 艺术美学[M]. 武汉大学出版社，2011:24.
5. 雅各布·布克哈特. 意大利文艺复兴时期的文化[M]. 何新，译. 商务印书馆，1981:293.
6. 徐碧辉. 和谐社会的美学解读[J]. 马克思主义美学研究，2008:11.

相互作用和相互协调。人们对自然美与自然生态美的欣赏也不完全一样。自然美与自然生态美建立在不同的思想基础上。自然生态美具有活力美、和谐美、创造性和参与性。

　　自然美与自然生态美在理论上是相辅相成的。自然美强调的是自然景观本身的审美价值，而自然生态美则更侧重于整个生态系统的健康与完整。从实践的角度来看，保护自然生态美实际上也是在保护自然美。20世纪60年代兴起的大地艺术，作为著名现代艺术流派之一，其创作经常利用自然界的生态条件，如沙丘、岩石、海滩等，进行景观的艺术改造，以唤起人们对自然环境的思考及探索人与自然之间和谐关系。如美国艺术家罗伯特·斯密森在犹他州大盐湖创作的作品《螺旋状防波堤》，以黑色玄武岩和泥土组成螺旋形的结构形成一个土堤，从湖岸伸入湖水中。这件作品通过将自然景观与人造结构相结合，不仅展示了自然景观本身的美，也体现了人类与自然环境之间的相互作用。随着时间的推移，这件作品本身成为了一个记录自然变化的"时间机器"，探讨了人类对自然环境的影响，以及自然环境对人类创作的反馈。

美国大盐湖螺旋状防波堤

第二节　美学中的自然美

◆一、中国古代的自然观思想◆

　　我国古代先贤对"天人关系""人地关系"有深刻的认识，主要体现在"天人合一"的自然观。

（一）"天人合一"的自然观

　　对于天与人的关系，古人有不同的观点，或认为天人相分，或认为天人相合，即"天人合一"。在中国传统文化中，"天人合一"被视为"天人关系"的主流理念。钱穆先生曾对此有过精辟论述："中国文化的特质，可以'一天人，合内外'六字尽之。"[1]在中国古代学术思想中，"天"通常被以为是自然，是宇宙的最高实体。"天人合一"强调的是自然与人之间存在着和谐统一、不可分割的关系。"天人合一"不仅是中国古代哲学探讨的基本问题之一，也是中国文化的核心理念之一。"天人合一"提倡人们顺应自然规律，与自然和谐共处。历代著名的思想家和哲学家均对这一理念有相关论述。例如，孔子就表现出了浓厚的自然生态情怀，他对天命有多方面的思考，并将"仁政、仁礼"的思想融入

---

1. 钱穆. 中国史学发微 [M]. 生活. 读书. 新知三联书店，2009:129.

了山水审美中。孔子曾曰："知者乐水，仁者乐山。知者动，仁者静；知者乐，仁者寿。"他认为知者敏于思考，捷于行动，具有一样"动"的特征，所以"知者乐水"；仁者厚重沉稳，具有山一样"静"的特征，所以"仁者乐山"。这意味着人们喜爱山水，是因为它们象征着智慧和仁慈这两种美德。从孔子起，人与自然之间就建立起一种相亲相和、互相对应的审美观。在孔子看来，欣赏自然美是一个主观情感与客观事物相融合的过程，人们通过对自然界的观察和体验，感悟到自然之美与人内在美德之间的联系。

（二）中国历代对自然美的解读

中华民族自古以来就有着深厚的自然审美传统，这些传统充分体现了中国古代先民对自然审美的重视与尊重。早在先秦时期，各种学派就开始探讨自然美的价值与意义。《韩非子·解老》中有云："物之待饰而后行者，其质不美"。这句话批评了对于那些需要人为装饰才能显得美好的事物，从而强调了自然本身的美无须额外修饰。儒家文化中有"君子比德"的说法，它指的是君子应当具备与自然界中美好事物相媲美的品德，如松柏一样坚贞不屈的精神，如莲花一样高洁的品质。道家哲学则更加直接地推崇自然之美，认为"自然"本身就是一种最高的美，主张顺应自然、无为而治的生活方式。从《韩非子·解老》、儒家的君子比德到道家对自然美的悟玄，再到柳宗元的"美不自美，因人而彰"，均凸显出人在自然美的发现与审美中的重要作用。

魏晋南北朝时期，自然论发端并走向成熟。虽然"自然"作为一种美学思想早已有之，但直至魏晋时代它才被真正运用于文艺领域。如陆云在《与兄平原书》中说："往日论文，先辞而后情，尚势而不取悦泽……云今意视文，乃好清省，欲无以尚，意之至此，乃出自然。"[1]论画，如顾恺之在《魏晋胜流画赞》中说："《小列女》面如恨，刻削为容仪，不尽生气，又插置丈夫支体，不以（似）自然。"论书，如卫恒在《四体书势》中说："是故远而望之，若翔风厉水，清波漪涟；就而察之，有若自然。信黄唐之遗迹，为六艺之范先，籀篆盖其子孙，隶草乃其曾玄。"论乐，如《世说新语·识鉴》注引《孟嘉别传》载："（植温）又问："听伎，丝不如竹，竹不如肉，何谓也？"

魏晋时期人们对自然美的欣赏出现了新的质的飞跃。山水画家宗炳曾说："自然山水为人之所好，不过是因为它能'畅神'而已。"这种说法认为自然美能陶冶人们的情操、舒畅人们的心情。"畅神"观点的出现，标志着人们已经能从自然美的神韵、气质等方面去体验和欣赏大自然了。

宋代是中国古代文化的一个高峰时期，这一时期的自然美观念更加成熟，注重"意境"的营造，强调人与自然的和谐共处。宋代理学强调"天人合一"的哲学思想，认为人应该顺应自然，追求内心的平静与和谐。宋代山水画的成就达到了前所未有的高度，范宽、郭熙等人的作品，不仅描绘了自然美景，还蕴含了深刻的哲学思考。宋代词人如苏轼、辛弃疾等，则通过诗词表达了对自然美的热爱，以及对人生哲理的思考。苏轼的《赤壁赋》就是一个典型的例子，他在文中通过对赤壁景色的描绘，抒发了对自然的赞美之情。宋人周敦颐在《爱莲说》中说，喜欢荷花是因为它"出淤泥而不染""中通外直""不蔓不枝"的自然属性同人高雅、正直的神韵、气质品格相似。"比德"和"畅神"的观点对我们欣赏自然美有很大的激发、引导和启迪的作用。

1. 陆云. 陆云集[M]. 中华书局，1988.

元代的文化融合了汉族与少数民族的特点，自然美的观念也呈现出了新的面貌。这一时期的文人画注重笔墨情趣和意境的表现，如赵孟頫的画作《秋郊饮马图》，以简练的笔法描绘自然景色，体现了人与自然的和谐之美。元

赵孟頫的《秋郊饮马图》

代戏曲中也体现了对自然美的赞美，关汉卿的剧作《窦娥冤》通过对自然景色的描写，既增加了戏剧的感染力，又体现了作者对自然美的欣赏。

明清两代时期的自然美观念在继承前代的基础上更加注重个性化的表达和社会功能。这一时期出现了大量文人园林，如拙政园、留园等，这些园林不仅展示了对自然美的追求，还体现了主人的文化修养和社会地位。计成在《园冶》中提到："凡结园林，无分村郭，地偏为胜，开林择剪蓬蒿……虽由人作，宛自天开。""移竹当窗，分梨为院；溶溶月色，瑟瑟风声；静扰一榻琴书，动涵半轮秋水，清气觉来几席，凡尘顿远襟怀"。[1]

明清时期的山水画继续发展，董其昌、八大山人等人的作品更加注重笔墨情趣和个人情感的表达。同时，明清小说中也常有对自然美景的描写，如《红楼梦》中的大观园景色，既反映了作者对自然美的追求，也反映了对社会现实的关注。

◆二、西方美学中的自然美◆

西方美学中的自然美观念有着悠久的历史，从古希腊哲学家对自然美的初步探讨，到现代美学理论中对自然美的深入剖析，自然美始终是美学研究的重要议题之一。随着时代的变迁，自然美的概念也在不断发展和演变。其中，阿多诺在其著作《美学理论》中提出的"自然美是一个意识形态观念"的命题，对后世的美学研究产生了深远的影响。

阿多诺的这一命题为自然美开辟了一条新的研究路径，将对自然美的探讨从纯粹抽象的思辨转向审美社会学的研究方向，即"风景美学"。这一转变意味着自然美不再仅仅被视为一种独立于社会之外的美学现象，而是与社会结构、文化背景和历史语境等紧密相连的一种意识形态观念。自然美不再是自然本身固存的属性，而是被社会建构的产物，它反映了特定社会条件下人们的观念、价值观和文化认同。

沿着阿多诺开辟的这条新路径，大卫·科斯格罗夫、安·伯明翰和威廉·米切尔等风景理论家进一步研究了风景与意识形态之间的关系。他们不仅探讨

英国斯托海德园

---

1. 计成. 园冶 [M]. 重庆：重庆出版社，2009：14-15.

了自然美是如何被社会建构的，还分析了建构背后的权力关系、文化意义和社会功能。这些研究揭示了自然美观念与社会意识形态之间的密切联系，表明自然美并不是天然形成的，而是通过一系列社会文化过程被赋予特定意义的结果。例如，科斯格罗夫在其研究中，探讨了自然景观如何被不同的社会群体所解读和使用，从而反映出不同的社会关系和权力结构。安·伯明翰则关注了18世纪英国风景园艺的发展，她认为这种园林设计不仅反映了当时社会的审美趋势，也体现了贵族阶级对于自然的控制欲，还象征了其社会地位。米切尔的研究则更侧重于现代技术如何改变人们与自然的关系，以及这种变化对自然美观念的影响。

通过这些研究，学者们提供了新的阐释空间，揭示了自然美背后复杂的意识形态背景。自然美不再仅仅是眼睛所见的美好景象，而是承载着社会文化意义的符号。这样的研究丰富了人们对自然美的理解，为探索自然美与社会、文化之间的关系提供了新的视角。

自然界中的美，不计其数，有待人们慢慢去发掘。在当今社会，许多美都是经过包装和刻意装饰的，不是所谓的"自然美"。自然美，是一种不经装饰、由内而外的美，它能给人们一种赏心悦目的感觉。因此，我们追寻真正的自然美，并从中获得身心的愉悦。

第三节 艺术中的自然美

◆ 一、中西绘画中的自然美 ◆

中西自然主题的绘画呈现不同的风格。中国绘画提倡"外师造化""搜尽奇峰打草稿"，西方主张"自然是艺术的源泉""艺术模仿自然"。两种艺术哲学理论主张，都在不同程度上阐述了绘画与自然的关系。

中国人特有的认识世界的方式和审美习惯是中国绘画艺术内蕴形成的主要因素。道家的"天人合一"思想对中国人的影响根深蒂固，因此对自然美的追求与表现在中国画中占绝对重要地位。儒家思想与佛教文化对中国绘画也有深刻的影响。中国绘画追求意境，"气韵生动"是中国绘画永恒的主题。中国文人崇尚"志于道，据于德，合于仁"，看重心灵内在的清净和修养，反对外在的纵欢和享乐，因此中国画所追求的清新雅致、温润秀丽的画风成了固定的审美模式。[1] 林风眠在《中国绘画新论》中，对中国的山水画和风景画在题材和表现技法上的区别做了总结。他说："中国绘画中的风景，虽比西洋发展较早，时间变化的观念，亦很早就感到了。但是最可惜的，只倾向于时间变化的某一部分，而并没有表现时间变化整体的描写方法。中国的山水画，只限于风雨雪景和春夏秋冬自然界显而易见的描写。描写的背景，最主要的是雨和云雾，而对于色彩复杂、变化万千的阳光描写，是没有的。原因还是绘画色彩的影响所致。因为水墨的色彩，最适宜表现雨水云雾的现象

---

1. 李岱松. 绘画中的中西方自然美表现比较 [J]. 艺术教育，2015(11).

的缘故。"米友仁的风光描绘语言"山水奇观，变态万层，多在晨晴晦雨间。""夜雨初霁，晓烟未消，则状如此。"可作为对林风眠这段话的印证。从宏观来看，中西绘画都取材于大自然，并对大自然进行赞美。但对大自然的态度、人与自然的关系，以及将自然作为象征而寄托某种感情和理念的方式等，中西方却有着各自不同的特点。

南宋的刘松年、李唐、马远、夏圭被称为"南宋四家"。他们改变了"远取其势"的画法，注重对一木一石、树梢坡脚的细致刻画，在边角之景中达到"近取其质"的艺术效果。

在元代，山水画出现了重要审美变化，主要体现在对于形色状物方面的轻视与对气势韵味的追求。赵孟𫖯是山水画大家，他主张师法自然，提出了"到处云山是吾师"的观点。他还倡导"书画同源"，强调以书法用笔入画，将诗、书、画、印相结合。他的理论和创作对元、明、清三代的山水画都有极大影响。元代中后期，黄公望、王蒙、吴镇和倪瓒并称"元四家"，他们的山水画创作实践和理论代表了当时山水画发展的主流。黄公望的山水画风格简洁明朗，平淡自然；画法上多用干笔擦，重视用笔的变化；着色仅用淡赭，被称为"浅绛山水"。他的《富春山居图》表现了秋初之时富春江两岸的优美风光。倪瓒的山水画构图简逸，墨色清淡，干笔皴擦多于渲染，绝少设色，创造了一种荒寒旷远的画境，《容膝斋图》便是其代表作之一。

黄公望的《富春山居图》

明代山水画流派林立。前期有以戴进和吴伟为代表的"浙派"；中期有以沈周、文徵明、唐寅、仇英（号称"明四家"）为代表的"吴派"；后期有以董其昌为代表的"华亭派"。

清代山水画表现为两种风格：一是"四僧"——原济（石涛）、八大山人（朱耷）、髡残（石溪）、弘仁（渐江）追求创新精神；二是"清初四王"——王时敏、王鉴、王翚、王原祁刻意仿古，追求精炼规矩。"四僧"山水画以石涛影响最大，他师法自然，自称"搜尽奇峰打草稿"，其山水画构图新奇，笔墨多变，淋漓酣畅，而"四王"则对山水画传统风格的传承与各类技法的归纳总结做出了贡献。

在西方绘画中，自然美一直是艺术家探索和表现的重要主题之一。从古典时代到现代，艺术家对自然美的理解和表现方式随着时代的变迁而不断演化。

在古希腊和古罗马时期，艺术家倾向于通过雕塑和壁画来表现理想化的身体形态和神话场景。虽然这些作品并不直接描绘自然景观，但它们体现了艺术家对美的理想化追求。文艺复兴时期的艺术家发展出了透视法，这一技法使他们能够更加逼真地描绘自然景色。例如，阿尔伯蒂和达·芬奇等人的理论和实践推动了这种技术的发展。艺术家开始更加注重观察自然，并试图在画布上重现自然界的细节。

随后，荷兰和意大利的画家开始创作独立的风景画。这些作品不再仅仅是背景，而是成为了画面的主要焦点。艺术家如扬·范艾克和阿尔布雷希特·阿尔特多费尔等人通过细致地观察，捕捉到了自然之美。

浪漫主义时期的艺术家更加重视情感和个人经验，自然被赋予了强烈的情感色彩和象征意义。例如，在弗里德里希的作品中，自然常常被用来表达孤独、冥想和对无限的向往。

印象派画家如莫奈、雷诺阿等专注捕捉自然光线下瞬间的印象，他们使用快速的笔触和明亮的颜色来表现光影的变化。他们强调的是眼睛所见的效果，而非物体本身的细节。后印象派画家如塞尚、梵高和高更则进一步探索了形式和色彩，他们的作品更加关注形状、线条和色彩的构成，而非简单地模仿自然。

弗里德里希的《孤独的树》

进入20世纪，艺术家开始远离传统的写实手法，转而采用更加抽象和表现主义的方式。比如康定斯基和保罗·克利等人，他们不再直接描绘自然，而是通过形状、颜色和线条来传达对自然的感受。

当代艺术家经常使用自然材料或直接在自然环境中创作，例如安迪·戈兹沃西，她的作品就是直接利用自然环境中的物质来创作，强调与自然的互动和共生。

西方绘画中对自然美的探索从古典的理想化到文艺复兴的现实主义，再到浪漫主义的情感化，以及现代主义的抽象化，反映了艺术家对自然不断变化的态度和理解。每个时期都有其独特的风格和技法，但共同点在于艺术家都试图通过自己的艺术语言来揭示自然的美丽和神秘。无论是通过精细的细节描绘还是抽象的形式表达，自然美始终是西方绘画中不可或缺的主题之一。

◆二、中西建筑中的自然美◆

中西园林由于历史背景和文化传统的不同而风格迥异、各具特色。中国园林有北方皇家园林和江南私家园林之分，而西方园林则因历史发展不同阶段而有古代、中世纪和文艺复兴园林等不同风格。但从整体上看，中西园林在不同的哲学、美学思想支配下，其形式、风格差异还是十分鲜明的。从形式上看，西方园林所体现的是人工美，不仅布局对称、规则，就连花草都修整得方方正正，从而呈现出一种几何图案美。从现象上看，西方造园主要是立足于用人工方法改变其自然状态。中国园林则是追求自然美，山环水抱、曲折蜿蜒，不仅花草树木任自然之原貌，即使是人工建筑也尽量顺应自然，参差错落，力求与自然融合。

双方对自然美态度的不同，反映在造园艺术上。西方造园虽不乏诗意，但刻意追求的却是形式美。西方人认为自然美有缺陷，为了克服这种缺陷而达到完美的境地，必须凭借某种理念去提升自然美，从而达到艺术美的高度。早在古希腊时期，哲学家毕达哥拉斯就从数的角度来探求和谐，并提出了黄金分割。古罗马时期的维特鲁威在他的论述中也提到了比例、均衡等问题，他指出，比例是美的外貌，是组合细部时适度的关系。在西方的审美艺术中，形式美的法则具有一定的普遍性，不仅影响到绘画、雕塑和建筑，甚至影响到西方的园林艺术。西方园林讲求轴线对称、均衡的布局，精美的几何图案构图，强烈的韵律节奏感都明显地体现出对形式美的刻意追求。中国造园虽然也重视形式，但倾心追求的却是意境美。中国造园注重"景"和"情"的和谐统一，"景"自然也属于物质形态的范畴。但其衡量的标准则要看能否借它来触发人的情思，从而具有诗情画意般的环境氛围，即"意境"。这显然不同于西方造园追求的形式美，这种差异主要源于中国造园的文化背景。中国的园林艺术，深深植根于中华文化的沃土之中，它不仅仅是对自然美的模仿，更是对自然美的提炼和升华。它追求的不仅仅是形式上的美，更是意境上的深远。中国的园林，往往以山水为主题，通过巧妙的布局和设计，将自然美景融入其中，使人在游览的过程中，能够感受到自然的美，同时运用各种造园手法，让人能够领略到人文的韵味。如借景、堆石、引水等，既能够让人放松身心，又能够引发人的思考和感悟。因此，中国的园林，常被看作是人与自然和谐共生的象征，也是中华文化的重要载体。

　　中国建筑中的自然美，是一种深植于中华文化传统中的审美理念，它体现了人与自然和谐共生的哲学思想。这种美不仅体现在建筑的形式、布局和材料的运用上，更蕴含在建筑营造的意境与氛围中，主要体现在四个方面：第一，形式与自然的融合。中国古建筑在形式上常常模仿自然界中的形态，如屋顶的飞檐翘角，宛如展翅欲飞的鸟翼，既具有实用性又富有动态美；又如园林建筑中的亭台楼阁，往往坐落于山水之间，

中国古建筑上的脊兽

中国建筑中的自然美

形态各异，与周围的山水林木融为一体，形成"天人合一"的和谐画面。第二，布局与环境的协调。中国建筑的布局讲究"风水"学说，其核心在于追求人与自然的和谐。在选址上，建筑往往依山傍水，顺应地势而建，既有利于生活生产，又能借自然之景增添建筑之美。在建筑群的规划中，通过轴线对称、院落组合等方式，形成层次丰富、变化有序的空间布局，使人仿佛置身于一幅流动的山水画中。第三，材料与自然的对话。中国古建筑在材料运用上也力求与自然和谐。木材、砖瓦和石材等自然材料被广泛应用于建筑中，这些材料不仅具有良好的物理性能，还能随着时间的推移呈现出独特的岁月痕迹，增添建筑的历史韵味。同时，建筑师还善于利用这些材料的自然质感、色彩和纹理，创造出既朴素又高雅的建筑风貌。第四，意境与自然的共鸣。中国古建筑中的自然美还体现在其营造的意境上。通过巧妙的借景、对景和分景等手法，将远处的山峦、近处的流水，以及四季的变换等自然元素引入建筑空间，使人在建筑中也能感受到自然界的生机勃勃和无穷变化。这种意境的营造，不仅满足了人们的物质需求，更满足了人们对精神世界的追求和向往。

第四节 大学生与自然美

◆一、自然美对当代大学生的重要性◆

在现实生活中，科学知识的价值力量和严峻的就业形势，使大学生几乎把所有的精力和热情都放到了专业学习和各种可以提升就业竞争力的"考级""考证"上，这种做法严重限制了大学生其他素质的发展。大学生应该走出户外，珍惜自然，热爱自然，以促进个人全面发展。

目前，部分大学课堂仍采用灌输式教学模式，这导致一些大学生缺少敏锐的感觉、直觉、领悟和活力，在看问题、做事情时往往呈现出模式化、程式化的现象。正值风华正茂的年龄，他们却未能给人一种意气风发的精神面貌。相当一部分大学生的心理状态、审美境界、意志力和人生态度与他们所具备的专业知识水平不匹配，这束缚和制约了他们向高层次的发展。造成这一问题的原因固然是多方面的，但不可否认的是，它也折射出大学生审美教育的严重缺失。

大学生的全面发展是高等教育的重要目标，而美育则是大学生全面发展的重要组成部分。美育关乎大学生健康成长，在大学生人生发展中具有重要意义，因此成为社会关注的中心和焦点。学习固然是大学生的首要任务，但是在课余时间开展自然美审美活动也同样重要，因为自然美审美活动既可以让紧张的学习生活得以调节，又可以在大自然的熏陶下开阔眼界、修身养性、吸取知识和丰富生活，从而焕发青春活力和朝气，激起对美好生活的憧憬和热爱。因此，当代大学生既要在课堂上和图书馆里研读有字之书，修得"真经"，又要不为"本本""围城"所囿，走出书斋，走出象牙塔，投入大自然的怀抱，解读无字之书，努力把探索的目光延伸到更广袤的世界之中去。

◆二、大学生怎样进行自然美审美◆

大学生进行自然美审美的方式多种多样，这不仅需要他们具备一定的审美素养，更需要他们用心去感受和体验。

首先，大学生应该培养对自然美的热爱和敬畏之心。自然是生命的源泉，是万物生长的摇篮。从雄伟的山川到潺潺的溪流，从广袤的草原到茂密的森林，自然中处处充满了美，大学生应该留心观察，发现身边的美好，让这种美深深镌刻在自己的心中。无论是校园内的绿树成荫、鸟语花香，还是校外的山川湖泊、云海日出，都蕴含着丰富的自然美。

其次，大学生应该提高自己的审美素养。审美素养是对美的感知、欣赏和评价的能力。大学生可以通过阅读美学书籍、欣赏艺术作品，以及参加艺术活动等方式，提高自己的审美素养。同时，大学生也可以学习自然美的相关知识，如自然地理、生态环境等，以便更好地欣赏和理解自然的美。

再次，大学生应该积极参与自然美的实践活动。实践是检验真理的唯一标准，也是提高审美能力的有效途径。欣赏自然美不仅要看，还要听、闻、摸、尝。大学生可以走进大自然，亲身感受大自然的神奇和美妙。例如，在山林间徒步旅行，听鸟鸣虫叫；在海边漫步，感受海风的吹拂和海浪的拍打；在田野里劳作，观察农作物的生长和变化。这些深入体验能够让大学生更加深入地了解自然、感受自然。大学生还可以通过户外探险、摄影和绘画等方式，亲身感受自然的美，将这种美通过实践表达出来。这样的实践活动不仅能让大学生更深入地了解自然，也能让他们的审美能力得到锻炼和提高。

最后，大学生应该树立保护自然的意识。自然是我们共同的母亲，我们应该像爱护母亲一样爱护自然。大学生应该积极参与环保活动，倡导绿色生活，为保护自然贡献自己的力量，也应该通过自己的审美活动，传播自然之美，让更多的人了解和珍惜自然。

宗白华曾说："大自然中有一种不可思议的活力，推动无机界以入有机界，从有机界以至于最高的生命、理性、情绪、感觉。这个活力是一切生命的源泉，也是一切'美'的源泉。"想象力再造的或艺术描绘的山河，不能带来潮湿的、有泥土味的空气，不能带来徐徐拂面的清风和沁人心脾的凉意；而历史所记录的山河旧事，更难以带来声的起伏、光的变化和力的冲击。没有与自然的直接接触，就无法获得那不可思议的活力和难以言说的美。

人与自然

思考题：

1. 自然美的本质是什么？请结合实用、审美和畅神三个阶段，分析自然美的产生与发展过程。

2. 试比较中西美学中自然美的不同之处，并分析造成这种差异的文化背景。

3. 自然美与社会美、艺术美和自然生态美有何不同？请举例说明它们是如何相互影响和互补的。

第三章

社会美

本 章 概 述

社会美是人们在社会关系中所展现的美，其本质是一种关系美。不同时期的美随着人类生产劳动的范围、层面和劳动工具的变化而变化，因此，生产领域的社会美是动态发展的。本章通过对社会美、社会风尚美、人格精神美和社会环境美等概念的内涵、特征和意义等方面进行阐释，使学生对社会美和社会美育有一定程度的理解。此外，结合前面章节的学习内容，我们可以将社会美与自然美、艺术美进行类比，进一步提高学生对社会美特征的认知，为培养学生高尚的人格精神美、构建良好的社会风尚美和社会环境美提供理论支持。

社会美是一个多维度的概念，它是对社会的文化传统、礼仪风度和公德行为等价值观念的美学追求，具体包括社会风尚美、人格精神美和社会生态美等多个方面。社会美无处不在，无时不有，它普遍存在于社会的各个领域，并与人类的社会实践活动有着直接的联系。从日心说的提出到三大运动定律的确立，从量子力学的诞生到相对论的提出，从蒸汽机的发明到电机、内燃机的广泛应用，再到以计算机为代表的网络时代的兴起，人类历史上三次技术革命的历程，体现了人们以生产实践为基础，对理想化、科技化和数字化美好生活的向往。

第一节　什么是社会美

　　社会美作为一种内容美，通常以积极肯定的生活形象展示在人们面前。它不仅来源于实践，而且是实践最直接的表现，其独特的审美价值既蕴含着比大自然更加绚丽夺目的美，又为艺术美提供了重要的素材与灵感。作为一种社会意识，社会美是由经济基础、政治制度和文化观念等多重因素共同塑造的。它既是对社会现实的反映，也是社会价值取向、行为方式和发展态势的重要影响因素。因此，学习、认识和研究社会美，无论是对于人们认识、发现和构建可持续性发展的社会历史之美、社会生活之美，还是对于提升人自身的审美素养，都有着重大的意义。

◆一、社会美的内涵◆

　　在现实生活中，美的存在形式有社会美、自然美、形式美和艺术美四种，它们均源于社会实践，而分析这些美的存在形式有助于人们进一步探索美的本质。通常情况下，人们把生活中广泛存在的且与社会实践紧密相连的美统称为社会美。从这个层面看，社会美是在特定社会形态中充分体现了该社会的某种思想、某种观念以及某种风尚的一种美，是社会实践的产物。这也印证了王国维笔下的"夫岂独天然之美而已，人工之美亦有之"。那么，什么是社会美呢？杨辛、甘霖在《美学原理新编》中是这样分析的："社会美包括人的美、劳动产品的美、劳动环境和生活环境的美等等。"[1]

　　首先，社会美体现于人的本身。社会生活丰富多彩，而社会又是由人组成的，一切社会事物都与人有关。因此，社会美也总是与人的活动紧密相连，直接或间接地通过各种形象展现人的本质、力量或理想，体现了人们对美好生活的追求和对和谐社会的向往。历史上那些为了人类的进步和解放而奋勇战斗的英雄人物，他们展现出的勇敢、智慧和献身精神等都是社会美的重要体现。例如，新民主主义革命时期的美术家怀着与祖国同呼吸共命运的初心，为了寻求中华民族的解放、民主、自由和独立，他们以笔为武器，创作了数以万计的光辉作品。这些作品深刻地再现了中国人民为民族解放而斗争的场景，在文化宣传领域做出了杰出的贡献。徐悲鸿就是在这种社会背景下诞生的一位"为人民而艺术"的大家，他在民族危难时刻创作了《九方皋》《愚公移山》《傒我后》等一大批作品，激发了广大人民群众的爱国热情。那些悲天悯人、愤世嫉俗、歌颂英雄人物与鞭笞邪恶的创作主题发人深省。他创作的马也"哀鸣思战斗，迥立向苍苍"，尽显一股铁骨铮铮、气宇轩昂的豪迈气概。蒋兆和以写实主义手法描绘的《流民图》，深刻地反映了旧中国风雨飘零、积贫积

徐悲鸿的《九方皋》

---

1. 杨辛，甘霖．美学原理新编[M]．北京：北京大学出版社，1996:60.

弱、民不聊生的社会现实，进而唤起了广大人民对美好生活的渴望和对自由的向往。历史上那些具有家国情怀的先进人物，以自己的方式弘扬了社会正能量，为创造美好的社会生活贡献了自己的力量。因此，社会中独立个体美好的存在方式影响着社会美的进程。

蒋兆和的《流民图》上半部残卷

其次，社会美体现在劳动产品上，主要展现于那些改变了自然原有感性形式的劳动产品中。劳动产品是人们在生产实践中，运用智慧和创造力对自然物进行加工和改造的结果。当田野中的自然作物还保持着原有的感性形式时，它们虽然经过了人的栽培，但仍属于自然美的范畴。然而，当田里的棉花被加工成线、布或衣服时，棉花的感性形式就发生了改变，转而属于社会美了。那些我们平常在大街小巷里看见的手工艺品，如兔儿爷、北京毛猴、拨浪鼓等，无不凝聚着人类的智慧。这些美的存在体现了人类的本质力量，满足了人们的物质需求，丰富了人们的审美体验，因此成为了社会美的重要组成部分。

总之，人类通过自己的智慧、劳作和创造力，为社会设计出了美的劳动产品，营造出了美的劳动环境和生活环境。这既为人们提供了日常的便利，又为人们的身心愉悦提供了舒适的服务。同时，美的劳动产品还促使人们更好地实践，从而共同创造出更加理想的社会美。

◆二、社会美的特征◆

人类的社会实践促进了社会的发展与进步，而社会的发展和进步反过来丰富了人类的社会实践。现代人的社会实践内容之广，不仅远非古人所能比拟与想象，即便是现代人，稍不留神也会跟不上社会发展的步伐。目前，人类社会已进入到了以人工智能、区块链等为代表的新技术时代，社会实践的深度和广度都会促使社会美向更高阶段、更多元化的领域迈进。

（一）社会美具有强烈的实践性

社会美区别于自然美与艺术美，它必须依附于社会实践，渗透到人与人之间的社会关系中。作为美的形态之一，社会美深刻地反映了社会实践的痕迹。因此，社会实践性便是社会美最大的特点。既然社会美与社会有着直接的联系，那它是通过哪些形式呈现出来的呢？其背后又凸显出哪些方面的内容呢？当前流行的美术馆与社区联动的美育展览、美育沙龙及美育剧场等公教活动就是很好的案例，这些公共文化落地的合作模式丰富了社区居民的文化生活、促进了艺术与社会生活的深度合作，还体现了新时代下新的文化思想和新的生活方式。由此可见，社会美是社会实践的产物，并随着时代发展而不断演变。马克思说："社会生活在本质上是实践的。"[1]北京鸟巢不仅是奥运的记忆，也是人类为体育盛会而设计的场所，它凝聚了人类的智慧、劳作与审美。当我们乘坐高铁，欣赏其内部设计时，那些流动性的线条，不只是形式美的体现，也是时下审美标准与生产技术的结晶。这些生活中随处可见的案例，都体现了人类通过社会实践赋能社会生活的方方面面。

（二）社会美具有明显的功利性

社会美是合乎目的和意识的，它的内容与社会实践中所追求的功利性、目的性需求有着紧密的联系。换言之，社会美体现在我们对社会开展的活动是否有益、有利或有用上，其衡量标准即我们通常所说的"善"。那些对人的实践无用或有害的事物本质上是不能称为"善"的，往往也不能称为美的。尽管善不等于美，但它是美的基础、前提和内容。在社会实践的层面，美与善是相互依存且统一的关系。我们感受、评价社会事物和社会现象是否具备美，主要考虑其内容是否具有一定的生命力，是否符合善，是否对社会有益、有利、有用，是否体现了历史发展的客观规律。正如东晋时期顾恺之在其《女史箴图》中所题："人咸知饰其容，不知饰其性。"

总而言之，不同时期美的评价体系虽有差异，但内外兼修、美与善相结合的衡量标准往往是一脉相承的。美是需要对社会有利的、有帮助的、有推动作用的。

（三）社会美具有实在性、确定性和稳定性

社会美是具有实在性、确定性和稳定性的美。要深刻理解社会事物和社会现象的内在本质及其明确、持久的社会价值，我们必须在感知它们的过程中，追溯其历史渊源并理解其文化传承。既然社会美是在社会实践中形成的，并且是由社会事物、社会现象本身的性质所决定的，而非个人联想或想象的结果，那么人们在长期的生产实践中逐步认识、总结并掌握的社会现象与规律，会衍生出怎样的社会美呢？比如，博物馆展厅内那些原始陶器上的兰纹、席纹和绳纹等编织纹样，是经过古人长久的实践经验之后逐步形成的一套规整化、固定化、图案化和流程化的纹样。这些纹样既是当时人类在精神层面对农业文明及社会生产依赖的自然稳定秩序的反映，也是一种稳定性、程序性、规范性的要求和实践成果。在漫长的历史进程中，社会美作为一种稳定的、持久的、有经验的价值判断，在改造自然和社会的活动中显现为一种真实的存在，它的表现手法可以是艺术化、多元化的，但其内容却是实实在在的，并且能够随着社会的发展慢慢变得更加确定和稳定。

（四）社会美与社会历史条件密切相联系

与自然美不同，社会美直接依赖于社会历史条件，因为社会美的内容直接来源于人们在当时当地的社会生活。人是一切关系的总和，生产关系作为物质关系的基础，制约着人们的思想和政治关系。同时，人们的审美关系受制于物质条件、政治环境和社会文化观念，并随着这些条件的变化而变化。例如，非洲丁卡族的妇女戴20磅的铁环，起初可能并不是出于审美的目的，而是为了彰显财富，随着时间的推移，"富"逐渐与"美"的观念相结合，形成了富就是美的观念。普列汉诺夫曾说："把20磅的铁环戴在身上的丁卡族部落妇女，在自己和别人看来，较之仅仅戴着两磅重的铁环的时候，即较为贫穷的时候，显

---

1. 弗里德里希·恩格斯，卡尔·马克思．马克思恩格斯选集：第1卷[M]．北京：人民出版社，1972:18.

得更美。很明显，这里的问题不在于铁环的美，而在于同它一起联系的富的观念。"[1] 因此，社会美是特定时代的实践产物，具有该时代的经济、政治、文化、民族和阶级特色。

生产关系和阶级关系决定着社会美。生产关系不仅决定着人们的生产方式、财富的分配方式，在某种层面上还决定着人们的生活方式和精神状态，以及人们如何看待自己和他人。综上，生产关系一定程度上决定着社会的审美。早在原始时期，出于求生的本能，人类制造了各种工具，石器的造型从简单到复杂，从粗糙到精细，从凹凸不平到光滑匀整，从不规则到逐渐类型化。[2] 人类通过原始生产劳动主观能动地认识和改造着大自然。在此过程中，人类显现出区别于其他动物的意志、本质力量和原始美感，如陶器的制作、岩画的绘制等一系列原始劳动成果构成了原始社会美的静态形式。随后，阶级的诞生导致了原始状态社会美的瓦解，劳动工具在从使用价值向审美价值转变的同时，也推动了社会美的进步与发展，即使这种进步是以奴隶的苦役和牺牲为代价。然而，不同阶级对美的认知和追求受到了阶级关系的制约，因此，不能简单地将某个阶级公认的美视为真正的美。

第二节 社会与社会风尚美

社会风尚美是指在社会中普遍认可和推崇的美好行为方式、审美标准和价值观念，它是社会关系的美、人际关系的美。它体现了人在社会生活中正常、健康的关系以和谐的内容与形式所展示出来的人的本质力量，代表了一种审美观念、价值取向、道德规范、行为准则和社会圈层对美的认同与追求。博物馆是时间的丈量者，也是美的传承者。那些静默于博物馆展柜里的器物，叙述着不同时期的人们的审美追求，又启迪着当下的观众去感受不同时期器物的美学魅力。当我们置身于北京大运河博物馆内，"古塔凌云""长桥映月""柳荫龙舟"等与大运河息息相关的物理展陈空间，折射出春秋战国、隋、唐、辽、金、宋至明清时期的古老文明。这条跨越了 2500 多年历史、奔流了 3000 多公里的大运河也唤醒了我们对不同时期社会风尚美的记忆。本节，我们将从历史的角度去揣摩社会与社会风尚美，以及二者的关系。

北京大运河博物馆

◆一、历史与社会风尚美◆

社会风尚作为特定时期、特定社会群体中普遍认同和遵循的价值观念、行为规范，以及审美标准等，反映了时下社会的主流思潮和文明水平。作为社会文化的一种表现形式，社会风尚涵盖了人们的生活方式、价值取向和审美趣味等，对人们的行为和思想产生着重

1. 普列汉诺夫. 普列汉诺夫美学论文集：第 1 卷 [M]. 北京：人民出版社，1983：410.
2. 杨辛、甘霖. 美学原理 [M]. 北京：北京大学出版社，2003:96.

要的影响。正如王国维所言："凡一代有一代之文学。楚之骚，汉之赋，六代之骈语，唐之诗，宋之词，元之曲，皆所谓一代之文学，而后世莫能继焉者也。"[1] 不同时代的文学形式反映了当时的社会风尚美，深刻体现了人们对真、善、美的道德准则和价值观的认同。人们不断地追求着道德规范、人际关系和社会责任的深层意义。这些追求展现了他们对美好生活的向往，反映了他们在特定社会背景下对行为准则的理解和实践。例如，宋代重文轻武，文官居多，俸禄高，大臣傲，重赏赐。从宫廷到市井，整个时代的社会风尚和社会氛围与前期相比都有很大的变化。再如，当今在人工智能高速发展的背景下，在时下火爆的《哪吒2》中，哪吒与敖丙在鼎内的决战场景，便是通过 AI 模拟摄像机的运动轨迹，生成多角度战斗预演的。依托 AI 集群算法自动生成 2 亿个捕妖队角色方阵，近景保留毛发细节，远景自动简化模型。AI 技术的运用不仅使得单场景制作成本下降了 45%，还贴合了年轻人智能化、游戏化的审美趣味。这种对优秀传统文化进行时代化新表达的方式彰显了蓬勃发展的当代社会新风尚。

《哪吒2》剧照

（一）传承性

社会风尚美的传承性主要体现在将美好的价值观、审美标准和行为规范代代相传，并使它们在社会中得以延续并发扬光大上。这对于维护社会的文明传统和道德规范，以及促进社会的和谐稳定和文化繁荣具有重要的指导意义。因此，疏通社会风尚美传承的渠道就显得尤为关键。在家庭教育方面，父母是孩子的首任教师，他们的言行举止可以直接影响孩子品行的形成与发展，孩子通过模仿父母可以学习到诚实善良、助人为乐和尊重他人等品行。在社会教育方面，美术馆、学校和社会团体等社会组织机构通过举办展览、开展课程、进行教育宣讲、利用媒体传播和组织公益活动等方式，来培养学生的审美能力和思想美德。同时，媒体通过报道感人故事、宣传优秀道德模范等方式，让人们可以切身体验到帮助他人、关爱社会的精神满足与心灵上的快乐，进而为弘扬社会的良好风尚、共建更加美好的社会大家庭奉献出重要的力量。北京市地铁运营有限公司供电分公司第六维修项目部运行检修师、二级工匠孟艺兵，先后获得 2020 年第二届"北京大工匠提名人物"、2022 年"首都劳动奖章"、2023 年"国企楷模·北京榜样"称号，2024 年获得全国五一劳动奖章。在北京市地铁房山线运营初期，由于技术人员无法在短时间内准确查出故障的原因，极大地影响了房山线的顺利运营。孟艺兵利用 30 天左右的时间，找出了故障原因，修复了故障设备，保障了广大市民安全便捷出行。媒体对孟艺兵的事迹进行了全方位的宣传，鼓舞更多市民传承这种乐于奉献的精神。

（二）礼仪性

礼仪之美，往往体现在个人的仪表、举止和风度上，能够转化为人的风韵、风度和高雅气质。如果说人体美是天然因素占主导性的地位，那么人们在后天培养的礼仪对于社会

---

1. 王国维 . 美学三境 [M]. 苏州：古吴轩出版社，2022:151.

风尚美的塑造则具有十分重要的作用。这种培养过程不仅表现在人的服装、发式、姿态、笑容和神采等方面，更与整个社会的经济、政治、传统和民俗等有着紧密的关系；同时，也与个人的思想道德、格调情操、精神气质、审美情趣、理想志向等密不可分。民国时期社会虽然动荡不安，但是人与人之间的社交却遵循着一些约定俗成的行为规范和仪式礼节。该时期的知名人物、名媛故事、民国服饰及艺术成就，无不流露出礼仪性的社会风尚美。例如，公共场合中逐渐用握手礼代替了旧时的跪拜礼，称呼上也用"先生""同志"代替了"老爷""大人"等。这一系列变化从一个方面说明了社会的风尚向更加美好、文明的方向发展。

社会风尚美是一种长期的历史文化积淀，它是稳定的，并通过各种媒介代代相传，将过去人们的智慧和美德传给后人。在人与人的交往中，除了遵循约定俗成的美德和规范，我们也需要注意自己的言行举止，哪怕是排队等候、不乱扔垃圾和不随地吐痰等这些小细节，都是对他人的尊重和对社会公共秩序的维护。

总而言之，社会风尚美的传承性和礼仪性在历史文化的延续、家族和民族文化的传承、教育体系的融合、言行举止的规范、社会交往的礼节，以及公共秩序的维护中都有所体现。这些方面也共同构成了社会风尚美丰富的内涵和独特的魅力。

◆二、当代与社会风尚美◆

在当代的学习和生活中如何去发现社会风尚美？这不仅要从外在的形象和行为方面去挖掘，更要在人们内在的品德和态度方面进行剖析。当代社会倡导积极向上的生活态度，倡导和谐相处和互助共生的关系，鼓励人们在面对困难和挫折时保持乐观和坚韧不拔的精神面貌。这种生活态度不仅有助于个人的成长和发展，也有助于良好社会氛围的形成和营建。

社会风尚美

（一）时尚性

时尚是变化着的，其本身具有不断更新的属性，并受到经济、历史、工艺、材料和科技等因素的制约。时尚在服饰和外表方面表现为流行的服装款式、发型设计、装饰搭配和流行色彩等，反映了当下的个性表达与审美趋势。中唐社会的上层风尚因之日趋奢华、安闲和享乐，浅斟低唱、车马宴游日益取代了兵车弓刀的边塞生涯，连衣服时尚也来了个变化，宽袖长袍代替了天宝时的窄袖紧身[1]。2024 年，巴黎奥运会的田径赛场上出现史无前例的紫色跑道。紫色结合了蓝色的冷静和红色的热情，同时代表着法国普罗旺斯薰衣草的颜色，奥运会组织委员会希望通过这种色彩的跑道打破传统，在视觉上为观众和运动员带来焕然一新的视觉体验和心理感受，跑道的材料、结构和环保方面也融入了新的理念和美学追求。这些跑道多采用可回收材料或可再生材料制成，在实现材料节能和可持续发展的同时，

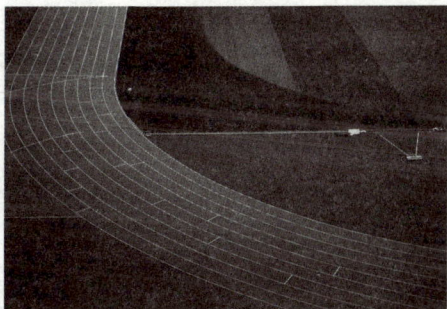

巴黎奥运会田径赛场一角

1. 李泽厚. 美的历程 [M]. 北京：人民文学出版社，2021:174.

又引领了新的审美时尚和流行趋势。

　　总而言之，社会风尚美的时尚性多体现在生活方式和行为规范等方面，它在人们的社交方式、娱乐模式和消费理念等方面推动社会文化的发展、个人和时代审美的变迁，反映了时代的时尚潮流、精神内核、思想表达、价值取向和审美趋势。

（二）艺术性

　　在艺术与设计领域，社会美的艺术性表现得极为突出。兴起于20世纪60年代的波普艺术，正值西方社会经济高速发展的时期，大众消费的习惯日益彰显，波普艺术家开始关注通俗文化中的图像，比如广告栏、连环画、杂志和超市商品的图像等。英国年轻女设计师玛丽·匡特设计的迷你裙，成为20世纪60年代年轻人反抗刻板印象的前沿象征，引领了时尚潮流。法国设计师伊夫·圣罗兰深受波普艺术的影响，并将该风格的艺术品图案运用到时装设计领域，创作了如"蒙德里安"主题服装等具有视觉冲击力的作品。波普艺术不仅影响了时装设计领域，因其独特的艺术性，也与奢侈品牌展开了多方位的跨界融合。安迪·沃霍尔作为波普艺术的开创者之一，凭借其极强的标志性艺术风格和对流行文化的深刻洞察力，将他的作品与奢侈品相结合，形成了一种标志性的艺术现象。香奈儿、范思哲、普拉达、迪奥等品牌也通过借鉴他创作的艺术元素，推出众多备受追捧的限量版产品，将经典留存于当代。近年来，日本艺术家村上隆与路易·威登，奈良美智与 Stella McCartney 的品牌合作，都体现了当代社会风尚美所流露出的艺术性。这种艺术与社会流行文化相结合的方式，激发了新的消费观念和审美标准；与此同时，通过人们的再创造，又展现出了艺术与商业的完美结合，进而推动了人们新的审美观念和生活方式的出现。

第三节　人与人格精神美

　　人格代表一个人的整体精神面貌，是具有一定倾向性和比较稳定的心理特征的总和。英文的人格（Personality）源自拉丁文"Persona"，意指"面具"，原本用于描述戏剧中的人物身份、性格特征的具体表现，后来逐渐演化为综合了一个人的遗传因素、社会环境因素和历史因素的实践综合体。弗洛伊德的精神分析学说把人格构成分为"本我"（无意识）、"自我"（潜意识）、"超我"（意识或显意识）三个部分。荣格的分析心理学则把人格分为外倾型、内倾型和综合型三大类，然后分别与思考、感情、感觉、直觉相配合，形成了八种人格：内倾思考型、内倾感情型、内倾感觉型、内倾直觉型、外倾思考型、外倾感情型、外倾感觉型和外倾直觉型。马斯洛把人格的形成视为一个自我实现的过程，即一个由普通人通过务实的自我实现不断超越自我的过程。我们认为，人格及其形成是一个社会实践的过程，它涉及生活实践、审美实践和艺术实践，人格的完整性、确定性和稳定性依赖于人类的深层心理和深层审美心理的保存和完善。

　　人格精神美通常指一个人内在的高尚品质、道德准则和价值观，以及外在的行为举止和待人接物的方式。拥有人格精神美意味着一个人具有诚实、善良、公正、勇敢和宽容等美德，能够展现出高尚的道德和良好的品格。这种人格精神美不仅对个人自身的成长和幸福有益，而且还能对周围的人产生积极的影响，甚至有助于构建和谐的家庭关系、工作关系和社会关系。因而，追求人格精神美是每个人都值得努力的目标。魏晋时期是一个在精神层面上极为自由的时代，也是一个艺术精神极为丰富的时代，该时期的竹林七贤便是突出的案例。嵇康是该时期最富独特风格与个性的名士，他仪表堂堂，具有卓然不群的外在美，又有真率自然、肆意旷达、潇洒倜傥、刚肠嫉恶的人格魅力。他那种浸润着老庄哲学的超脱与恬静生活态度，不禁让人联想到"手挥五弦、目送归鸿"所描绘的高雅而超然的人生境界。嵇康的琴艺在当时无与伦比，他的文章风格同样独树一帜，其文格和人格总是保持着高度的统一，并将这种精神体现在他的日常生活之中，一曲《广陵散》便是历史绝唱，延绵至今。总之，嵇康的魅力不仅体现于他的外在美，更在于他内在的精神追求和艺术成就。而这种在生活实践、审美实践和艺术实践过程中生发出的人格精神美，体现了其人格的完整性与稳定性。

◆一、理想与价值观◆

理想与价值观对人格精神美的影响极其深远，它们共同塑造了一个人的内在品质与外在的精神面貌，使人格精神呈现出独特而动人的美感。理想犹如一盏明灯，照亮了我们前进的路。一个拥有崇高理想的人，其人格精神往往充满了力量感；一个拥有正确价值观的人，其人格精神也会散发出一种持久的、稳定的美。这种美超越了外表和物质条件，它是一种深刻、高尚且源自精神层面的美。那么，什么是理想？什么是价值观？崇高的理想和正确的价值观又是怎样反作用于人格精神美的呢？

（一）理想

个人或集体对未来美好事物的希望和设想，往往是在实践中逐步形成的，这一过程构成了理想形成的基础。理想常常表现为一种奋斗目标或者精神寄托，激励着人们不断前进，帮助人们在遇到困难时保持坚韧不拔的精神状态，并努力将其变为现实。因此，理想的首要价值在于它具有导向、驱动和调控作用。此外，理想还具有时代性、阶级性、实践性等特征，它随着社会历史条件的变化而变化，不同阶级有着不同的理想追求。

理想可以分为社会理想（对社会制度的理想）、道德理想（对人的品德的理想）和美的理想等。各种理想的形成都源于人的实践，而政治理想与现实的关系尤为密切。崇高理想的形成不仅源于实践，而且受到政治理想、社会理想及道德理想的深刻影响，它充满了对未来生活图景富有激情的想象，是人们在头脑中创造的关于美好新世界的蓝图，也是人类精神美的集中体现。爱国人士方志敏在狱中给友人的信中写道："如果我能生存，那我生存一天就要为中国呼喊一天。如果我不能生存——死了，我流血的地方，或许会长出一朵可爱的花朵，这朵花，你们就看作是我精诚的寄托吧！"[1]这段话体现了一位伟大的无产阶级战士的崇高理想。当我们联想到方志敏在就义前戴着脚镣、手铐，但精神却

方志敏烈士

---

1. 缪敏. 方志敏战斗的一生[M]. 北京：工人出版社，1958:107.

依旧威武不屈，他从容自若的伟岸形象蕴藏着理想的巨大力量，这种力量至今感召着我们。他那大无畏的爱国主义精神，正是他为国为民的正向价值观的生动体现。

（二）价值观

价值观作为个人精神世界重要的组成元素，折射出一个人对周围客观事物（包括人、事、物）重要性的评价或看法。这种评价或看法是主体根据自身需求，对客体进行的价值判定。一个人的认知和需求状况在价值观的实践中，决定了其对事物好与坏、美与丑、善与恶、是与非等的重要心理倾向体系。因此，正确的价值观是人们人格精神美塑造过程中不可或缺的部分。

每个时代、每个阶级有着不同的人生观、世界观和社会理想。正确的人生观是个人行为和思考的基础，它涵盖了对于人生价值、意义及人与自然、人与人、人与社会之间正面的理解。正确的人生观指引着人生方向，可以帮助人们以乐观、积极向上、坚韧不拔的态度面对生活中的挑战和困难。同时，通过树立正确的人生观，个人可以将其作为奋斗目标，在实现自身价值的同时又能为社会多做贡献，实践个人与社会可持续性和谐发展的社会理想。至于个人或集体是否真正美好，存在一个客观的社会标准，即是否有利于人们创造力的发挥和大多数人民的利益。爱因斯坦认为："生命的意义在于设身处地替人着想，忧他人之忧，乐他人之乐。"早在战国时期，孟子就提出："乐以天下，忧以天下"。北宋范仲淹又进一步提出"先天下之忧而忧，后天下之乐而乐"。可见，古今中外都是赞美先人后己、为他人谋幸福的人生观、世界观和社会理想，因为它超越了"趋利避害"的生物本性，而诠释了人的自由、自觉的创造性的本质。[1]这种人生理想在各个时代、各个阶级有着不同的内容，但都起着推动人类社会进步的作用，因此都是美好的。

在明确了理想与价值观的内涵之后，我们可以发现二者是相互依存、相互促进的。正面的理想为人的发展指明了奋斗的方向，理想的实现过程会不断强化个人的价值观；个人或者集体在价值观追求的同时，又为理想的形成和践行提供了动力源泉和精神支撑。正确的价值观可以帮助人们塑造积极的人格，对事物进行正向的判断，并做出符合社会发展规律的行为方式；错误的价值观会削弱人的精神品质，阻碍人的长远发展和全面进步，甚至会破坏社会的整体稳定。因此，我们应该积极培养和践行正确的价值观，以促进富有魅力的人格精神美的形成与提升。

◆二、品德与情操◆

高尚的品德和情操也是人格精神美的重要内容。品德是人们自觉的道德意识和行为，情操是由思想、感情、意志等构成的相对稳定的心理状态。它们受到人生观的指导和制约，是通过人们言行举止表现的，从而显示出心灵的状况。[2]

（一）品德

品德，往往是个体在道德行为上所表现出的稳定特征和倾向。它是个体道德认识、道德意志、道德情感和道德行为的综合体现，反映了个体在处理与他人、社会和自然之间的

---

1. 陈明金，肖小宁，张柏清，等．素质教育因素研究 [M]．武汉：武汉大学出版社，2006：105.
2. 陈明金，肖小宁，张柏清，等．素质教育因素研究 [M]．武汉：武汉大学出版社，2006：106.

关系时所遵循的道德准则和规范。品德的形成受到家庭、学校和社会等多方面因素的影响，是一个长期、复杂且持续发展的过程。良好的品德包括诚实守信、正直勇敢、宽容善良和尊老爱幼等，这些品德不仅使个体在社会中受到他人的尊重和信任，更能促进社会的和谐与稳定。相对地，缺乏这些品德的个体可能会展现出自私、虚伪、欺骗和暴力等不良特征，长此以往，将对社会产生负面影响。

外在美是现象、是形式，它不起决定性的作用，而内在的品德之美是本质、是内容。丹纳说："缺少精神，肉体就残缺不全，像流产的植物一样无法开花结果；一个人无论拥有何种完美的身体，必须有完美的灵魂才算完备。"德谟克利特说："身体的美，若不与聪明才智相结合，就是某种动物性的东西。"莱辛说："美的灵魂，可赋予一个并不优美的身躯以美感。"孟子所说："充实之谓美，充实而有光辉之谓大。"[1] 所谓"充实"，即充实仁、义、礼、智等道德品质，"使之不虚"。所谓"大"，不仅充实道德品质，而且发扬光大，使其具有"光辉"的气势。[2] 战国时期的荀子也说："形相虽恶而心术善，无害为君子也；形相虽善而心术恶，无害为小人也。"这里的"善""恶"，就是指"美""丑"。历史上许许多多的伟人，虽然早已与世长辞，但是他们崇高的人格精神美却持续地鼓舞后辈，前赴后继地为美好的理想而奋斗。普希金就曾经自豪地宣称："我的灵魂在百音交响的竖琴中，将比我的遗骸活得更加长久，且逃避了腐朽灭亡。"因此，人的外在美是内在人格精神美的外化，是它的感性形式。我们应该努力追求内在美与外在美的高度统一，这才是我们所向往的高尚的人格精神品质。

（二）情操

情操更多地侧重于个体在情感、审美和观念道德上的高尚追求和表现。它是在长期的社会活动中慢慢形成的，体现了个体的精神境界和审美追求，是人格精神美中更深层次的部分。品德优秀、情操高尚的人，往往具有美好的心灵。以陶渊明为例，在他担任县令的最后一年，已过"不惑之年"（41岁）。一次，郡里派督邮来视察，有人告诉他："那是上面派下来的人，你应当穿戴整齐、恭敬地去迎接。"陶渊明则说："我才不愿为了小小县令的五斗薪俸低声下气地去向这些家伙献殷勤。"说完，他便辞官归隐了。这种"不为五斗米折腰"的高风亮节，成为了中国后代有志之士的楷模。

品德和情操虽有所不同，但二者却关系密切。良好的品德是形成高尚情操的基础，具备诚实守信、勇敢坚毅、尊老爱幼等良好品德的个体，才能在情感、审美和道德观念上有更为高尚的追求与突出的表现；反之，则可能阻碍高尚情操的形成。此外，高尚的情操又能够进一步提升和完善个体的品德。个体通过培育爱国情怀和艺术追求等高尚品质，能够深入领悟道德的更广泛含义和价值，进而更加主动地践行道德准则与行为规范。

1. 于民. 中国美学史资料选编：上卷 [M]. 上海：复旦大学出版社，2008：23.
2. 杨辛，甘霖. 美学原理 [M]. 北京：北京大学出版社，2003：223.

第四节　人文与社会生态美

　　社会生态美是一个范围广泛且层次较为丰富的理念，它涉及社会系统与生态系统之间的相互关系。从广义上讲，社会生态美不仅关乎人与地球生态系统的健康及可持续发展，也涵盖人类文明和文化在社会系统中的大生态。我们所熟知的"生态兴则文明兴，生态衰则文明衰"的唯物史观，涉及实践视野、结构视野、过程视野、文明多样性视野和生态视野等多个维度。这种社会生态文明，是与物质文明、精神文明、政治文明相并行的文明形式，其所延伸出来的社会生态美伴随着渔猎社会、农业社会、工业社会及人工智能社会等文明形态的始终。社会生态美可大体归结于社会环境美和文化生态美两个方面。

◆一、环境与社会生态美◆

　　社会环境美是指人类对自身所生活的周围环境进行自觉性美化的结果，它包含广义的环境美和具体的环境美。前者涉及一个国家、一个城镇或一个自然景观等的建设美化程度；后者涉及具体的单位、家庭、工作或学习场所、生活空间、娱乐场所和休息区等公共空间等的美化状况。这些美化工作旨在提升人们的生活品质和幸福指数。自然环境的美则体现在山川湖海、花草树木、森林草原等自然元素的组合，以及空气等自然元素的清新与洁净上。优美的环境既可以美化人的心灵、保障人类的健康，又可以促进人与其他动物、生物和植物之间的绿色生态平衡。

　　基于社会环境美的重要性，提升欣赏社会环境美的感知力变得尤为重要。美感是从人对事物的感知开始的，当我们漫步于奇峰峻峭、花卉无垠的北京灵山风景区内，登上灵山之巅观云海、赏日出、闻花香、听林涛；抑或行走于江苏盐城国家级珍禽自然保护区，看到丰富多样的海涂生物、芦苇丛生的天然植被，体验到人迹罕至的空旷宁静，观赏到全球易危的丹顶鹤等珍稀野生动物及其赖以生存的滩涂湿地生态系统……这些通感体验会丰富和完善我们的审美感知。正如美学家王朝闻所说："只有诉诸感觉的东西，才能引起强烈的感动。"换言之，没有情感就没有审美感知。情感是人类对客观事物是否满足自身需求的一种体验。当某一对象能够激发美的感知并带来美的享受时，人们便会产生愉快、喜悦、满意和热爱等积极情感。

◆二、文化与社会生态美◆

　　在美的推进过程中，我们强调社会参与、共建共享的理念，鼓励社区居民、专家学者、民间组织以及政府机构等多方形成合作，共同营造多元共生的局面。通过传统知识的传授与教化，培养年轻一代人对非物质文化遗产的认知和理解，进而推动其创新型转化和发展。

　　大运河文化又称"京杭大运河文化"。京杭大运河是人类历史上开凿最早、流程最长的

京杭大运河杨洼船闸全貌

人工运河，它起源于春秋吴王夫差开凿的从江都（今扬州）到末口（今淮安）的南北水道邗沟，于隋代完成，于唐宋繁盛，于元取直，于明清疏通。直到清朝中期以后，大运河的作用才逐步减弱。大运河文化不仅是一种社会和历史现象，还是一种文化生态系统的重构，它展现了中国古代农业社会所创造的"运河城市群域性文化"的综合特征。2024年是大运河申遗成功10周年，扬州作为大运河的重要节点城市，

京杭大运河

在大运河国家文化公园建设、运河古市镇的复兴、水利工程保护、中国大运河博物馆的建设，以及相关的建筑和碑刻等文化资源发掘上，发挥着举足轻重的作用。在地方志的梳理与编撰方面，扬州同样在诗文、"八景文化"、传统技艺、地名收录等非物质文化资源的挖掘上，发挥重要的作用。这种流淌了2500余年的动态文明，与万里长城、都江堰、灵渠并列为世界最宏伟的四大古代工程，是中国古代劳动人民和水利专家尊重自然、合理利用自然、改造自然的伟大创造。综上所述，文化生态美是一种关注自然环境与人类文化相互关系的美学观念，它强调人们应该尊重自然、爱护自然、合理利用自然，并从自然环境之中汲取灵感，创造出具有魅力的文化艺术作品。这一观念对于推动生态文明建设、实现可持续性的发展具有非常重要的意义。

总而言之，社会美的本质是一种关系美。本章解析了社会美的内涵，并通过其社会实践性、历史性、过程性和稳定性所呈现出的社会风尚美，提出当代社会需要的理想与价值观、品德与情操。通过对高尚的人格精神美的塑造，人们可以在社会实践中发挥主观能动性，更加自觉地投入到环境与人文社会生态美的建设中。

思考题：

1. 社会美有什么特点？
2. 谈谈你对社会风尚美的认识。
3. 请再举出社会生态美的例子。

第四章

科技美

本 章 概 述

　　科技美，是科学美与技术美的合称。本章将全面探讨科技美，并依次讲解科技美的概念界定，科学美及技术美的内涵、特征、功能以及二者的异同点。其中，对科学美的理解是本章的难点，涉及对"美"这一概念的本质理解。本章尤为强调美是"人的本质力量的感性显现"，强调美的合规律性（真）及合目的性（善）的特征，这也正是科学美和技术美呈现的根基。通过本章的理论讲解与案例分析，学生将能够清晰地理解科技美，并具备独立分析科技美案例的能力。

第一节 什么是科技美

◆一、科技美概念的范畴◆

科技美是科学美与技术美的合称，是构成美育体系的重要组成部分。相较于艺术美、自然美，科技美这一概念让人感到陌生，容易引起人们对于科学技术与美学之间是如何联系的疑问。人们对"美"这个字眼并不陌生，我们常会用美丑来评价艺术作品、风景和人的长相等，但我们很少会将它使用于科技领域中。在人们的一般认知中，美多用来描述视觉形象的好坏。正是因为人们对美认知的狭隘和偏差，导致了人们对科技美理解的缺失。因此，在探讨科技美之前，我们有必要先明确美到底是什么，这也是理解科技美的关键。

对美的定义，一直是哲学家们争论的议题。目前，美学界基于马克思《1844年经济学哲学手稿》，已经普遍将美界定为"人的本质力量的感性显现"，[1]这也是本章所谈及的美的基础。人的本质力量是指"人类按照客观规律和自身目的进行自由创造的力量"，[2]它蕴含着合规律性的"真"及合目的性的"善"。因此，美是真、善的和谐统一。根据马克思主义学说，人类从动物界脱离出来，是从根本上完成了两次提升：第一次提升是从物种关系的视角出发，体现了人所具有的求真能力；第二次提升则是以社会关系的视角，强调了人所具有的向善力量。

真是美的前提和基础，求真是人类"日益获得把握客观必然性的自由"的过程。人类能够主动认识并把握客观事物的内在规律，如数理化的定律、公式以及各种自然界的运行规律等，并积极主动地认识自然、改造世界，而动物只能被动地适应自然。被联合国教科文组织列入人类非物质文化遗产名录、被世界气象界誉为"中国第五大发明"的二十四节气，是我国科学史上的一个辉煌成就。二十四节气是"中国人通过观察太阳周年运动而形成的时间知识体系及其实践"。[3]节气反映了太阳运行的规律，是祖先对宇宙及自然运行规律观察、掌握的体现，并在此之上指导人们的生产生活。二十四节气建立在对"真"（自然规律）的发现和应用之上，是科学美的体现。

二十四节气表

"善"是美的方向，它引领人们"不断改造阻碍历史前进的现实关系，以利于人类的发展"。人类的活动具有目的性，而"善"正是指人类通过实践活动所追求的那些有益于人类发展的价值目标。例如，古人制造石斧，便是在克服石头的天然属性以实现人的意志和要求，从而创造出人所需要的工具；现代机械、科技产品同样是在这种实践活动中诞生的。善的体现，尤其反映在接下来要讲到的技术美中。

---

1. 刘叔成，夏之放，楼昔勇，等.美学基本原理[M].上海人民出版社，1997:37.
2. 王滢.大学美育[M].成都：电子科技大学出版社，2017:23.
3. 董点观由.二十四节气——中国人诗意的时间哲学[M].厦门：厦门大学出版社，2022:3.

美是人类实践活动的产物，是人类在生活实践中与自然（宇宙一切事物的总和）互动、体验后所获得的认知感受。相应地，美的对象范畴也是广泛的，它包含着人类实践活动的各种形式，而不仅仅局限于感性形式的范畴。人们之所以难以理解科技美，是因为人们对美的对象范畴的定义过于狭隘。例如，德国古典美学家康德认为，美是无目的的合目的性的形式，[1]他把感性形式视为美的本质，并将美与真对立起来，造成了形式主义美学对审美对象的认知偏颇。

◆二、科学美与技术美的关系◆

科学美与技术美有相同的一面，同时它们又各具特色。它们共同构成了科技美，都是以理性为基础，是人类智慧的结晶。它们都源于科学技术活动的实践，是人的本质力量的感性显现。合规律性（真）是科学美与技术美的生命。

科学美是抽象的，技术美是具体的。科学美是对客观世界内在本质规律的认识与把握，它揭示的是自然界的本质与规律，是对真的深刻体现。技术美则是以人的物质实践创造过程为展现，它体现在技术实践活动的过程及成果（产品）之中。相较于科学美，技术美更加直观、可感。

科学美是理论美，技术美是功能美。科学美强调真，通过理论形态来展现客观世界的内在规律。技术美则以"善"为核心，其实用功能的满足是技术美得以呈现的基础。

科学美强调内容的美，技术美强调创造的美。科学美是以发现真、表现真为核心。一旦离开了真的内容，科学美也便不复存在。技术美强调的是存在于人类实践活动及其成果中的美，是人们利用真实现善的创造过程及结果中所呈现的美。

科学美具有稳定性，技术美具有变异性。科学美是以自然界的内在本质规律为内容，是对客观真理的表现，因此一般不会随时间、地点等外部条件的变化而变化，具有稳定性。技术美则是强调人类改造世界的能动性，它会受到时代科学水平和社会生产力发展水平的制约和影响，具有变异性。

第二节　科学美

科学美作为一种特殊形式的美，是人类智慧的结晶，是真与美的深度融合。科学美被世界著名物理学家爱因斯坦称之为"思想领域中的最高音乐神韵"。本章所提及的"科学"概念，特指自然科学领域，并不涵盖社会科学、思维科学（研究思维活动规律和形式的科学）等广义科学概念。

---

1. 高亮之. 美哲学 [M]. 武汉：武汉大学出版社，2014:26.

◆ 一、科学美的内涵 ◆

科学美是指存在于人类科学发现及创造性科学发明活动中的美。科学是"如实反映客观事物固有规律的系统知识"，[1] 是"探索自然规律的学问，是人类探索、研究、感悟宇宙万物变化规律的知识体系的总称"。科学是人们对客观世界内在规律不断探寻的过程，并通过范畴、定理、定律等思维形式将现象背后的本质规律加以呈现。它的研究对象是客观的物质世界，旨在把握并揭示其中的内在规律，这也正是人的本质力量的体现。马克思曾指出，人类的特性恰恰就是自由的自觉的活动。[2] 人们对自然现象进行探究的过程，实际上就是一个求真的过程。这也构成了科学美的基础。科学美以事物内在的真为核心，因此，它与强调以外在感性形式为体验的自然美与艺术美有着本质的区别。

（一）科学美与自然美的异同

自然美展现的是自然界外在形态的美，其审美感受源于人们对自然物外观的直接体验。例如，在中秋月圆之时，人们会拿出手机、相机，尽可能地拍摄下这完美的一幕，并期待和朋友们共同分享此情此景带来的喜悦；而科学美则关注的是景象背后所蕴含的运行规律，如哪里的人们能在这个时间看到满月，满月是怎么形成的……当然，自然美和科学美之间也有共通之处，二者在根源上具有关联性。德国物理学家海森堡曾指出，"自然美也反映在自然科学的美之中"。[3] 自然美与科学美都源于自然界本身，它们代表了对自然和谐与秩序的不同层次的体验和认知。自然美主要涉及对外观形式的直接感受，如色彩、形状、肌理质感和比例等；而科学美则追求对客观对象内部结构及其运动规律的深入探索和揭示。就像海森堡所描述的那样，"通过原子现象的表面，我窥测到一个异常美丽的内部，当想到现在必须探明自然界如此慷慨地展示在我们面前的数学结构这一宝藏时，我几乎晕眩了"。[4] 在自然美中，人们体验到的是一种外在的感性美，而在科学美中，人们则是在追寻一种正如法国数学家、物理学家彭加勒所描述的形体之下的骨骼、"潜藏在感性美之后的"内在的理性美，感受到"自然界里和思维世界里显示出崇高庄重和不可思议的秩序"。[5]

（二）科学美与艺术美之间的关系

科学与艺术之间的区别显而易见，科学是对自然界内在结构及运动规律的认识与探索，而艺术则更强调人对自身感受的表达。那么，科学美与艺术美的呈现形态自然也会有所不同。前者是对客观真理的不懈探寻，后者则侧重于感官上的主观审美体验。就像油画家可以运用科学的透视原理、色彩原理去创作一幅表达自己所想的画作，而科学家的工作则是去研究透视原理、色彩原理本身。科学与艺术尽管有着明显的区别，但这并不意味着二者是绝对割裂的，否则也不会出现以达·芬奇为代表的既是艺术家也是科学家的人物了。诺贝尔物理学奖得主李政道指出：科学与艺术是不可分割的，就像一个硬币的两面，它们共

1. 庄力群 . 技术的思想方法 [M]. 厦门：厦门大学出版社，2013:5.
2. 马克思恩格斯全集：第 42 卷 [M]. 人民出版社，1979:96.
3. 海森堡 . 精密科学中美的含义 [J]. 自然科学哲学问题丛刊，1982(1).
4. 周昌忠 . 创造心理学 [M]. 中国青年出版社，1983:192.
5. 吴晓枫，杨晓雍 . 科学美的概念与内涵 [J]. 河北科技大学学报（社会科学版），2004, 4(4): 47.

同的基础是人类的创造力，它们追求的目标都是真理的普遍性。[1]爱因斯坦也曾言："音乐和物理学领域中的研究工作在起源上是不同的，可是被共同的目标联系着，这就是对表达未知的东西的企求。它们的反应是不同的，可是它们互相补充着。"[2]科学与艺术都是人类创造性实践活动的产物。科学是通过逻辑的形式演绎自然的本质，艺术则是在塑造艺术形象中揭示、表达生活的本质与体验。如果说科学的硬币是真的一面朝前，那么艺术的硬币则是美的一面在前。"科学家的目的是要得到关于自然界的一个逻辑上前后一贯的摹写。逻辑之于科学家，犹如比例和透视规律之于画家一样。"[3]

彭加勒曾在《科学的价值》一书中，对科学美做出了如下描述："我在这里所说的美，不是给我们感官的印象的美，也不是质地美和表现美。并非我小看上述那种美，完全不是，而是这种美与科学无关。我的意思是说那种比较深奥的美，这种美在于各部分的和谐秩序，并且纯粹的理智能够把握它。正是这种美使物体，也可以说使结构具有让我们感官满意的彩虹般的外表。"[4]科学美展现的是一种内在的、逻辑的、理性的美，是一种具有高级形式且更为本质的美的体验。

◆二、科学美的特征◆

科学美在对真的极致追求中展现出以下特征：真理性、简明性、和谐性、新奇性和创新性。其中，真理性是科学美的基础与核心；简明性是科学美表达方式的特点；和谐性是科学美的旨归；新奇性是科学美产生的关键要素；创新性则是科学美的内在驱动力。

（一）真理性

求真是科学美产生的过程。科学是人类对自然界客观存在的事物和现象内在规律的认识，即对"真"的不懈追求。"科学的美就在于它找到了隐含的真理"。我国气象学家、地理学家竺可桢曾在其《科学之方法与精神》一文中明确指出，"近代科学的目标是什么？就是探求真理。科学方法可以随时随地而改换，这科学目标，蕲求真理，也就是科学的精神，是永远不改变的。"[5]16世纪，波兰天文学家哥白尼提出了"日心说"（太阳中心学说），否定了已占据统治地位上千年之久的"地心说"（地球中心学说）理论。日心说指出，太阳位于宇宙的中心位置，地球和其他行星都是围绕着太阳运行；地心说则认为地球处于宇宙的中心位置，且静止不动，其他的星体都是围绕着地球而运转。地心说与"上帝创世说"相吻合，被处于统治地位的教会奉为"天启真理"。[6]在宗教神学的观念中，地球是上帝选定的宇宙中心，人类是上帝根据自己的形象所创造出来的，日月星辰则是上帝为人类而创造的。因此，哥白尼的日心说无疑是对当时统治阶级的神学世界观的巨大颠覆，他也因此受到教会势力的迫害，他的《天体运行论》一书也被以"异端

哥白尼

1. 李政道. 科学和艺术不可分割[N]. 光明日报, 1996-06-24.
2. 爱因斯坦. 爱因斯坦文集：第1卷[M]. 许良英, 范岱年, 译. 商务印书馆, 1976:284-285.
3. 吴晓枫, 杨晓雍. 科学美的概念与内涵[J]. 河北科技大学学报（社会科学版）, 2004, 4(4):47.
4. 彭加勒. 科学的价值[M]. 光明日报出版社, 1988:357.
5. 科学家精神丛书编写组. 科学家精神·求实篇[M]. 科学技术文献出版社, 2020:13.
6. 蒋国维. 新编世界中古史[M]. 贵州人民出版社, 1990:397.

邪说"的罪名列为禁书。日心说的提出，对近代科学的发展具有重要意义，被视为近代科学革命的起点（或主要标志）。该学说建立在哥白尼30多年来对日、月、星辰运动的观察、定量分析及精确化计算的基础之上。哥白尼对宇宙结构的探究与揭示，也正是科学美真理性的有力体现。哥白尼在其书序言中指出，"假使有一知半解的人，并无数学知识，而根据圣经这一段或那一段妄肆批评或者驳斥我的著作，我不但不预备答复他们，而且还要轻视这样的无知的见解"。[1]真理是科学美存在的基础，追求真理是科学美所呈现出的重要特征。

让我们来看一个例子——质量守恒定律。1756年，苏联科学家罗蒙诺索夫提出了物质不灭的概念，而1777年，法国化学家拉瓦锡通过实验为这一概念提供了重要的依据。"参加化学反应的各物质的质量总和，等于反应后生成的各物质的质量总和"。[2]1千克的冰变成了水后，我们就得到了1千克的水；1千克的水蒸发成水蒸气后，我们就得到了1千克的水蒸气。物质的状态发生了变化，但质量是不变的。再比如，碳燃烧后变成的二氧化碳的质量就是参加反应的碳的质量与氧气的质量的总和。如果我们燃烧了6克的碳，在这其中有12克的氧气参与了反应，那么我们就会得到18克的二氧化碳。"发生在自然界的一切变化都有着共同的规律，在某一物体中减少了多少，在另一种物体上就会增加多少。如果在一个地方少掉一些物质，在另一个地方就会增加同样多的物质"。[3]质量守恒定律揭示了自然界中物质变化所遵循的普遍规律，体现了科学美的真理性特征。任何物质都不能凭空出现，也不能无缘无故地消失。这对人们认识世界、认识自然具有重要意义。如果人们认为物质可以随意产生、消失，那么自然界中所存在的一切事物及其发展、变化都将变得虚无。

科学是对真（合规律性）的认识，真理性是科学美本质的特征。物理学家杨振宁也曾指出，最终极的美是客观的。远在没有人类的时候，麦克斯韦方程式与前文所提到的那些方程式就已经支配着宇宙的一切，所以科学里最终极的美与人类没有关系。换句话说，这些美是客观的美，是与人类没有关系的美。我想这与庄子所讲的"天地有大美而不言"是有密切关系的。[4]

（二）简明性

面对自然界中纷繁复杂的自然现象，科学家通过创造性的实践活动，从中找出客观对象运行的基本规律及特征，并将其提炼出来，以理论、定律、公式等简明的形式予以呈现，这就是科学美的简明性特征。爱因斯坦曾明确指出，一切科学的伟大目标，即要从尽可能少的假说或者公理出发，通过逻辑的演绎，概括尽可能多的经验事实。[5]法国哲学家狄德罗也曾说过，"算学中所谓美的问题，是指一个难于解决的问题；所谓美的解答，是指一个困难复杂问题的简易解答"。[6]"有可能把自然规律归结为一些简单的原理；评价一个理论是不是美，标准正是原理上的简单性，不是技术上的困难性"。[7]科学家和哲学家们

1. 彭健伯. 大思路－走向21世纪的思维方法 [M]. 电子科技大学出版社, 1996:302.
2. 姚迎. 化学知识辞典 [M]. 济南出版社, 1995:75.
3. 应礼文. 化学史话 [M]. 湖北教育出版社, 2001:70.
4. 周宪. 美育导引 [M]. 高等教育出版社, 2023:261.
5. 爱因斯坦. 爱因斯坦文集: 第1卷 [M]. 许良英, 范岱年, 译. 商务印书馆, 1976:262.
6. 狄德罗. 美之根源及性质的哲学的研究 [M]. 文艺理论译丛, 1958:24.
7. 周昌忠. 创造心理学 [M]. 中国青年出版社, 1983:192.

以简明的形式，揭示出庞杂事实背后的规律，呈现出"一幅简化的和易领悟的世界图像"，这就是科学美。它是形式与内涵的深度统一。

英国物理学家、数学家牛顿，仅用三大定律（牛顿第一定律即惯性定律、牛顿第二定律即加速度定律、牛顿第三定律即作用力与反作用力定律）就精确地描述和概括了宏观尺度下物体的机械运动规律。这些定律因其简洁和普适性，被赞誉为是对自然图景的最美描述。"他把宇宙系统这幅最美丽的结构图案如此清楚地展示在我们面前，以致即使尔丰梭王还活在世上，他也不会对它既不缺乏协调性又不缺乏简洁性的那些优点进行挑剔。"[1] 万有引力定律（公式为 $F=\frac{Gm_1m_2}{r^2}$ ）是构成牛顿力学体系的另一大重要组成部分。牛顿仅通过 5 个字母（F 代表两个物体之间的引力、m 代表物体的质量、r 代表两个物体之间的距离、G 为万有引力常量），就揭示出了天上、地上的物体所遵循的同一力学规律。爱因斯坦曾对牛顿力学体系的公理化方法论特征评价道："在牛顿以前很久，已经有一些有胆识的思想家认为，从简单的物理假设出发，通过纯逻辑的演绎，应当有可能对感官所能觉知的现象作出令人信服的解释。但是，是牛顿才第一个成功地找到了一个用公式清楚表达的基础，从这个基础出发，他能用数学的思维，逻辑地、定量地演绎出范围很广的现象，并且能同经验相符合。"[2]

同样，作为简洁公式的代表——爱因斯坦的能量守恒定律（公式为 $E=mc^2$ ），通过能量（E）、质量（m）和光速（c）的关系构建，把质量和能量直接关联起来，并揭示出二者所具有的统一性。恩格斯将其与细胞学说、达尔文的生物进化论并列为19世纪三大发明，认为它们"使我们对自然过程的相互联系和认识大踏步地前进了"。[3]科学家们通过简洁的形式，揭示并呈现出复杂自然现象中所蕴含的内在规律、原理及结构，这就是科学美的简明性特征，它也正是科学美的重要标志。

（三）和谐性

世界是一个和谐的有机整体，那么，作为反映客观世界内在规律性的科学，它自然也应具有相应的和谐性。和谐性是科学美所呈现出的重要特征之一。英国美学家沙利文在谈及科学与美学的关系时曾说："因为科学理论的主要宗旨是发现自然中的和谐，所以我们能够立即看到这些理论必定有美学价值。一个科学理论成就的大小，事实上就是它的美学价值的大小。"[4] 德国数学家威里曾说："数学与神话创作，文学或音乐有着亲缘关系。这是人类特有的活动领域之一，这里表现出人的本性，表现出对生命理性方面的追求，而这些是对世界和谐的一种表现。"[5]科学家们可以通过科学理论，展现出宇宙的和谐性。一个合理的世界图像，既可以由音乐的音符组成，也可以由数学公式组成，而在这个过程中，也正蕴含着科学家们对科学理论本身和谐性的追求。恩格斯曾说："由于物质世界的统一性和普遍联系，理论自然科学必须把自己的自然观尽可能地制成一个和谐的整体"。[6]科学美的和谐性体现在两个方面：科学理论外部形式的和谐和内部内容的和谐。前者强调符号整齐、对称、比例、协调、节奏、多样统一等形式美规则；后者则指向其所蕴含、所

1. 周忠厚，蒋培坤，丁子林. 美学概论 [M]. 文化艺术出版社，1988:246.
2. 爱因斯坦. 爱因斯坦文集：第 1 卷 [M]. 许良英，范岱年，译. 商务印书馆，1976: 401.
3. 马克思恩格斯文集：第 4 卷 [M]. 人民出版社，2009:300.
4. 杨安. 美学研究与应用 [M]. 湖南人民出版社，1987:213.
5. 苏霍金. 艺术与科学 [M]. 生活·读书·新知三联书店，1986:30.
6. 张相轮，凌继尧. 科学技术之光 [M]. 人民出版社，1986:38.

表达的内容本身，即自然界内部所具有的相互关联性、秩序性及统一性。苏联学者苏霍金曾指出："一切科学和艺术的使命都是要尽力了解整个世界的和谐，透过事物和感受的五光十色的外壳发现它们之间的简单关系，透过漫无头绪的各种事件去寻找其中的规律。"[1]彭加勒也曾对科学美做出如下描述，它"是一种内在的美，它来自各部分的和谐秩序，并能为纯粹的理智所领会"。[2]和谐的本质在于逻辑上的正确性和构造上的协调性，科学理论所反映的自然规律越具普遍性，理论本身的和谐性程度也越高。

俄国化学家门捷列夫创造的化学元素周期表，便是科学美和谐性特征的典型代表。在门捷列夫发现元素周期律之前，科学家们已经发现了 63 种化学元素，但是并没有人指出他们之间的内在关联。1868 年，受纸牌游戏的启发，门捷列夫将已知的 63 种元素制作成"纸牌"展开观察。每张纸牌代表一个化学元素，上面写着该元素的名称、原子量、化合物的化学式和主要性质。通过不断尝试用各种方式排列它们，以

元素之美

探寻其中可能存在的规律。在按原子量大小排列的过程中，他发现每隔 7 个元素就会出现一个性质相似的元素。基于这一发现，他进一步观察和分析，最终发现了元素性质是按原子量大小做周期性重复这一规律，揭开了元素间的"秘密"。1869 年 2 月，基于此规律下的第一张元素周期表问世，门捷列夫将一个和谐、有序的化学元素世界带到人们面前。在这张元素周期表中，他不仅对已发现的元素进行了系统化、秩序化排布，还预测出了相应的未知元素，即周期表中的空位元素，以供科学家们展开相应探索。该表通过行列间的美妙架构，展现了大自然的和谐之美。门捷列夫的这项创造性工作，被当时的科学家们誉为"诗的创作"与"研究工作者的艺术"的完美结合。

（四）新奇性

好新、好奇是成为科学家的必备素质之一。新奇性也正是科学美所产生的重要基础，是科学美的又一大基本特征。诺贝尔物理学奖得主朱棣文在接受媒体采访时曾说："一个优秀的物理学家要具备多种素质，但首先必须要有好奇心，对于自然的好奇，对于普遍事物的好奇。据我所知的优秀物理学家，他们对于所有事物都非常好奇。他们想探知事物的规律，他们具有看到事物最为本质一面的本领。"[3]好奇心是科学家开展科学活动的动力，也是科学进步的基本驱动力。好奇心伴随着科学工作的开展，因此，从某种意义上说，最终的科学发现可以被视为好奇心驱动下的产物。新奇性自然也便成为了科学美所呈现出的重要特征之一。英国哲学家培根曾说："没有一个极美的东西，不是在调和中有着某种奇异。"

有关科学中新奇性的体现，我们在牛顿发现万有引力的故事中就可以明显看到。据说，牛顿对万有引力的思考，是受到从树上掉落的苹果的启发。牛顿的好友威廉·斯蒂克利曾描述道："牛顿说他看到苹果落下，于是问自己：'为什么苹果总会垂直落在地上？为什么就不能侧向走或向上升，而永远朝向地球的中心方向？假设这个原因是地球在牵引它，那么物质中间必须有一个牵引力，地球牵引力的总和应该相当于地球对物体的吸引力。'"[4]

1. 苏霍金. 艺术与科学 [M]. 生活·读书·新知三联书店，1986：22-23.
2. 刘仲林. 论科学美的本质 [J]. 天津社会科学，1984(1).
3. 科学家应具备哪些素质 [N]. 中国文化报，1998-08-28(10).
4. 亚当·哈特－戴维斯. DK 科学大百科 [M]. 曹莉，译. 科学普及出版社，2021：106.

苹果落地作为生活中普通的现象，却可以使牛顿做出上述思考，这也正是好奇心的有力体现。同样，古希腊科学家阿基米德发现浮力定律的故事也流传至今。阿基米德在洗澡时，看到澡盆外溢的水，并感到身体被水托起时，深受启发。最终，他提出了浮力定律：浸在液体中的物体受到向上的浮力，浮力的大小等于它所排开的液体的重量。好奇心推动着人们对世界内在规律的不断探寻，这也是科学发展的基础。反过来，科学美也正体现着新奇性这一特质。

（五）创新性

创新性既是科学美所包含的基础内容，也是其所展现出的重要形态特征。科学活动是人类的一项创新性实践活动。创新性本身既是科学开展的要求与标准，也是科学所追求的目标。英国博物学家约翰·汤姆森曾说："科学，解读遥远星球的奥秘，解剖了原子，预测了彗星返回的日期，预言一打鸡蛋中将会孵化出某些种类的小鸡，发现风吹向何处的规律，减少疾病带来的混乱以重归有序。科学总是像哥伦布航行的出发，去发现种种新世界，并通过理解来征服它们。因为知识意味着前瞻，前瞻则意味着力量。"[1] 丹麦物理学家波尔也曾指出，科学的任务既扩大了我们经验的范围，又将我们的经验缩小到某种秩序之中。[2]根据"新"的不同，创新性也呈现出不同层级和程度。当"新"的程度达到最高层级时，就出现了我们所说的原始创新，即创新性的最高体现。当创新性越强时，科学美的显现也将越明显。

◆三、科学美 "以美导真" 的功能◆

科学美体现在人类探求并揭示客观世界内在奥秘的实践活动中，它是真理性、简明性、和谐性、新奇性和创新性的统一体。这种美不仅对人们的科学创造活动具有重要意义，也丰富了人的精神体验，呈现出"以美导真"的功能特点。

"美是真理的光辉"。美启迪着科学家们不断去探寻客观世界的内在规律。科学研究活动的实质在于揭示复杂现象背后的规律和原理，并建立起能够反映这些客观规律的真理体系。追求美是科学家从事科研活动的重要动机之一。通过科研活动，科学家们致力于发现自然事物和现象本身所蕴含的"真"之美。"学者研究自然界是因为自然之美引起的愉悦，他们不惜劳力，潜于研究是对此种特殊的美以及宇宙和谐之意义的寻求。"德国物理学家海森堡曾说："如果自然界把我们引向极其简单而美丽的数学形式——我所说的形式是指假说、公理等有条理的体系——引向前人所未见过的形式，我们就不得不承认这些形式是'真'的，它们显示出自然界的真正特征。"[3] 科学家们将发现的"真"，以高度理性化的形式表现出来，那么这种形式在本质上也正呈现着美。杨振宁曾指出，牛顿的运动方程、麦克斯韦方程、爱因斯坦的狭义相对论与广义相对论方程、海森堡方程、狄拉克方程等理论物理学的骨干部分之所以美，是因为它们是以极度浓缩的数学语言写出了物理世界的基本结构，可以说它们是造物者的诗篇。[4]

1. 周宪. 美育导引 [M]. 高等教育出版社，2023：261.
2. 周宪. 美育导引 [M]. 高等教育出版社，2023：262.
3. 刘仲林. 跨学科学导论 [M]. 浙江教育出版社，1990：230.
4. 高文武. 以美启真 双向互动——简析杨振宁的科学美思想 [J]. 哲学研究，2005(10)：120.

科学家们在实践中不断追求美的同时，也体验着美所带来的情感愉悦。数学家导出方程式或公式，就如同看到雕像、美丽的风景，听到优美的曲调等等一样而得到充分的愉悦。科学美所展现出的激励、启迪及愉悦功能，可以推动人们在认识、改造世界的实践中不断前行。

第三节　技术美

人类不仅需要认识世界，还需要改造世界。对客观世界内在规律的认识与把握是科学的核心任务，而如何让客观世界更好地满足人类需求则是技术的主要目的。对技术领域里所存在的美的探讨，即是技术美的研究范畴。

◆一、技术美的内涵◆

跳舞机器人

技术美是指存在于物质生产的技术活动过程及其所生成的成果（产品）中的美。本章所使用的"产品"概念特指作为物的成果形态，并非具体的、狭义的工业产品。技术是人类在利用、改造自然的过程中所积累的经验、知识、手段、方法、途径、措施、技巧、技能和技艺的总和，是改造世界的学问。正如航空动力工程的先驱冯·卡门所说："科学家研究已有的世界，工程师创造还没有的世界。"[1]物质生产活动是人类自由自觉创造本性的最基本体现。在技术活动中，人们首先要对改造对象的客观规律有所把握，即要对改造对象的"真"达到一定程度的认知。在遵循"真"的基础上，进而创造出适合人类需求的产品，即"善"的实现。马克思曾说："动物只是按照它所属的那个种的尺度和需要来建造，而人却懂得按照任何一个种的尺度来进行生产，并且懂得怎样处处都把内在的尺度运用到对象上去；因此，人也按照美的规律来建造。"[2]人类可以在掌握客观事物内在规律特征的基础上，将其转化为对外在世界的要求。这些转化正是人的本质力量的一种体现。我们知道，美是人的本质力量的对象化，因此，人们的物质生产技术活动及其所带来的成果也可以被视为具体的审美对象。在这些活动中所体现出的美，即是技术美。

技术美是"真"与"善"的有机统一，是美的本质的直接显现。真是技术美发生的内在基础，技术活动的开展是建立在合规律性的基础之上的。善是技术美的内在要求，它体现了人类在技术活动中将主观目的性转化为客观现实性的过程。在物质生产活动中，人类在对被实践对象的内在把握的基础上，通过劳动活动使之成为符合自身目的、适应人需求的结果。从手工操作到机械化生产，每一个环节都蕴含着技术美的表达。

在这个过程中，技术美体现在实践过程本身和实践所产生的成果（产品）两个方面。

---

1. 顾建民. 工程师的形成[M]. 浙江大学出版社，1989：1.
2. 马克思. 1844年经济学哲学手稿[M]. 人民出版社，1985：53-54.

前者更强调真与善在动态的实践活动中的应用和体现，后者则侧重于在静态结果上所呈现出的真与善的有机统一。庄子所讲的《庖丁解牛》的故事，实际上也是技术实践活动中美的一种展现，它揭示了技艺高超者与自然和谐相融合的理想状态。厨师是在对牛体结构精准把握的基础上，才可以实现"手之所触，肩之所倚，足之所履，膝之所踦，砉然向然，奏刀騞然，莫不中音。合于《桑林》之舞，乃中《经首》之会"。换言之，厨师是在运用所掌握的对象内在规律的基础上，去进行相应的目的性实践活动，从而实现对对象游刃有余的控制，甚至呈现出一种极度自由的状态。我们知道，技术实际上是合规律性的一种目的性的运用。那么，技术越高超，就越能处理好合规律性与合目的性之间的矛盾，达到"美"的状态。

技术美在产品上的体现，强调的是技术活动结果所呈现的美的特征。内容决定形式，事物的内在特征会直接影响并反映在事物的存在形式之上。产品作为技术实践活动的物化产物，自然也会呈现出相应的特征。技术实践活动基于对客观事物规律性的掌握，并将其有目的地转化为物质形态。那么，技术美在技术实践活动的产品上体现出真与善的有机融合。此处的善指的是产品的功能。功能与美是不同的价值领域，但二者的融合都蕴含了两方面的含义：一是美的形式依附于产品的功能而存在，不能脱离功能而随心所欲地追求与功能相悖的纯粹形式美。二是功能不是根植于它的外在形式，而是根植于它的内在的动力性，适用于它的特殊使用目的。[1]同时，物化作为产品的一大属性，也呈现出相应形态的美。意大利建筑大师P.L.奈尔维曾指出，一个技术上完善的作品，有可能在艺术上效果甚差，但是，无论是古代还是现代，却没有一个从美学观点公认的杰作而在技术上却不是一个优秀的作品的。[2]也就是说，产品中所蕴含的技术美，不仅包含实用功能，还包含审美功能，即审美因素的体现。所以，从该方面而言，技术美是真的形式、善的内容和美的形态的统一，是人类社会实践中审美创造的基本方式之一。

◆二、技术美的特征◆

技术美在真与善的统一中，主要呈现出以下特征：社会性、功能性、造型性和整体性。其中，社会性是技术美的根本性质，功能性是技术美的核心内容，造型性是技术美的重要特征，整体性是技术美的最终追求。

（一）社会性

社会性是技术美的根本性质。技术美是一种现实美，是其中最普遍、直接、广泛、基础的实体部分。它是不以人的意志为转移的客观社会存在，是不断物化在客观对象上的自由。人们在改造自然的过程中，通过对客观规律的掌握和运用，从而去实现自身的愿望和目的。这种实现的程度，也正是人类在改造客观世界中所获得的自由的体现。就像庖丁所展现出的精湛技艺，即自由状态的呈现。自由是人所具有的本质力量，是在人对客观规律的掌握与驾驭之上所逐步展现出来的，即能够运用规律去对待、处理具体的个别对象，实现对对象的充分把控。此处的自由，是客观化了的实在的自由。这种实现了的自由，也正是人类成长及发展的记录，是历史发展的一种成果体现。同时，技术美的客观社会性还反

1. 张帆.技术美学与技术艺术[M].中国人民大学出版社，1990：49-50.
2. 奈尔维.建筑的艺术与技艺[M].黄运昇，译.中国建筑工业出版社，1981：1.

映在评判标准上。技术美的评判是以人类社会实践活动为基本内容的历史发展为基准，是客观社会性的反映。

（二）功能性

功能性是技术美的核心内容，也是技术美区别于科学美的显著特点。技术美是一种人造的美，存在于人类有意识、有目的性的物质实践创造过程及结果中。作为人类物质生产活动的结果，产品必须满足功能性这一内在要求。在开始具体的技术实践活动之前，人们总会在基于对外在世界及自身建造能力的认知把握上，建立起一个预先的、整体的设想，即对所要产出的劳动成果的想法及要求。这就意味着接下来人们所进行的一系列行为活动均是带有明确目的性的，是以满足功能性为出发的，有意识、有计划的实践行为。那么，对功能性的满足，自然也便成为了产品的目的与归宿。换言之，产品的客观存在也正是功能的载体呈现。功能性是产品技术美的核心内容与首要因素，也是技术美与艺术美的显著区别。艺术美是一种观念形态的美，强调精神性的因素。虽然艺术品也需要一定的物质形态介入，但是这些物质的存在是为了实现精神性的目标，即作为精神观照的一种途径。技术美则不同，它是以实用的物质功能为目的。功能的合目的性是物质产品所具有的内在追求。在一定层面上，技术美只有在与产品实用功能相结合时，才能发挥出它的审美价值。例如，如果一个房子不能住人，即丧失了其基本的居住功能，那么无论其外观多么别致，也都与审美无关。功能性的实现是产品技术美存在的必要条件之一。

故宫的建筑设计正是技术美的有力体现。英国第 4 电视台推出了一系列关于中国的纪录片，其中有一集是《紫禁城的秘密》。600 多年来，故宫经历了 200 多场破坏性的地震，包括 1976 年的唐山大地震，震中就在北京以东大约 150 公里处。为了揭开故宫在几个世纪中屹立不倒的秘密，专业木匠们按照 1:5 的比例，以中国古建筑榫卯和斗拱的建筑结构，复制出了一栋缩小的紫禁城建筑模型并对它进行了地震模拟测试。[1] 测试结果显示，在 4.5 级震动中，斗拱结构开始受到拉扯，模型呈现轻微晃动态势；在 7.5 级震动中，左右两面墙倒塌；当震动达到 9.5 级甚至更高时（相当于 200 万吨 TNT 炸药的当量；测试最终达到了 10.1 级），模型虽然会产生晃动，但是仍可以稳定地站在原地，只是发生了轻微位移。

其中，斗拱结构起到了关键性的作用。斗拱是由拱形和方斗形木块交错叠加而成，组合中无须使用钉子或黏合剂，完全依靠其精巧的设计组装在一起。从外部看，它就像一个精致的装饰物，实际上它是一个结构复杂的支架，支撑着整个屋顶。斗拱结构中的木块既牢固结合，又在各层之间留有适当的活

故宫建筑物结构

1.10 级地震中，故宫模型岿然不倒！英国纪录片揭秘故宫建筑之神奇！[EB/OL].（2017-08-09）http://www.chinadaily.com.cn/kindle/2017-08/09/content_30387706.htm.

动空间，这使它在保持坚固的同时具备灵活性，极大地提升了建筑物的抗震能力。此外，故宫建筑中的柱子设计也正是其能够扛过地震的另一大因素。故宫建筑的柱子并没有直接固定在地基里，而是被置于柱顶石之上。这样就为剧烈晃动提供了一定的位移空间，避免出现柱子从中间直接折断而致使房屋倒塌的现象，增强了建筑物的抗震性。故宫建筑在其巧妙的结构设计中，既实现了强大的实用功能，又为人们带来了雄伟壮观的身心体验。这正是技术合目的性的展现，也是技术美的彰显。

（三）造型性

造型性是技术美的重要特征。技术实践活动的成果是物化后的产物，造型因素则是其中不可或缺的一环。产品的外观形态、色彩、肌理、质感等，都是形式因素的审美属性。这些因素在特定的组合中，能够唤起人们在形式感方面的体验，即形式美法则。例如，在挑选汽车时，人们往往会被那些造型美的车型所吸引。但是需要注意的是，"形式追随功能"永远是技术美的一条重要准则。实用功能在前，造型结构在后。物质产品只有在确保功能性得到满足的前提下，才能再去追求形式美的相关要素。人们不可能去购买一辆外观炫酷但无法满足基本出行需求的汽车。

（四）整体性

整体性是技术美的最终追求。真和善与物质形式美感的和谐统一，是技术美在物质产品中的重要表达。作为技术实践活动成果的物质产品，它是建立在真之上的善的满足，并在功能性第一要义的达成中，同时考虑人们在外在美感上的普遍需求。所以，物质产品中的技术美追求的是一种整体性的美，是一种综合的美的体验。

2008 年建成的国家游泳中心"水立方"，便是功能与形式完美结合的典范。它那晶莹剔透、灵动可爱的"泡泡"外墙，给人们留下了深刻印象。这些"泡泡"并不是简单的一层薄膜，它是以钢网架为骨架，两侧为 ETFE（乙烯-四氟乙烯共聚物）膜结构。"水立方的四个立面与顶面均是由形状模拟水分子结构的两层气枕所构成，两层气枕中间是按'泡沫理论'形成的钢结构。"[1] "按照设计方案，'水立方'的内外立面膜结构共由 3065 个气枕组成（其中最小的 1 ~ 2 平方米，最大的达到 70 平方米），覆盖面积达到 10 万平方米，展开面积达到 26 万平方米，是世界上规模最大的膜结构工程，也是唯一一个完全由膜结构来进行全封闭的大型公共建

水立方气枕

1. 俞安琪 . LED 照明检测技术 [M]. 安徽科学技术出版社，2019：57.

筑"。[1]撑起这些"泡泡"的钢网架，是支撑水立方墙面和屋顶的核心要素。在施工过程中，如何将其精准快速地安装到位，也成为了当时的一大难题。气枕形状不规则、大小不一，这就意味着施工队需要搭建起适应于此的不规则多面体空间钢框架结构。起初，施工队采用的是先在地面操作台上焊接一部分，之后再吊装整体组合。但是试验了几次发现，在空中将钢梁拼成既定气泡形状是一件非常困难的事情，多点空中定位连接的误差不好控制。两万多根杆件、近一万个连接球，如果采用GPS定位等办法安装，虽然准确，但会导致工程进度缓慢。最终，凭借师傅们的智慧找到了破解这个难题的办法，也让我们看到了这件伟大的建筑作品。师傅们发现，水立方由钢杆件及球体构成的钢结构，很像是把火柴棍一个个首尾相连拼搭在一起，于是，师傅们发明了一杆加一球的最小单元拼装模式，即"火柴棍"式的散拼模式，直接组装钢架构中的最小单元。"火柴棍"式的拼装模式，不仅可以使施工队在很多作业面上同时展开工作，大大加快了工期，同时可以解决焊接收缩的变形问题。焊接收缩是有规律的，它会"沿着垂直于焊缝的方向收缩，焊缝越缩越窄，使焊接的两个构件连接越来越紧。假如按照顺序规律地焊，每个焊缝都会收缩，最后累积形成一个大的误差。"[2]在火柴棍式的散装模式下，师傅们可以采取跳跃式的安装模式，"先焊好最外面两端的杆件，然后再焊中间的杆件"。这样一来，外面两端的杆件焊缝会先收缩完毕，避免了中间杆件的收缩误差。也就是说，收缩产生的误差只会发生在前几个焊接的杆件上，巧妙地解决了钢结构收缩变形的问题。在这种拼装方式下，最终施工队仅用10个月就完成了如此大规模的工程。水立方钢结构的设计与施工，也震惊了世界，英国《卫报》曾发表文章称其为"理论物理学的杰作"。[3]在钢架构安装完毕后，就要向网架中填充气枕了。气枕膜结构使用的ETFE材料，具有高强度、高韧性、高透光性、耐酸碱、耐老化等特性，还可以实现自洁，是一种新型环保材料。[4]该材料的使用，不仅可以很好地满足水立方的功能性需求，同时可以实现其"泡泡"的设计理念。

从水立方的建造过程到最终的呈现结果中，我们可以清晰地感受到技术美的存在。在这种综合美感的体验中，人们体会着水立方所带来的独特魅力。

◆三、技术美"以美育新"的功能◆

技术美在真与善的统一中，对社会物质文明和精神文明建设具有重要意义，并在人们的社会生活中发挥出特殊作用。技术美展示着人们在建造活动中所表现出来的聪明智慧，可以让人们看到、感受到在改造世界实践活动中所具有的巨大能力，是对人的能动作用的有力肯定，从而积极推动新的创造活动。

升华功能是技术美所呈现出的另一大特征。建造出对人类有用的产品，是人类进行物质生产活动的目的，体现了技术美的善。随着美的品质提升和人类审美能力的发展，劳动活动及其成果不仅满足物质需求，还逐步呈现出更高的审美价值，实现从物质到精神层面

1. 祁述裕，窦维平，赵红川.文化建设案例集：第5辑[M].国家行政学院出版社，2018:112.
2. 钱炜.水立方：火柴棍搭出美丽泡泡 膜材料堪称"塑料王"[N].科技日报，2008.http://www.ce.cn/cysc/ztpd/08/aykjzzcx/changguan/200808/05/t20080805_16393642.shtml.
3. 火柴棒创造中国标准 泡泡外衣让水立方永葆青春[N].北京日报，2008. https://2008.sohu.com/20080129/n254940963.shtml.
4. 黄圻.建筑幕墙与构造[M].中国建材工业出版社，2009:124.

的升华。当技术活动达到美的境界时，它不再只是单纯的谋生手段，而是成为人的精神生活的一种表现方式，体现了人类审美活动范围的扩大和审美能力的提升。

技术是社会生产力中的核心因素，是人类社会发展的重要推动力。技术作为社会发展的印记，也是"文化的表现，是文化的社会性、智能性的精神特征的客观形态"。[1]技术不仅带来了物质的实际效用，而且作为社会发展的印记，它还体现了人类社会文化的发展程度。技术是人类文明和社会进步的重要展现者，这正是技术美的文化象征功能所在。

思考题：

1. 简述科学美的内涵及特征。
2. 简述技术美的内涵及特征。
3. 请讲述一个科学美的案例并进行简要分析。
4. 请讲述一个生活中的技术美案例并进行简要分析。

---

1. 萧焜焘. 自然哲学 [M]. 江苏人民出版社，1990:403.

第五章

审美与美感

本 章 概 述

　　本章主要探讨"美感"的形成机制以及个体经验、文化背景和心理状态对美感的影响；介绍美感的心理因素，包括感觉与知觉在审美体验中的基础性作用，以及联想与想象在丰富审美体验中的重要性；分析个性特质等因素如何塑造个人独特的审美偏好；讨论内在修养与审美体验之间的密切联系，并思考美感与人生境界的关系。本章旨在培养学生对审美体验的认知能力，提高审美鉴赏水平，促进学生形成健康、多元的审美观。通过对本章的学习，学生应能理解美感的心理因素，包括感觉、知觉、联想与想象的作用，掌握个性特质、生活习惯等因素对审美偏好的影响；学会将理论应用于实践，理解个人审美偏好的形成机制，促进健康、多元的审美观的形成，激发审美创造力与自我实现能力，理解并实践内在修养对个人成长的意义。

第一节 美感的心理因素

美感的心理因素是构成审美体验的核心要素，它涉及个体在感知、联想、情感和理解等多个心理层面的复杂交互作用。

◆一、感觉与知觉◆

感觉与知觉是审美体验的基础，它们共同构成了我们对美的最初感知和深入理解。感觉是审美体验的起点；而知觉则是大脑对感觉信息进行组织、解释并赋予意义的过程。通过二者的相互作用，我们能够体验到一个丰富多彩的美感世界。

（一）感觉

美感源自感觉器官对美的刺激物所做出的直接且原始的反应，如视觉对于色彩和形状的感知，听觉对于和谐音律的捕捉等。感觉是审美体验的起点，是个体通过视觉、听觉、触觉、味觉和嗅觉等感官直接接收外界刺激，并将这些刺激传递给大脑的过程。每种感觉都有其特定的感官通道，且各通道的信息处理方式不同，它们共同构成了我们感知世界多维度的基础。正如法国哲学家雅克·郎西埃在《美感论》中所主张的："艺术作品得以产生，是靠一种塑造了感性体验的肌理……正是这种种的状况，让一些形式、一些动作、一些韵律，成为给人带来感动和思考的艺术。"[1]

在审美过程中，感觉是艺术作品鉴赏的直观感受。当观赏画作时，色彩、线条和构图通过视觉被感知。观众能够感受到蓝色给人的宁静，或是红色带来的激情，这些都是色彩对视觉感官的直接影响。当欣赏音乐时，听觉为听众提供了最基本的声音元素，旋律、和声以及节奏都是通过听觉被感知到的，和谐的旋律可以让人感到愉悦。

（二）知觉

知觉是大脑对感觉信息进行组织、解释和赋予意义的过程。它超越了单纯的感觉输入，加入了大脑对信息的处理和解释。在美学上，这种组织和解释不仅基于物理属性，也受到文化背景和个人经验的影响。同样一片风景，在拥有不同文化背景的人的眼中可能引发不同的审美感受。审美知觉具有选择性，即我们会优先注意那些符合或激发美感的事物特征；同时，审美知觉强调整体性，人们倾向于将对象作为一个整体来感知，并关注其形式和结构的整体表达。

面对毕加索的立体主义作品《亚维农的少女》，观众的视觉感受到的是破碎、重叠的形状，而知觉则让我们能够将这些碎片重新组合，理解为人物形象，尽管这种理解需要超越传统的视觉现实主义。在聆听贝多芬的《月光奏鸣曲》时，耳朵接收到的是音符的声音，而知觉则帮助听众理解旋律的流动、和声的变化和节奏的起伏，从而感受到乐曲的情感与戏剧性。

---

1. 雅克·郎西埃. 美感论 [M]. 商务印书馆，2016：2.

（三）感觉与知觉的互动

在审美过程中，感觉与知觉是不可分割的。东晋书法家王羲之在《兰亭集序》中有云："仰观宇宙之大，俯察品类之盛，所以游目骋怀，足以极视听之娱，信可乐也。"[1]这是古人在周遭世界中感受美、觉察美的真实反映。感觉属于直观感受，而知觉则通过模式识别、情境理解、情感关联等高级认知功能，将这些素材组织成具有意义和情感色彩的艺术体验。例如，在观看舞蹈表演时，舞者的动作与观众对这些动作所表达的故事、情感和美学理念的理解相结合，共同构成了完整的审美享受。感觉和知觉是审美体验的基石。感觉是基础，提供了审美对象的基本元素；知觉则在此基础上构建意义，赋予作品以情感深度和文化内涵。二者相互作用，使审美过程不仅包含了被动的感受，还涉及主动的认知探索和情感共鸣，二者共同促进了人们对美的深刻理解和感受。

◆二、联想与想象◆

联想与想象是审美体验中两种至关重要的心理机制。它们不仅能够丰富个体对艺术作品的感知，还能加深情感体验，引导人们进入更加广阔的审美世界。通过联想与想象，观众能够在艺术作品与个人经验之间建立深刻的联系，进而获得更加丰富且多层次的审美体验。

（一）联想

联想是人们在感知或思考当前事物时，由此而唤起的相关思想、情感或记忆的过程。在审美体验中，联想能够丰富感知内容并深化情感体验。个体通过事物之间的内在联系展开联想，将当前对象与过去的记忆、文化符号、情感经验等相联结，从而丰富和扩展了审美体验的层次。美学大师朱光潜曾说："一般人觉得一件事物美时，大半因为它能唤起甜美的联想。"[2]当某个艺术作品或场景触动了观众内心深处的情感记忆时，就会引发联想；当某个艺术作品包含特定的文化符号时，观众会根据自身的文化背景和社会经历来解读这些符号的意义，这些都是联想在审美活动中的体现。例如，看到秋天的落叶，人们可能会联想到岁月的更迭、生命的脆弱，从而产生一种诗意的哀愁；观赏梵高的《夜间的露天咖啡座》，人们可能因为画作中黑夜与街景的对比而联想到夜晚的宁静、小镇的惬意，甚至勾起个人经历中某个难忘夜晚的回忆，这些联想加深了对画作情感深度的体会；聆听莫扎特的歌剧《费加罗的婚礼》，音乐中的主题重复或变奏，可以激发人们对之前旋律的联想，从而在心中构建起一种叙事结构，使音乐的情感表达和整体感知得以增强。

（二）想象

想象是在已有直观感受的基础上创造新形象的心理活动，它使美感超越眼前之物，进入无限的想象空间。审美主体运用想象力对感知到的事物进行创造性的再加工，可以超越实际形态去揣摩内涵、意境或未来可能的状态，赋予对象更深远的意义和美感。它允许个体在心中形成新的形象、场景或概念，而不受当前感官输入的限制。在审美中，想象拓展

1. 故宫博物院藏. 兰亭集序 [M]. 世界图书出版公司，2012：41.
2. 朱光潜. 文艺心理学 [M]. 华东师范大学出版社，2015：82.

了艺术作品的表现空间,鼓励观众超越眼前的具体形象,探索无限的可能性和深层含义。"审美意识跟其他意识之间的重要区别,就在于审美意识是一种拥有自由的、主动的想象。"[1]

　　在阅读小说时,读者通过作者的文字描述,运用想象重构故事场景、角色形象和情感变化。由于每个人的想象都是独一无二的,因此同一部作品在不同读者心中呈现出不同的感受。美术作品的欣赏也是如此,王希孟的《千里江山图》之所以引人入胜,部分原因在于它激发了观众对于江南风景、青山绿水和连绵山脉的丰富想象。至于抽象

王希孟的《千里江山图》局部

艺术,如俄罗斯艺术家康定斯基的作品,它们不直接描绘具体事物,而是通过颜色、形状、线条激发观众的想象力,让每个人根据自己的情感和经验去"看"出不同的故事和意境。

(三)联想与想象的互动

　　联想与想象是审美体验中不可或缺的心理机制。联想使个人经历与作品中的元素相结合,产生共鸣,从而加深情感投入。想象则进一步个性化这种体验,将艺术作品转化为个人情感投射的平台。联想基于个人背景知识,帮助构建作品多层次的意义。想象则在这些意义的基础上,创造出个人独有的解读,丰富了艺术的多元性和开放性。

　　在审美体验中,联想与想象不仅被动地接收作品的信息,还主动地参与到作品的创作过程之中。它们能够激发观众自身的创造性思维,有时甚至能引发新的艺术创作灵感。联想与想象的合作能够带领观众超越物理现实的局限,进入一个由心灵构建得更加广阔、深邃的世界。这种体验往往超越了直接的感官刺激,触及到精神层面的深处。

　　联想与想象在审美过程中互为支撑,它们共同作用于感知与理解、情感与创造之间,为艺术欣赏和创作开辟了无限的可能性,使审美不仅是一种简单的感官享受,还是一种深刻的精神活动和情感旅程。

◆三、理解与认知◆

　　理解与认知在审美过程中至关重要,它们构成了人们感知、解析和评价艺术作品的基础。这一过程不仅是被动接收,还是主动探索、解释和情感共鸣的综合体现。

(一)理解

　　美感不仅依赖感官的直观感受,还需要一定的认知参与,包括对艺术形式的理解、文化背景的认知,以及对作品深层意义的把握。理解是指个体对艺术作品所蕴含的意义、形式、技巧等方面的认知和解析。它涉及知识、经验和文化背景的融合。通过对作品的深入

1. 彭锋. 美学导论 [M]. 复旦大学出版社,2011:32.

理解，观众可以超越表面的视觉印象，洞察作品的情境和创作者的意图，从而促进观众与作品之间的情感交流。同时，理解有助于观众深刻认识艺术作品中承载的特定地域或民族文化记忆的元素，这对于文化的传承有重要的意义。

在观众欣赏《清明上河图》时，仅从画面的热闹街景去观看是远远不够的，要深入理解画作完成时的社会背景、风俗习惯和画中隐含的政治寓意才能把握这幅画作的深远意义。《清

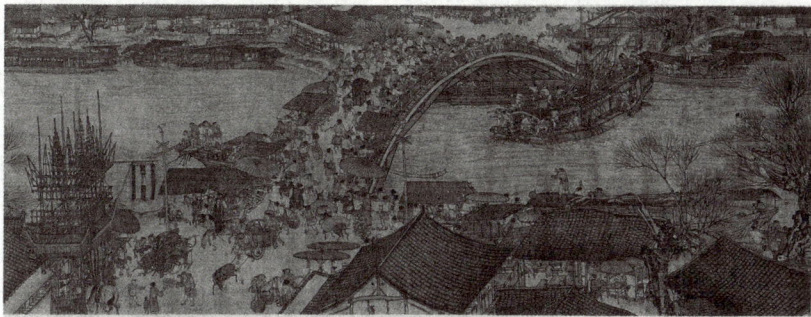

张择端的《清明上河图》局部

明上河图》描绘的是北宋都城东京的繁荣景象。这幅画作完成于北宋末年，正值中国历史上经济、文化、科技发展的高峰期。通过对画中繁忙的市井生活、琳琅满目的商铺、熙熙攘攘的人群，以及各式各样的交通工具的描绘，画家张择端为我们提供了一个了解当时社会风貌的窗口。这不仅是对日常生活的记录，也是对当时城市化发展成果的展示。同时，画作也反映了画家对当时社会一些深层次问题的关注，如繁荣景象下隐藏的社会不公、贫富差距等问题，揭示了宋朝统治下某些隐含的危机，展现了作者希望通过这幅画表达对政治清明、社会安宁的期望。所以，《清明上河图》不仅是一幅描绘北宋都城繁华景象的艺术作品，更是一部反映当时社会现实、风俗习惯和政治氛围的历史文献。

（二）认知

认知是指个体在审美过程中，利用感知、记忆和思维等心理功能，构建对艺术作品的内在表征，并对其进行处理和评价。认知能力体现在对艺术语言的解读上，如对象征、隐喻的运用都需要一定的认知水平和文化素养。审美主体根据自身的知识结构、价值观，以及社会文化标准对美的对象进行主观评价，这种评价过程也是形成美感的重要环节。通过理解，审美体验得以深化，从表面的感官享受上升到思想和精神的共鸣。

认知使我们能够感知作品的细节，如色彩、线条和构图等，并对其进行初步分析。在面对一幅画作、一件雕塑或其他形式的艺术作品时，我们的认知系统先捕捉到的是直观的视觉元素，如色彩、线条、形状和构图等，这些基本的视觉信息通过眼睛传递给大脑，然后由大脑进行处理和解释。认知还能够让我们将感知到的信息整合，通过想象构建起一个完整的审美场景。我们观察艺术作品时，并不是孤立地看待每一个元素，而是将它们组合在一起，形成一个整体的感知。这种能力让我们即便是在二维的画布上也能够在心中构建出一个三维的空间。例如，在观看梵高的《星月夜》时，我们会想象自己置身于画中的小镇，感受夜空中星星的旋转和村庄的宁静。

认知过程促使我们对审美对象进行评价，并形成个人的审美偏好。通过比较、分析和批判性思考，我们能够对艺术作品的价值和意义进行判断。例如，在阅读经典小说作品时，读者需要运用认知能力将文字描述转化为内心的画面，理解人物的心理变化，感受作品中

细腻的情感与时代背景。在转化过程中，读者的认知能力不仅帮助他们构建出故事的情境，还能够让他们对人物的行为动机产生共鸣，从而更加深刻地理解作品的主题和情感。

（三）理解与认知的互动

理解与认知在审美过程中不仅帮助我们深入挖掘艺术作品的内在价值，也促进了个人情感的丰富、文化的理解和传承，以及审美水平的提升。在审美活动中，认知是理解的前提条件。只有先通过视觉、听觉等感官对艺术作品进行初步的认知，才能进一步理解作品的意义。反之，理解是对认知的深化。当我们理解了艺术作品的文化背景、作者意图、历史语境等之后，就能更深入地认知作品的形式美和艺术价值。例如，在观看一座现代建筑设计时，我们可能会注意到它的线条、形状和空间布局，这是对形式的认知。当我们了解到这座建筑的设计理念，比如如何结合当地文化特色和现代技术，就会对其产生更深的理解，感受到它的文化价值和艺术魅力。再如，在欣赏一幅中国画时，我们也许被画中的笔触和色彩所吸引，而通过了解画中的象征意义和画家的创作意图，我们可以更好地理解作品所传达的意境和气韵，从而深入挖掘其内在价值。

在审美活动中，认知与理解是相互依存、相互促进的过程。认知为我们提供了对艺术作品形式和结构的基本了解，而理解则帮助我们深入挖掘作品的意义、情感和文化价值，二者共同作用于审美体验的深化和发展。

第二节 美感的创造与体验

在审美体验中，个体既是艺术作品的接受者，又是艺术作品的创造者。这意味着每个人都能通过自己的心境、情感、个性特质和创造性思维参与美感的构建。

◆一、情感与心境◆

情感与心境在审美过程中扮演着核心角色，它们是连接艺术作品与审美主体之间的桥梁，影响着审美体验的深度与广度。情感为艺术作品赋予了生命力，使其能够触动人心；而心境则像是一层滤镜，透过它，欣赏者能以特定的情绪去感知和诠释艺术作品。

（一）情感

情感反应在美感中占据核心地位，美感往往伴随着愉快、欣赏、敬畏等多种积极情感。情绪既可以瞬间爆发，也可以持久影响个体对美的感受，使美带有强烈的情感色彩。情感是审美体验中不可或缺的部分，它为艺术作品赋予生命力和感染力。"一部艺术作品得以获得美的特质的价值，一般如人们所述，就在于它的愉悦价值，而这种愉悦价值又必定与那种心理需要构成了因果关系，这种愉悦价值满足了人的心理需要。"[1]例如，在观看京剧《霸

---

1. 威廉·沃林格. 抽象与移情 [M]. 王才勇，译. 金城出版社，2010: 11.

王别姬》时，演员精湛的表演技巧传递出深深的情感，让观众感受到角色的无奈与悲凉，从而加深了对这段历史故事的理解和同情。又如，在阅读小说《活着》时，读者会有感于主人公一生经历的苦难和艰辛，随着时间的推移和对作品的深入思考，书中所蕴含的深刻情感和人生哲理逐渐显现，给予读者持久的感动和深思。

（二）心境

心境，作为个体持续较长时间的一种内在情绪状态，对审美判断具有显著影响。当个体处于平静、愉悦的心境时，人们会更容易接纳并欣赏美的事物，无论是自然风光还是人文艺术。在这种心境下，人们对美的感知变得更为敏锐，也更愿意去探索和享受美的多样性。相比之下，在紧张或焦虑的心境下，个体的注意力往往会更加集中于现实问题上，这会在一定程度上减弱他们对美的敏感度和欣赏能力。

当心情愉悦时，人们可能会选择观看一部轻松愉快的喜剧电影，如20世纪60年代的电影作品《欢乐满人间》，其乐观的精神和魔法的元素能够进一步增强人们快乐的情绪。相反，在经历了一段时间的压力或失落之后，人们可能更愿意阅读那些探讨生命意义的小说，如加西亚·马尔克斯的《百年孤独》，这部作品深刻探讨了孤独、爱情和时间等主题，能够引起读者的共鸣，有助于人们处理内心的负面情绪。此外，在心境平和的状态下，人们能更深刻地欣赏安塞尔·亚当斯的黑白风光摄影作品，其中的精致细节与光影对比，能让人体验到更深层次的情感共鸣。

（三）情感与心境的互动

情感与心境在审美过程中相互交织，共同塑造了独特的审美体验。情感让艺术作品充满活力，触动人心；而心境则如同一面镜子，反映出个体内心的状态，也影响着对艺术作品的感知与理解。情感与心境的互动使艺术作品能激发观众的共鸣，触及心灵深处，实现心灵的沟通。这种互动不仅加深了艺术作品的内涵，也使每一次审美体验都带有鲜明的个人色彩，成为一段深刻的内心旅程。

情感与心境之间的互动还构成了审美体验的复杂性。一方面，艺术家在创作时会将自己的情感融入作品中，这些情感通过艺术作品的形式和内容得以传达，从而激发观众的共鸣。另一方面，观众在带着自己的心境去欣赏作品时，这个心境会影响他们对作品的解读以及个人的情感反应。二者之间的互动不仅丰富了艺术作品的意义，也让每一次的审美体验都变得独一无二。

◆二、个性特质与习惯◆

个性特质与习惯在审美过程中具有深远的意义，它们不仅塑造了个人的审美偏好，还影响着人们如何解读、感受和评价艺术作品。

（一）个性特质

个性特质，包括性格倾向、价值观和兴趣爱好等，对个体形成独特的审美偏好起着决定性作用。每个人的性格和经历都是独一无二的，这些差异导致了多样化的审美取向。例如，开放性、敏感性和独立思考能力等特质都可能影响个体的审美倾向。

高开放性的人通常对新鲜事物持积极态度，愿意接受和探索多元化的艺术形式。这类人往往拥有广泛的兴趣和强烈的好奇心，喜欢尝试不同的体验。例如，一位高开放性的人可能会对现代艺术和实验性艺术形式表现出浓厚的兴趣，如装置艺术、概念艺术或数字艺术等。他们可能更倾向于探索艺术作品背后的深层含义，而不是仅仅停留在表面上。敏感性则决定了个体对美的细腻感受能力。一个高敏感性的人可能更容易注意到作品中的细节，并从中感受到强烈的情感共鸣。例如，在欣赏一幅描绘自然风光的画作时，敏感性强的人可能会注意到画中光影的微妙变化、色彩的渐变过渡，以及这些元素如何共同营造出一种特定的情绪氛围。这种细腻的感受能力使他们在欣赏艺术作品时能够获得更为深刻的体验。

内向的人通常喜欢安静的环境和用于个人反思的时间，他们往往会被那些能够激发内心深处情感的作品所吸引，如忧郁的肖像画或富有深意的抽象艺术。这些作品常常能够引起他们的共鸣，让他们在内心深处与作品进行对话。相比之下，外向的人则通常喜欢社交活动和热闹的场面。他们更可能被色彩鲜艳、形式活泼的作品所吸引。例如，一位性格外向的人可能会更倾向于欣赏那些充满活力、色彩斑斓的街头艺术作品，这些作品能够迅速带给他们带来愉悦的感受。

理解个性特质如何塑造审美偏好，有助于我们更好地欣赏和理解不同类型的艺术作品。

（二）习惯

习惯是指个体在长期的生活实践中形成的特定行为模式。在审美过程中，习惯同样发挥着重要的作用。它不仅影响着人们对美的感知和判断，还塑造了人们的审美偏好和行为倾向。人们往往偏好那些熟悉的东西，因为熟悉性能够带来安全感和舒适感。在审美领域，这意味着人们更倾向于欣赏那些他们已经了解和习惯的艺术形式或风格。此外，习惯还会影响我们在审美过程中的期待。一旦习惯了某种艺术形式，人们就会期待在相似的情境中遇到类似的作品。这种期待有时可能会限制人们的审美体验，但也可能加深人们对特定艺术形式的理解和欣赏。

在艺术欣赏方面，西方观众更倾向于抽象表现主义作品。美国当代画家杰克逊·波洛克经常通过滴洒颜料的方式创作具有独特视觉效果的抽象画作，这种风格可能使西方观众更容易感受到艺术家创作的激情。相较之下，东方观众，尤其是熟悉中国传统文化的人，可能更喜欢具有象征意义的水墨画。水墨画讲究意境与留白，以简练的笔墨表达深邃的情感。例如，宋代画家马远的《寒江独钓图》，画面简洁，描绘了一位渔翁在寒冬中独自垂钓的情景，传达出深沉的意境，

马远的《寒江独钓图》

东方观众可能更能从中体会到超然物外的精神追求。

虽然习惯可以为人们提供审美上的舒适区，但过度依赖习惯也可能阻碍人们对新事物的接受。在审美过程中，找到习惯与创新之间的平衡是非常重要的。人们应当既保持对熟悉艺术形式的欣赏，又保持开放的心态，勇于尝试新的艺术体验。挑战现有的审美习惯，有时能引领人们发现新的审美领域。例如，通过参观当代艺术展览，人们可能会被那些突破传统界限的作品所吸引，从而拓宽自己的审美视野。

不同的文化背景、教育经历和生活经历都会影响个体的审美偏好和对艺术作品的理解。意识到习惯对我们审美体验的影响，有助于人们以更加开放的心态接受新的艺术形式，并通过教育和自我反思来不断丰富和深化审美体验。

◆三、创造性思维与审美◆

（一）创造性思维

创造性思维是心理学中的重要概念，也是审美过程中的重要一环。它不仅体现在艺术家创作作品的过程中，也体现在观众对艺术作品的

在平凡中创造美

理解、解释和再创造中。创造性思维能够让人们超越作品表面的形式，深入探索作品的内涵，也能激励人们根据自己的经验和情感来重新诠释艺术作品，从而创造出全新的审美体验。

创造性思维具有新颖性、灵活性、探索性和综合性四个显著的特点，这些特点共同构成了其独特的力量。首先，新颖性能够激发个体产生新颖的想法和视角，让人们从不同的角度去审视艺术作品。这种新颖性使艺术家和观众能够在传统框架之外寻找新的意义和价值。其次，灵活性能够鼓励人们灵活地运用现有的知识和经验，而不受常规思维模式的束缚。这意味着即使面对熟悉的作品，人们也能够发现新的层面和意义。再次，探索性能够鼓励人们勇于探索未知的领域，敢于尝试新的可能性。最后，综合性能够帮助人们整合不同的想法和信息，形成独特的见解。这种能力使人们能够将看似不相关的元素联系起来，从而创造出前所未有的作品。

（二）创造性思维在审美中的作用

创造性思维在审美体验中扮演着至关重要的角色，它不仅促进了审美体验的个性化，还能激发新的审美灵感、深化对艺术作品的理解，并推动审美活动中的创新，进而增强审美体验的参与感。明代文学家王夫之有言："两间之固有者，自然之华，因流动生变而成其绮丽。心目之所及，文情赴之，貌其本荣，如所存而显之，既以华奕照耀，动人无际矣。[1]通过创造性思维，每位观众都能够根据自己的经验和情感来解读艺术作品，使每一次审美体验都独具特色。例如，当一位观众在欣赏一幅抽象画时，可能会根据自己的经历和情感来想象画中所蕴含的故事或情感，从而创造出与他人不同的审美体验。

创造性思维不仅激发人们对艺术作品的新颖解读，还可能激发新的艺术创作。例如，一位艺术家在观看一场现代舞表演时，可能会受到启发，创作出融合舞蹈元素的新作品。更重要的是，创造性思维促使人们深入挖掘艺术作品的深层含义，而不仅仅停留在表面形式上。通过创造性思维，一位文学爱好者在阅读诗歌时，不仅能够欣赏到语言的美妙，还能够领悟到诗歌背后的哲学思考和社会批判。同样，创造性思维鼓励人们在审美活动中尝试新的方法和技术，从而推动艺术的发展。例如，一位摄影师在拍摄自然风光时，可能会尝试使用不同的镜头和拍摄技巧来捕捉光线和色彩的变化，从而创造出独特的视觉效果。最后，创造性思维使观众能够主动参与审美过程，通过自己的想象和解释来丰富审美体验。例如，在观看一场戏剧表演时，观众可能会根据自己的理解和情感来重新演绎剧中的人物

---

1. 王夫之. 古诗评选 [M]. 上海古籍出版社, 2011: 218.

关系，从而获得更加深刻的参与感。

综上所述，创造性思维在审美体验中发挥着至关重要的作用。它涉及个体对外界信息的接收、加工、情感反应以及理性思考等多个层面。这些心理因素相互交织，共同构成了个体独特的审美体验。同时，创造性思维还将生理基础、心理活动、文化背景和个人经验紧密相连，共同塑造了个体独特的审美世界。

第三节　美感与人生境界

美感，作为美学的核心概念，是主体对客体进行审美评价时所产生的一种感受，它体现了主体对于和谐、均衡、比例等形式美法则的把握，以及对深邃、崇高、淡泊等内涵美的领悟。美感不仅涉及艺术领域，还渗透于生活的各个方面，影响着个体的人生观、价值观和人生境界。美感与人生境界的关系，是一个深刻且广泛的话题，它涉及个体的精神世界、价值观，以及个体与外部环境的互动方式。在这个广阔的领域中，内在修养与审美体验、认识世界的广度与深度、价值导向与人生追求、创造力与自我实现这四个方面相互交织，共同塑造着人的生命质感和精神面貌。正如美学大师朱光潜所说："人生本来就是一种较广义的艺术。每个人的生命史就是他自己的作品。这种作品可以是艺术的，也可以不是艺术的，正犹如同是一种顽石，这个人能把它雕成一座伟大的雕像，而另一个人却不能使它'成器'，分别全在性分与修养。知道生活的人就是艺术家，他的生活就是艺术作品。"[1]

◆一、内在修养与审美体验◆

（一）内在修养的基石

内在修养是对自我认知、情感控制、道德情操等方面的修炼与提升，它是审美体验的基础。个体的人生境界往往反映在其内在的修养和品格的塑造上，而美感的培养则是内在修养的关键部分。一个人可以通过学习艺术、阅读文学作品、欣赏自然风光等多种途径来培养审美能力。这些过程不仅能提升个体对美的敏感度，更能陶冶情操、净化心灵。内在修养的提升，实际上是个体与外部世界建立深层次联系的过程。这种联系不仅体现在对美好事物的认知上，更体现在个体如何通过这些体验来塑造自己的内心世界。"我们在艺术的抽象中，可以体验着'人生的意义'。'人心的定律'，'自然物象最后最深的结构'，就同科学家发现物理的构造与力的定理一样。艺术的里面，不只是'美'，且饱含着'真'。"[2]

（二）审美的深层体验

中国古典美学中的"心斋"与"坐忘"概念，强调在心灵净化中达到物我两忘的境界，

1. 朱光潜．谈美［M］．东方出版中心，2016：98．
2. 宗白华．美学漫步［M］．长江文艺出版社，2019：42．

从而使审美体验更加纯粹和深刻。这一观念主张通过内心的修养，去除杂念，达到与自然万物和谐共存的状态，从而在审美过程中获得更为深刻的精神体验。例如，宋代文人苏轼，在贬谪黄州期间，通过诗词书画表达了对自然之美的感悟。其《赤壁赋》不仅赞美了壮丽的河山，也反映了他超然物外的心境。苏轼的内在修养使他在逆境中仍能发现生活之美，赋予作品深邃的哲思和淡泊的情怀。在逆境中，苏轼并没有放弃对美的追求，反而通过艺术创作来提升自己的精神境界。这种内在修养不仅让他在艰难时刻找到了心灵的慰藉，也使他的作品拥有了更为深刻的内涵和更强的感染力。通过这样的例子可以看出，内在修养的提升不仅能够帮助个体在逆境中找到精神支柱，还能够促进个人审美能力的提升，使个体在日常生活中发现并欣赏到更多的美好。

◆二、认识世界的广度与深度◆

（一）审美的丰富层次

审美能够启迪智慧。一个人的认识广度决定了他能够接触到多少美的形式，而认识的深度则决定了他对美的理解层次。美感不只关乎直观形式上的愉悦，更在于能够透过表象洞察事物的本质和深层次内涵。当一个人具备较高层次的美感时，他对世界的认识也会更加深刻和全面，这有助于拓宽他的世界观和人生观，从而达到更高的认知境界。

从理论上讲，个体的审美层次越丰富，其理解世界的视角就越多样化。美感的提升不仅意味着对美的感受能力的增强，还意味着认知方式的转变。通过欣赏艺术作品、自然景观和人文景观，人们可以接触到不同的文化和思想体系，这既能够带来视觉上的享受，又能够激发思考，促进对世界多元化的理解和接纳。

（二）升华的人生境界

明代旅行家徐霞客的一生便是对此理论的生动例证。他不仅是一位杰出的地理学家，还是一位充满激情的探险家和诗人。他一生游历名山大川，记录了自然景观的壮丽，并且通过对地质、植物等自然现象的观察，深化了对自然界奥秘的理解。徐霞客的旅行笔记，既是他个人对美的探索的记录，也是他对世界认识不断拓宽和深化的证明。在他所著的《徐霞客游记》中，我们可以看到他对大自然美的赞叹，也能够感受到他对科学探索的热情。在这一过程中，审美体验与知识积累相互促进，使他的人生境界得以升华。

审美活动与科学研究并不是孤立存在的，它们之间存在着深刻的互动关系。通过观察和体验自然之美，人们可以激发对未知的好奇心，进而进行更深入的科学研究。这种从感性认识到理性思考的过程，正是人类智慧成长的重要途径。在现代社会，随着科技的发展和全球化的推进，人们对美的追求不再局限于传统意义上的艺术创作和自然景观，还包括了对新技术、新领域的探索。因此，培养广泛的兴趣爱好和深厚的知识底蕴，不仅能够提升个人的审美能力，还能够促进个人的全面发展，实现更高层次的认知和精神追求。

◆三、价值导向与人生追求◆

（一）价值导向与判断

自定义

价值导向是个体行为选择的内在依据，它深刻影响着人生追求的方向。在审美活动中，个人的价值观会引导其对美的定义与追求。美感的形成和人生境界的提升相互影响，美感的选择和追求往往会引导个体走向特定的价值取向。这种内在的驱动力能够激励人们追求真善美、摒弃假恶丑，并在道德伦理和社会责任等方面展现出高标准。在面对复杂多变的世界时，这种驱动力促使个体保持清晰的方向感和坚定的信念感。

审美活动不仅是对美的欣赏，更是一种价值判断的过程。通过艺术作品的欣赏，个体可以与创作者进行跨越时空的心灵对话。这种对话不仅能够带来情感上的共鸣，还能够引发关于生命意义、社会价值等方面的深刻思考。当一个人具备高尚的审美趣味时，他会更加倾向于选择那些能够体现人类共同价值的艺术作品。那些作品往往能够触动人心最深处的情感，促进个体内心的和谐与发展。"万物一体的审美意识中应包含人对人的责任感和为他人谋幸福的道德意识。善是美的必然结论，善包括在美之中。"[1]

（二）人生意义的探索

在当今这个多元化和快速变化的时代，价值导向如同个体行为的灯塔，为人生的方向和目标提供指引。作为一种深刻的价值判断过程，审美活动不仅丰富了个体的情感生活，还在道德伦理和社会责任方面树立了高标准的行为规范。

现代舞蹈家林怀民就是一位将个人价值观与审美追求高度统一的艺术家。他创立的"云门舞集"不仅是台湾现代舞的代表，更是中华文化在全球舞台上的一张名片。林怀民将传统文化与现代舞巧妙融合，不仅展现出对中华文化的深厚敬意，还传递出对和谐共生、自然生态的深切关怀。林怀民的艺术追求不仅仅体现在他对舞蹈艺术本身的探索上，更重要的是，他通过作品传达了一种生活方式和价值观念，即在现代社会中寻找一种与自然和谐共存的生活方式，以及如何在快节奏的生活中找到心灵的归宿。艺术创作不仅仅是技巧的展示，更是一种价值理念的传播。他的作品不仅让观众感受到中华文化的魅力，还激发了人们对自然与和谐的向往，使人们对生命意义进行反思。这种艺术创作不仅提升了观众的审美品位，还促使他们在日常生活中做出更加符合内心价值取向的选择，如更加注重环境保护、追求精神层面的满足等。

价值导向与审美追求紧密相连、相互融合，这不仅能够升华个人的道德情操，增强社会责任感，还进一步推动了社会的整体和谐与进步。艺术，作为二者融合的关键载体，拥有触动人心、唤起情感的力量，更能于潜移默化间传播积极正面的价值观念，引领社会朝着更为美好、和谐的方向稳健前行。

---

1. 张世英. 美在自由：中欧美学思想比较研究 [M]. 人民出版社，2012：165.

◆四、创造力与自我实现◆

（一）自我表达与创新

创造力，作为审美体验的核心驱动力，是个体实现自我表达与自我价值的关键路径，更是推动世界美学前沿发展的强劲力量。当个人得以自由抒发内心情感，创造出独一无二的美时，不仅彰显了自我价值，还为世界美学画卷添上浓墨重彩的一笔。高层次的审美体验能够激发个体的创新意识与创造潜能，使艺术创作及各类创造性活动成为个体获取精神满足感与成就感的源泉。在此过程中，个体不仅升华了自我价值，拓宽了人生境界，还与世界建立起更为深刻且独特的联系。

（二）审美与自我完善的统一

李泽厚提出的"实践美学"理论强调，审美活动本身就是一种社会实践，美感源于社会实践并服务于社会实践，审美活动是个体参与改造世界、完善自我的重要途径。这一理论认为，审美活动不仅仅是对美的被动欣赏，更是通过主动创造来提升自我价值的过程。"艺术家的天才就在于去创造、改变、发现那崭新的艺术形式层的感知世界……对艺术的革新，或杰出艺术作品的出现，不一定是在具体内容上的突破或革新，而完全可以是形式感知层的变化。"[1]通过审美实践，个体能够在对客观世界的观照中提升自我，达到更高的精神境界。

著名华裔建筑师贝聿铭的设计生涯充分体现了"实践美学"的理念。他擅长将现代建筑风格与地区性文化背景相结合，作品遍及世界各地，其中很多作品都成为当地的标志性建筑。在设计苏州博物馆时，他巧妙地将现代建筑语言与苏州园林的古典韵味相结合，建筑造型简洁、明快，并带有传统中式园林的特色，与自然景观及当地环境和谐地融为一体。设计不仅体现了对当地文化和历史的尊重，也为游客提供了一个全新的视角来体验苏州的文化遗产。苏州博物馆不仅展现了对传统美学的深刻理解，也彰显了设计师的现代创新精神。贝聿铭的设计，既是他个人创造力的极致展现，也是他自我实现的标志，通过艺术创作实现了与环境、历史、文化的深度对话。

综上所述，美感与人生境界的关联是多维度、多层次的。内在修养提升了审美体验的质量，使美不再停留于表面，而是触及灵魂；明确的价值导向指引着人生的航向，使追求美的旅程更具目的性；而创造力的发挥，则是实现个人潜能、贡献社会的独特方式。在这个过程中，个体不仅丰富了自己的精神世界，也促进了文化的传承与创新，最终达到一种超越物质层面的、更高层次的人生满足与幸福。

通过本章的学习，我们认识到美感并非单一维度的感受，而是多种心理活动综合作用的结果。这种认识有助于我们更加全面地理解美的本质，提高个人的审美能力，从而在生活中更好地欣赏和创造美。

---

1. 李泽厚. 美学四讲 [M]. 长江文艺出版社，2019:173.

思考题:

1. 感觉与知觉在审美体验中有何作用?请举例说明。

2. 个性特质和生活习惯如何影响个人的审美偏好?请结合具体例子进行阐述。

3. 请结合苏轼或林怀民等人的例子,谈谈内在修养对审美体验有哪些影响。

4. 请结合李泽厚的"实践美学"理论,阐述美感与人生境界之间存在怎样的关系。

第六章

音乐之美

本 章 概 述

　　本章将从宏观角度深入探讨音乐的审美特质，分析音乐艺术表现的基本要素，并研究音乐审美中感性与理性的关系。音乐之美蕴含着多层次的价值，其独特的审美价值是其他艺术形式难以比拟的。对于京津冀地区的音乐文化，我们需要从历史和现状两个维度进行理解，既要深刻领会宫廷音乐的悠久历史，也要充分展现民间音乐的丰富多彩和生动活泼。在了解非遗音乐的过程中，我们应对中国传统音乐艺术的深厚历史价值有一个必要的认识。我们期望通过本章的探讨，激发读者在日常生活中更多地关注、了解和体验非遗音乐，甚至成为非遗音乐传承与传播的参与者、推动者。在本章的最后一节，我们对当代音乐的创作与发展，以及当代剧场音乐的新形态进行简要介绍。通过这一章的学习，我们期望学生们能够对音乐艺术的审美规律有一个较为全面的认识，并以此为基础，帮助学生更好地感受和理解音乐这一纯粹的感性艺术形式，进而踏入更为广阔和美妙的音乐世界。

第一节 音乐艺术的审美特征

◆ 一、何为美的音乐? ◆

　　在人的内心深处，都是向往美的。对于音乐艺术而言，数千年来，人们从未停止过对音乐美的追求。从《诗经》中"蒹葭苍苍，白露为霜；所谓伊人，在水一方"的曲调吟唱，到礼乐所追求的"中和"之美，再到学堂里孩子们朗朗的歌声，这种对音乐美的不懈追求，跨越了时代，恒久地滋养并慰藉着人们的心田。

　　在当今全球化的音乐文化生活中，人们拥有着前所未有的丰富音乐审美资源。一方面，是人类文明历史中璀璨的广义古典音乐流派；另一方面，是 20 世纪以来涌现出的那些夸张怪诞、打破大小调体系的新音乐流派，以及丰富多彩的世界民族音乐资源与当下风靡全球的多元流行音乐。这些在听觉形象上差异巨大的音乐类型都被纳入了当代音乐审美领域。如此丰富的音乐资源与多元混杂的音乐风格，使"音乐"这一词汇所包含的内容显得更加难以描述或概括，其根本原因之一，在于不同类型的音乐在感性形式上所展现出的特征，为人们带来了截然不同的审美体验。

　　面对如此雅俗混合、风格多元的音乐审美资源，音乐美学领域对音乐的感性形式特征进行了概括，认为在"美"的范畴内，各地区、各民族的音乐虽然具有不同风格，但还是存在一些共性。传统观念中广义的"美"通常包含几个基本特征：适当的度和比例、材质的颜色和光泽、有机的整体性。[1]音乐学界较为公认的观点认为，音乐的"美"具有三个特征，即有序、丰富和可感。[2]基于这些特征，我们可以区分出与"美的音乐"相对的"反美的音乐"和 "非美的音乐"。

　　我们在这里重点探讨何为"美"的音乐。"有序"指的是美的音乐作品通常具有高度组织的结构，是按照某种规则产生的有序组织，而非杂乱无章或随意拼凑的产物。在西方专业音乐的创作中，曲式结构与和声的发展就是典型例证，一首作品除了有规整的曲式结构，还有统一的和声规则，以及适宜的乐器音色，这种贯穿始终的有序组织，使音乐作品在听觉上产生一种有序的美感。因此，有音乐评论者指出，能够在巴赫的复调音乐中听出平稳均衡的秩序，是一种音乐美的享受。在中国音乐的领域中，无论是历史悠久的传统曲谱，还是口口相传的民族歌曲，同样体现出有序的民族调性和对称的结构，例如民歌中对仗的唱词结构。"丰富"则体现在音乐内部是否具有精妙的变化与对比。如果音乐过于简单、缺乏层次、结构单一、没有变化，往往会显得单调乏味、不耐听，甚至让听众觉得不够过瘾。因此，专业的音乐创作技法往往十分注重音乐内部的音高、音色和强弱层次的对比与变化。这种倾向并不局限于某一种风格。例如，在 20 世纪 70 至 80 年代——美国流行音乐的黄金时代中，诸多流行音乐作品在创作之时都被认为具有"古典音乐"的织体特点。迈克尔·杰克逊的流行音乐歌曲《Liberian Girl》的母带中就有几十条音轨，不仅在人声声部上层次丰富，在节奏与配器上也变化多端，新颖别致，直至今日仍具有极高的艺术

---

1. 高建平 . 美学核心素养 [M]. 中国文联出版社，2021:55.
2. 宋瑾 . 音乐美学教程 [M]. 上海音乐出版社，2008:37.

价值，而这种丰富还体现在音乐风格的多样性上。不同国家和地区因其独特的地域文化，孕育出了千姿百态的音乐风格，这些风格的美感在于其独特的音乐形式。对于音乐风格的把握，无论是时间维度上的历史变迁，还是空间维度上的地域差异，都是音乐欣赏的重要方面。以西方古典音乐为例，巴洛克、古典主义、浪漫主义以及现代音乐等不同时期的音乐风格，各自展现了独特的艺术特征。了解这些风格，有助于我们更深入地欣赏音乐中的美妙之处。同样，世界各地的音乐风格也深受地域文化的影响。以中国传统民间音乐为例，西北民歌的高亢与豪放、华北地区民歌的优美与灵动，以及西南山区民歌的清秀与委婉，都与各自地域环境和民俗文化有着深远而紧密的关系。对音乐风格的细腻区分，使我们在聆听时能够做出更加恰当的准备，从而更好地理解和解读不同地域的音乐风格，丰富我们对音乐的理解。

"可感"在于音乐的有序与丰富是否能在听觉层面被听者感知。当技法的应用能够被听众直观地感知到，那么聆听音乐所产生的美感才能得以呈现。反之，如果听众在聆听音乐的过程中几乎无法识别音乐的"旋律"和"节奏"，那么音乐的有序与丰富就无法被听者感知。例如，20世纪的西方现代主义流派中的某些音乐作品就存在这一问题，勋伯格的十二音技法所创作的音乐作品在理性层面上达到了有序且丰富，但这种对于音的有序设计需要通过乐谱的分析才能领悟，而难以被习惯于聆听大小调式的耳朵中直接识别到，因此很难在聆听感知层面上产生美感。

当然，除了客观标准对音乐美的阐释，音乐美的范畴事实上还存在更为宽泛的理解。例如，当一段音乐使人心情舒缓愉悦时，我们可以说这段音乐是"美"的；当一段音乐使一个人产生了美好的想象或勾起了甜蜜的回忆，那么也可以说这首音乐是"美"的。只是这种判断相对主观，不一定关乎音乐本身，因此这种美不一定具备普遍性。尽管能够使人产生这般情绪反应的音乐在很大程度上已经符合了有序、丰富、可感的特征，但音乐美的评判毕竟还包含某些个人的主观色彩。因此，对于音乐美的理解应该建立在更宽广的层面上。

◆二、音乐表现的基本要素◆

音乐作为人类情感的载体，具有广泛的易懂性。无论是通俗朴素的民间歌曲，还是典雅精致的赋格曲，它们在音乐的本质上并无高下之分。"一般来说，音乐是由旋律、和声、复调、配器和曲式等形式构成的，是一个复杂的音响整体。"[1]诚然，那些大型且结构复杂的音乐作品可能在初听时让人一时难以把握，但当我们将其细分为更小的组成部分时，理解它们的大门便会逐渐开启。最重要的是，音乐在以其独特的语言与我们对话，而这种音乐正是由人类听觉可直接识别的要素所构成。因此，对于音乐美的把握，应当从对这些音乐要素的认识开始。

（一）节奏

音乐的节奏是指音乐中一系列有规律地重复出现的强弱拍子或节拍。作为音乐的基础元素之一，它能够为音乐赋予独特的节奏感和动感。在音乐中，节奏通常由音符的长度和

---

1. 王次炤．音乐鉴赏［M］．北京大学出版社，2021：9．

排列组成，用来表示音乐的快慢、轻重、停顿和强调等。音乐的节奏通常以"拍"为单位来计算，节拍可以分为许多不同的类型，例如单拍子、双拍子、三拍子、多拍子等。其中，有两个节拍的节奏，通常用于简单的歌曲或民谣；有三个节拍的节奏，通常用于舞曲；有四个或更多节拍的节奏，往往具有更复杂的强弱规律，通常用于结构更为复杂的音乐作品。不同风格的音乐往往包含具有一定差异的节奏类型。这些节奏类型的丰富变化和差异性是构成音乐美"丰富"维度的重要成分，此外，音乐的节奏还可能为音乐作品赋予特定的情感基调。例如，紧密的节奏通常用于表达兴奋、欢快和动感的情感基调；而舒缓的节奏通常用于表达沉静、悲伤和舒缓的情感基调。

（二）旋律

音乐的旋律通常由一系列不同音高和节奏的音符按时间顺序排列而成。旋律是音乐中最容易被听众感知的部分，也是人们普遍对一首音乐作品最深刻的印象。在音乐中，旋律扮演着非常重要的角色，它可以表达音乐主题、描绘景象和传达信息等。就像语言中的词汇和句子结构一样，旋律是音乐理解和表达的基础。

（三）和声

和声是指不同音高的音同时发声所形成的音响效果，它可以创造出丰富的音乐纹理和色彩层次。和声包括音程和和弦。和声可以是由简单的两个音符同时响起组成的声部，也可以是由复杂的多个音符组成的多声部。在和声中，音符之间的音程关系决定了它们的和谐程度。例如，纯音程（如纯一度、纯四度、纯五度）和完全协和音程（如完全协和四度、完全协和五度）听起来比较和谐，而如小二度、大二度和大小七度听起来则可能不太和谐。

和声增加了音乐的深度和听觉的丰富性，使音乐的音响层次更加分明。和声还能表达情感和氛围，和谐的和声能够传达平和安宁的信息，而不和谐的和声则能营造出紧张的氛围。在西方音乐中，和声是基于三和弦（根音、三音和五音）的结构。在东方音乐中，和声的形式和概念有所不同，但同样重要。

（四）音色

音色是指不同乐器或人声发出声音的物理特性，它为音乐增添了独特的质感和情感。音色是由声音的频谱组成并决定的，包括音波的各个频率成分及其相对强度。每个乐器都有其独特的音色，即使它们在演奏相同的音高时，我们也能够区分出不同的乐器。音色一般是由谐波结构、泛音、音的强度、音的持续时间、音的清晰度和音的集中度等因素决定的，不同乐器产生的音波由一系列谐波组成，每种乐器的谐波成分不同，决定了该音乐独特的音色。当一个音符被演奏时，除了基频外，还会发出一系列额外的频率，这些频率被称为泛音。不同乐器的泛音系列各不相同，这直接影响了音色的质感。此外，音的强度和持续时间，以及音的清晰度和集中度，都会影响音色。

（五）音乐结构

音乐结构包括曲式结构、和声结构、旋律结构、节奏结构等。音乐结构的立意与构思是音乐创作的一个重要方面，涉及如何将音乐的各个部分有机地结合在一起，以及它们如何随着时间而展开。曲式结构是音乐作品的总体布局和组织形式，它决定了音乐如何展开、呈现和发展。常见的曲式有一部曲式、二部曲式、三部曲式、变奏曲式、回旋曲式和奏鸣曲式等。音乐结构内部的不同组合和变化可以产生出不同的音乐风格和流派，作曲家通过不同的结构元素和组合形式，可以表达自己的创意和情感。理解音乐结构对于音乐欣赏和音乐分析都是非常重要的，它有助于我们更深入地理解音乐作品的深层意义和内部逻辑。

◆三、音乐审美的感性与理性◆

音乐美最直接的获取方式源自人类听觉的感性体验。如前文所述，"可感"是评判一部音乐是否为"美的音乐"的一项重要标准。一般认为，音乐的审美过程包含人的理性认识和感性体验两个方面。理性认识指对音乐本身的理性分析，包括了解音乐的相关背景知识（如历史地位、创作背景、作者信息等）以及对音乐的专业分析（如对乐谱的细读、分析等），而感性体验则指人们在直接聆听音乐时的审美感受。

音乐审美中应当兼具感性与理性，理想的审美体验应当是"以理解为基础的深刻感受"。如果在音乐审美过程中，缺乏理性认识的准备，就很难获得深刻的感受。因此，人们有必要通过一些方法来了解音乐之外的相关信息，这有助于深化感性体验。然而，这些理性认识只能作为基础，而非目的。若想与音乐建立审美关系，还必须将音乐视为审美对象，进入纯粹无功利的感性聆听，以此获得审美感受。这里需要说明的是，感性体验的能力因人而异，听觉敏锐度的培养需要通过对听觉层面进行深度发掘，并结合理性认识进行敏锐度训练。经过这样的训练所获得的高质量的感性体验，将区分于未经受任何训练的"非音乐耳朵"。因此，在音乐审美中，既要避免唯理性认识的误区（只分析音乐、学习音乐以外的信息），也要提升感性聆听的能力，以获得更高质量的审美体验。当听众真正进入音乐欣赏的过程中，审美者面对的是 1+1＞2 的活态音乐整体，而不是 1+1=2 的静态乐谱。所谓 1+1＞2，是指演奏中的活态音乐除了呈现音符，还呈现音与音之间的关系，这种关系是非物质性的，是文化约定或审美习惯的产物。[1] 乐谱只呈现音符，因此是静态的。对音乐内部结构之外的理解，能够帮助审美者在内心转化为一种活态的音乐文化以及内化的音乐美感，而非仅仅停留在对音符的认知上。

第二节 音乐美的价值

音乐美的价值体现在音乐对人与社会的综合作用上。在人类的精神文明历史中，音乐对提升人们的精神境界、促进心理健康、满足人类精神文明需要，以及推动人类社会发展具有重要的作用。音乐的价值是多样的。首先，音乐作为审美目的物具有独特的价值；其次，音乐还作用于人与社会的认识价值、教育价值、健康价值、政治价值和经济价值等。这些价值相互依存、彼此关联，共同构成了音乐美的整体价值。

---

1. 宋瑾．理性分析与感性效果之间的差异 [J]．中央音乐学院学报，2015(4)．

◆一、音乐的美感价值◆

音乐中的画面美

音乐之美最独特的价值，在于它作为审美"目的物"而产生的美感。音乐的美感是在人们从听觉感官的感知出发，经由心理感受，直至理性评价的过程中逐渐形成的。

音乐的审美意识，是人们感受音乐之美的起点，也是人们确认和体验这种美的前提。这种审美意识应当是无功利地将音乐视作审美对象，而非功用对象或认知对象。一旦人与音乐建立了这种审美关系，音乐作为目的物所蕴含的美感价值方能体现出来。音乐的审美功能与人对于某种社会需求的满足是不同的，审美体验总是与现实生活的功利态度保持一定的距离。假如你在听音乐的时候，完全把音乐当作一种政治教育来对待，就消除了音乐欣赏与社会功利之间的距离，那么这就不是一种审美活动。[1]在这种审美功能下，音乐的美感价值是其最无法取代的价值。

当然，音乐的美感需要审美主体具有一定的体悟能力。音乐的审美体验作为一项主观的审美活动，必然建立在每位听众对音乐风格的把握以及对文化基因的共鸣上。个体在音乐美感体验上的独特性，源于个体对音乐的感受差异性，这种差异性根植于丰富多样的个体认知与心境之中。例如，对于一位对陕北地貌与民俗传统知之甚少的人来说，陕北民歌中所蕴含的热忱与激情可能难以使其感同身受。同理，对一个不熟悉东南亚音乐传统的人来说，甘美兰音乐所特有的魅力也可能难以触及其心灵。当身处异国他乡时，听到久违的故乡旋律可能会让人热泪盈眶。人类的情感差异性是由听众的人生阅历、文化修养，以及所处的社会环境和地理环境、生活习惯和个性气质等多方面因素共同塑造的。

◆二、多重社会价值◆

音乐美价值的多重性在社会方面体现得尤为突出，它超越了无功利的音乐审美范畴，对人与社会产生了深远的影响。这种影响事实上存在于人们社会生活的方方面面。人类的生活丰富多样，音乐作品的内容也同样丰富多彩，这构成了音乐美价值多重性的基本依据。在音乐美本身的基础上，音乐的审美活动能够带来多方面的效益。

音乐美的教育价值体现在多个方面。一方面，它通过音乐进行信息传播，增强人们对世界的认识与理解；另一方面，它通过音乐激励人们追求崇高的理想、塑造良好的人格和培养积极的意志力。在信息传播方面，音乐通过运用符号学层面的隐喻，或与文学、戏剧相结合来传播信息，这种方式对于一般的审美者而言更容易掌握。例如，歌曲中对故事的传唱，歌剧中对神话、历史、经典文学的演绎，实际上承载了某些意识、伦理的教化功能。同时，音乐能够通过感性体验滋润人们的心灵，器乐音乐中积极的情绪基调或歌曲中具有积极意义的歌词都能够激发人们的精神力量。

音乐美的思想价值主要体现在经典音乐作品对社会文化进步所产生的深远影响。中国传统音乐美学的观念认为音乐感化人心、陶冶性情的终极目标是移风易俗、改良社会。[2]毛泽东指出无产阶级的文学艺术是无产阶级整个革命事业的一部分。[3]杰出的文艺作品，

---

1. 王次炤．音乐美学新论［M］．中央音乐学院出版社，2009：34．
2. 田耀农．中国传统音乐理论述要［M］．人民音乐出版社，2014：132．
3. 毛泽东．毛泽东选集：第二卷［M］．人民出版社，1991：865．

在建设丰富多元的文化事业、促进先进思想与社会正向演进方面扮演着关键角色。众多蕴含深厚爱国情怀的经典曲目，例如《我爱你，中国》《我和我的祖国》，以及新近的《如愿》《灯火里的中国》等歌曲广受欢迎，它们不仅传承了人民的文艺精髓，更展现了音乐作为一种文化交流手段，对公众思维方式的聚合与社会文化环境的塑造具有显著的正面效应。

在一定范围内获得广泛传播的音乐作品，往往还将获得一定的经济效益。现实中，音乐产生的经济效益并不少见，现场音乐会的票房收入、专辑售卖，以及流媒体授权等都是音乐作品的直接收益来源，这些收益体现了音乐美所产生的经济价值。

◆三、真善美与心灵的疗愈◆

通过音乐使人的身心得到疗愈并保持健康，是当代音乐研究的一个重要方向。人的健康有躯体健康和心理健康两个方面，而心理健康往往容易被忽视。通过体验音乐美，可以疗愈人们的内心，使人的心灵得以舒缓、获得慰藉。音乐在人类社会中，具有其独特的精神力量与价值，这种独特的精神价值就体现在真、善、美三个方面，它们的内涵有所不同却又内在统一，给予人们精神的滋养。追求音乐的真善美承载着人类精神世界中的美好理想。"追求真善美是文艺的永恒价值。艺术的最高境界就是让人动心，让人们的灵魂经受洗礼，让人们发现自然的美、生活的美、心灵的美，我们要通过文艺作品传递真善美，传递向上向善的价值观，引导人们增强道德判断力和道德荣誉感，向往和追求讲道德、尊道德、守道德的生活。"[1]音乐价值的真，是指音乐创造者通过合乎艺术规律的方式表现出对社会、对他人、对事物、对人生的美好情感和真知灼见。音乐作品能够展现出社会的真实状况、人生的真实面目、作曲家的真诚体验、社会生活的真情实感。音乐价值的善，在于音乐作品所蕴含的道德水平和思想深度，具有引人向善的深刻内涵。音乐价值的美，是音乐艺术的一种更高形态的美，是音乐在真和善的基础上满足人们对美的追求和需要，给人精神上的愉悦。[2]

音乐对人的疗愈作用在于它能够促进人体的心、神、身的协调一致，使人的情绪状态和身体各器官得到放松与调节。音乐的律动与人体的呼吸、节律相通。不同情绪基调的音乐对人的情绪具有不同的调节作用。优美静谧的小夜曲、摇篮曲能够使人身心舒展，随着缓慢悠扬的节奏与旋律，舒缓心跳、放松身心。激昂的进行曲使人振奋，脱离忧郁的心境。轻松跳跃的舞曲充满甜蜜浪漫的气息，使人感到轻松愉悦，情不自禁地随音乐律动。聆听不同的节奏律动，可以对人们的即时情绪产生显而易见的影响。音乐能刺激大脑释放某些神经递质，如乙酰胆碱和去甲肾上腺素，帮助改善大脑皮层功能。

自20世纪中期起，美国开始兴起现代音乐治疗。据世界音乐治疗联合会统计，目前世界上有45个国家开展了音乐治疗项目。西方医学的研究发现，音乐能直接作用于下丘脑和边缘系统等人脑主管情绪的中枢，对人的情绪进行双向调节。例如，当人们的情绪出现一种障碍，医学上称"紧张状态"或"应激反应"时，会导致肾上腺素分泌增加、呼吸心律加快、血压升高、血糖量增加等变化。音乐能使人放松，消退紧张情绪。通过音乐放松治疗，在生物反馈仪上可以看到，应激改善后人的血压下降、呼吸心律减缓、皮温增高、肌电下降、血容量增加、脑电波趋于平稳，人的内稳态得以恢复。对于另一种主要表现为

---

1. 习近平. 在文艺工作座谈会上的讲话 [M]. 人民出版社，2015:24.
2. 刘晓慧. 音乐批评学 [M]. 广东人民出版社，2023:92-94.

注意力涣散、反应迟钝、疲劳嗜睡、食欲不振、身体活力降低的情绪低落状态，音乐也能起到调节作用。轻松愉快的音乐能使人兴奋起来，因为音乐能作用于人的脑干网状结构，脑干网状结构接受音乐刺激后可促进大脑皮层觉醒，同时又传给外周神经，从而提高肌张力、增进肌体活力。因此，音乐能使人精神焕发，消退低落的情绪。音乐能调节人的情绪，所以也就能帮助治疗某些心身疾病。[1]

人的心理健康在很大程度上取决于能否长时间保持愉快的情绪。愉快情绪的获得一方面来自物质的满足，另一方面来自精神层面的丰富和愉悦。在实际生活中，人们总会面临升学、就业等现实压力，以及人际交往中的多重困难，因此想要实现物质和精神的持续满足是非常困难的。中国传统音乐观念中对此也早有论述，中国古代先贤们发现，音乐可以不通过实际的欲望满足，而使人们直接进入一种仿佛欲望满足后的愉快情绪状态，从而有助于保持良好的心理健康。我国古人很早就深刻地认识到，音乐与人的心理之间的关系。例如，《乐记》的第一句写道，"凡音之起，由人心生也，人心之动，物使之然也。"再如《荀子·乐论》所言，"故曰：乐者乐也。君子乐得其道，小人乐得其欲。以道制欲，则乐而不乱；以欲忘道，则惑而不乐。是故君子反情以和其志，广乐以成其教。"荀子认为，音乐可以使人快乐，君子从音乐之中可以得到道德提升的快乐，小人从音乐之中可以得到欲望满足的快乐。[2]阮籍在《乐论》中表述道："乐者，使人精神平和，衰气不入，天地交泰，远物来集，故谓之乐也。"他指出了音乐能够使人的精神达到平和的状态，减少不良情绪，使天地之间的气息和谐交流，吸引远方的事物汇聚于此，因此称之为音乐。

第三节　北京非遗与传统音乐赏析

◆ 一、北京明清音乐历史概况 ◆

对北京明清音乐历史的概况掌握主要可以分为雅乐（中国古代的宫廷音乐）与民间音乐两个部分。宫廷音乐具有严格完善的音乐机构和乐律制度，而民间音乐则因南北方文化的交流而显得丰富多样。

北京的宫廷音乐主要体现在明代与清代的雅乐中。在宫廷音乐机构方面，明太祖朱元璋于洪武二年(1369年)置太常司，并设有协律郎等官职，首任协律郎官为古琴演奏家冷谦。此外，还设置了教坊司，主要职责是掌管宴会大乐，下设大使、副使、和声郎、左右韶乐、左右司乐等职。有《明史》记载，"凡大朝贺，教坊司设中和韶乐于殿之东西，北向；陈大舞于丹陛之东西，亦北向。驾兴，中和韶乐奏《圣安之曲》。升座进宝，乐止。百官拜，大乐作。拜毕，乐止。进表，大乐作。进讫，乐止。宣表目，致贺讫，百官俯伏，

---

1. 张鸿懿. 音乐治疗学基础 [M]. 中国电子音像出版社, 2000:7.
2. 田耀农. 中国传统音乐理论述要 [M]. 人民音乐出版社, 2014: 138.

大乐作。拜毕，乐止。宣制讫，百官舞蹈山呼，大乐作。拜毕，乐止。驾兴，中和韶乐奏《定安之曲》，导驾至华盖殿，乐止。百官以次出。"[1]明朝宫廷雅乐基本上由三大部分组成：一是用于祭祀的乐舞和乐曲，祭祀对象包括先农、太岁、周天星辰、历代帝王、太庙、释孔等。二是朝会乐，主要用于朝会、朝贺等场合，包括丹陛大乐、中和韶乐、殿中翻乐等。三是宴飨乐，主要指宴饮时所用的音乐和舞蹈。明朝的宴飨乐分为侑食乐、丹陛大乐、文武乐、四夷舞乐、迎膳乐、进膳乐、太平清乐等种类。各类乐器、乐工数量不等。表演时遵循一定的程式规范，宫廷音乐表演者的服饰也有一定的规范。[2]明朝的宫廷音乐起初继承了汉朝至元朝的传统，并随着时间的发展逐渐形成了独特的风格和创新。然而，明朝宫廷音乐在晚期有所衰败，特别是在明末时期。在音乐管理机构方面，明朝除了传统的太常寺和教坊司外，还有神乐观和钟鼓司等机构。中和韶乐起源于古代的雅乐，在明朝时期发展成为集礼、乐、歌、舞于一体的雅乐。明朝宫廷音乐中，除了中和韶乐和宴乐外，明朝还出现了丹陛大乐，这些都是明朝音乐创新发展的体现。

清朝的宫廷音乐机构设立与制度基本沿袭了前朝的规制，设立了教坊司，隶属礼部，与太常寺共同掌管乐事。雍正七年（1729年），教坊司被改为和声署。乾隆七年（1742年），又设立了乐部。雅乐在清代得到了极大发展，所使用的乐器也与中国古代传统乐器一样，按照物质材料分为八音：金、石、土、革、丝、木、匏、竹分类；而乐的种类更为繁多、乐队规模更为庞大，这反映出清代宫廷对音乐的重视。清朝雅乐的祭祀乐、宴飨乐种类繁多，包括中和韶乐、丹陛大乐、中和清乐、丹陛清乐、导迎乐、铙歌乐、禾辞桑歌乐、庆神欢乐、宴乐、赐宴乐和乡乐共11种。在不同的作乐场合中，这些音乐的规模会有所不同。

明清时期的器乐音乐主要包括古琴、琵琶和唢呐等乐器。琴乐作为文人音乐的重要乐种，不少文人士大夫都提倡琴学，并将古代流传下来的曲谱与民间流传的曲谱编纂成册。例如，明洪熙年间朱权所辑的琴谱《神奇秘谱》三卷

古琴

（1425年刊行），是现存最早的重要古琴曲谱集之一。此外，还有明正统年间（1436—1449年）袁均哲据朱权所编、收录有宋代琴学文献的《太古遗音》及诸家琴谱而成集的《太音大全集》；明嘉靖年间（1522—1566年）琴家汪芝所辑的《西麓堂琴统》琴谱二十五卷；明万历年间（1573—1620年）琴家蒋克谦赓续父祖之业，编辑完成了大量未见他书的琴学论著以及唐宋以来琴书、琴谱的古琴重要文献《琴书大全》二十二卷；清康熙六年（1667年）徐祺、徐俊父子所辑的《五知斋琴谱》等。[3]明清时期，私人集资刊印琴谱的风气十分盛行，它不仅使许多古曲得以保存，也促进了古琴流派之间的交流和传承。

同时，北京广泛流传的"俗曲"与来自四面八方的民歌、小调相互吸纳、融合，共同编织了一幅绚丽多彩的民间音乐文化画卷。尤其是那些融入北京方言中的儿化音，为这些小曲增添了独特的地域特色，最终形成了独具特色的北京民歌。

而一些明清文人所编撰的曲集成为了研究的重要材料。张林西在《琐事闲录续编》中记述了其盛行的情况："《绣荷包》一曲盛行于嘉庆初年，无论城市乡曲，莫不递相喊

1. 张廷玉. 明史 [M]. 中华书局, 1974:1054.
2. 陈应时, 陈聆群. 中国音乐简史 [M]. 高等教育出版社, 2021:191.
3. 修海林, 李吉提. 中国音乐的历史与审美 [M]. 中国人民大学出版社, 2015: 156.

唱。……遍及各省，尤盛于京都。余幼时曾记间巷之间，无不习歌此曲者。"另外，嘉庆十八年（1813年）刻本《都门竹枝词》中的一首竹枝词，也生动地描绘了《绣荷包》流行的情况："太平景象地天交，落拓狂生任笑嘲。到处歌声声不绝，满街齐唱《绣荷包》"。当时的北京是"秧歌到处皆能唱"，人们"一闻沟调便开颜，无《绣荷包》不算班。更爱舌尖声韵碎，上场先点《九连环》"。以上充分说明了历史上北京民歌流行的情况和人们对它喜爱的程度。[1] 沈德符的《万历野获编》记录了当时的民间风貌和习俗。冯梦龙辑录的《桂枝儿》和《山歌》收集了大量的民间歌谣。此外，杨慎的《古今风谣》、叶盛的《水东日记》等文献中也有对北京童谣的记录。清代颜自德、王绍廷编订的《霓裳续谱》，以及华广生的《白雪遗音》则零散地记录了流传的民歌。意大利驻中国使馆官员韦大利的《北京儿歌》则是对北京地区儿歌的专门记录。然而遗憾的是，这些文献中的记载一般只有文字而没有曲谱，但它们以文字的形式保存了民歌的歌词，使这些民歌得以通过其他民间形式间接流传下来。这些文献中的珍贵文字资料，为我们了解明清时期北京的民歌状况提供了历史考据，对我国民间音乐的研究与传承具有重要价值。

◆二、京津冀地区民间音乐概况◆

民间歌曲是劳动人民在日常生活中即兴创作的歌曲，这些作品通过口头创作和口口相传的方式在民间流传。在流传过程中，它们可能经过民间艺术家的编撰、整理、改造、筛选和加工提炼，随着时间的打磨而日渐完善。这些歌曲虽无明确的个人作者，却在一代又一代的人民口中传唱，因此，民间音乐可以被视为劳动人民集体智慧的结晶。北京地区的民间歌曲资源非常丰富，按照体裁可以分为号子、庙会歌、风俗歌、小调、叫卖歌和儿歌六类。它们长期以来亲切地伴随着北京人民的生活，不仅抒发了劳动人民的思想感情，表达了人民的意志和愿望，还丰富了大众的精神生活，深受人民群众的喜爱。

北京的号子是北京民歌中流传最广的体裁之一，也是北京民歌的一个重要组成部分。号子伴随着劳动节奏而唱，它能够协调劳动动作，鼓舞劳动情绪，提高劳动效率。由于北京的劳动行业众多，劳动方式和过程各异，因此产生了多种多样的号子，如船工号子、建筑工程号子、农事号子、矿工号子和作坊号子等。其中，船工号子最具代表性，主要流行于大运河两岸及附近码头。此外，如在门头沟矿区流行的《水工号子》，在顺义、通州流行的《踩曲歌》，以及在顺义、昌平、通州等地流行的其他劳动号子，也各具特色。

花会歌是民间歌舞会档，如高跷、地秧歌、小车会、旱船、竹马、霸王鞭、蝴蝶会和太平鼓等中的歌唱部分。北京这类民间"舞歌"的品种繁多，歌曲数量众多，是北京民歌中地方特色最浓郁的体裁之一。花会的表演时间和场所与庙会密切相关。历史上的北京，尤其是明清以来，城区和郊区几乎月月都有庙会。近年来，尽管许多花会活动已经恢复，但大部分已只舞不歌，歌唱部分面临着消失的危险。花会歌的绝大部分曲调是花会所特有的，这一点在高跷会中尤为突出，如昌平的《醉打山门》、朝阳的《指日高升》、顺义的《命儿孤》、石景山的《壮士拉马出城西》、海淀的《渔樵耕读》等许多歌曲，都是高跷表演的专用唱腔。同时，也有一些花会歌的曲调直接来自小调，如通州的《跑旱船》、海淀的《山西五更》、丰台的《十大想》、顺义的《茉莉花》等。花会歌的曲调节奏明快活

1. 李湘林. 中国民间歌曲集成：北京卷 [M]. 中国 ISBN 中心，1994：4.

跃、律动鲜明，旋律风格多样，诙谐风趣，娱乐性强。

小调是在北京远郊和近郊区县普遍流传、数量较多的民歌体裁之一。在北京小调中，时调小曲占比较高。这些小调往往经过较多的艺术加工，形成了艺术形式比较规整的时兴小调。例如《探清水河》《画扇面》《李方巧得妻》等，它们在民间职业艺人的加工下更显精美，旋律的歌唱性更强，曲式结构的变化也更为丰富，具有较强的可听性和趣味性。

风俗歌是北京民歌中一个古老的品种，它们与民俗活动紧密相连。北京是一座历史悠久的古都，过去的都城风俗活动极为丰富，民间的婚丧嫁娶等场合都有专门的风俗歌演唱。风俗歌产生的年代一般都比较久远，它们土生土长，并带有古朴的风韵，内容与民间风俗密切相关。歌曲节奏从容，音调淳朴，有的还具有很强的吟诵性。如今，很多风俗活动已经成为历史的陈迹，但有不少风俗歌仍然保存在民间。例如，门头沟千军台和庄户村在号佛时唱的《灵官曲》、妙峰山庙会时唱的《粥茶歌》，以及丧事中所唱的《参亡灵》《见灵歌》等都属于此类风俗歌。

叫卖歌是由叫卖调发展而来的一类民歌。叫卖调通常仅有一句或半句旋律，有的甚至不构成旋律，因其过于简短，所以无法形成完整的歌曲结构；而叫卖歌则具备完整的旋律与歌曲结构。解放前，北京的街头巷尾遍布各行各业的流动商贩，他们挑着担、推着车，在街边摆摊售卖，经营着人们日常生活所需的各类生活用品。他们每天走大街串小巷，通过叫卖把自己的商品特点或经营的项目唱出来以吸引顾客。由于过去很多商品带有季节性，所以这一类商品的叫卖调和叫卖歌不仅唱出了所卖商品的属性，还传递了节令到来的信息。随着时间的推移，有些"叫卖调"逐渐拓展成为"叫卖歌"。正如胡助在《京华杂兴诗》中描绘的那样："贩夫逐微末，泥巷穿幽深，负载同呼叫，百种闻异音。"人们不仅能"听唱一声而辨其何物品"，而且能知"何人担市也"。叫卖歌的音调变化丰富，旋律婉转，声调悠扬，有的连数带唱，唱中夹数，运用灵活。在旧社会，这种丰富多彩的叫卖歌长期伴随着人们的生活，曾给人们的生活带来不少方便和乐趣。如今，它已成为研究过去北京的社会、经济和市民生活的重要历史资料。

儿歌亦是北京民歌中一个不可忽视的组成部分。它们短小、简练、生动，富于童真，这些儿歌在与孩童玩耍时传唱，往往带有淳朴明快、活跃流畅的音调节奏，同时具有鲜明的儿童性格特征和浓郁的北京地域色彩。代表曲目包括《水牛儿》《车轱辘圆》和《拜四方》等。[1]

◆三、非遗音乐文化传承与发展◆

自北京市开展非物质文化遗产保护工作以来，始终秉持"保护为主、抢救第一、合理利用、传承发展"的方针，积极推进普查、申报、评审、建立名录体系，以及传承人认定、传承保护等一系列工作。经过相关人员多年的不懈努力，取得了丰硕成果。

在音乐类项目方面，目前已有智化寺京音乐、天坛神乐署的中和韶乐、通州运河船工号子、门头沟京西幡乐、顺义曾庄大鼓、冀中笙管乐（白庙村音乐会）、漆园村龙鼓、白纸坊挎鼓、京都北韵禅乐等九项，分三批被列入北京市级非物质文化遗产名录。其中，天坛神乐署的中和韶乐、智化寺京音乐、冀中笙管乐（白庙村音乐会）更是成功入选国家级

---

1. 李湘林.中国民间歌曲集成：北京卷[M].中国 ISBN 中心，1994:5-8.

非物质文化遗产名录，成为北京音乐类非遗的杰出代表。

实际上，京津冀地区音乐传统底蕴深厚，民间音乐资源丰富，乡间遍布着数以百计的笙管乐社。截至2024年，京津冀地区的国家级、省级非物质文化遗产中，音乐类项目（涵盖民歌、戏曲、曲艺、器乐、歌舞音乐等）多达300项，市、县两级的音乐类项目更是数不胜数。音乐类项目在非物质文化遗产保护工作中存在一定的特殊性与难度，其传承涉及曲谱版本的流传、乐器的还原与修复、传承人的生存境况等多重因素，因此，开展抢救工作刻不容缓。下文将着重介绍其中几项具有北京地区代表性的音乐类非遗项目。

（一）天坛神乐署的中和韶乐

天坛神乐署的中和韶乐源于中国古代雅乐，是一种将礼、乐、歌、舞融为一体的典礼音乐。明代洪武年间，它被定名为中和韶乐。它是明清两朝举行祭祀、朝会及宴飨活动时所使用的音乐，也是中国古代最具典型意义的宫廷音乐之一，历史源远流长。《礼记·乐记》中记载："乐者，天地之和也；礼者，天地之序也。和故百物皆化，序故群物皆别。"西周开国之初，周武王便命周公"制礼作乐"，通过建立各种贵族生活中的礼仪和典礼音乐来"治国教民"，使音乐为其主权统治服务。

中和韶乐是中国古代最具典型意义的传统宫廷音乐，更是儒家礼乐文化体系的集大成之作，其演奏乐器包括编钟、镈钟、编磬、特磬、柷、敔、建鼓、搏拊、笛、篪、箫、排箫、埙、笙、琴、瑟等，全部乐器以"金、石、土、木、丝、革、匏、竹"八种材料制成，八音俱全，有乐必有歌，钟声磬韵，符合古代儒家"大乐与天地同和"的礼乐思想。参与演出的乐工数量庞大，不同祭祀场合乐队数量稍有变化。例如：用于坛、庙祭祀所用的乐器有镈钟1，特磬1，编钟16，编磬16，建鼓1，篪6，排箫2，埙2，箫10，笛10，琴10，瑟4，笙10，搏拊2等；用于先师庙祭祀的乐器有琴、箫、笛、笙各6，篪4，其他配置相同。[1]

负责演奏中和韶乐的天坛神乐署，是专司明清两代皇家祭天大典乐舞的机构，坐落于北京天坛西门南侧，建于明永乐十八年(1420年)，与祈谷坛、圜丘坛、牺牲所、斋宫并称为天坛五大建筑群。为了重振千年雅乐，国家投入大量资金，组织相关文史古乐研究专家、传统音乐专家和学者，以及演职人员致力于恢复和传承这一优秀的古乐文明。1998年12月，天坛被列入世界文化遗产名录；2002年2月，神乐署的修缮工作启动；2006年12月31日，天坛神乐署的中和韶乐被公布为北京市首批非物质文化遗产。

（二）智化寺京音乐

智化寺京音乐具有巨大的历史文化价值，其传承史长达1500余年且从未中断。据历史文献记载，智化寺建于1446年，乃是弄权宦官王振的家庙。由于王振酷爱音乐，所以建庙后就有了乐班，也就有了"京音乐"。从1446年至1950年，这种音乐一直没有中断，按照当时乐

智化寺京音乐

僧的说法计算，福广、法广等"广"字辈是第26代，曾远、智远等"远"字辈是第25代，再往前则是"全"字辈、"然"字辈、"修"字辈等，1694年手抄《音乐腔谱》的永乾，是第15代。如此清晰的传承谱系，在近世仍然存在的中国传统音乐品种中，仅此一家。正如当年古琴演奏人查阜西给福广等人的信中所说："智化寺音乐从1694年起直到今天

---

1. 陈应时，陈聆群. 中国音乐简史 [M]. 高等教育出版社，2021：192.

的 258 年间没有什么变动，从智化寺正统十一年开庙时起，你们的乐谱是一直保持着它的原质的。"[1] 智化寺音乐是我国古乐中唯一按代传袭并保存完好的乐种，如此传承不断的音乐，在中国也同样没有第二家。

寺庙中至今保存着有明确纪年的工尺谱本，其中最早的一本是前文所述的康熙三十三年（1694 年）的《音乐腔谱》。目前，胡庆学等 6 位演奏者是京音乐的第 27 代传人。智化寺京音乐以其独特的

智化寺京音乐传承人的现场演出

演奏形式、乐器和曲调而闻名，其音乐风格古朴、庄重、典雅，同时保有佛教音乐的远、虚、淡、静的意境。在演奏形式上，智化寺京音乐通常由一个包含管、笙、笛等吹奏乐器和云锣、鼓、铛子、钹、铙等打击乐器的小型乐队来演奏。

智化寺京音乐的曲调婉转，旋律丰富多变，具有浓郁的宫廷气息和鲜明的中国特色。曲牌名称古朴雅致，有的与昆曲同名，甚至早于昆曲；有的与唐代教坊曲、法曲相同，如《望江南》等；有的与宋词词牌相同，如《好事近》等。据专家研究，这些音乐曲牌与古代的诗词格律有密切的传承关系。在演奏翻调的方式上，智化寺京音乐保留了唐宋以来燕乐中鼓吹教坊的一部分传统。由此可见，它在曲目、乐器、宫调、演奏方法等许多方面都保存了宋、明时期的旧制。

智化寺京音乐所用乐器分为两类：一是吹奏乐器，主要有管、笙、笛。与民间常用的八孔管不同，智化寺京音乐所用的管为前七孔、后两孔的九孔管。九孔管古称筚篥，为北宋旧制。智化寺京音乐所用的笙也不同于民间常用的十三簧，而是采用北宋"大乐"所用的十七簧（实际上，河北等地的笙管乐中也有类似乐器）。二是击奏乐器（统称为法器），包括云锣（由十面小锣组成，也称十面锣）、铛子、鼓、钹等。智化寺京音乐采用工尺谱和俗字谱综合记谱的方式，目前能见到的最早的智化寺京音乐谱共录入乐曲 48 首。曲子分为"只曲""联曲"和"套曲"。"只曲"结构短小，可单独演奏。"联曲"和"套曲"由两个或多个"只曲"组成，长的可达一个小时。据传承人胡庆学所述，已学过并可演奏的有 24 首，包括《垂四调》《锦堂月》《水晶宫》和《金字经》等，尚有《锦翠屏》《劝善诚》和《天下乐》等 24 首未学。

（三）冀中笙管乐（白庙村音乐会）

白庙村音乐会是冀中地区以及北京和天津周边农村广泛流传的一种重要传统音乐形式。它在乐器使用、演奏曲目、音乐结构和应用场景等方面都深刻体现了与中国古代音乐传统的紧密联系，因此被誉为"中国古代音乐的活化石"。这种音乐形式通常免费为当地的民俗活动和民间信仰服务。

冀中笙管乐流传于北京以南、天津以西、沧州和定州以北的近三十个县市，是冀中平原一带特有的鼓吹乐品种，民间俗称"音乐会"，因主要用管子领奏、笙等合奏，故又称

1. 2009 年北京非物质文化遗产研究报告 [R]. 国际文化出版公司，2010.

"笙管乐"。除笙、管、笛等吹奏乐器外，冀中笙管乐还使用云锣、鼓、铙、钹、铛铛等击奏乐器。笙管乐的乐曲分为套曲、小曲及独立成套的打击乐三类，其中套曲篇幅较长，结构复杂，构成了整个演奏曲目的主要部分。冀中笙管乐遍布整个冀中平原，这一地域内的农民以村为单位组织乐会，在本地的祭祀、丧葬等民俗活动中进行演奏，并以自己独特的方式世代传承。

（四）通州运河船工号子

明清时期，北京作为全国政治、经济、文化的中心和商业大都市，物资供应至关重要。明朝初期，朝廷组织大量人力物力，对元朝末期淤塞的京杭大运河展开疏通工作。此后，清朝也持续对运河进行维护和治理。南方的米粮和物资经水路先顺利抵达京郊的张家湾、通州等水陆码头，然后再通过陆运被转运至北京城。大通河在明清时期河运的恢复，使得通县（现北京市通州区）、

闯滩号

1=C　
中速稍慢

船工号子《闯滩号》

张家湾等重要水陆码头变得繁忙兴盛，船工号子的声音在码头此起彼伏，不绝于耳。"通州上拱京阙，下控天津。潞、浑二水夹会于东南，幽燕诸山雄峙于西北。舟车辐辏，冠盖交驰，实京畿辅漕之噤喉，水陆之要会也"。[1]

运河船工号子，是劳动者在从事拉纤、行水、拉网等繁重劳动时，为了统一行动号令、振奋团队士气而共同歌唱的一种艺术形式。它属于民歌体裁，诞生于劳动过程中，音乐风格刚毅、粗犷，表现方式直接、朴实，其节奏与劳动节奏紧密相连。这类号子虽有一定旋律，但更强调韵律，目的是让人们在统一、有节奏的劳动中实现协同作业。由于号子通常以高声呼喊的方式演唱，所以也常被叫做"喊号子"，一般采用一人领唱、众人跟和的形式。唱词并非事先拟定，而是由领唱者在劳动时根据实际情境即兴创作。

流传在通州地区的运河船工号子，是北京极具特色的劳动号子之一，也是运河文化和北京文化的重要标志性符号。运河号子中包括了船工们在起锚、拉桅、摇橹、拉纤和出舱扛粮等劳动过程中所唱的各种号子，这些号子的节奏扎实有力且富有弹性，旋律进行以调式主音及其上下四五度音为骨干，简洁明快。加之它们的句式都比较简短，前后呼应紧密，具有豪迈乐观的性格。[2] 它们不仅是辅助劳动的工具，更反映了劳动者的精神风貌，体现出他们在艰苦环境中积极向上的生活态度。

随着时代的发展和科技的进步，机械化逐渐取代了人力劳作，劳动号子的实用功能也随之减弱。随着 2006 年"通州运河船工号子"被列为北京市非物质文化遗产、2014 年中

1. 于中敏. 日下旧闻考 [M]. 北京古籍出版社，1983:1179.
2. 李湘林. 中国民间歌曲集成：北京卷 [M]. 中国 ISBN 中心，1994.

国大运河申遗成功、2017 年大运河文化带建设深入推进，尤其是北京城市副中心建设持续开展以来，运河号子的命运发生了变化。对运河号子进行记录和保存，不仅是对民族民间文化记忆的留存，更是对先辈们辛勤劳作和民间智慧的珍视与传承。这对于延续文化脉络、弘扬地域文化精神具有不可忽视的重要意义。

第四节 北京新时代音乐与剧场形态

◆ 一、交响乐与民族管弦乐的热潮 ◆

民族管弦乐是我国新型的音乐交响乐队形式，演奏主体综合了民族乐器与西方管弦乐器。这种演奏与创作形式在汲取西方管弦乐队恢宏华丽的乐队编制的同时，又吸收了中国乐器丰富的音色表现力，成为新时代表达中国故事的重要音乐语言。

北京民族乐团的民族交响诗《大运河》作为我国首部以大运河为题材的民族管弦乐作品，其序曲和七个乐章紧扣大运河的功能与文化特色，以大气磅礴、质朴深情的音乐旋律徐徐展开。作品采用现代作曲手法进行创作，运用中国传统音乐语言来阐释时代发展中的运河文化，让人们在流动的民

北京民族乐团演奏《大运河》

族管弦乐中感受"大运河"流淌成诗的意境。它生动地描绘了中国大运河的文化图谱，是一部具有中国韵味、时代创新价值的民族管弦乐作品。

序曲：《开河》

第一乐章：民族管弦乐《黄金水道》

第二乐章：民族管弦乐《漕运沧桑》

第三乐章：笙协奏曲《江河万古流》

第四乐章：民族管弦乐《舟楫通南北》

第五乐章：阮与民族管弦乐《运河明珠》

第六乐章：戏曲女高音与民族管弦乐《醉千秋》

第七乐章：《大河·天下》

整曲的音乐形象展现了运河兴盛繁忙的景象。作品吸纳了运河沿岸地区的民歌、戏曲等中国传统民间音乐素材，以运河沿线城市为创作背景，将阮独奏作为统领全曲的水元素的拟人化象征，带领观众顺运河而下，领略运河流域八个省份城市群落的风土人情。在音乐结构上，作品运用了回旋曲式，将阮演奏的主题作为核心元素，每次主题的出现都伴随

着一个运河城市形象的铺展，描绘了运河、城市与人的滋养共生关系。作品用音乐带领观众领略运河沿途城市风情，展现了中华优秀传统文化中璀璨的传统民族民间音乐。笙作为精神文化符号的代表，集中体现了中华文明中的智慧、勇气和奉献精神。

《中轴》是于2020年首演的民族管弦乐组曲，这部作品基于北京建筑中轴线的壮美秩序和独特底蕴而创作，用植根于中华传统文化并兼具国际审美风范的民族管弦乐向世界介绍"北京中轴线"——这一人类文化遗产。整部作品以申遗的十四处遗产点为依托，由九个乐章组成，包括展现城门文化的"一城永定"、讲述北京城市井民俗的"坛根儿情"、展现中华民族不屈不挠精神的"正阳雨燕"、赞颂华夏江山的"天安九州"、彰显皇家文化的"紫禁三和"、展示风花雪月的"景春度景山"、聆听水文化的"水润万宁"、奏响和谐之声的"钟鼓和鸣"，以及融合八部精华的终章"国之中轴"。《中轴》组曲由邹航、杨一博、郑阳、赵曦、李劭晟、刘力、吴延七位活跃在一线的中青年作曲家组成的作曲团队联袂创作。作品运用多样的音乐语言，巧妙地将传统与现代融为一体。

◆二、新时代题材的歌曲创作◆

歌曲创作是时代情感共鸣的重要表现，它通过旋律和歌词传递着民族的历史记忆和时代的价值观。作为一种简短通俗的艺术形式，歌曲推动着音乐产业的创新和发展。从内容层面来看，它们不仅是社会评论的载体，也是个人情感表达和群体身份认同的媒介。歌曲朗朗上口，易于传唱，有时还能作为文化交流的桥梁，促进文化交流，增进不同文化之间的理解和融合。在个人层面，歌曲易于理解，是大众最喜爱的音乐形式之一，它们通过歌词与舒缓或振奋的音调，为人们提供精神慰藉。总而言之，歌曲创作极大地丰富了人类的精神生活，是文化多样性和创造力的生动体现，更是时代精神的典型写照。

进入21世纪，有不少以北京人文意蕴与北京精神为题材创作的歌曲涌现，并广为传唱，如经典作品《北京颂歌》《故乡是北京》《前门情思大碗茶》《让我们荡起双桨》《冰糖葫芦》《北京的桥》等，还有新创作的《北京一夜》《北京欢迎你》等。

在2022年北京冬奥会前夕，北京广播电视台主办了以"新时代、新北京"为主题的"歌唱北京"原创歌曲征集推荐活动，面向全球征集词曲作品，并最终评选出二十首优秀作品。征集期间，七十余位词曲作家和音乐人深入房山、通州、北京中轴线等地，围绕"建党百年""脱贫攻坚""北京中轴线申遗"等主题，开展创作采风及研讨活动。作为"歌唱北京"原创征集系列活动之一，还创作了"歌唱北京"原创音乐情景剧，从线下到线上，通过"百姓演百姓、百姓唱北京"的方式，巧妙融合新时代精神，以多元化的演绎方式展现了生动、多彩和立体的新北京形象。这一原创歌曲征集活动涌现出了一大批优秀的原创歌曲，如《日出又东方》《百年再起航》《我家住在运河边》《我的歌 我的城》《胡同少年志》《是你给我温暖》《冰雪冬奥》《冬奥之约》《新时代，新北京》等，这些作品用新时代的音乐语言表达了生动、多彩和立体的新北京，抒发了新一代音乐家对新思想扎根京华、新时代奋进耕耘的真切感悟。

◆三、丰富的音乐剧场形式◆

音乐剧场中的样式主要指音乐与戏剧相结合的艺术形态。较为传统、民族化且规模宏大的样式以歌剧为代表，而通俗化的音乐剧场样式则以儿童歌舞剧、音乐剧等为代表。此类音乐戏剧通常以整场戏剧的形式呈现，时长一般为一个半小时或以上，通过歌唱和舞蹈来讲述完整的故事。其中，歌剧更注重音乐性，强调演唱者的高超演唱技艺；音乐剧则更注重戏剧性，强调多元素的综合运用。

（一）书写运河故事的民族歌剧

2012年，国家大剧院集结了作曲家印青，编剧黄维若、董妮，导演廖向红等艺术家，以大运河的人文背景为基础，吸收中国传统戏曲、地方民歌、民俗等民族文化精华，打造出了建院以来的第一部原创民族歌剧《运河谣》。这部作品以明朝万历年间为背景，以江南才子秦啸生与歌女水红莲的传奇故事为主线，生动地反映了运河边的生活百态，歌颂了普通人的肝胆侠义和深情厚谊。

作为一部典型的民族歌剧，《运河谣》在音乐设计上精妙地将戏曲、民歌小调和运河号子等民族音乐元素融入音乐的叙事结构之中，使整个歌剧的音乐带有浓郁的民族音乐韵味。为了更真实地展现运河文化，该剧的创作团队亲赴运河沿岸进行实地考察，积累了丰富的音乐素材。其中，有不少唱段可圈可点。

剧目以合唱《我们是运河的流水》拉开序幕，带着江浙地域特色的曲调贯穿全剧，在呈现独特风格的同时，还承担了剧情铺叙的戏剧功能，为全剧勾勒出一个首尾呼应的叙事线条。《大豆白米花生》则是一首充满京城生活气息的叫卖歌，它融入了京韵大鼓和叫卖调的元素，使音乐的形象更加生动地描绘出京城的生活氛围。在乐器使用上，三弦是非常重要的乐器，其音色发挥了不可或缺的作用，一板三眼的板式赋予了歌曲鲜明的节奏感，让人一听就能辨识出京调的韵味。

《运河谣》在音乐上展现了多样化的形式，不仅采用了民族唱法，还融入了戏曲和民歌等中国传统文化元素。整部歌剧的戏剧结构与旋律写作张弛有度，抒情部分与戏剧节奏的结合自然流畅，充分展现了音乐在戏剧表现中的独特魅力。剧中音乐元素的融合，以及通篇采用的交响管弦乐伴奏，不仅展示了中国民族歌剧艺术的民族性，也体现了新时代的鲜明特征，同时在音乐风味与创作格调上展现了极大的包容性。

自首演以来，《运河谣》以其引人入胜的情节、精致优雅的舞台设计和歌唱家们层次分明的精湛演唱赢得了观众的广泛赞誉。其中的唱段"来生来世把你爱"和"你在哪里啊，红莲"等广为流传，成为人们心中的经典之作。总的来说，歌剧《运河谣》不仅是对运河文化的艺术展现，更是一部弘扬爱与勇气、赞颂民族精神的杰作，在当代中国民族歌剧史上留下了浓墨重彩的一笔。如今，歌剧《运河谣》已经经历了十余年多轮次的演出，收获了国内外听众的喜爱，它不仅成为新时代中国民族歌剧的经典之作，也成为了展现大运河文化内涵的一张生动名片。

（二）精彩纷呈的音乐剧

自2000年以来，我国本土音乐剧的创排进入了蓬勃发展的新阶段。丰富题材的新媒介音乐剧场作品层出不穷，北京演艺集团也成立了音乐剧团，并先后推出了原创现实题材音乐剧"奋斗三部曲"——《在远方》《亦梦亦真》《理想之城》，成功探索了中国原创现实题材音乐剧的制作模式，彰显了北京文化的力量。北京大学艺术学院、北京舞蹈学院、中央戏剧学院、中国音乐学院等高校培养了一批批优秀的音乐剧人才，这些以高校为代表的音乐剧创作团队也纷纷推出了原创剧目。例如，北京大学的《元培校长》《刘天华》等剧目都是立足北京故事，书写属于新时代的艺术精神，展现了北京文化的时代价值。

思考题：

1.音乐美的内涵是什么？何为美的音乐？是否有相对的"非美"或"反美"的音乐？

2.音乐美具有什么价值？经过你的拓展思考，能否找到实际的例子来说明？

3.京津冀地区都有哪些国家级非物质文化遗产音乐文化？能否选择一项你最感兴趣的来概述一下它的形态、历史与现状？

4.新时代的音乐与音乐剧场呈现出怎样的样式，你在生活中还有怎样的音乐审美新体验？

第七章

戏曲之美

本 章 概 述

　　戏曲艺术是中华文化的瑰宝，它的发展史如同一部史诗，记录着民族的文化记忆。本章以戏曲源流、美学精髓、京剧艺术的辉煌和新时代的创新发展为主线，探讨戏曲的和谐之美。戏曲的美学特征，如综合性、虚拟性和程式性，使艺术家们能巧妙地融合音乐、舞蹈与表演，并通过象征和暗示传递情感与故事。京剧作为戏曲的代表，以其流派、声腔和技艺展现戏曲的精湛与深邃。在新时代，京剧在继承传统的基础上不断创新，新编历史剧和现代京剧的创作展现了传统与现代审美的结合，使戏曲艺术焕发新的活力。通过学习本章，学生们不仅可以领略戏曲的深厚底蕴，还可以感受戏曲艺术在新时代的创新与活力，从而提升文化素养、审美能力、创新思维和跨文化理解能力。戏曲艺术，如同一首跨越古今的交响曲，融合了历史厚重与现代活力，激发了人们对这份文化遗产的热爱与珍视。

第一节 戏曲艺术概述

戏曲艺术，作为中华民族文化宝库中的璀璨明珠，以其独特的东方魅力和深厚的文化底蕴，在中国传统文化中占据了不可替代的重要地位。它不仅是一种艺术形式，更是一种文化传承和民族精神的体现。

戏曲艺术具有鲜明的中国特色，创作者运用独特的东方审美思维，将文学的深邃、音乐的和谐、舞蹈的灵动、表演的精湛，以及美术的精致巧妙地融合在一起，形成了一种多维度、多层次的艺术体验。这种融合不是简单的叠加，而是一种有机的统一，每一个元素都在相互影响、相互促进中发挥着独特的作用。观众通过戏曲中的每一个动作、每一句唱词、每一段旋律去感受、思考和领悟其中的深厚哲理和丰富情感。

在历史的长河中，无数戏曲艺术家凭借对艺术的热爱和对传统的尊重，不断探索和创新，使戏曲艺术在继承中发展，在发展中创新。如今的戏曲，既保留了传统的魅力，又融入了现代元素，展现出了更加多元和开放的艺术风貌。

总之，戏曲艺术是中国传统文化的重要组成部分，它以独特的艺术魅力和深厚的文化内涵，成为中华民族宝贵的文化遗产。让我们在欣赏戏曲艺术的同时，更深入地了解和传承这一艺术瑰宝，让它在新时代焕发出更加璀璨的光彩。

◆ 一、戏曲的定义 ◆

戏曲艺术，如同一幅绚丽多彩的文化长卷，承载着千年的智慧与情感。它不仅是中华民族最具代表性的艺术形式，也在全球文化宝库中占有一席之地。戏曲，作为中国传统戏剧的总称，以其独特的艺术魅力跨越时空，诉说着一个个动人的故事。

在中国，戏剧与戏曲几乎同义，正如王国维所言："戏曲者，谓以歌舞演故事。"[1]这是一种以歌舞为载体，通过简化或放大故事，传递情感的艺术形式。戏曲不仅仅是一种表演艺术，它更是一种文化表达，一种情感的传递，一种智慧的体现。中华戏曲从原始戏剧和初级戏剧的阶段一路走来，经历了漫长而曲折的演变和发展。在历史的长河中，戏曲逐渐成熟，形成了独具中国特色的戏剧形态。戏曲的飞跃期，标志着中国戏剧艺术的成熟与完善，它以一种独特的方式，展现了中华民族的文化自信和艺术追求。

戏曲被誉为"中国型的成熟戏剧"。它与西方戏剧有着本质的不同，这种不同不仅源于二者的文化底蕴，更源于它们各自的美学思维，深刻地反映在它们各自的美学思维上。戏曲不能简单地等同于西方的歌剧、舞剧、话剧等任何一种戏剧类型。在中国历史上所产生的成熟戏剧形态中，唯有戏曲，展现了中华民族独有的艺术风格和审美情趣。

◆ 二、戏曲的起源：从原始歌舞到成熟戏曲的演变 ◆

中国戏曲的起源和发展，是一个跨越千年的历史过程。从远古的拟态表演到成熟的戏剧艺术，从原始的模仿到深刻的文化表达，戏曲艺术见证了中华民族的文化发展和精神追

---

1. 王国维. 宋元戏曲史 [M]. 上海书店出版社，2020:15.

求。[1]

戏曲的起源深植于人类对自然界和自身行为的模仿。这种模仿不仅仅是一种本能，更是一种智慧的体现。亚里士多德曾说："人从孩提的时候就有模仿的本能，人与禽兽的分别之一，就在于人最善于模仿，他们最初的知识都是从模仿中得来的。"[2] 作为人类天性的一部分，模仿是戏剧艺术的起点。

在远古时期，人类通过模仿自然界的声音、动作和形态进行原始表演活动。这些活动最初可能是为了宗教仪式、祭祀活动或部落庆典，但随着时间的推移，它们逐渐演变成具有娱乐性和艺术性的形式。在中国，这种原始的戏剧形式可以追溯到远古的图腾崇拜和巫术仪式，其中歌舞和面具表演为后来戏曲的发展奠定了基础。

在原始的洪荒时代，人类的心灵与自然界紧密相连，他们用一种蒙昧而又纯真的思维去感应和理解这个充满神秘的世界。在那个时代，人类对自然界的敬畏与崇拜，孕育出了一种独特的文化现象——交感巫术。

交感巫术，是一种古老的信仰，它源于原始人类对万物有灵的深刻认知。原始人类相信，宇宙间的每一个存在，无论是山川河流，还是草木鸟兽，都被赋予了一种"灵"的精神和生命。这些灵被认为是控制自然现象和生命体繁衍变化的神秘力量。人类通过举行巫术仪式，试图与这些万物之灵建立联系，以求得它们的青睐和庇护。在这些仪式中，原始人类通过模仿狩猎和战争的行为来祈求成功，他们相信通过模拟这些行为可以吸引灵的关注，从而获得灵的帮助。整个仪式过程中，充满了行为模拟和仪式歌舞表演，这些表演往往具有强烈的拟态形式，成为原始戏剧的雏形。[3]

在这幅古老的画作中，我们可以看到众多形态相似的人物，他们按照统一的节拍，进行着仪式舞蹈。这个表演的突出特点是拟态动作，通过模仿自然界的各种现象来表达对神灵的崇拜和祈求。这种表演虽然具有戏剧性的元素，但其本质并非出于审美动机或实用动机，而是一种纯粹的宗教和信仰行为。

然而，正是这种原始的宗教信仰，为戏剧艺术的发展奠定了基础。随着时间的推移，人类的审美意识逐渐觉醒，原始的宗教仪式开始逐渐转向审美目的，人们愈发注重表演的艺术性和观赏性。戏剧逐渐从宗教仪式中剥离出来，成为一种独立的艺术形式。这一转化过程是漫长而复杂的，它不仅涉及人类审美观念的演变，还涉及社会文化的发展和人类精神需求的变化。从交感巫术到戏剧艺术的转变，见证了人类文明的进步，并体现了人类对美、对艺术的不懈追求。

在远古的华夏大地上，葛天氏之乐如同一曲悠扬的赞歌，回荡在农耕文明的田野间，它不仅是先秦时代人类精神面貌的生动写照，更是一段跨越时空的文化记忆。葛天氏，是传说中的远古部落，其时代可追溯至伏羲之前，是中原地区一个原始氏族的代表。在那个时代，人们以歌舞的形式，表达对自然的敬畏、对生活的热爱以及对未来的憧憬。《吕氏春秋·仲夏记·古乐》中所描述的"三人操牛尾，投足以歌八阕"，生动地描绘了三位舞者手持牛尾，以足投地，伴随着歌声，翩翩起舞的场景。这八阕歌舞，每一阕都有其独特的主题和内涵。

1. 周育德. 中国戏曲艺术大系：史论卷 [M]. 中国戏剧出版社, 2010:15-30.
2. 亚里士多德. 诗学 [M]. 商务印书馆, 1996:112.
3. 郑传寅. 中国戏曲文化概论 [M]. 北京大学出版社, 2012:20-27.

1. 载民：歌颂人类始祖，表达对生命起源的敬仰和对先祖智慧的赞颂。

2. 玄鸟：以春的使者燕子为象征，歌颂春天的到来，寓意生机勃勃和希望的萌发。

3. 遂草木：祈求田地里不要生长杂草，以确保庄稼的丰收，反映了农耕社会对农作物的依赖和对自然的期许。

4. 奋五谷：祈祷五谷丰登，展现了先民对丰收的渴望和对自然的感恩。

5. 敬天常：对上天的敬畏，体现了先民对自然规律的尊重和对宇宙秩序的信仰。

6. 达帝功：歌颂帝王的业绩，反映了对领袖的崇敬和对国家强盛的期盼。

7. 依地德：感恩大地的恩泽，表达了对土地的依赖和对自然恩赐的感激。

8. 总禽兽之极：幻想百禽百兽都听命于人类，展现了先民对和谐共生的理想追求。

这些歌舞不单是娱乐活动，也是先民对自然和社会生活深刻理解的艺术表达。它们与生产劳动紧密相连，歌舞中的拟态性和象征性表演，更是将先民的想象力和创造力发挥到了极致。它们不仅是对现实生活的再现，也是对未来理想的憧憬。

葛天氏之乐，一曲远古的赞歌，穿越千年时空，至今依然在我们心中回响。它让我们感受到先民对生活的热爱、对自然的敬畏以及对和谐社会的向往。当我们再次聆听这古老的旋律，不仅是对历史的回顾，更是对文化传承的尊重和对未来美好生活的期许。让我们在欣赏这古老歌舞的同时，思考如何在现代社会中继续传承和发扬这种热爱自然、热爱生活的精神。

在周秦时期，乐舞艺术达到了辉煌的巅峰，其中驱傩仿生的艺术形式以其独特魅力成为那个时代文化的重要组成部分。驱傩是一种古老的仪式，源自原始氏族部落，它借助神灵的力量驱逐邪恶，体现了人们对光明与正义的渴望和追求。

傩剧作为一种戴着面具的表演艺术，具有浓厚的宗教色彩，是祭祀活动中的重要组成部分。祭祀，作为中国传统文化的重要组成部分，是人们表达对神灵敬仰和祈求的方式之一。在祭祀的舞台上，演员们身着华服、戴着面具，通过舞蹈和歌唱，将祭祀的庄重与神秘展现得淋漓尽致。他们的每一个动作都充满了力量和韵律，仿佛在诉说着古老的传说。显然，在祭祀活动中，人们通过肢体语言和表演形式传播文化和信仰，使之成为戏曲艺术的源头。

傩剧和祭祀不仅仅是表演艺术，更是文化传承的重要载体。通过这些古老的艺术形式，我们得以窥见中华民族的智慧与创造力，深刻感受到中华文化的博大精深。

从六朝继承来的散乐百戏，为那个时代的人们带来无尽的欢乐与艺术享受。随着时间的推移，这些艺术形式在唐代得到了进一步的发展与升华，逐渐演变为更具戏剧性的优戏和歌舞戏，[1] 成为那个时代文化繁荣的象征。

唐玄宗李隆基，这位对歌舞戏剧有着浓厚兴趣的帝王，对戏剧艺术的发展起到了重要的推动作用。在他的支持与鼓励下，宫廷乐部机构得到了空前的建设与发展。早在登基之前，他就拥有了自己的蕃邸散乐队伍，在平定韦党的斗争中，这支散乐队伍发挥了重要的作用。登基后，唐玄宗不仅保留了这支散乐队伍，而且对他们倍加爱护，而对那些自恃伎艺高超的太常乐人则心生不满，于是，他巧妙地安排了一场杂技比赛，让太常乐人与散乐乐人一较高下。在比赛过程中，唐玄宗暗中命令宦官们藏有铁马鞭、骨朵等击打之物，当太常乐人为自己的表演鼓掌欢呼时，宦官们突然抽出铁马鞭、骨朵等物乱打，导致太常乐人表演失利。次日，唐玄宗以太常乐是礼仪机构，不适合表演散乐百戏为由，下令设置左

---

1. 廖奔，刘彦君．中国戏曲发展史：全四卷 [M]．山西教育出版社，2013:73-100.

右教坊。从此，教坊成为了唐代戏剧发展的摇篮，成为艺术创作与表演的中心。在这里，无数才华横溢的艺术家们汇聚一堂，共同创作出一部又一部令人叹为观止的戏剧作品。

此外，唐玄宗还亲自挑选了太常寺坐部伎子弟三百人，亲自教授他们"丝竹之戏"，并将他们安置在禁苑梨园旁边，称他们"梨园弟子"。同时，他还选拣了数百名宫女，安置在宜春北院，同样赐予"梨园弟子"的称号。这些梨园弟子，不仅在宫廷中表演，更将戏剧艺术传播到民间，使之成为后世戏曲艺人的楷模。后世称戏曲艺人为"梨园弟子"，正是源于这段辉煌的历史。他们继承了唐玄宗对戏剧艺术的热爱与追求，将戏剧艺术发扬光大，使之成为了中国传统文化的重要组成部分。

◆三、戏曲的发展：从先秦时期到当代戏曲的历程◆

戏曲的发展历程是一条从古代宗教仪式和民间歌舞逐渐演变为拥有丰富剧种和流派的成熟戏剧艺术之路。它历经唐、宋、元、明、清各朝代的繁荣发展，直至现代仍不断创新并融入当代文化。

先秦时期，戏曲艺术如同初生的嫩芽，在中华民族文化的沃土中悄然萌发。《诗经》中的"颂"和《楚辞》中的"九歌"，以其庄严而神圣的韵律，吟唱着对神灵的崇敬与祈求。这些祭神时的歌舞，不仅是对神明的颂扬，更是戏曲艺术的摇篮。随着春秋战国时期的到来，戏曲艺术开始从神圣的祭祀活动中走出，逐渐融入人们的日常生活。在这一时期，原本娱神的歌舞逐渐演变为娱人的表演，成为人们表达情感、传递故事的一种方式。

进入汉魏至中唐时期，戏曲艺术进一步发展，出现了"角抵（百戏）""参军戏"和"踏摇娘"等多种形式。这些早期的戏剧形式虽然简单，却充满了生命力和创造力。它们以竞技、问答和生活故事为载体，展现了戏曲艺术的多样性和丰富性。

唐代，作为中国古代文化发展的黄金时期，为戏曲艺术迎来了重要的发展阶段。经济的繁荣和社会生活的丰富多彩为戏曲艺术的孕育提供了肥沃的土壤。尽管在唐代戏曲艺术尚未完全成熟，但已初具规模，它的发展得益于文学艺术的全面繁荣，尤其是诗歌的韵律美、音乐的和谐美和舞蹈的动态美，这些艺术形式的融合为戏曲的诞生提供了丰富的素材。

唐代的戏曲艺术作品，如《长生殿》《琵琶行》等，以其深刻的情感和精湛的艺术表现，成为戏曲史上的经典之作。这些作品不仅在当时产生了广泛的影响，而且对后世戏曲艺术的发展也产生了深远的影响。戏曲艺术的演出成为了社会生活的重要组成部分，无论是庆典、祭祀还是日常娱乐，戏曲都扮演着不可或缺的角色。唐代戏曲艺术的发展得益于社会各阶层的广泛参与和支持。从宫廷到民间，从贵族到百姓，戏曲艺术都受到了热烈的欢迎和推崇。然而，戏曲艺术的发展并非一帆风顺，它面临着社会变革和文化冲突的挑战，也经历了从兴起到成熟再到转型的过程。但正是这些挑战和变迁，塑造了唐代戏曲艺术的独特魅力和历史价值。

总之，唐代时期的戏曲艺术是中国古代戏剧发展史上的一个重要里程碑。它不仅推动了戏曲艺术的繁荣发展，更以其独特的艺术魅力，成为中华文化宝库中的瑰宝。

宋金时期是中国戏曲发展的关键转折点，这一时期，戏曲艺术经历了从形成到成熟的质的飞跃，为元代杂剧的辉煌奠定了坚实的基础。宋代的"杂剧"、金代的"院本"，以及说唱形式的"诸宫调"，不仅在乐曲、结构上呈现出多样化的特点，更在内容上深刻反映了社会的深刻变迁和人民的精神追求。

　　宋代的杂剧，是一种集音乐、舞蹈、表演于一体的综合艺术形式。杂剧凭借生动的故事情节、丰富的人物形象和鲜明的性格特征，赢得了广大观众的喜爱。杂剧的演出，往往伴随着华丽的服饰、精致的道具和精心编排的舞蹈动作，使整个表演充满了视觉和听觉的冲击力。杂剧的内容，既有反映宫廷生活的奢华场景，也有描绘市井小民的日常生活，展现了宋代社会的多面性。

　　金代的院本是戏曲艺术在北方地区的一次重要发展。院本在形式上继承了杂剧的特点，但在内容上更加注重对历史事件的再现和对英雄人物的塑造。院本的演出，往往以宏大的场面、激昂的情感和深刻的思想内涵，给观众留下了深刻的印象。院本的出现，不仅丰富了戏曲艺术的表现形式，也为后来的戏曲创作提供了宝贵的素材和灵感。与此同时，说唱形式的诸宫调也迎来了广泛的发展。诸宫调以说唱为主，辅以简单的表演动作，通过叙述者的讲述，将故事情节和人物性格生动地展现出来。诸宫调的内容，既有对历史典故的演绎，也有对民间故事的改编，展现了戏曲艺术的多样性和包容性。

　　宋金时期的戏曲艺术，从乐曲、结构到内容，都呈现出了鲜明的时代特色。[1]乐曲上，杂剧和院本吸收了各地的民间音乐元素，形成了各具特色的音乐风格；在结构上，杂剧和院本都有着严谨的戏剧结构，包括开场、发展、高潮和结局等部分，使整个剧情更加紧凑和连贯；在内容上，杂剧和院本都注重对人物性格的刻画和对故事情节的推进，使戏曲艺术的表现形式更加丰富和立体。这一时期的戏曲艺术，不仅在艺术形式上取得了重大的突破，更在思想内容上反映了社会的深刻变迁。杂剧和院本中的人物形象，既有对封建礼教的批判，也有对人性光辉的赞扬，展现了戏曲艺术家对社会现实的深刻洞察和对人性的深刻理解。

　　总之，宋金时期的戏曲艺术，以其独特的艺术魅力和深刻的思想内涵，为元代杂剧的繁荣打下了坚实的基础。这一时期的戏曲艺术，不仅是中国戏曲史上的一段辉煌篇章，更是中华民族文化自信和文化创造力的生动体现。

　　元代，中国戏曲艺术的繁荣时期，元杂剧以其成熟的戏剧形态和鲜明的时代特色，成为戏曲艺术的主流。元杂剧最初以大都（今北京）为中心，在北方流行，随着元朝的南下，逐渐发展成为全国性的剧种。这一时期，剧坛群星璀璨，名作如云，其中以元曲四大家的作品尤为突出，它们不仅丰富了戏剧艺术，也反映了当时社会的风貌和人民的精神追求。

　　关汉卿的《窦娥冤》以其深刻的悲剧色彩和强烈的社会批判著称，揭示了元代社会的矛盾和人民的疾苦；马致远的《汉宫秋》则以其优美的语言和深邃的情感，描绘了人物的内心世界和对人生哲理的思考；白朴的《墙头马上》通过一段曲折的爱情故事，歌颂了对自由婚姻的追求，展现了人物对封建礼教的反抗和对个性解放的向往。郑光祖的《倩女离魂》则以其独特的艺术手法和深刻的心理描写，表现了人物对爱情的执着和对命运的抗争。

　　元代的戏曲舞台，是一个充满活力和创造力的舞台。剧作家们以其独特的艺术视角和不懈的创新精神，共同创造了中国戏剧的黄金时代。他们的作品，不仅在艺术上达到了高峰，更在思想层面产生了深远的影响。元代戏曲艺术的繁荣，得益于社会各阶层的广泛参与和大力支持，从宫廷贵族到民间百姓，从文人雅士到市井小民，戏曲艺术都受到了热烈的欢迎和高度的推崇。戏曲的演出，已然成为了社会生活的重要组成部分，无论是庆典、祭祀还是日常娱乐，戏曲都扮演着不可或缺的角色。

1. 廖奔，刘彦君. 中国戏曲发展史：第一卷 [M]. 中国戏剧出版社，2013：42-67.

　　总之，元代的戏曲舞台，是一个充满魅力和活力的舞台。元杂剧的繁荣，不仅丰富了戏剧艺术的表现形式，更深刻地反映了当时社会的变迁和人民的精神追求。

　　明代，戏曲艺术迎来新的发展高峰，传奇剧作和剧作家如璀璨星辰般不断涌现，其中汤显祖的成就尤为显著。他的《临川四梦》以其深邃的文学内涵和精湛的艺术表现，成为了戏曲史上的里程碑之作。尤其是《牡丹亭》中的"游园惊梦"，以其梦幻般的情感和浓郁的浪漫主义色彩，四百多年来一直深受观众喜爱，至今仍然在戏曲舞台上大放异彩，甚至走向了国际舞台。

　　汤显祖的作品，以其语言的优美、情感的细腻和情节的跌宕起伏，充分展现了明代戏曲艺术的独特魅力。他的创作不仅反映了当时社会对爱情与自由的向往，也体现了人文主义精神的觉醒。明代戏曲的发展，是中华文化自信和创造力的生动写照，也是中国戏曲艺术发展史上的重要篇章。

　　明末清初，中国戏曲艺术经历了一次深刻的变革，作品开始聚焦于人民群众心中的英雄形象，如穆桂英、陶三春等，这些人物以其非凡的事迹和崇高的精神，成为了戏曲舞台上不朽的传奇。这一时期的戏曲，不仅承载了人民对英雄的敬仰和向往，也反映了社会的价值观念和时代精神，同时，地方戏曲也犹如雨后春笋般涌现。北方的梆子戏和南方的皮黄戏以其鲜明的地方特色和艺术风格，成为戏曲艺术的两大流派。梆子戏以其高亢激昂的唱腔和豪放的表演风格，深受北方人民的喜爱；而皮黄戏则以其柔美的唱腔和细腻的表演，赢得了南方观众的青睐。

　　京剧的诞生，是明末清初戏曲发展的重要成果。它在地方戏曲高度繁荣的基础上，吸收了各种戏曲艺术的精华，形成了自己独特的艺术风格。京剧的唱腔丰富多变，表演形式多样，角色行当分明，舞台美术精美，具有极高的艺术价值和观赏性。随着京剧的不断发展和传播，它很快从北京走向全国，成为了具有广泛影响力的剧种。京剧的兴起，不仅推动了中国戏曲艺术的繁荣，也将戏曲艺术推向了一个新的高度。

　　明末清初的戏曲艺术，以其丰富的内容、多样的形式和深刻的内涵，展现了中国戏曲的博大精深和独特魅力。这一时期的戏曲作品，不仅反映了人民群众的心声，也体现了时代的精神面貌。

　　近代，随着辛亥革命的浪潮席卷中国，戏曲艺术也迎来了革新的春天。一批有造诣的戏曲艺术家，怀揣着对传统文化的热爱和对艺术创新的追求，投身于戏曲艺术的改良活动中，他们以开放的心态吸收新思想，以创新的精神探索戏曲艺术的新形式和新内容，推动了戏曲艺术的现代化进程。

　　中华人民共和国成立后，戏曲艺术进入了一个新的发展阶段。在国家政策的扶持以及艺术家们的共同努力下，戏曲艺术焕发出勃勃生机。一批优秀剧目如雨后春笋般涌现，如京剧《白蛇传》、越剧《梁山伯与祝英台》、评剧《刘巧儿》、豫剧《朝阳沟》等，它们以其精湛的艺术表现和深刻的思想内涵，赢得了广大观众的喜爱和赞誉。

　　戏曲艺术发展到今天，已经经历了不同的时代，但它始终保持和发扬了民族传统的艺术特色。在不断适应新时代、新观众的需要的过程中，戏曲艺术家们不断探索和创新，使戏曲艺术在传承中发展，在发展中传承。无论是在传统剧目的改编上，还是在新剧目的创作中，都体现了戏曲艺术的生命力和创造力。[1]

---

1. 廖奔，刘彦君 . 中国戏曲发展史：第一卷 [M]. 中国戏剧出版社，2013:135.

第二节 戏曲艺术的美学特征

戏曲之美

戏曲艺术，作为中国传统文化的璀璨明珠，以其独特的艺术风格和美学特征，历经千年而愈发光彩夺目。它不仅仅是一种舞台表演艺术，而且是一种集文学、音乐、舞蹈、美术、武术等多种艺术形式于一体的综合艺术。戏曲艺术的美学特征，首先体现在其"唱、念、做、打"的表演技巧上，通过这些技巧展现角色的情感和性格。其次，戏曲中的服饰、化妆、道具等都具有象征意义，通过夸张和抽象的手法来增强艺术效果。再者，戏曲音乐是戏曲艺术的灵魂，它以独特的旋律和节奏，与表演紧密结合，共同营造出浓郁的戏剧氛围。戏曲音乐既有激昂高亢的锣鼓点，也有悠扬婉转的丝竹之声，它们与演员的唱腔相得益彰，共同构成了戏曲音乐的丰富性和表现力。最后，戏曲艺术的舞台空间利用，同样体现了其独特的美学追求，通过舞台的空间变化和演员的动态表演，将时间和空间的艺术处理得恰到好处，使观众在有限的舞台空间中，感受到无限的艺术魅力。

◆ 一、戏曲艺术的综合性 ◆

中国戏曲的综合性特征是其艺术魅力的核心所在。它是一种将文学性、音乐性、舞蹈性和表演性融为一体的复合艺术形式。戏曲的文学性体现在其丰富的剧本创作和诗意的对白中，通过语言的精炼与深邃，传递故事情感和思想内涵；音乐性则通过独特的唱腔和旋律，与演员的表演紧密结合，形成戏曲独有的韵律美；舞蹈性则展现在演员的身段动作和舞台调度上，将舞蹈的流动性与戏曲的叙事性相结合，创造出独特的舞台视觉效果；表演性则是戏曲艺术的灵魂，通过演员的唱、念、做、打等技巧，将角色的性格、情感和故事情境生动地呈现给观众。

戏曲的综合性还体现在其舞台美术和造型艺术上。简约而富有象征意义的舞台布置，如"一桌二椅"，为演员的表演提供了广阔的空间，也体现了中国美学中的"留白"理念。化妆、服装等造型艺术则通过色彩、图案和样式的精心设计，增强了角色的形象特征，加深了观众对角色性格和情感的理解。

"四功五法"是戏曲综合性特征的集中体现。唱腔技法的"字正腔圆"，念白的朗诵艺术，做功的身段表情，以及打的武术舞蹈化技巧，这四种表演技法相互衔接、相互渗透，构成了戏曲表演的有机整体。它们在演员身上的有机统一，不仅展现了戏曲艺术的和谐之美，也体现了戏曲作为一门综合性艺术的独特魅力。

以京剧《连环套》"拜山"选段和《四郎探母》中的"坐宫"选段为例，均为戏曲艺术综合性的生动体现。这些经典剧目通过演员精湛的表演，将戏曲的文学性、音乐性、舞蹈性和表演性完美融合，展现了戏曲艺术的深邃内涵和独特魅力。

◆ 二、戏曲艺术的虚拟性 ◆

中国戏曲的虚拟性是一种独特的表现手法，它超越了传统舞台的物理限制，以抽象和象征的方式呈现生活。戏曲演员通过时间与空间、道具、布景等虚拟表演，巧妙地暗示出舞台上并不存在的实物或情境。这种表演方式是戏曲反映生活的基本手法，体现了戏曲艺术的创造性和想象力。

首先，戏曲艺术的虚拟性表现在对舞台时间和空间处理的灵活性上。"三五步行遍天下，六七人百万雄兵"，这不仅是对舞台空间的巧妙运用，更是对演员表演能力的极致挑战。通过演员的步伐和动作，戏曲舞台可以瞬间变换，展现出无限的空间和时间，这种灵活性是戏曲艺术的一大特色。

其次，戏曲艺术的虚拟性还体现在舞台气氛的调度和演员对某些生活动作的模拟上。无论是刮风下雨，还是船行马步，抑或是穿针引线，演员都能通过特定的表演动作，将这些生活场景生动地呈现在舞台上。这种对细节的把握和对动作的模拟，是戏曲艺术虚拟性的集中体现。

戏曲脸谱的使用，也是虚拟性的一种表现。通过不同的颜色和图案，脸谱能够直观地传达角色的性格和情感，使观众能够迅速地识别角色，这是戏曲艺术的一种独特语言。

戏曲舞台上的道具布景，同样具有虚拟性。戏曲舞台大多不用复杂的布景，而是通过简单的道具，如桌椅、扇子等，来暗示不同的场景和情境。这种简约而不简单的舞台设计，既体现了戏曲艺术的经济性，也展现了戏曲艺术的想象力。

戏曲舞台的时空，具有极大的虚拟性。戏曲舞台所表现的时空，并不是真实世界中的客观时空，而是通过演员的唱腔、念白和动作，以虚拟的手法来表现空间和时间。这种时空的表现，具有一种高度灵活自由的主观性，是戏曲艺术的一大魅力。

京剧《柳荫记》中的"十八相送"选段、《白蛇传》中的"游湖"片段和京剧《三岔口》"住店"选段，都是戏曲虚拟性艺术的生动体现。在这些经典剧目中，演员通过精湛的表演技巧，将虚拟的动作和情感，转化为观众心中的真实感受，使戏曲艺术的虚拟性得到了完美的展现。

◆三、戏曲艺术的程式性◆

中国戏曲的程式性艺术，是一种将生活动作规范化、舞蹈化并反复运用的艺术形式。它源于生活，却高于生活，是历代艺术家心血的结晶，也是新一代演员艺术创新的起点。程式性艺术的运用，使戏曲表演艺术得以代代相传，生生不息。

程式性艺术，是对生活的提炼、概括和美化。它将日常生活中的动作，如关门、推窗、上马、登舟、上楼等，转化为舞台上的固定格式。这些程式化的表演，既保留了生活的真实性，又赋予了艺术的美感。戏曲的程式性不仅体现在表演上，还贯穿于剧本形式、角色行当、音乐唱腔、化妆服装等各个方面，每一个环节，都有其固定的规范和程式。这些程式，既是戏曲艺术的传统，又是艺术家们创新的舞台。

京剧《春草闯堂》中的"坐轿子"片段和《拾玉镯》中的"喂鸡"片段，均为程式性艺术的生动体现。在这些经典剧目中，演员们通过程式化的表演，将角色的情感和故事情境生动地呈现给观众。他们的每一个动作，都充满了艺术的韵律和节奏，展现了戏曲艺术的程式之美。

第三节 京剧艺术概述

京剧，作为中国戏曲的国粹，它融合了文学、音乐、舞蹈、武术等多种艺术形式，以其独特的唱腔、念白、打斗等表演技巧，展现了丰富的情感和深邃的文化内涵。[1]它起源于金元杂剧，经明清传奇的发展，至四大徽班进京后，与汉剧等地方戏曲的交融，最终形成了京剧。其艺术风格典雅，角色行当分明，脸谱色彩丰富，服饰华丽，是中华民族文化的重要组成部分。

京剧艺术不仅在中国享有崇高的地位，而且在国际舞台上同样熠熠生辉，成为传播中国文化的重要媒介。它凭借历史的厚重、艺术的精湛、审美的独特，展现了中华民族的创造力和智慧，被誉为世界非物质文化遗产的瑰宝，是全球文化多样性的生动体现。

◆一、京剧的起源◆

京剧，其起源可追溯至金元杂剧，经历明清传奇的洗礼，融合昆曲与弋阳腔的精华，最终在四大徽班进京之际，翻开了京剧历史的辉煌篇章。

四大徽班之所以能成为京剧形成的关键，与徽州商人的经济基础和文化追求密不可分。徽商的商业成功激发了对高雅文化的需求，他们在戏曲艺术上的投资，不仅推动了徽剧的发展，更为其进京奠定了基础。乾隆五十五年（1790年），三庆班作为扬州戏班的代表，以其精湛的表演技艺和融合并著的声腔特点，被选入京为清高宗祝寿，这标志着徽剧艺术开始北上。

三庆班入京后，以二黄为主的唱腔赢得了北京观众的普遍赞誉。随后，乾隆六十年（1795年）以后，更多的南方戏班入京，其中三庆、四喜、春台、和春最为著名，它们被合称为"四大徽班"。这些徽班进京后，与汉剧艺人同台演出，相互融合，以徽剧的二簧腔和汉剧的西皮腔为基础，形成了新的"皮簧戏"。皮簧戏在不断吸取昆曲、梆子腔等剧种的精华后，逐渐发展成为一个新的剧种——京剧。京剧的形成，是徽商文化推动与艺术

四大徽班进京砖雕

创新相结合的产物，体现了中国戏曲艺术的多样性与包容性。四大徽班的进京，不仅是对徽剧艺术的一次重要展示，更是京剧这一新剧种形成的关键转折点，标志着中国戏曲艺术进入了一个新的发展阶段。

◆二、京剧的发展◆

京剧，作为中国戏曲的典范，是多种地方戏曲艺术的融合体，其中包括徽戏、汉剧、昆曲和梆子等。在民族经济的推动下，特别是徽商的经济支持，京剧得以迅速发展，并形成了独特的艺术风格。京剧的传播范围以北京为核心，覆盖全国乃至全球，成为中国传统

---

1. 北京市艺术研究所和上海艺术研究所．中国京剧史［M］．中国戏剧出版社，1999:19.

艺术文化的重要传播媒介。2010 年 11 月 16 日，京剧被联合国教科文组织列入"人类非物质文化遗产代表作名录"，这标志着其在全球文化多样性中的重要地位获得了国际认可。这一荣誉不仅彰显了京剧的艺术价值，也促进了其在全球范围内的保护、传承与发展。

20 世纪 20 至 50 年代，是中国京剧艺术发展的鼎盛时期。首先，京剧的行业规模显著扩大，剧院和剧团数量激增，专业演员和从业人员的队伍不断壮大；其次，在艺术上，京剧的表演艺术、唱腔、身段、表情等达到了极高的水平，出现了许多流派和风格，丰富了京剧的艺术表现力；再者，在政治上，京剧发挥了重要作用，成为宣传和教育的工具，同时受到了政府的重视和支持；在经济上，京剧成为了一个重要的文化产业，带动了相关产业链的发展，包括服装、道具制作、剧场建设等；在文化上，京剧承载了丰富的中国传统文化元素，如历史故事、道德观念、审美情趣等，成为传播中国传统文化的重要途径；最后，在剧本创作上，出现了许多经典剧目，如：《穆桂英挂帅》《赵氏孤儿》等，这些剧目不仅在艺术上具有高度，也在思想内容上具有深刻的社会意义；在音乐设计上，京剧的音乐体系更加完善，乐队的编制和演奏技巧都有了显著提高；在舞美设计上，舞台美术和服装设计更加精致和专业，为观众提供了更加丰富的视觉体验。

这一时期的京剧，不仅在国内享有极高的声誉，在国际上也产生了广泛的影响，成为中国戏曲艺术的杰出代表。

◆三、四大声腔汇聚京城◆

京剧，作为中国戏曲艺术的瑰宝，因其声腔艺术的丰富性和表现力，历来为人们所称颂。[1]在清朝初年，北京城汇聚了来自四面八方的戏曲艺术家，形成了戏曲艺术的繁荣景象。那时，北京的戏曲舞台上，四大声腔——南昆、北弋、东柳、西梆，各展风采，共同谱写了一段戏曲史上的辉煌篇章。[2]

南昆，即昆山腔，源自江南昆山，以其缠绵婉转、柔曼悠远的旋律著称。昆剧的演唱技巧精湛，注重声音的控制和节奏的顿挫，咬字吐音讲究，场面伴奏乐曲齐全，充分展现了昆曲的高雅与精致。例如，《牡丹亭》是昆曲的经典剧目之一，其中的《游园惊梦》一折，通过婉转的唱腔和精致的表演，展现了主人公杜丽娘对爱情的向往和在梦境中的奇遇。

北弋，即弋阳腔，是江西弋阳地区的弋阳腔与南戏结合后形成的北方高腔。其演唱方式独特，一人演唱，数人接腔，形成了富有特色的"徒歌、帮腔"。明代中叶，弋阳腔又发展出滚调，增强了声腔音乐的戏剧性和表现力。例如，《风雨同伞》是弋阳腔中宣传"移风易俗"的精品剧目，深受老百姓的喜爱；而《方志敏》作为弋阳腔的革命现代戏，在 2019 年全国基层院团戏曲会演中进行了专场演出，展示了弋阳腔在当代的传承与发展。

东柳，即柳子腔，流行于山东地区，是一种多声腔的曲牌体剧种。柳子戏的唱腔由众多不同宫调、不同板式的曲牌构成，既有粗犷奔放的"粗曲子"，又有缠绵细腻的"细曲子"。其音乐风格多样，既有通俗易懂的"调子""赞子"，又有文雅大度的"风入松""步步娇"，充分展现了柳子戏的丰富性和包容性。例如，《打渔杀家》是柳子戏中的一个著名剧目，通过柳子戏特有的唱腔和表演，讲述了渔夫与恶霸斗争的故事。

1. 北京市艺术研究所和上海艺术研究所 . 中国京剧史 [M]. 中国戏剧出版社，1999:54.
2. 束文寿 . 京剧声腔源于陕西 [M]. 太白文艺出版社，2011:78.

　　西梆，即梆子腔，流行于中国西北地区，是秦腔的一种。梆子腔以其高亢激昂、节奏明快的特点而闻名。皮黄，作为与梆子腔有密切联系的声腔，由"西皮"和"二黄"组成。其中，"西皮"直接由梆子腔演变而来，进一步丰富了戏曲的声腔系统。"西皮"和"二黄"是中国京剧中两个非常重要的声腔系统，它们构成了京剧音乐的基础。西皮声腔起源于西北地区的梆子腔，后来传入北京，并与京剧融合。西皮的曲调较为明快、激昂，节奏感强烈，适合表现戏剧中的紧张、激昂或者悲壮的情感。在京剧中常用于表现男性角色，尤其是武生、老生等行当。例如，在《定军山》中，黄忠的唱段就使用了西皮声腔。二黄声腔起源于湖北地区的汉剧，其曲调相对深沉、稳重，节奏较为缓慢，适合表现深沉、内敛或者哀婉的情感。在京剧中常用于表现女性角色，尤其是青衣、老旦等行当。例如，在《穆桂英挂帅》中，穆桂英的唱段就使用了二黄声腔。

　　这四大声腔系统不仅丰富了京剧的声腔艺术，也为中国戏曲的发展作出了重要贡献。它们以独特的魅力吸引着观众，成为中国传统戏曲文化的重要组成部分。

◆四、京剧的流派◆

　　随着京剧艺术的蓬勃发展，流派的涌现不仅体现了文化的多样性，更是不同审美观念的生动展现。在京剧的鼎盛时期，旦角成为舞台的主导力量，将传统文化推向了一个新的高度。早期的京剧流派，是各地艺术家携带着浓郁的地方文化特色汇聚而成的艺术瑰宝。其中，"老三鼎甲"——程长庚、余三胜、张二奎他们以各自独特的美学风格，

余派

为京剧的多样性奠定了基础。[1]京剧鼻祖程长庚的表演，气势磅礴中蕴含着深沉的韵味，而余三胜则在悠扬的韵味中展现出气势的力量。

　　随着京剧艺术的不断成熟，一系列艺术法则如湖广音、中州韵、尖团字等音韵规范逐步确立，为京剧流派的深入发展提供了坚实的基础。表演技艺开始朝着更加专门化、个性化的方向发展，涌现出了如谭鑫培、梅兰芳等一代代京剧表演艺术大师，他们以其卓越的艺术成就，成为京剧史上的璀璨明星。

　　谭鑫培，这位京剧"新三鼎甲"之一的杰出老生演员，不仅继承了程长庚、余三胜等前辈的艺术精髓，还广泛吸收了张二奎、卢胜奎、王九龄等艺术家的技艺，博采众长，自成一家。他与汪桂芬、孙菊仙一同被誉为"新三鼎甲"，标志着京剧老生流派"谭派"的诞生。而旦角王瑶卿的崛起，更是为京剧艺术带来了新的格局，在她的推动下，生旦并重的表演形式逐渐形成，丰富了京剧的艺术内涵，使京剧的表现形式更加多元和立体。

　　王瑶卿，这位京剧艺术的巨匠，以其深邃的艺术造诣和创新精神，将旦行艺术推向了一个新的高峰。她不仅继承了前辈艺术家的精华，更以匠心独运的创造力，打破了传统旦行艺术的界限，将青衣的深沉、花旦的活泼、刀马旦的英武融为一体，开创了旦行艺术的新境界。她通过不断的艺术实践，不仅丰富了旦角的艺术表现力，更提升了旦角在京剧舞台上的地位，使旦角与生角并驾齐驱，共同书写了京剧艺术的辉煌篇章。

　　在中国京剧史上，1927年的"四大名旦"评选无疑是一个标志性事件。梅兰芳、程砚秋、尚小云、荀慧生以其卓越的艺术成就，被尊称为京剧"四大名旦"，共同开启了京剧旦角

---

1. 北京市政协文史和学习委员会.京剧往事：第一卷[M].北京出版社，2021：30.

艺术的新篇章。

梅派代表人物梅兰芳，京剧艺术的巨匠，以其深厚的艺术造诣和创新精神，成为旦角革新的领军人物。他 1894 年出生于京剧世家，从小受爷爷梅巧玲的影响，8 岁开始学青衣，10 岁登台，后得王瑶卿指点，技艺日臻完善。梅兰芳不仅在唱腔上追求优美大方，更在表演上展现雍容华贵，并创造了 53 式兰花指，使旦角表演更加丰富多彩。他的代表剧目《贵妃醉酒》在音乐、舞蹈、扮相上全面创新，成为了京剧艺术的典范；与梅兰芳齐名的程派代表人物程砚秋，以其深沉的唱腔和精湛的表演技

京剧"四大名旦"合影
（左起：程砚秋、尚小云、梅兰芳、苟慧生）

艺，塑造了众多女性悲剧人物形象。程派唱腔讲究音韵，注重四声，追求"声、情、美、水"的高度结合，并根据自己的嗓音特点，创造出一种幽咽婉转、起伏跌宕、若断若续、节奏多变的唱腔。如《荒山泪》中的张慧珠，展现了深厚的悲剧内涵；《锁麟囊》中的薛湘灵虽非悲剧人物，但蕴含悲剧性人物的特征。尚派以尚小云为代表，以其高亢激昂的唱腔和豪迈的表演风格，成为京剧舞台上的一道亮丽风景，如《昭君出塞》《梁红玉》等，他塑造了一批巾帼英雄和侠女烈妇形象；苟派以苟慧生为代表，擅长表现年轻女性角色，他的表演清新自然、活泼明快，汲取梆子戏旦角艺术之长，熔京剧花旦的表演于一炉，形成了独特的艺术风格。如《红娘》中的红娘角色，就展现了年轻女性的智慧与魅力。[1]

流派的兴起在京剧艺术的早期与中期，不仅是艺术自觉的体现，也丰富了京剧的表现力，并在无形中建立了宏观的艺术规范。这些流派的发展，不仅映射了社会文化的进步，还彰显了人们对美的追求的不断增长。流派的繁荣正是对这种需求的积极回应，满足了人们对高雅艺术的向往，也体现了社会对文化多样性的尊重。流派的创立与发展，既是艺术创新的体现，也是社会进步的见证，它们共同绘制了中国传统文化的壮丽图景，展现了时代的精神面貌和文化自信。

第四节 北京新时代京剧
——"传统与创新的交响"

北京新时代的京剧艺术，是继承与创新并重，传统与现代交融的生动体现。随着中国进入新时代，京剧艺术也迎来了新的发展机遇。作为京剧的摇篮，北京见证了这一艺术形式的传承与发展。在新时代的浪潮中，京剧艺术家们秉承着对传统的敬畏与尊重，同时以开放的心态拥抱变革，不断探索与创新。他们不仅坚守传统京剧的精髓，更巧妙地将现代

1.《中国京剧流派剧目集成》编委会.中国京剧流派剧目集成：第 16 集 [M].学苑出版社出版，2010:5.

科技与多媒体艺术融入京剧表演中，使其在视觉与听觉上更加贴近现代人的审美需求，拓宽了艺术的边界，吸引了更多的年轻观众群体。

北京新时代的京剧通过将传统艺术与现代元素的完美融合，不仅让京剧在新时代焕发出新的活力，更赋予了这一古老艺术以新的社会意义和文化价值。艺术家们在传承中创新，在创新中发展，使京剧不仅仅是一种艺术的展现，更成为了连接过去与未来、沟通传统与现代的文化纽带，让世界看到了一个充满活力、不断创新的中国京剧。

◆ 一、传统与现代的对话 ◆

在新时代的北京，京剧这一传统艺术形式正以其独特的方式与现代文化相融合，展现出一种跨越时空的生命力。它的创新不仅仅体现在剧目的选择上，更在表演艺术、舞台技术、服装设计、音乐编排等多个维度上实现了传统与现代的完美交融。第一，政府和社会各界的支持为京剧的现代化转型提供了坚实的基础，艺术理念的更新则让京剧在保持传统精髓的同时，展现出更加开放和包容的现代艺术特质。第二，剧目创新让京剧的故事更加贴近现代人的生活体验，现代题材的融入使得京剧作品能够反映当代社会的精神面貌。例如，近年来，北京京剧院由本院领军人才、拔尖人才培养对象担纲主演编创和复排了许多经典剧目《孟丽君》《苏小妹》《对花枪》等，通过这些作品，观众可以感受到京

京剧艺术

剧艺术的经典魅力和时代活力。第三，在表演艺术上，艺术家们巧妙地将传统表演技巧与现代表演手法相结合，让角色的表达更加丰富和立体。例如，国家京剧院创作的京剧版《牡丹亭》，在保留原著精华的基础上，进一步诠释了古典雅韵，实现了传统美学与当代艺术的对话。第四，在艺术形式上进行大胆探索和创新。《京城大运河》作为京剧交响套曲，结合了交响乐与京剧艺术，展示了京杭大运河北京段的历史遗迹和人文风貌。第五，在音乐编排上，将传统京剧音乐与现代音乐元素相结合，为京剧的旋律注入了新的活力。与此同时，传播方式的现代化，尤其是网络平台和社交媒体的运用，让京剧能够触及更广泛的受众，实现了艺术的广泛传播。第六，舞台技术的应用为京剧带来了前所未有的视觉和听觉冲击。现代灯光、音响和多媒体技术的运用，极大地增强了京剧的艺术表现力；服装设计的更新则在保留传统元素的同时，融入现代审美，使角色形象更加鲜明和具有时代感。

◆ 二、新编历史剧 ◆

新编历史剧是新时代京剧的一个创新亮点。近年来，国家京剧院与北京京剧院精心打造了一系列新编历史剧，它们如同文化瑰宝，绽放出传统艺术与现代审美交相辉映的璀璨光芒。这些剧目不仅是对京剧深厚底蕴的传承与创新，更是对民族精神的赞颂，传递着国家统一、民族和谐与和平安定的价值观。舞美与编剧团队通过巧妙融合现代科技与舞台艺

术，使新编历史剧成功吸引了年轻一代的目光，培养了他们对京剧艺术的热爱与追求。例如，《文明太后》是一部反映北魏时期政治家冯太后历史的新编京剧。该剧以冯太后推行均田制改革、与鲜卑权贵斗争的故事为脉络，展现了她以民为本的治国理念和面对困难时不屈不挠的精神。通过京剧舞台艺术化的再现，该剧不仅让观众深入了解北魏时期历史，更激发了人们勇于改革、追求社会进步的意识。冯太后的形象成为新时代坚持和发展的精神象征，对现代社会具有积极的启示作用。同样，赞颂女性智慧与勇气的历史京剧《夫人城》于 2022 年 4 月 8 日至 9 日在长安大戏院上演，收到了极大的反响。北京京剧院倾力打造，以独特的女性视角，细腻地勾勒出一幅古代巾帼英雄的壮丽画卷。这部作品不仅深情地讲述了东晋时期韩太夫人的传奇故事，更是艺术地再现了一位女性在国家存亡之秋挺身而出、智勇双全的英勇形象。

在新时代的浪潮中，京剧艺术正以一种全新的面貌焕发着生机。艺术家们深挖历史题材，将传统与现代完美融合，创作出一系列引人入胜的新编历史剧。这些作品不仅讲述了古代英雄的壮丽故事，更在艺术表现上紧扣时代脉搏，展现出京剧艺术在新时期的独特魅力。

以《嬴驷与商鞅》为例，这部由北京京剧院精心打造的力作，以战国时期商鞅的变法为背景，生动地描绘了商鞅与秦孝公嬴驷之间深厚的友谊和共同推动国家变革的壮举。剧中的唱腔设计，巧妙地吸收了西北民歌的特色，女声伴唱穿插其间，为剧情增添了无限张力。舞美布置和人物刻画的创新，更是让观众仿佛穿越时空，亲历那段波澜壮阔的历史。

此外，如《故土新归》展现了左宗棠收复新疆的壮举，以及《大漠苏武》讲述了苏武在大漠中坚守信念的故事，都是新时代京剧艺术家们对历史的深刻挖掘和对艺术的创新表达。这些作品不仅传承了戏曲的精髓，更在形式和内容上进行了大胆的探索和创新，使之更加贴近现代观众的审美需求。

随着新时代的快速发展，剧作家们运用现代创作手法，将传统文化与新时代的核心价值观紧密结合，引领年轻一代更多地关注和了解传统文化。这些新编历史剧的涌现，不仅丰富了京剧艺术的内涵，也为传统文化的传承与发展注入了新的活力，呈现出一派欣欣向荣的景象。

◆三、新编现代京剧◆

北京新编现代京剧是一系列以现代题材和现代手法重新诠释和创作的京剧作品。它们在继承传统京剧艺术的基础上，融入了现代元素和创新手法，形成了独特的艺术风格。作品内容通常选取与现代社会紧密相关的题材，如革命历史人物或现代生活故事，以增强观众的共鸣。在表演上，新编京剧不拘泥于传统程式，而是引入现代戏剧手法，结合现代舞、话剧等元素，使舞台表现更加立体和多元。同时，利用先进的声光电技术，为传统京剧注入现代舞台效果，提升了视觉冲击力。在音乐和舞美设计上，新编京剧大胆创新，融入昆曲声腔、现代舞蹈等，展现出跨界艺术的融合之美。在情感表达上，新编京剧注重角色内心世界的深刻刻画，使人物形象更加鲜活，触动人心。下面将分析两部新编现代京剧作品，以便让大家进一步了解新编现代京剧的新面貌。

为庆祝中国共产党成立 100 周年，北京京剧院创排了新编现代京剧《李大钊》。该剧以中国共产党早期革命家李大钊的生平为蓝本，通过艺术典型化的手法和诗情化的表现方式，展现了他短暂而壮阔的一生，以及他坚贞不屈、视死如归的英雄形象。作曲家朱绍玉为该剧设计了独特的唱腔，融入了昆曲声腔和西洋交响乐元素，使音乐更加丰富和立体。特别是李大钊在狱中的自白唱段，它不仅是整部剧的艺术亮点，更是情感表达的高潮。这一唱段采用了京剧中的经典唱腔，如二黄、西皮等，这些唱腔不仅具有鲜明的京剧特色，而且通过旋律的抑扬顿挫和节奏的巧妙变化，深刻地展现了角色复杂的内心世界。另一方面演员在演唱时运用了一些创新的演唱技巧，如气息的控制、声音的转换等，以适应现代观众的审美需求。该剧巧妙地将京剧与交响乐相结合，利用现代舞台技术注重空间的交互串联，并加入了群众舞蹈等元素，这些创新手法展现了现代新编京剧的独特韵味和魅力。

《老阿姨》是由国家京剧院精心编排的现代京剧。该剧以龚全珍——一位被尊称为"最美奋斗者"的第四届全国道德模范为创作灵感，通过戏剧的形式，深刻地展现了龚全珍作为共产党员的一生，她坚守初心和使命，不畏艰难，无私奉献，以满腔的热爱投身于教育事业和为人民服务的伟大实践中。

剧中，龚全珍的形象从三十岁跨越至七八十岁，通过演员王润菁深情且富有感染力的表演，以及那甘醇绵远的唱腔，将龚全珍的高尚人格和无私精神生动地呈现在观众面前。《老阿姨》所讲述的，不单是龚全珍个人的故事，它更代表了一种集体的精神追求和价值体现。这部剧作为一次精神的巡礼，展现了中国在奋进中的故事，以及那些代表时代精神的榜样所具有的力量。它不仅是对龚全珍一生的再现，更是对所有为国家和人民的福祉不懈努力的人们的致敬。

◆四、京剧艺术在新时代的文化意义和价值◆

在当代北京，京剧艺术不仅作为传统艺术的瑰宝而被珍视，更在新时代的浪潮中焕发出新的活力和光彩。作为中国的文化中心，北京以其丰富的文化资源和浓厚的艺术氛围，为京剧的创新和发展提供了得天独厚的条件。京剧在新时代并没有停留在传统的框架内，而是勇于突破和创新，将古老的艺术形式与现代审美相结合，使之更加贴近现代人的生活和情感体验。

新时代的京剧，就像一位历经沧桑却依旧充满活力的老朋友，穿上了新衣，以更加生动的故事和美妙的唱腔，传递着爱国、团结和奉献等核心价值观。这些故事不仅触动人心，更激励着我们成为更好的人。京剧艺术的这种传承与创新，如同一杯香浓的茶，越品越有味，不仅令人回味无穷，更在精神层面给予人们滋养，使心灵得到抚慰，让精神世界更加丰富多彩。

京剧艺术在新时代的文化意义和价值远不止于此。它扮演着多重角色，更是承载着传播新时代文化的重任。京剧艺术在文化传承、艺术创新、国际交流、社会教育等方面发挥着重要作用，成为了连接过去与未来、传统与现代的文化纽带。通过新编历史剧和现代京剧的剧目，我们能够清晰地发现新时代京剧艺术的多样性和包容性。这些作品内容立足于记录时代、书写时代、讴歌时代方面的新成就，为现代人提供精神滋养，带来心灵的慰藉和放松。

京剧艺术通过其故事性和象征性，对观众进行道德教育，弘扬社会主义核心价值观。它不仅传递了正面的社会信息，更在塑造公民道德和推动社会进步方面发挥了积极作用。

同时，京剧作为文化产业的重要组成部分，对经济发展和相关产业链的推动作用不容忽视。它促进了文化消费，带动了旅游、演出、衍生品等相关产业的发展。

在全球化的背景下，京剧艺术强化了民族认同感，提升了文化自信。京剧艺术的传承与发展，展现了中华民族的文化魅力和自信力量。随着社会的进步和文化的多元化，京剧将继续展现其独特魅力，为中华文化的繁荣发展作出新的更大贡献。

总之，京剧艺术在新时代的文化意义和价值是多维度的。它不仅是艺术的传承，更是文化自信、社会教育、经济发展和国际交流的重要载体。京剧艺术以其独特的魅力和深远的影响力，不断推动中华文化向前发展，成为连接每一个中国人心灵的桥梁。在快节奏的现代生活中，它让我们依然能够感受到传统文化的温暖和力量。

思考题：

1. 戏曲艺术是如何从古代的祭祀活动逐步发展成具有丰富表现形式的成熟艺术的？请描述戏曲艺术的起源并追踪其发展脉络。

2. 请结合具体戏曲作品，分析戏曲的综合性、虚拟性和程式性的特征是如何在表演中体现的。

3. 请选择一个京剧流派，探讨其艺术特点和声腔风格，并分析这些特点如何塑造了该流派的独特艺术魅力。

4. 请思考在现代社会背景下，京剧如何通过融合传统与现代元素来实现创新发展？并讨论这种创新对于京剧艺术乃至中华文化传承的重要性。

第八章

舞蹈之美

本 章 概 述

　　走进广袤而璀璨的舞蹈世界，感受舞蹈艺术的美。舞蹈以其独特的人体语言为媒介，展现出与其他艺术门类不同的艺术特色。理解舞蹈艺术所具有的情感性、动作性、意向性、综合性的审美特征，有助于学生深刻体会舞蹈的美学价值。舞蹈艺术具有独特的审美情感体验，能够培育身心的和谐统一，并发挥提高人们综合文化素养的美育功能。舞蹈艺术雅俗共赏的文化魅力，能够全面拓宽学生的舞蹈审美视野，带领学生以舞蹈的视角观察现实生活，走进老北京的传统庙会，感受白纸坊太狮、大栅栏五斗斋高跷秧歌等北京历史古城中的民俗景观，以及喧天动地的京西太平鼓，它与老北京人的情感紧密相连。品味北京当代舞蹈剧场的繁荣与创新发展，用舞蹈促进学生审美能力的提升，从而全面提升学生的综合文化素养。

第一节 舞蹈艺术的审美特征

艺术作为一种特殊的意识形态，在本质上与哲学、宗教、科学、法律等其他意识形态相区别。同时，在庞大的艺术体系中，舞蹈艺术也以其独特的标志和表征，区别于其他艺术门类。从舞蹈艺术本体的角度出发，我们认为舞蹈是视听艺术、时空艺术、动态艺术，且是以人体为主要表现媒介的综合艺术。舞蹈艺术的审美特征，是其区别于其他艺术门类的关键所在。在众多关于舞蹈艺术审美特征的表述中，动作性、情感性、意象性、综合性等可以概括为舞蹈艺术的基本审美特征。

◆一、情感性：舞蹈长于抒情◆

人类是情感丰富的高级动物，艺术是人类精神和情感的结晶。因此，"情"的表现是所有艺术门类都无法回避的重要主题。舞蹈是一种表现艺术，它通过人体动作来传达情感、展示内心世界。舞蹈艺术的情感表现是细腻而丰富的，往往难以用言语完全表达。当代美学家李泽厚从本质上概括了舞蹈艺术的美学特征，即舞蹈"主要不是人物行为的复写，而是人物内心的表露，不是去再现事情，而是去表现性格，不是模拟，而是比拟。要求用精粹提炼了的、程式化了的舞蹈语言，通过着重表达人们内心情感活动变化来反映现实。"[1] 在此，我们用情感性来概括舞蹈艺术的审美特征，是因为相较于表现性和抒情性，情感性具有更广泛的外延和更深邃的内涵。无论是编导的一度创作，还是演员的二度表演，乃至舞蹈作品的创作、欣赏、表演等各个环节，都无不渗透着强烈的情感。编导对人生情感的体验与升华是舞蹈创作的关键所在，编导可将悲、欢、离、合、喜、怒、哀、乐等人生诸多情感，通过艺术构思借助舞蹈作品表达出来。成功的舞蹈作品不仅要悦人耳目，更重要的是要能够触动参观者的心灵，使人获得深刻的情感体验。正如民间舞蹈作品《一个扭秧歌的人》，该作品借一个秧歌艺人的一生，通过对老艺人心路历程的展现，将民间艺人的人生况味与心境在作品中深刻地刻画出来，饱含着悲、喜、哀、愁的无限情感，能够带给我们强烈的情感冲击。

舞蹈的情感性特征是舞蹈艺术的本质属性。在舞蹈创作领域，再现与表现作为舞蹈表达的两种基本方式，都离不开情感的抒发。无论是欧洲早期的舞蹈样式"情节芭蕾"，还是中国的"现实主义"舞蹈创作，舞蹈在承担情节和叙事的任务时，同样能够激起人们强烈的情感反应。例如，"情节芭蕾"的代表作《关不住的女儿》和现实主义舞剧《红色娘子军》，这些叙事性舞蹈作品常常带给我们对生活的认知和情感上的共鸣。因此，我们认为，尽管"模仿论"或"再现论"的观点曾长期主导了舞蹈创作的方向，但在这种观念的影响下，舞蹈创作依然离不开情感的表达。

到了19世纪，伊莎多拉·邓肯率先举起了"表现主义"的大旗。表现主义舞蹈的兴起，首先强调情绪是舞蹈的首要表现内容，将舞蹈视为内心情感的外化形式。表现主义舞蹈通过动作及其运动本身所呈现出的变化，表达出超越动作本身的情感氛围或生命意识。因此，相较于叙事性舞蹈，表现主义舞蹈中的情感表现更为直接和深刻。例如，美国表现

---

1. 汪流，陈培仲. 艺术特征论 [M]. 文化艺术出版社，1981:325.

主义舞蹈的代表人物、现代舞蹈大师玛莎·葛兰姆的现代舞作品深受精神分析美学的影响。在她的舞蹈作品中，展现出原始的精神、种族的记忆，以及对"人性"的深入探讨与挖掘，这使舞蹈的情感超越了感性的表层，进入了复杂且深刻的生命深层精神领域。因此，舞蹈情感的表达既包含日常生活的情感，也涵盖高层次的深邃、含蓄的审美情感。舞蹈成为人们细腻或浓烈感情表达的一种升华与外化形式。

玛莎·葛兰姆

尽管"舞蹈长于抒情，拙于叙事"的表述对舞蹈的评价略显偏颇，但它确实突出了舞蹈在众多艺术种类中以情感表现见长的优势。正如英国《不列颠百科全书》所定义的："舞蹈向来被认为是由情感产生的运动。"[1]

◆ 二、动作性：舞蹈美在动态 ◆

舞蹈是动态的艺术，动作性是舞蹈艺术的本质属性，也是其区别于其他艺术门类的主要特征。舞蹈艺术的美在于人体动作有规律的变化之中，身体动作如同语言，是舞蹈艺术表情达意的主要手段。

在舞蹈中，人体本身并非直接的审美对象。然而，经过艺术加工和美化的人体动作所展现的身体动态美，则成为舞蹈艺术的主要审美对象。许多学者将舞蹈比作"流动的雕塑""活动的画卷"。由此可见，舞蹈、雕塑、绘画都属于视觉艺术，但雕塑艺术展现的是凝固美与造型美，绘画艺术则展现的是造型美与静态美。舞蹈艺术作为动态的、流动的视觉艺术，其媒介材料是有生命的人体，因此，舞蹈艺术不仅具有造型美的元素，更重要的是，它的动态美是区别于其他造型艺术的主要特征。苏珊·朗格在《艺术问题》中称："舞蹈演员创造的舞蹈也是一种活跃的力的形象，或者说是一种'动态的形象'。"[2]她认为，"舞蹈的构成材料就是这个非物质的力，只有在这种力的收缩和放松、保持和成形中，舞蹈才具有了生命。"[3]由此可见，人体的动作和姿态是构成舞蹈语汇的主要方面。人体本身具有丰富的表现力，能够传达丰富而细腻的情感。当人体动作经过艺术化处理后，就更具有艺术感染力，能够在动作中生成舞蹈的审美意象。另外，舞蹈艺术家吴晓邦对舞蹈也有这样的表述，他认为："舞蹈是人体造型上'动的艺术'，它是借着人体'动的形象'，通过自然或社会生活的'动的规律'，去分析各种自然或社会的'动的现象'，而表现出各种'形态化'了的动作，这种运动不论是表现了个人或者多数人的思想和情感，都成为舞蹈。"[4]吴晓邦在给舞蹈下定义时，连续使用了四个"动"字，着重强调了舞蹈的动作性，从而证明动作性应该是舞蹈的本质属性。

在西方，德国现代舞大师魏格曼将时间、空间、力视为构成舞蹈动作的三要素。也就是说，在舞蹈动作的表现中，时间、空间和力三者必然共同发挥作用，使舞蹈动作具有一定的延展性。其中，身体有节奏的运动构成了"时间"的表现，身体的运动轨迹及其在空

1. 吕艺生. 舞蹈学导论 [M]. 上海音乐出版社，2003:8.
2. 苏珊·朗格. 艺术问题 [M]. 滕守尧，译. 南京出版社，2006:7.
3. 苏珊·朗格. 艺术问题 [M]. 滕守尧，译. 南京出版社，2006:12.
4. 汪流，陈培仲. 艺术特征论 [M]. 文化艺术出版社，1981:322.

间中的视觉呈现构成了"空间"的表现，而身体运动中的相互作用与力量的转换则构成了"力"的表现。可以说，运动着的人体是舞蹈的主要表现对象和手段，如果没有了人体的动作，也就不能称其为舞蹈了。

舞蹈是动作的艺术，但它并非简单地再现生活中的动作。舞蹈动作是经过精心加工、提炼和创造，并具有鲜明形象化特点的动作。正如语言要求准确表意，舞蹈动作也要求生动表现。通过对日常动作的概括、夸张、变形和美化，舞蹈构建出一系列独特的动作，形成丰富的舞蹈语汇，以充分发挥其抒情达意的功能。在舞蹈中，运动的身体既是创造视觉美感的基本材料，也是内心情感外化的重要载体。舞蹈动作既可以单独表现，也可以自由组合。通常，舞蹈动作可以分为三种：第一种是表现性动作，这类动作适用于舞蹈的抒情、形象塑造和技巧展现；第二种是描绘性动作，这类动作主要用于舞蹈的叙事和表意；第三种是装饰性动作，装饰性动作在舞蹈中不可或缺，它们能够增添舞蹈的韵味，而舞蹈的风格和韵律也往往通过动作与动作之间的巧妙连接得以体现。

综上所述，人体的舞蹈动作是极具生命力、表现力和感染力的运动形式。舞蹈通过动作的变化来塑造形象，抒发情感，并生成独特的舞蹈审美意象。舞蹈的动作性本质，是其区别于其他艺术门类的最本质的审美特征之一。

◆三、意象性：舞蹈审美的境界◆

意象，所谓"意中之象"，"'意象'是艺术的本体。不管是艺术创造的目的、艺术欣赏的对象，还是艺术品自身的同一性，都会归结到'意象'上来。"[1]"意象"是艺术审美范畴中的重要概念，审美意象作为孕育成熟的艺术形象，乃是主观之'意'与客观之'象'的结合，是一种心灵的创造。"[2]舞蹈艺术的虚拟性、象征性和形象性特征，均可归结为意象性特征。意象性是舞蹈艺术的核心审美特征。舞蹈意象的生成被视为舞蹈审美的至高境界，无论是舞蹈创作、舞蹈表演，还是舞蹈欣赏，意象的生成都是舞蹈作品的本质追求。

舞蹈固然具有形象性的特点，但舞蹈形象的塑造并非舞蹈审美的最终目的。对舞蹈形象进行审美关照后，意象的生成才是舞蹈表现所追求的最高层次。苏珊·朗格认为："舞蹈是一种活跃的'力的意象'，或者说是一种'动态意象'。"[3]苏珊·朗格所理解的"意象"，是一种"虚的实体"。在舞蹈表演中，作用于我们视觉的不仅仅是艺术媒介本身——人的身体，我们主要关注的并非那些物理实在，如服装、道具等，而是人体在动态变化中所展现出来的动态美、律动美以及运动过程所呈现出的美感。我们对舞蹈美的欣赏，源自内心深处的感受，这种感受留给我们更多的"空白"。欣赏者通过联想、想象、感知等心理机制的作用，进而能够深入理解舞蹈形象的引申义、比喻义和象征义。

袁禾在《中国舞蹈意象概论》中提出，舞蹈思维的每一个环节都是以想象为前提的，只不过在创作与欣赏的不同方面，各有自己的规律。创作是'意'在舞先，'意'先于'形'，'意'先于'象'。而舞蹈的审美欣赏却是'象'先于'意'，二者正好为逆向式。[4]舞蹈所蕴含的"象外之意，味外之旨"，是通过充分调动欣赏者的想象力，运用避实就虚、

1. 叶朗. 现代美学体系 [M]. 北京大学出版社，1999:112.
2. 平心. 舞蹈心理学 [M]. 高等教育出版社，2004:108.
3. 苏珊·朗格. 艺术问题 [M]. 滕守尧，译. 南京出版社，2006:7.
4. 平心. 舞蹈心理学 [M]. 高等教育出版社，2004:110.

情景交融的手法，让欣赏者感受到舞蹈作品那种"言有尽而意无穷"的感染力。例如，在舞蹈作品《小溪、江河、大海》中，舞蹈动作主要通过训练有素的圆场步来完成。在舞台整体氛围的烘托下，通过多种构图的变化，生成了小溪、江河、大海的审美意象，呈现出小溪汇聚成江河，江河最终汇入大海的壮丽景象，时而流转，时而汇聚。再如，在《雀之灵》中，杨丽萍用身体语言描绘出孔雀的多种形态，在视觉上带给我们美的享受的同时，也塑造了一个机敏、高洁、轻巧的孔雀形象，使我们仿佛置身于美丽的大自然中，深切地感受着自然界万物生灵的美。由于每个人想象和理解的差异，舞蹈带给我们的审美感受或许是"仁者见仁，智者见智"的。但它能留给我们更多的想象空间，不同的欣赏者会有不同的理解和阐释，这也正是舞蹈意象性的妙处所在。

由此可见，意象性是舞蹈审美的重要特征之一。舞蹈作品通过人体动态的设计，旨在生成虚实相生、妙不可言、情景交融的动态审美意象，从而达到舞蹈审美的至高境界。

◆四、综合性：舞蹈本体的外延◆

舞蹈的综合性，指的是舞蹈艺术在其发展过程中所形成的一种综合性美学特征。舞蹈以人体为主要表现媒介，在表现过程中融合了音乐、美术、戏剧、文学等多种艺术门类的表现手段，从而极大地丰富了舞蹈艺术的表现力，形成了以舞蹈为核心的综合艺术展演特征。

舞蹈艺术最初便以融诗、乐、舞为一体的"三位一体"形态呈现。各艺术门类之间的相互借鉴与渗透，为每一门艺术的发展都开辟了广阔的空间。电影艺术同样是一种综合艺术，但电影作为"第七艺术"，是在其他所有艺术门类发展成熟之后才得以综合展现其独特的艺术魅力。而舞蹈艺术的综合性，则体现在其表现手段上兼具了音乐的节奏性、文学的叙事性、雕塑的空间感，以及绘画的色彩与构图等元素，形成了独特的审美特色。因此，我们需要从音乐、美术、戏剧等艺术对舞蹈的渗透与影响中，深入考察舞蹈的综合性审美特征。

（一）舞蹈与音乐

舞蹈与音乐常被誉为"姊妹艺术"。"舞蹈是音乐的灵魂"这一论断，深深地影响了许多人对舞蹈与音乐关系的理解。

首先，音乐是以时间的因素来作用于舞蹈的。节奏、旋律、和声是音乐的主要艺术表现形式，其中，音乐的节奏对旋律的表现起着决定性作用。在舞蹈中，节奏则体现为动作的时间安排。因此，我们认为节奏是构成舞蹈本体的重要因素之一，舞蹈可以单纯依靠节奏来表现。例如，在我国不同地域的舞蹈中，常常使用打击乐的鼓点节奏作为舞蹈的伴奏音乐，如东北秧歌中的叫鼓节奏，以及安徽花鼓灯中锣鼓点子的运用等。

其次，音乐能够激发灵感、烘托氛围、表达情感。许多优秀的舞蹈作品的创作，都得益于音乐所赋予的灵感。例如，利用经典音乐《黄河》创编的形态各异、种类丰富的舞蹈作品，不仅为音乐增添了视觉的美感，而且使舞蹈动作充满了强烈的情感表现与丰富的思想内涵。在舞剧的创作中，舞剧音乐占据着至关重要的地位，它不仅承担着塑造人物、表达情感的任务，还是推进情节发展、衬托舞蹈表现的重要手段之一。此外，优秀的古典舞作品《扇舞丹青》选用了古筝曲《高山流水》作为舞蹈音乐，在舞蹈与音乐的交响融合中，

《天鹅湖》片段

编导巧妙地借助跌宕起伏的音乐意境，展现了中国古典舞蹈的神韵。因此，舞蹈音乐的选择与运用，也是决定舞蹈作品成功与否的重要因素，如浪漫主义作曲家柴可夫斯基笔下的《天鹅湖》《胡桃夹子》《睡美人》等作品的音乐创作，不仅是音乐领域的瑰宝，也成就了芭蕾舞蹈中的经典之作。音乐为舞蹈增添了艺术表现的魅力，而舞蹈借助音乐的衬托，情感表达得更加深刻、强烈，从而使舞蹈更具抒情魅力。

在此，值得注意的一点是，我们不应以音乐来衡量舞蹈，因为音乐并非舞蹈的主宰。舞蹈的表现并不一定要服从于音乐的表现。在当代舞蹈创作中，无音乐、解构音乐或二者平行表现等手法的运用，都是舞蹈作品中常见的创作手法。在现代舞蹈作品创作中，舞蹈并不要求与音乐的节奏完全吻合，音乐与舞蹈可以在两条平行的轨迹上各自运行，但这却为舞蹈表现增添了别样的意味。因此，无论是舞蹈与音乐的紧密配合，还是舞蹈表现中音乐的介入，都只是舞蹈创作中的表现手段之一。例如，现代舞作品《我们看见了河岸》中，编导借用了经典乐曲《黄河》，在舞蹈表现中就有意弱化了音乐的地位，使舞蹈获得了新的审美维度。

（二）舞蹈与美术

舞蹈与美术在视觉呈现上具有一定的共通性。美术是一个广泛的概念，泛指绘画、雕塑、书法等艺术门类。不论是雕塑、绘画还是书法，它们都在线条、姿态、造型和材质等表现手法中，创造出艺术美。这些艺术形式在提炼生活、描绘生活方面，既具有高度的概括性，又兼具视觉的观赏性。舞蹈与美术在本质上的不同在于美术是静态艺术，而舞蹈是动态艺术。舞蹈将静态的元素转化为动态的表现，用流动的人体来展现姿态美，将固定的造型变成流动的艺术形式，在流动中展现美的魅力。

首先，雕塑和绘画为舞蹈创作提供了丰富的灵感来源和表现素材。与舞蹈关系最为紧密的是雕塑和绘画，舞蹈常被誉为"流动的雕塑""活动的绘画"，在姿态的转换中，舞蹈家仿佛用身体进行绘画，动作与动作之间展现出线条之美。优秀的中国古典舞作品《扇舞丹青》便是将绘画与舞蹈艺术完美融合的例子，舞者手中的扇子宛如画笔，在身体韵律的展现中，既像在描绘一幅水墨山水画，又用整个身体营造出绘画与舞蹈相结合的虚实相生的审美意境。舞蹈不仅具备动态之美，也兼具雕塑的造型性和静止之美。有一个舞蹈作品就将雕塑艺术的审美灵感与舞蹈表现相结合，这便是男子双人舞《士兵兄弟》。两个舞者站在一个高台子上，将一只脚固定于台子上，便以此为基础完成了整个舞蹈。他们的服装造型也犹如一尊雕塑，舞者仅凭重心的移动和变化就演绎了整个舞蹈作品，向观众展示了姿态与造型的力量感。其不断流动、变化姿态的生动形象，很好地诠释了作品的主题。由此可见，若能将雕塑、绘画艺术的审美特点融入舞蹈表现之中，充分发挥雕塑和绘画艺术的姿态造型性、线条流动性等审美特点，定会为舞蹈增添更多的艺术表现力，创作出既生动深刻又引人入胜的舞蹈作品。

其次，舞蹈与美术的融合，增强了舞蹈艺术的表现力和作品的感染力。这种融合主要体现在舞台美术和舞蹈服装上。第一，舞蹈灯光和舞蹈布景是舞蹈作品不可或缺的重要元素。在舞蹈表演中，舞台美术的运用能够服务于作品的内容，舞台灯光的变化能够烘托整体氛围，营造出独特的舞台效果，进而提升审美意境。舞蹈布景则是展现舞蹈作品内容的关键一环，它既能交代时间、背景及环境，又能外化并渲染情感。第二，舞蹈服装与舞蹈道具与舞蹈作品的表现紧密相连。舞蹈服装与演员的结合最为紧密，它既能凸显、塑造舞蹈演员的形体美，又是塑造人物形象、表现作品内容的重要手段。舞蹈服装设计既要美观，又要符合舞蹈演员表演的需求，过分装饰或夸张的服装并不适用于舞蹈表演。舞蹈服装设计的原则既要为舞蹈作品的表演增色添彩，又要与舞蹈肢体动作一起构成完美的视觉体验。舞蹈道具同样是扩大身体表现力的重要元素，在舞蹈中，手绢、扇子、水袖、剑、绸子等都是常用的道具。舞蹈道具是身体的延伸，能够增强肢体的表现力，根据多种表现需要，成为交代剧情、塑造人物、抒发情感的重要组成部分。舞蹈道具具有很强的寓意性，可以"一物多用"，比如东北秧歌中的手绢，既可以用来寄托情思、拂面拭泪，又可以缠花绕头，表达丰富的情感。

总之，舞蹈与美术的融合，在综合性的艺术表现中，极大地丰富了舞蹈语汇，显著增强了舞蹈的表现力。

（三）舞蹈与戏剧

舞蹈与戏剧同为舞台表演艺术。舞蹈艺术主要通过人的形体动作来塑造人物形象，推动故事情节的发展；而戏剧艺术则主要借助人的行动和语言来完成角色的塑造，演绎故事情节。在艺术发展的萌芽阶段，各种艺术样式往往是综合在一起的，如在"诗、乐、舞"三位一体的状态下发展，随后才逐渐分化，形成了舞蹈、音乐、戏剧、文学等独立的艺术门类。舞剧是戏剧门类中的一种特殊形式，它主要以舞蹈为主要表现手段，综合音乐、文学、戏剧等元素，来反映社会生活，并激发人们的审美情感。

在东方艺术的发展长河中，舞蹈与戏剧始终展现出一种综合性的表现样式。首先，中国的原始舞蹈便是诗、乐、舞的融合体，中国古代的乐舞文化同样是一种融合了诗歌、唱词与舞蹈的综合展演形式，而戏曲艺术更是通过歌舞来演绎故事。此外，在西方艺术的发展历史中，无论是最初的原始歌舞，还是典雅的芭蕾，抑或是最能代表当代西方审美取向的音乐剧，都将戏剧因素与舞蹈表现巧妙地融合在一起。然而，舞蹈与戏剧的关系在舞剧艺术中体现得最为突出。作为综合艺术样式的舞剧，戏剧是其中不可或缺的因素，它贯穿于舞蹈的表现之中。舞剧艺术在表现时要充分利用舞蹈、戏剧、文学和音乐等多种表现手段，通过多样的舞蹈形式展现戏剧冲突，推进情节发展，描绘故事情节，塑造鲜明的人物形象。在舞剧艺术的表现中，通常需要借鉴戏剧结构的表现手法来完成故事的叙述和人物形象的塑造。

其次，舞蹈与戏剧的关系也体现在抒情性和描绘性的舞蹈作品中。非舞剧的舞蹈作品创作同样包含着编导的戏剧构思。在短短几分钟的时间内完成一个完整的舞蹈叙述，需要对所表现的事物进行高度的概括，就像戏剧表演中的"三一律"一样，舞蹈情节的推进需要更加紧凑和精练。即使在以音乐性或无主题为主的舞蹈作品中，舞蹈编导也需要通过戏剧性的构思，以及舞蹈动作和编排的处理，给欣赏者以心理暗示，引导其进行哲理性的思考。

另外，文学是戏剧艺术表现的基础，同样，舞蹈创作也在对文学名著的改编尝试中，探索出了一条舞剧创作的道路，使舞剧艺术在题材表现、形式、风格、手法等方面，拥有了更为丰富的内涵和独具特色的演绎。

总之，我们可以接受"舞蹈具有文学性"或"舞蹈具有戏剧性表现"的观点，但不能将戏剧置于超出舞蹈艺术本体的地位。舞蹈与戏剧的关系不仅体现在舞蹈作品和舞剧的创作中，而且戏剧表演体系也为舞蹈艺术的表现提供了诸多借鉴。如今，舞剧艺术作为戏剧艺术的一种特殊表现形式，是在更高水平、更高层次上综合了更多艺术元素的再度融合。

　　综上所述，舞蹈艺术在与音乐、美术、戏剧等艺术门类的融合与相互影响中，既保持相互独立，又相互渗透。这些艺术门类都是舞蹈表现的一种手段，它们融入舞蹈的表现之中，使舞蹈艺术在"广收博取"中不断发展，创造出人类艺术审美的瑰宝。

第二节　舞蹈美育的价值

　　舞蹈美育作为大学生美育的重要组成部分，通过舞蹈艺术来实施美感与审美的熏陶教育。感受舞蹈之美，对于培养人们的艺术审美力、艺术表达力和艺术创造力具有重要作用。舞蹈美的熏陶并非单纯舞蹈技艺的传授，而是一种引导人们在舞蹈中感受律动，并体会情感与生命之美的活动。舞蹈是建立在身体实践基础上的科学，同时承载着具有象征意义且自成体系的情感符号。舞蹈之美既可见于个体情感的抒发，也可见于民族、时代、群体共通的审美追求之中。舞蹈既是一种孕育着生命情感的艺术，也是蕴含着深厚人文精神的艺术。它不仅能为人们提供视觉美感与娱乐消遣，还能带领人们感受丰富的情感，用身体的实践记录着人类的历史与文化。例如，舞蹈鉴赏是对舞蹈艺术感性认识的一种深化，它需要严格的知觉和心理

舞蹈艺术

活动参与，正确的鉴赏能力是一个人综合文化艺术修养的体现。我们需要以积极的心态，通过对舞蹈美的认知，来提高自身的审美情趣。当人们能够用"艺术的眼光，舞蹈的视角"来丰富我们的情感体验时，人们便能体会到舞蹈之美带给我们的"超越本能"的体验和感受。

◆一、审美情感的体验◆

　　在人类社会的早期，人们关于美的探讨有"羊大为美"的说法。人们在捕获丰收后，会用羊头来装饰自己并跳舞庆祝。此时，戴着羊头跳舞的人可以被视为最初人体生命力对象化的一种彰显。在人类社会的发展历程中，无论是在狩猎经济时代，还是在农耕经济时代，人体都是人类审美的最初见证，也是人类审美意识萌发的起点。人们最初并非先发现动物和植物的美，而是先在自己的身体中发现了美。随后，人类开始使用各种装饰物来装扮自己，审美意识也逐渐在这一过程中形成。因此，我们认为，舞蹈艺术不仅是人类最初审美意识萌发的体现，也是人类审美意识开始形成的标志之一。

舞蹈是最早成为人类情感符号的形式之一，能够表现语言所无法展现的内在生命的极致状态。美国著名的舞蹈评论家约翰·马丁认为，"人体动作的确是生命的本质所在"。这一观点不仅让我们将舞蹈与人的生命紧密相连。我们知道，生命在于运动，运动是生命的象征，能够延续生命。因此，舞蹈在诞生之初就与人的生命紧密相关。舞蹈不仅是人的生命的一种运动形式，其形式本身也是人类生命力旺盛的重要表征。在人类文明的蒙昧时期，原始人就将舞蹈活动与生灵万物的生命联系在一起。他们在庄稼地里舞蹈，深信舞蹈的力量可以促进庄稼生长，使庄稼在舞蹈的作用下更加繁茂。在舞蹈中，身体既是运动的载体，又是运动的表现工具。舞蹈艺术在创造性的表现中，激发了人类生命的激情，让我们见证了人类最初的生命情调。

闻一多曾说："舞是生命情调最直接、最实质、最强烈、最尖锐、最单纯而又最充足的表现。"舞蹈，作为情感的抒发，与我们紧密相连。对于熟悉并喜爱舞蹈的人来说，无论是舞蹈创作、舞蹈表现，还是舞蹈欣赏，都蕴含着丰富的情感因素。汉代《毛诗序》中有这样的描述："情动于中而形于言，言之不足故嗟叹之，嗟叹之不足故咏歌之，咏歌之不足，不知手之舞之，足之蹈之也。"这段论述巧妙地揭示了语言艺术、诗歌艺术、歌唱艺术、舞蹈艺术在情感表现上的递进关系。艺术的表现先源于情感，再以不同的艺术形式来展现，情感在抒发和表达上呈现出层层递进的态势。"情感之于艺术"是艺术的共性特征。然而，舞蹈作为一种艺术表现形式，却尤为擅长表现与抒发情感，舞蹈情感的表达堪称情感的最高境界，因此人们常认为舞蹈是"长于抒情，拙于叙事"的艺术。值得注意的是，在舞蹈艺术中，情感的表现不仅局限于喜、怒、哀、乐的感性层面，还可以上升到代表人类思想、观念的理性层面。正如美国现代舞大师玛莎·葛兰姆所言："舞蹈应当是把人类各种信念用身体的形象客观地显示出来。"换句话说，舞蹈的表达不仅可以触动我们的情感，还可以是人类思想、观念的一种外化。因此，对于初步了解舞蹈艺术的人来说，舞蹈的美需要用情、用心、用思想去细细品味。

◆ 二、身心和谐的自由 ◆

如果问舞蹈美在哪里，我们的最佳答案应该是——舞蹈美在于人的身体。人体自身及其动态正是舞蹈美的栖息之地。舞蹈美集中体现在身体与心灵统一的肢体语言中，以及心灵外化于身体的一种最为高级的表现。吕艺生在《舞蹈美学》一书中，阐述了舞蹈美学中动态与心灵融合的观点。舞蹈是在思想情感的支配下，有节律、有章法、有目的的运动。不同民族、不同种类、不同历史时期的舞蹈，都用独特的身体语言承载着对美的认知与追求。袁禾在《中国舞蹈美学》中谈到，汉唐舞蹈的审美理想可见于傅毅的《舞赋》，"修仪操以显志"是其主要命题。中国古代传统舞蹈注重仪表和修养的和谐统一，舞蹈不仅要有外部的手舞足蹈，还要通过"修仪操"来"显志"。我们可以理解为，舞者通过良好的身体训练来表达其意志和情感。这里的"仪"指的是仪容、举止行为，"操"指的是德操、心性和素质，"仪操"则是指舞者心灵所具有的内在底蕴。在当代优秀的汉唐舞蹈创作中，我们既可以见到如罗伊般风姿绰约、体态轻盈的舞姿动态，也可以感受到汉代舞蹈所蕴含的含蓄包容、洒脱宏大的气韵风度。

舞蹈美育的实施可以通过舞蹈训练、舞蹈鉴赏、舞蹈创作来实现。舞蹈训练能够科学地规范人们的身体，帮助人们在塑造体态、强身健体的过程中提升精神风貌与气质，这是舞蹈最为基本的修身养性的功能。然而，对于一个舞者而言，除了身体素质的要求，舞蹈感觉才是最为关键的一环。一个舞者的舞蹈感觉决定着能否引发观众共鸣，也决定着舞者在舞蹈中能否光彩照人。对于非专业的舞蹈爱好者来说，在舞蹈中我们既要追求姿态动作的美观，也要培养欣赏自己、表现自我的舞蹈感觉，将内心的"美"外化于动作之中，这样舞蹈者才能感受到心情的愉悦、心灵的放松与精神的满足。舞蹈心理学认为，"舞蹈感觉是舞者对镜像自我和自我意象的感觉，这正是舞蹈感觉的最高形式与本质。"[1]在舞蹈中建立起良好的自我意象和自我感觉，才能产生良好的舞蹈感觉。舞蹈感觉是情感、想象和自我意识表现的前提。舞者在不同的舞蹈中体会着不同的美感，通过节奏、韵律与情感的丰富体验，不仅身体在舞动，心灵也在跳跃，带给自己和观众无尽的审美愉悦。此外，舞蹈欣赏者可以通过联想与想象来感受舞蹈之美，并与作品产生情感的共鸣。一个优秀的舞蹈作品，能够同时将舞者与欣赏者带入到统一的审美意象之中，使二者在自知、自觉与自信中，都能通过舞蹈之美陶冶情操、净化心灵，达到身心合一的自由境界。

目前，诸多大学会开设《舞动疗愈》课程，通过艺术性的表达重塑人们对身心的感知，是借助于动作、运动、舞动进行心理疏导，强健身心的一种手段，引导人们在动作中能更加敏锐地自我觉察，实现自我认知，用动作与身心建立紧密连接，进而实现身心的自我调节。学生们在舞动中，既可以缓解身体的疲劳与压力，也可以通过肢体律动释放心灵，激发热情与能量，以更加健康的身心来面对生活的挑战。舞动疗愈对促进大学生的身心健康具有积极的影响和作用。

◆三、综合文化素养的熏陶◆

舞蹈艺术是一种非语言艺术，它承载着民族、时代、地域的历史文化、精神信仰、社会习俗等诸多方面的身体符号记忆。中国是一个多民族的国家，各地特色各异的舞蹈展现了不同的风土人情，正所谓"百里不同风，千里不同俗"，中国各地区的民间舞蹈都蕴含着丰厚的文化底蕴。民间舞是产生于民间并广泛流传的舞蹈形式，它风格鲜明，反映了各地区、各民族特有的劳动方式、风俗习惯、交际方式和爱情生活。不同地区和民族的舞蹈，受生活方式、历史传统、宗教信仰、风俗习惯乃至地理环境和气候等自然条件的影响，呈现出迥异的风格特点。在各民族、各地区的婚丧嫁娶、种植收获和宗教仪式等活动中，都会进行各式各样的舞蹈表演，这些舞蹈活动体现了本地区的风俗习惯、社会风貌、文化传统和民族性格等特征。五彩斑斓的舞蹈形式，不仅丰富了百姓的生活，还通过身体动作记录和传承了历史与文化。

舞蹈作为艺术的一种形式，既是文化的印证与象征，也是文化的折射与反映。舞蹈历史学家、人类学家及各类学者几乎异口同声地认为舞蹈是一切艺术之母，甚至一切语言之母。追溯至远古时期的岩石壁画，可以发现最初的舞蹈印记，这些舞蹈历经代代相传，至今已形成了风格各异的中国古典舞、汉族民间舞，以及众多少数民族舞等。不同时期、不同民族、不同地域乃至不同国家的舞蹈，都从不同角度折射出舞蹈悠久而丰富的历史。

一部优秀的舞蹈作品必定具有深刻的艺术意蕴。舞蹈不仅具有鲜明的主题和思想，还蕴含着丰富的文化内涵，反映出人类共通的情感追求与生命志趣。我们对舞蹈的学习和理解，也应基于更为广泛的知识体系之上。分析一个舞蹈作品时，可以从大家熟悉的文学、

---

1. 平心. 舞蹈心理学 [M]. 高等教育出版社，2004:50.

心理学、社会学、历史学、民俗学等相关学科的角度进行考察。在大多数的舞蹈作品中，无论是塑造人物形象，还是抒发情感，都通过舞蹈的表达来弘扬真、善、美。我们在欣赏舞蹈之美的同时，可以充分感受到舞蹈所蕴含的人文精神、美学趣味与哲学意蕴。从舞蹈中获得的审美感受，不仅包含了艺术创作、艺术欣赏、艺术表达的经验，还充满了人生经验和理性的光辉。

如今，舞蹈正以各种媒介的传播形式融入我们的现实生活。舞蹈是一种雅俗共赏的艺术形式，对于人的全面发展，尤其是对现代大学生构建多元化的知识体系显示出其独特的作用。舞蹈学习不能"以偏概全"，我们通过对舞蹈的学习来"以点带面"，舞蹈深厚的底蕴能够增强我们对文化的思考能力。在感受舞蹈艺术带来的无限魅力的同时，我们油然而生的是对文化艺术认知的一种自豪感。正所谓"醉翁之意不在酒"，舞蹈是艺术教育的一种手段，舞蹈美育的重要作用在于"完善人格，使一个人成为真正健全的人"。无论是舞者还是学习舞蹈的人，舞蹈艺术所蕴含的内在精神都是其最为有益的部分，而这些都是通过潜移默化的熏陶与感染来实现的。所谓"无用之用，方为大用"，舞蹈对于人的全面素养的熏陶与培养是不可或缺的。

第三节 北京非遗舞蹈概述

在社会历史发展的进程中，人们用勤劳和智慧创造了丰富的非物质文化遗产。自人类文明诞生以来，人们就利用各类艺术符号、材料和工具记录着人类文明的发展轨迹。舞蹈，作为一种独特的"人体文化"，承载着人类的记忆。祖国各地的非遗传统舞蹈，凝聚着人们千百年来的创造力，记录了人与人、人与自然、人与社会和人与超自然力量之间纷繁复杂的关系，同时体现了人们对美好生活的向往和追求。舞蹈作为反映民俗生活、审美情趣、地域文化、风俗习惯、宗教信仰等的一种艺术形式，是我国劳动人民智慧、思想和情感的象征。传承和保护非遗传统舞蹈，是弘扬中华优秀传统文化、传承中华历史文明的重要途径。非物质文化遗产中"传统舞蹈"的保护工作，让我们有机会再次穿越历史，珍视那些依靠"人体文化"传承而积淀下来的传统民俗舞蹈，走进这个深邃而广阔的文化世界。我们以北京非遗舞蹈文化为例，来探讨北京非遗传统舞蹈在历史长河中的价值与意义。

◆ 一、北京非遗传统舞蹈的历史 ◆

北京是中国的首都，也是一座拥有独特历史韵味的千年古都。无论是土生土长的北京人，还是曾短暂居住于此的外地人，或在北京求学深造的莘莘学子，抑或是来此游览的游客，都会由衷地感叹北京丰富而厚重的历史。北京古老悠远的历史可以追溯到周口店的"北京人"时期，这一时期"北京猿人"的存在使北京成为古人类的发祥地之一。在春秋战国时期，北京曾是燕国的都城。秦汉至五代时期，北京逐渐成为北方重镇，长城内外的中华儿女在这里谱写了金戈铁马、民族交融、社会发展的历史篇章。从公元 10 世纪起，北京先后作为辽的陪都、金的中都、元朝的大都,直至公元1421年明朝迁都北京,在此后的六七百年间,北京一直是中国最大的政治与文化中心。

在中国舞蹈发展的历史长河中,元明清时期标志着我国舞蹈进入了一个新的历史阶段,也是北京民俗舞蹈从兴起到繁荣的关键时期。作为千年古都,北京见证了各具特色的传统舞蹈从那时起开始走向发展与繁荣的历程。丰富的民俗歌舞在南北间流传,并最终汇聚于北京这座文化名城。在明清时期,戏曲舞蹈蓬勃兴起的同时,中原地区的宫廷乐舞逐渐走向衰落,而汉族地区的民间舞蹈则在民间逐渐活跃起来,许多民间舞蹈在百姓和民间社会中广为流传并不断发展。

北京自古以来就是一个多民族聚居的地区。自金以来,女真、蒙古、回鹘等少数民族相继迁入北京,使北京汇聚了南北各地的宗教信仰与民俗活动。各民族、各地区的舞蹈在相互渗透和吸收中,不仅保留了南北地区的特色风韵,还共同孕育了北京地区特有的北方性格和尚武精神。各类民间舞蹈在现实社会中广泛流传,成为北京文化的重要组成部分。例如,非遗传统舞蹈"白纸坊太狮"就是明朝燕王朱棣从安徽带来的,它在北方地区发展至今,已成为"北狮"的杰出代表。北京地区的非遗传统舞蹈由汉、回、满、蒙古等各族人民共同创造和组织,如朝阳区的"地秧歌"、海淀区的"五虎少林会",以及牛街的"五虎棍会"等,这些都是各族人民在长期生活中汇聚交融、兼容并蓄和共同智慧与审美的结晶,为北京非遗传统舞蹈注入了多元化的风格特点。

民俗舞蹈历来是反映人们精神世界、生活追求与理想的重要载体。明清时期民俗歌舞的繁荣发展,彰显了舞蹈强大的生命力,并展现了中国传统民俗文化与事象的丰富多彩。如今,这些珍贵的非物质文化遗产舞蹈已成为我们宝贵的文化财富。

明清时期,传统的节令活动尤为丰富多彩,北京的传统舞蹈与节令习俗紧密相连,这些特色都在北京的非遗舞蹈中得到了充分体现。昔日的北京城,可谓是"四时有会,每会有会",各种内容和形式的"会"汇聚成了民间舞蹈的盛大聚会,同时展现了旧时北京城民间艺术汇聚一堂的兴盛景象。"会"这个词,在北京口语中,包含着以下涵义:"它可以是指进行物资交集的集市,如'庙会';也可以指某一节令,如上元的'灯会',中元的'盂兰盆会';也指节令中表演活动的整体,如'花会''香会',加以某个动词,就组成'走会''过会''赶会''赛会'等等;而专门表演某种技艺的组织形式也可以叫会,如'太狮会''中幡会''高跷会';不表演而参加走会担任某项职事的,也可以叫做'接香会''护驾会'……为显示本会历史悠久的正统,也可以加一'老'字,叫做'某某老会';而曾经进宫演出或受最高统治者'御赏'过的,往往就自我标榜为'皇会'。[1]北京的"花会"和"香会"活动中,几乎涵盖了旧日北京地区所有的民间表演艺术。这些活动分为"文会"和"武会"两大类,"一切扛箱、挎鼓、幡、狮、叉、棍、花砖、秧歌、耍打舞者为'武顽艺'。昆、弋、秦、徽之坐打,大弦、大鼓之弹唱者为'文顽艺'。"[2]在北京昔日的香会中,以"三山五顶"[3]的"朝顶进香"活动最为盛行,享誉京城的"花会十三档"中的开路、中幡、五虎棍、高跷秧歌、花钹大鼓、舞狮等表演团队都聚集于此,竞相献艺。

1. 孙景琛,刘恩伯. 北京传统节令风俗和歌舞 [M]. 北京:文化艺术出版社,1986:22.

2. 孙景琛,刘恩伯. 北京传统节令风俗和歌舞 [M]. 北京:文化艺术出版社,1986:24.

3. 三山:今门头沟区之妙峰山、平谷境内之丫髻山、京西磨石口之天台山;五顶:东直门外之东顶,蓝靛厂之西顶,永定门之南顶,安定门外之北顶,右安门外之中顶。

在北京的走会表演中,高跷会、狮子会、龙灯会、中幡会等形成了武艺高超、风格鲜明的传统舞蹈技艺,它们也成为了北京非遗传统舞蹈的重要组成部分。其中,"白纸坊永寿长春太狮老会"和"大栅栏五斗斋高跷秧歌会"都是当年受到慈禧太后御赏的"皇会",是北京非遗传统舞蹈的杰出代表。

在北京民俗舞蹈的历史发展中,色彩缤纷的狮舞、高跷、旱船、竹马、灯舞、龙舞等形式在北京各地区广泛流传,这些舞蹈形式集中反映了古代民族融合与南北交流的繁荣景象。民俗舞蹈的发展与节令习俗息息相关,在春节、元宵节、端午节、中秋节等传统节日中,各种民间舞蹈在街头闹市的庙会上游走,为节日增添了欢乐的气氛。在民间祭祀上香的活动中,各种民间会档走"香会",参与各类民间祭祀活动,以舞蹈祭拜龙王、财神、药王、蔡伦等神灵,其中龙舞、地秧歌、狮子舞等都是民间祭祀活动中不可或缺的舞蹈。北京多彩多姿的民间舞蹈各具特色,为当时人们的生活增添了情趣,它们是人们生活的赞歌,反映了人们的理想、信仰和精神面貌。

◆二、北京非遗舞蹈的类型与特色◆

北京非物质文化遗产代表性项目名录中的"传统舞蹈"共计26项,其中包括第一批的11项,第二批的8项,以及第三批的7项。在国家级非物质文化遗产代表性项目名录中,归属于北京市的"传统舞蹈"项目累计达到9项。这些传统舞蹈大致可以分为秧歌类、鼓钹类、武术杂技类和有故事情节类四个类型,每个类型都展现出其独特的风格特色,并在舞蹈中巧妙地运用了各类道具,同时体现了高超的舞蹈技艺。

(一)秧歌类型的传统舞蹈

秧歌类型的舞蹈包括小红门地秧歌、密云蝴蝶会、海淀扑蝴蝶、米粮屯高跷秧歌、大栅栏五斗斋高跷秧歌以及高碑店高跷秧歌等。秧歌舞蹈的韵律主要体现在走秧歌步、腰部扭动和膝部微颤等动作中,通过扭、摆、摇、颤等姿态,展现出稳、艮、浪、俏的风格特点。广义上,秧歌包含秧歌戏和秧歌会两种截然不同的表演形式。北方地区的秧歌戏最早在海淀温泉一带出现,作为舞台表演艺术的一种,北京地区的高跷秧歌会众多,且拥有悠久的历史和严格的会规组织,这些会规在清朝以后逐步发展并定型,当时主要是为了"朝顶进香"即庙会活动而设立的。

现如今,北京市的非遗传统舞蹈中的高跷秧歌会以"大栅栏五斗斋高跷秧歌"和"西北旺高跷秧歌"为代表。这两支高跷会均发源于北京城,以"文跷"著称,在民间拥有200多年的辉煌历史,都曾受到过皇家的赞赏。"大栅栏五斗斋高跷秧歌"在慈禧太后掌权时名声大噪,"西北旺高跷秧歌"也曾被封为"皇会"。这两个极具代表性的高跷秧歌不仅具有秧歌的普遍特征,在表演上还以演唱秧歌唱词唱段为主要内容,各角色的唱、念、做、打无所不包,如同一幕幕民间小戏。表演题材广泛,情节涉及世俗生活、忠贞豪杰、帝王将相、才子佳人等传说故事和历史典故、民间风物等内容。大栅栏五斗斋高跷秧歌极具京味儿特色,表演特色首先以唱为主,唱腔丰富,运用京腔大韵,声音高亢婉转,锣鼓点独特且形式多样。唱词内容多是劝人学好行善或讲述神话传说,即兴作词,借景生情,具有浓郁的生活气息。大栅栏五斗斋高跷秧歌最早有十个角色,包括大头行、小头行、武扇、文扇、樵夫、二锣、丑鼓、俊鼓、渔翁等,这些角色以小说或传奇中的人物为扮相,人物装扮多取自《水浒传》中的各色人物，如大头行扮演武松，小头行扮演燕青，武扇扮演施恩等。演出时突出请逗十相，由武扇轮番请十个角色出场表演，各具特色，有唱有演，诙谐幽默。秧歌通常通过走场、布阵、小场等形式展开表演，五斗斋高跷秧歌除了踩跷表演外，还有地阵表演，其中"地蹦子""朝天蹬接摔叉""三角顶"是一大特色。在大头行的指挥下，演员们进行各种队形和表演变化，以及锣和鼓点的变换。高跷秧歌在三尺多高的高跷上展示出高超的舞蹈技艺，动作套路丰富多样，队形变化灵活多变，内容和形式上都具有很高的观赏性。

（二）钹鼓类型的传统舞蹈

钹鼓类型的舞蹈包括昌平后牛坊村花钹大鼓、门头沟龙泉务童子大鼓、京西太平鼓、石景山太平鼓、怪村太平鼓、苏家坨太平鼓，以及西铁营花钹挎鼓等。这类舞蹈的特点是舞者手持太平鼓、钹，或者身挎大鼓，边击边舞。他们根据鼓点的强弱变化，展现出各种动作姿态，舞蹈套路丰富多样。在队形变化中，营造出很强的声势和氛围。

我们以京西太平鼓为例，来体会此类传统舞蹈的神姿风韵与艺术特色。太平鼓寓意"太平"，人们击鼓欢庆，为各种节日和喜庆活动增添吉祥氛围，通过鼓之舞之来祈福天下太平安康。太平鼓是一种有柄的单面鼓，形状多样，包括圆形、桃形和蒲扇形，鼓圈由铁条砸制而成，鼓柄下盘成葫芦形，鼓鞭则用藤条制成。在舞蹈中，太平鼓既是舞蹈道具，又是伴奏乐器，其声音清脆悦耳，节奏和谐。太平鼓的舞蹈性极强，节奏欢快，动律流畅，动作幅度较大。

京西太平鼓

舞蹈形制通常为成双成对、击鼓对舞。太平鼓的审美标准是"要看鼓缠人，不要人缠鼓"，即要鼓的幅度要大，舞者需在鼓的引领下舞动身体。女性舞者的动律特点在于突出头、腰、胯的三道弯，动作转换和延伸中强调曲线美，舞蹈动作需展现出"俏"的特点。男性舞者动作刚劲有力，脚下动律突出跺劲和刨劲，上身动律则突出拧和晃，同时胯部左右扭动，双肩颤动，增加了动作的韵律美感。太平鼓的表演群体广泛，男女老少皆可参与，不同性别与年龄的人跳舞时展现出迥异且鲜明的风格。北京地区太平鼓风格流派多样，一村一地、一家一户都有其独特的传承方式，主要依靠口传身授或模仿，鼓舞配合默契，击鼓打法多变，能够表现不同的情绪。其中，门头沟地区的太平鼓舞蹈性最为突出，在舞蹈中"追鼓"取乐，动作由慢到快，变化多样且角色互换频繁。太平鼓舞在表演中竞技性、趣味性、观赏性极强，是最具"可舞性"的非遗传统舞蹈之一。

（三）武术类型的传统舞蹈

武术杂技类的传统舞蹈包括白纸坊太狮、扛箱会、太子武吵子、会议庄五虎少林会、西北旺少林五虎棍、北窑村狮子会、六郎庄五虎棍和杨镇龙灯会。这类传统舞蹈技艺高超，动作巧妙融合了武术、杂耍等元素。舞者在舞蹈中灵活运用道具，如五虎棍、大镲、箱子、狮头与狮皮等，这些道具不仅是舞蹈的重要组成部分，还在舞蹈形态中展现出勇猛、威风的气势。动作力度大，刚健有力且爆发力强，充分展现出此类舞蹈独具的英武之气与阳刚之美。

以国家级非遗代表性项目"白纸坊太狮"为例,这类舞蹈不仅具有庄重壮观的皇家风范,而且技艺高超,兼具英武之气与阳刚之美,因此具有很高的观赏性和表演性。北京地区太狮的历史可以追溯到 1508 年,距今有 500 多年的历史。而京城宣武白纸坊地区的"太狮老会"则成立于清乾隆五年（1740 年）,至今已有 200 多年的历史。"据白纸坊舞狮艺人刘德海

白纸坊太狮代表性传承人 杨敬伟

介绍:传说明朝燕王朱棣从南京来到他的封地时,从安徽芜湖带来了狮子舞。后来他做了皇帝,从南京迁都北京,民间遂有"皇会随龙进京"之说。" 由于他很喜欢歌舞,每逢佳节或宴会时,便有狮舞等歌舞表演助兴,从此狮舞便逐渐流传于北京城乡或民间。[1]

狮舞是一种舞蹈形式,以人举狮头、披狮皮来扮演狮子进行表演。舞狮道具是构成狮子形象的重要表现手段。狮子舞主要分为太狮和少狮两种,其中,由单人扮演的小狮子被称为"少狮",而由一人演狮头、一人演狮尾共同扮演的大狮子则被称为"太狮"。1894年（光绪二十年）,慈禧太后六十岁寿辰时,白纸坊太狮因表演出色,荣获慈禧太后御赐的"万寿无疆永寿长春太狮圣会"之名,并因此得名"广安门里白纸坊永寿长春太狮胜会"。白纸坊太狮作为宫廷御赏的"皇会",在昔日的"走会"活动中占据重要地位。它是北京传统舞蹈中深受民众喜爱的民俗舞蹈。旧时的白纸坊是北京各地区中花会最多的地区之一,有"三文三武三黑"之说,当时流传着一句民谣:"白纸坊,两头翘,狮子、挎鼓、莲花落。"在 20 世纪 20 年代,白纸坊地区有二三百人练习狮子舞,具有广泛的群众基础。当地居民不仅喜爱观赏狮子舞,还以能参加狮子会为荣。该地区花会表演、祭祀供奉活动的开展,为白纸坊太狮提供了展示和表演的舞台,使其逐渐享誉京城,并发挥了民俗庆典、祭祖祈福的民俗功能。作为大型国事庆典的民间舞蹈,白纸坊太狮在北京印钞厂的舞狮队伍中得到了传承和发展,大放异彩,取得了卓越的成绩。印钞厂舞狮队曾承担国家性的重要演出任务,如国庆演出、亚运会开幕式等。此外,舞狮队还积极参加全国性的民间舞蹈赛事,如全国民间文艺展演、全国花会大赛等,同样取得了优异的成绩。

白纸坊太狮不断创新发展,展现出精湛的舞蹈技艺,成为北京地区"北狮"舞蹈的杰出代表。其表演技艺高超,兼具武术与舞蹈的特点,整体形象刚劲有力,洒脱奔放,节奏感强烈。狮头与狮尾在熟练且默契的配合下,依次完成"三张儿、六卧、八个穿心"等基本动作。其中,"三张儿"即三种"滚相",包括"里张儿""外张儿""甩头张儿";"六卧"指六种"卧相",如"摇头卧""甩头卧""懒卧""磨盘卧"等;"八个穿心"则是在表演中按八卦方位行走穿插。

在《白纸坊太狮》一书中,前辈们将其表演特点概括为:一是张弛有序的套路组合;二是狮、乐、球的有机统一;三是广场表演舞台化,注重细节,舞台表演情节化,神形俱佳。白纸坊太狮的艺术特色主要体现在以下三个方面:一是"形神兼备,注重表现狮的细腻神情"。狮舞表演不仅追求形似,更将狮子拟人化,通过喜怒哀乐、七情六欲的表现,达到人狮合一的更高境界;二是"在无形中有形,有形中无形"。狮舞表演遵循中国传统

---

1. 中国民族民间舞蹈集成编辑部. 中国民间舞蹈集成:舞蹈卷 [G]. 中国 ISBN 中心.1992:282.

的写意手法，太狮的魅力在于似与不似之间，虽非真狮，但艺术化的动作表情却惟妙惟肖，让观众倍感亲切；三是"技为本，艺为魂，以技达艺"。以人演狮，基本步伐和套路是基础，而高难度的技巧则体现在两舞者需在低条案、方桌、高条案上完成旋转、跳跃、攀爬、擎举、滚地等动作，如"高条三"。两舞者紧密配合，在蹿跳窜跃、摇头摆尾中，展现出玩、扑、吼、跳等动作，同时在引狮人所执"绣球"的引领下，依次表现出欢、美、凶、猛、怕、惊等表情。

这种技术的学习与展示绝非一日之功，需要长年累月的潜心琢磨、领会与无数次的演练，再加上个人的力量、弹跳、柔韧、爆发力和悟性等综合能力的训练积累，才有可能达到表演的自然境界。然而，白纸坊太狮之所以能够流传并受到人们的喜爱与欣赏，并不仅仅在于其技术的惊险与高超，更在于其所有技术都以艺术表现为核心，以传神为灵魂，以打动人为追求的目标。白纸坊太狮以其高难度的专业水准和艺术高度，确立了民俗传统舞蹈的重要艺术地位。

（四）有故事情节的传统舞蹈

有故事情节的传统舞蹈包括延庆旱船、沙峪村竹马、永宁南关竹马等。这些舞蹈大多根据历史题材或民间故事编演，演员们在其中扮演历史人物。通过对人物角色的刻画和故事情节的描绘，它们向观众传递着美丑善恶的观念。北京人喜欢看戏，对于兼具舞蹈性与故事性的舞蹈形式津津乐道，这类舞蹈因此成为旧时北京"走会"中深受欢迎的主要表演形式之一。

北京地区广泛流传着形式各异的"竹马"。竹马通常是用竹篾和彩布制成，马鞍部位留有空挡，演员站到里面后，将假马系在腰间进行表演，仿佛人骑在马上一般。这类舞蹈在表演上都展现了不同的人物和故事，并各自形成了独特的特色。以永宁竹马为例，延庆永宁位于关内外的交通要塞，是我国历史上北方民族与中原往来的重要通道。永宁竹马根据"昭君出塞"的历史故事编演，讲述了汉室

北京市延庆区永宁镇竹马

送亲、匈奴迎亲的情节。竹马角色多由男性扮演，包括头马、兵丁、王昭君、侍女、送亲侯和迎亲侯等，组成一支阵容庞大的迎送亲表演队伍，总共有 16 至 18 人扮演各种角色。竹马是一种特殊的道具舞蹈，要求表演者脚下步伐既快又稳，双膝微屈，以表现出策马扬鞭、颠簸驰骋的骑马感觉。男性演员的步伐刚劲有力，女性演员则显得平稳轻盈。演员在跑马步中不断变换各种队形，如青龙阵、五雷阵、六合阵、九曲黄河阵等。在表演时，他们根据音乐的变化调整节奏，时而缓慢沉稳，时而欢快热烈，成功地烘托出一支欢天喜地、在塞外草原上尽情欢腾的迎亲送亲队伍。永宁竹马在跑竹马的舞蹈中，充分展现了北方地区舞蹈粗犷豪放的特色，体现了北方传统舞蹈的独特魅力。

◆ 三、北京非遗舞蹈的传承与发展 ◆

2014 年，习近平总书记在北京考察工作时指出："北京是世界著名古都，丰富的历史文化遗产是一张金名片，传承保护好这份宝贵的历史文化遗产是首都的职责。"非遗传

统舞蹈作为北京文化生态不可或缺的组成部分，展现了北京上百年来独特的地域民俗风貌，承载着古都的记忆与民俗风土人情。非遗传统舞蹈历经商业文化的兴衰，经历了社会环境的变革，伴随着生产方式的改变以及人们审美观念的变迁，在现实生活中呈现出多维度、多样化的发展态势。作为一个承载深厚文化价值的"核心载体"，非遗舞蹈以其顽强的生命力，不断地被延续、传承与发展。

当下，北京非遗舞蹈的保护、传承与发展受到了社会各界的广泛关注。人们全面关注非遗舞蹈的舞蹈本体考察、舞蹈生态项目考察以及舞蹈生态辐射研究等问题，并对其核心要素与环境的保护、传承人的保护、传承方式的保护、非生产性保护及生产性保护等诸多方面进行了综合分析。在此基础上，北京非遗传统舞蹈大体呈现出以下发展态势。

首先，要坚持守正创新，秉承原汁原味的活态传承原则。非遗舞蹈传承的核心在于坚持"口传身授"的活态传承方式。非遗舞蹈主要依赖几代传承人的"口传身授"进行传播。在具备扎实的舞蹈能力基础上，非遗传承人通过口传身授的方式传授技艺。自白纸坊太狮成功申报国家级非物质文化遗产保护项目以来，第七代传承人杨敬伟老师进一步推动了白纸坊太狮的传承工作，通过师徒传承、社会传播、学校传播等多种途径，拓宽了非遗舞蹈的受众群体。目前，从白纸坊太狮的传承和分布情况来看，其足迹已遍及北京周边地区以及吉林、辽宁、河北、陕西、湖南、浙江、福建、内蒙古、四川、贵州等多个省市自治区。传播方式主要包括走进校园、参加展演比赛、进行舞台表演、开展授徒训练等。传承领域则涵盖了社区群体、专业杂技团、业余武馆以及普通大中小学校。

其次，从原生态到艺术舞台的发展，得益于文旅与文化的深度融合，实现了中华优秀传统文化的"创造性转化与创新性发展"。随着非遗项目商业化进程的推进，传统非遗舞蹈也在努力挖掘非遗历史文化内涵，不断向"非遗演艺领域"靠拢。2022年，话剧《狮王》在北京天桥剧院成功首演，自首演以来已累计巡演数十余场，赢得了广泛好评。该剧采用话剧的叙事手法，以当代、绚烂、活泼且真挚的方式讲述了非遗传承人的故事，既适合亲子观众，也面向全年龄段人群。从非遗市场化和非遗舞蹈的可持续发展角度来看，"非遗舞蹈"不仅能够产生直接的经济效益，也是国家文化软实力的重要组成部分。非遗舞蹈进入剧场，成为了当代非遗舞蹈文化不可或缺的一部分。

再次，非遗舞蹈逐渐进入了更为广泛的学术研究视野。随着政府部门、高校群体以及各大传播媒体的关注、交流与合作，非遗舞蹈实现了良性发展。自《关于进一步加强非物质文化遗产保护工作的意见》颁布以来，北京地区的非遗舞蹈传承和保护工作得到了进一步的推动。在社会各界的重视下，各方资源及媒体力量广泛介入并相继报道，使诸多传统舞蹈的保护态势明显增强。

最后，全社会共同努力，极力营造有利于非遗传统舞蹈传播与传承的"舞蹈生态场域"，实现了"见人、见物、见生活"的传承保护理念，激活了舞蹈生态的健康发展态势。近年来，在党中央和国务院的统一部署下，各地方政府加大了对非遗的支持和保护力度。在各级部门和社会各界的共同努力下，众多非遗舞蹈被列入地方或国家级非物质文化遗产保护名录。为了传承和保护非遗舞蹈，让非遗更加贴近民众日常生活，各地积极组织活动，旨在增强人民群众对非物质文化遗产的参与感、获得感和认同感。在传统节日及文化和自然遗产日期间，各地纷纷组织开展丰富多彩的宣传展示活动，包括非遗舞蹈体验、交流等。例如，传承、保护和利用好大运河文化，是坚定文化自觉、凝聚民族精神、增强中华文明传播力和影响力的重要举措。通州运河文化带作为北京地域文化的重要精神标识，北京通州区通过举办围绕"大运河文化"的系列文艺活动，让运河文化走进了百姓的视野，唤醒了国人内心深处的文化记忆。

北京地区的非遗传统舞蹈整体发展态势向好，但仍存在诸多问题值得我们关注与思考。非遗舞蹈传承面临的主要问题包括：非遗舞蹈仍在不断消失，传承后继乏人，且与当代人的生活日益疏离。这是非遗舞蹈保护的核心难题，也是制约其存活的关键瓶颈。首先，随着人们精神生活的日益丰富，这些传统舞蹈失去了以往赖以生存的空间环境。为了使传统舞蹈能够代代相传，我们可以采取人为的保护措施，比如构建保护空间，让非遗舞蹈在这一空间中得以延续。此外，还可以在条件允许的地方建设民俗村、打造非遗舞蹈传承基地等，并常态化举办非遗民俗活动，让民众有机会接触和感受非遗舞蹈的魅力，从而让一些已经失去原有生态环境的非遗舞蹈在人为营造的环境中得以存活。

我们应正确看待传播与传承的保护方式，以实现优秀传统文化的创造性转化和创新性发展。当前，非遗舞蹈传承面临后继乏人的困境，仅靠老一辈传承人的坚守是远远不够的。因此，我们需要吸引更多年龄段的群体加入到非遗舞蹈的兴趣培养和学习中来。尽管非遗舞蹈蕴含着深厚的文化内涵，但其动作表演、服装造型、表演形式等方面与当代年轻人的审美存在较大差异。作为体验和了解非遗舞蹈的第一步，我们如何使非遗舞蹈得以存活、保留并广泛传播，仍然是亟待解决的问题。无论是立足于社区、课堂，还是转向演艺场域的非遗表演，非遗舞蹈传承中肢体语言的准确性、完整性、规范性、风格性的保护都尤为重要，这些是非遗舞蹈传承与发展的坚实基础。舞蹈在传承过程中，不能因为传承对象的改变而失去其技术层面的原貌，否则，久而久之就会逐渐消逝。因此，建立有利于"自然发生场域"的非遗舞蹈教学和训练体系显得尤为重要。

我们应重视演艺与文旅介入在非遗舞蹈保护中的价值体现。非遗舞蹈在商业化的营销介入过程中，某些方面难以避免与非遗舞蹈和各类演艺结合发展时可能产生的变异与流失。在非遗舞蹈文化的保护工作中，非遗舞蹈价值的实现有赖于传承人所在地区的区域性、民众性商业文化活动，这些活动能够对当地经济效益产生积极影响。演艺场域下的"非遗舞蹈"的最高诉求是通过演艺市场拉动当地区域经济，提升该区域的经济效益。因此，从长远的发展角度来看，非遗舞蹈如何向演艺市场拓展，并发挥非遗演艺场域舞蹈的带动作用，还需我们进一步探索。

非遗传统舞蹈的活态传承，借助互联网＋时代背景和数字化技术下的管理、保护与记录手段，为校园普及、旅游开发、形象提升等应用型实践和研究提供了有力支持。我们将非遗与旅游、非遗与教育等相结合，把非遗展示传承活动搬进景区、社区、校园，让非遗更加贴近人们的生活，随处可见。同时，我们还利用现代科技手段，借助新媒体平台，创新非遗舞蹈艺术的传播与展示方式。例如，利用虚拟现实技术模拟非遗舞蹈的场景和动作，将观众身临其境地带入其中，增强其参与感和沉浸感；又如，通过直播、录播等多种方式，在线上线下、多个平台上对非遗舞蹈展示活动进行广泛传播，以扩大受众群体。

保护和传承非遗传统舞蹈的道路任重而道远，我们每个人都应该怀揣着对北京文化的热爱与责任感，走进非遗文化，更加深入地了解、体验和传播非遗舞蹈。我们应尽自己的一份力量，承担起应有的责任，让在生活中遗存或延续的北京非遗舞蹈之花在淳朴中绽放出永恒的光芒。

第四节 北京新时代舞蹈剧场的发展

《北京城市总规划（2016—2035 年）》中明确指出，"源远流长的古都文化、丰富厚重的红色文化、特色鲜明的京味文化、蓬勃兴起的创新文化是首都文化的基本构成。"[1]近些年，北京当代剧场充分发挥了凝聚荟萃、辐射带动、创新引领的艺术功能，致力于复兴和弘扬中华优秀传统文化，突出红色文化的引领作用，彰显京味文化的深厚底蕴，汇聚开放包容的创新文化元素。这些因素共同构成了北京当代舞蹈剧场蓬勃发展的态势。诸多舞蹈艺术精品的创作，展现了北京作为文化艺术中心的引领作用，在推动舞蹈文化事业发展方面发挥着重要作用。

◆一、弘扬中华舞蹈文化◆

近年来，中国舞剧创作深耕于我们的优秀传统文化，通过优秀舞剧作品实现了对中华优秀传统文化的创造性转化与创新性发展。新时代舞剧的创作已成为文化的引领者和艺术的标志，在群众中赢得了广泛赞誉。这些优秀作品深深根植于中华文化之精髓，运用舞蹈的方式来探寻传统文化的传承发展之道，并创新性地表达，进而激发了中国人对中华舞蹈的认知与喜爱。

党的十八大以来，中国舞蹈艺术呈现出两大显著发展亮点：其一为凝神聚气，致力于塑造契合新时代特征的舞蹈崭新形象。众多优秀舞蹈家勇担使命、积极作为，创作了一系列深受大众喜爱的优质舞蹈作品。在国家重要文艺活动中，他们凭借精湛技艺与真挚情感，圆满地完成了演出任务，收获了令人瞩目的艺术成果，彰显出新时代舞蹈艺术的独特魅力。其二是齐心发力，全力构建新时代的舞蹈新格局。各领域舞蹈从业者协同合作，从创作理念革新、表现形式拓展到传播渠道多元等方面，全面推动舞蹈艺术的发展。近年来，中华优秀舞蹈创作在中华大地上遍地开花，真正走进了普通大众的视野。2021 年，代表北京当代剧场水准的《只此青绿》《五星出东方》等作品火爆全网，中华传统舞蹈的"破圈"，助推了中国气派的身体美学成为新时代的审美主流。这两部舞剧作品分别以传统绘画、出土文物为题材，将史料遗存转化为中国古典舞的活态传承，让《千里江山图卷》和"五星出东方利中国"织锦护臂等历史文物不再是博物馆中静默的陈列品，而是以一种全新的方式呈现给大众。中国古典舞因此走出了象牙塔，舞蹈创作也不再曲高和寡，而是转变为鲜活的历史与人物符号，以全新的视角和面貌让传统舞蹈文化在当代社会中"活"了起来。

当代舞剧创作根植于意蕴深厚的中华传统文化的审美意象，彰显着中华美学精神的内核。艺术创作在立意、选材、表现、意旨等方面均汲取了中华古代文化的精华，融合了多元艺术形式的表达，满足了观众的多重感官体验、多样化的艺术欣赏需求以及多元化的审美追求，暗合了当下人们对中华优秀传统文化的审美诉求与文化共鸣。

舞蹈诗剧《只此青绿》——舞绘《千里江山图》作为"庆祝中国共产党成立 100 周年舞台艺术精品创作工程"的重点扶持剧目，已在全国巡演数百场，每到一处皆一票难求。《只

---

1. 张宝秀，张勃副. 北京学研究 [M]. 中国社会科学出版社，2020:11.

此青绿》堪称中国主流舞剧的现象级作品。该剧以其浓郁的宋韵美学气质，在舞绘《千里江山图》所呈现的山水理想境界中，引领观众徜徉于富含宋韵美学的审美意境之中，以诗画般的表达开启了沉浸式的展卷赏画体验。编导韩真和周莉亚谈到，"《只此青绿》是用舞蹈语汇创造性转化《千里江山图》。我们舍弃了西方戏剧的三一律，确定舞蹈诗剧的体裁，希望能让观众如赏画般，感受'一回拈出一回新'的中国审美意趣。我们采取时空交错的结构进行叙事。《千里江山图》即将展出，一位故宫研究员（展卷人）穿越时空，来到千年前王希孟即将完稿之时，观众跟随展卷人的步伐，循着'展卷、问篆、唱丝、寻石、习笔、淬墨、入画'的篇章纲目，进入王希孟的绘画世界……展卷人与王希孟看似身处两个空间，却暗含着'我中有你，你中有我'的内心逻辑。全剧结尾，一轮明月朗照千年，王希孟与展卷人在画卷两端四目相对，拱手致意，远隔时空，心意相通。古今相望，这是跨越千年的文脉传承。"[1]正如《只此青绿》编剧徐珺蕊所言："展卷人是其中穿针引线的'眼'，他是今时今日的我们，他潜心研习画作，则不见画中之风光旖旎，不见希孟之呕心沥血；希孟是其中画龙点睛的'灵'，他是痴醉的，亦是烂漫的，他以自我的'名'的舍弃，赋予青绿千载的美好选择，因而他与展卷人远隔时空，却又心心相印；工艺人是其中承托千载的'骨'，无他们便无长卷千载不腐，便无色彩万载存真，平凡而伟大的寂寂无名，谁能说希孟不亦是他们之中的一员呢？而青绿，是其中至真至美的'意'，青绿以绚烂此身成全了千年时空的联结，这一诗化的意象，建构着古典美学之境，兴寄着传统文化之根。"[2]

全面复兴传统文化是国家的重大战略举措。推进文化自信自强，旨在全面复兴中华民族五千年历史所孕育的博大精深的中华文明及其包含的优秀传统文化。在专业剧场的艺术创作备受大众关注的同时，中华传统舞蹈也在普通民众中掀起了"国风舞蹈"的热潮。以2021年河南卫视与B站合作的文化剧情舞蹈综艺节目《舞千年》为例，中国古典舞通过"舞蹈影视化""影视舞蹈化"的新传播模式，赢得了大众的广泛认可，并确立了其在当下审美中的主流地位。河南卫视相继推出的"中国节日"系列节目，以全新的叙事逻辑和表达形式为传统文化注入了新的活力。《洛神水赋》《龙门金刚》等节目借助网络媒体，充分展示了中华文明的深厚底蕴以及河南文化的丰富内涵。在这些节目中，我们看到了龙门石窟中的"伎乐天"飞天造像与男子佛教舞蹈"金刚护法"的完美融合，舞蹈表现刚柔并济，极具艺术魅力。镜头特效下的舞蹈技巧展示，带来了强烈的视觉冲击力，尤其是《洛神水赋》中的"水中飞天"，更是以奇思妙想的高科技手段与舞蹈艺术的巧妙融合，打动了无数观众，同时激发了人们对中华传统舞蹈的兴趣和认知。

◆ 二、赓续红色经典 ◆

在北京丰富的文化遗产中，红色基因是精神文明建设的重要组成部分。作为新文化运动的中心阵地，北京高举民主和科学的两面旗帜，对封建主义展开了猛烈的抨击，启发了人民的民主意识，标志着中国文化进入了一个全面转型的新阶段。五四运动在北平爆发，这是一场以先进青年知识分子为先锋、广大人民群众广泛参与的彻底反帝反封建的伟大爱国革命运动。从北京到上海，进而席卷全国，五四精神成为了凝聚北京乃至中国文化的重

---

1. 韩真，周莉亚. 跨越千年的文脉传承 [N]. 人民日报，2021-09-09.
2. 袁艺. 诗性、沉浸、跨媒介：舞蹈诗剧《只此青绿》的美学建构 [J]. 文化艺术研究，2022(2)：79.

要精神标识。1937 年抗日战争全面爆发，对北京的文化造成了巨大冲击，但北京的革命文化传统并未中断。以 1949 年中华人民共和国的成立为标志，北京作为首都，汇聚了中国革命文化的精髓，红色文化作为共和国的底色，伴随着时代的发展而薪火相传。

习近平总书记指出，要把红色资源利用好、把红色传统发扬好、把红色基因传承好。红色文化是高校重要的育人资源。红色文化产生于新文化运动时期，是中国共产党带领全国各族人民在革命、建设、改革、发展的伟大实践中创造、积累、传承的优秀文化，是红色资源、红色传统、红色基因的有机统一，在新时代立德树人的生动实践中具有重要价值。[1] 红色文化承载着中华民族的革命精神和奋斗历程，蕴含着中国人民坚定的共产主义理想以及不忘初心、砥砺前行的时代精神。弘扬红色文化，是彰显当代舞蹈创作精神内涵的重要标志。《奋斗吧 中华儿女》等几部大型音乐舞蹈史诗的创作，与时俱进，一脉相承地传承了红色文化。《黄河》系列作品的舞蹈创作，堪称中华舞蹈创作的里程碑，常演常新，经久不衰。中央芭蕾舞团的《红色娘子军》以其永不磨灭的奋斗激情，依然焕发出历久弥新的艺术光彩，这部作品不仅是中国民族芭蕾舞剧的开山之作，也是代表中国芭蕾舞艺术永恒经典的佳作。这些优秀的舞蹈创作成为了北京文化的金名片，展现了北京当代舞蹈剧场中红色基因的独特魅力。

《奋斗吧 中华儿女》在中华人民共和国成立 70 周年之际诞生，继承了自中华人民共和国成立以来大型音乐舞蹈作品的优良传统，在新时代生动展现了中华儿女艰苦卓绝的奋斗历程与革命精神。中华人民共和国成立至今，艺术舞台上陆续涌现出多部以中国革命历史为核心主题的大型歌舞作品，其中，最早的一部当属《人民胜利万岁》。该作品由华北大学第三部（文艺学院）为庆贺中国人民政治协商会议第一次会议的胜利召开与圆满闭幕，于 1949 年 9 月 30 日在北京中南海怀仁堂精彩上演，获得中央领导的高度赞赏。有研究者指出，《人民胜利万岁》不只是一部单纯的艺术作品，它在中华人民共和国成立初期复杂的历史语境中，发挥着建构国家形象的重要作用。1964 年 5 月，一台名为《在毛泽东旗帜下高歌猛进》的大歌舞在第五届上海之春中吸引了万余观众的目光。这部包含八场十六景的音乐舞蹈史诗，是上海文艺界为纪念上海解放十五周年精心创制而成。此后，三部被誉为"音乐舞蹈史诗"的作品相继诞生，分别是为庆祝中华人民共和国成立 15 周年而创演的《东方红》、庆祝中华人民共和国成立 35 周年时的《中国革命之歌》，以及为中华人民共和国成立 60 周年而创演的《复兴之路》。《伟大征程》作为庆祝中国共产党成立 100 周年的献礼之作，详实地记录了中国共产党与中国人民百年的奋斗征程，生动地展现出一幅波澜壮阔的历史画卷。从整体艺术视角审视，《伟大征程》作为"情景舞蹈史诗"，巧妙融合了音乐、舞蹈、戏剧等多种艺术形式以及多媒体科技手段，实现了历史与现实、影像与科技、艺术与科技的有机结合。

回首 20 世纪中国艺术史，以《黄河大合唱》为"原型"的艺术改编现象，堪称 20 世纪艺术创作领域的一大奇观。《黄河大合唱》以其卓越的表现形式、博大的精神内涵、深刻的主题意蕴，为各类艺术样式的改编提供了可不断挖掘、诠释、演绎、拓展和升华的艺术"原型"。该作品抒写了关于"黄河"的宏大主题，以震撼人心的思想内容和艺术成就，成为跨越时间和空间的经典之作。从《黄河大合唱》到《黄河钢琴协奏曲》，再到各类舞

---

1. 郭新春，刘科荣. 新时代红色文化育人的思考与实践 [J]. 中国高等教育，2020（11）：60-61.

蹈作品（包括古典舞、现代舞、民间舞、芭蕾舞等）的创编，这部作品历经多种艺术形式的改编而历久弥新。在当代舞蹈创编领域，一个尤为引人注目的现象是，在《黄河钢琴协奏曲》之后，以"黄河"为核心题材的一系列舞蹈作品相继问世。这些作品备受舞蹈编导的青睐，以它为舞蹈音乐基础创作出的精品层出不穷。其中，最具代表性的有北京舞蹈学院民族舞剧系创作的古典舞作品《黄河》、中央芭蕾舞团创作的芭蕾舞作品《黄河》、北京舞蹈学院民间舞系创作的中国民间舞作品《东方红》、北京舞蹈学院现代舞系创作的现代舞作品《我们看见了河岸》，以及当代舞剧《冼星海》等，它们都是围绕"黄河"主题意蕴进行舞蹈创作的佳作。透过这一艺术现象，我们发现《黄河大合唱》的影响深远。从《黄河大合唱》到《黄河》钢琴协奏曲，再到各类舞蹈作品的创编，舞蹈艺术涵盖了古典、现代、民间和芭蕾四个重要的舞蹈种类。这些舞蹈作品的诞生在舞蹈界引起了巨大反响，至今仍然常演常新、经久不衰。它们既传达出与《黄河大合唱》《黄河》一脉相承的深刻内涵，又以各自独特的表现手法，实现了对《黄河》乐曲精神的延续与超越。纵观以"黄河"为核心题材的舞蹈创作，编导们深入挖掘艺术经典的主题意蕴，充分发挥舞蹈自身的语言功能，以独立的话语体系实现了对"黄河"主题意蕴的深刻诠释与创新发展。

　　《红色娘子军》作为中华人民共和国成立 15 周年的献礼作品，若与西方经典古典芭蕾舞剧《天鹅湖》相比，堪称中国芭蕾舞的"红天鹅"，该剧始终代表着中国芭蕾舞历史创作的最高水平。1964 年，在周恩来总理的亲自关怀下，遵循"革命化、民族化、群众化"的文艺方针，《红色娘子军》应运而生。中央芭蕾舞团坚持"古为今用、洋为中用"的原则，进行了"芭蕾民族化"的大胆尝试。该剧根据 20 世纪 30 年代海南岛琼崖女子纵队娘子军的真实事迹改编，讲述了受地主压迫的吴清华逃出封建牢笼，在洪常青等共产党人的指引下加入红色娘子军，并最终成为一名革命女战士的故事，抒写了革命主题，赞扬了中国妇女大无畏的革命精神。1964 年 10 月 8 日毛主席观看，称赞《红色娘子军》的改革："革命是成功的，方向是对头的，艺术上也是好的。"《红色娘子军》的成功是集体智慧的结晶，几代"吴清华"的扮演者、几代演员不断对作品进行"二度创作"。每一次演出都是艺术工作者的一次深刻体验与创造，如今，2000 年后出生的演员也在传承着革命精神。我们新时代的演员同样流淌着红色的血脉，《红色娘子军》的艺术影响力与传播力将持续增强。新一代青年在《红色娘子军》中延续着奋发图强的壮志豪情，中华民族的文化自信与文化自强也得以代代相传。这部作品鼓舞着人民的红色记忆，承载着人们为了追求共产主义理想而不懈奋斗的精神，影响着一代又一代的中国人，激励着每一代人铭记时代记忆，传承革命精神。

◆三、开放包容的国际舞台◆

　　俗话说"海纳百川，有容乃大"。在北京文化的历史发展中，同样经历了"海纳百川"的过程。在古代，随着少数民族的不断融入，北京地域先后接纳并融合了山戎、匈奴、契丹、女真、蒙古和满族等文化，每一次文化的交融都为北京文化的发展注入了新的活力。当代中国在改革开放后的几十年里，同样以一种开放包容的姿态，秉持大国的担当，积极促进世界文化的交流。中华文明的舞蹈文化在兼收并蓄中形成了独具中华美学特质的舞蹈体系，包括五彩斑斓的民族民间舞、脱胎于上千年古代文明的中国古典舞，以及借鉴并本土化发展的现代舞等。中华舞蹈在发展中始终遵循平等包容、对话交流的原则。如今，我们的中华舞蹈文化展现出强大的魅力与自信，深受世界人民的欣赏与喜爱。同时，西方舞蹈文化在中华大地上也呈现出本土化、多样化的发展态势。在中国现代化建设的进程中，我们立足于弘扬中华文化的根基与核心，不忘本来，吸收外来，面向未来，在舞蹈艺术创作中坚持守正创新，在开放中博采众长，有力促进了北京当代舞蹈艺术的繁荣。

随着社会的不断发展，当代北京舞蹈演艺市场展现出一种多元化的本土发展趋势。许多优秀的舞蹈创作在创作题材、艺术手法、舞蹈语言等方面进行了融合与创新，从而拓宽了舞蹈的表现形式，使北京当代舞蹈市场呈现出勃勃生机的发展态势。"舞蹈剧场"这一概念作为西方舶来的舞蹈艺术表现形式，最早产生于德国舞蹈界，由德国著名的舞蹈艺术家库特·尤斯在19世纪20年代首次提出。以皮娜·鲍什的舞蹈剧场作品《春之祭》和《穆勒咖啡馆》为代表，这些作品通过自由的创造手段打破了舞蹈的传统限制，融合了戏剧、景观、造型、美术等"跨界"元素，以舞蹈为核心，展现出全新的艺术特色、创作方法、表演方式和观演感受，让人们看到了舞蹈艺术界的一种全新的艺术理念和思想。中国艺术研究院的张怡雯认为，"本土化的'舞蹈剧场'在发展过程中以中国历史文化元素为基础，并且根据舞蹈主题的不同，选择不同的文化元素应用于'舞蹈剧场'作品的创作中，从而形成了'舞蹈剧场'中国化的标签。这些以中国传统文化为基础的'舞蹈剧场'作品的创作在获得了本土观众更多认同的同时，也跨越美学的界限，为观众营造了一个中国化的舞蹈梦境。"[1]以北京现代舞团、北京舞蹈学院等院团创作的作品，以及杨丽萍、史晶歆、尹昉、王玫、赵小刚、张云峰等舞蹈编导的诸多优秀"舞蹈剧场"创作为代表，北京当代"舞蹈剧场"通过多样化、多媒介的艺术表现手法，实现了中国舞蹈创作的创新与丰富，同时也探索并形成了具有中国本土化特色的舞蹈剧场实践发展之路。

1913年，芭蕾舞剧《春之祭》在巴黎首演，引起了音乐界和舞蹈界的空前轰动。斯特拉文斯基"原始野性"的音乐与尼金斯基"离经叛道"的舞蹈在首演时便引发了强烈反响。然而，时至今日，全世界已衍生出数百个版本的《春之祭》。作为20世纪具有代表性和里程碑意义的音乐作品，《春之祭》已经载入史册。经过一百多年的时间积淀和艺术洗礼，它已成为世界舞蹈编导们喜欢挑战的试金石。这样一部颠覆传统的音乐作品，几乎每一位编舞家都无法回避。皮娜·鲍什的《春之祭》是"舞蹈剧场"的代表作之一。在该剧中，舞蹈演员在铺满泥土的舞台上，穿着轻薄的纱裙，裸露着身体，感受着泥土沾满皮肤的真实质感。舞蹈弥漫着原始意味，与斯特拉文斯基独特的音乐配器和声交相辉映，给观众带来视觉上的强烈冲击与心灵的震撼。皮娜·鲍什创作的现代舞剧《春之祭》与斯特拉文斯基的舞剧音乐《春之祭》遥相呼应，颠覆了传统音乐与舞蹈的结合方式，成为音乐史与舞蹈史上共同的艺术珍品。

2018年，杨丽萍将《春之祭》搬上舞台，以东方气质全新演绎了这部充满原始意味的现代音乐作品。全剧共由七个章节构成，从仿造一场原始祭礼引申、升华到原初生命的哲学层面。杨丽萍的《春之祭》大量采用浓郁鲜明的西藏地域文化象征寓意符号，从山形堆砌到身体标签，从视觉模块到听觉回音，从有形的字体到无形的光影，六字真言贯穿始终。在这部舞剧中，杨丽萍以十五个女性舞者对应一个男性舞者，后者扮演的角色始终如一，即原作中的部落长老、新版里的族群祭司。雪狮的形态代表雄性阳刚，标志着神权威

1. 赵若伊. "舞蹈剧场"的本土化认知探究 [D]. 北京舞蹈学院，2022.

力，在舞台上作为祭司的分身或化身出现。男女舞者之间有大量篇幅的单双三和群舞，其中一个主题动作、一个主题行为反复出现：众女子轮流跳到雪狮祭司面前，再轮流引颈伸头探入狮子大口。这个动作行为激发了观众的联想领悟，"'自觉奉献自我牺牲'发人深省，且增添了浓厚的戏剧性。"[1] 杨丽萍的《春之祭》舞蹈音乐在保留原作 38 分钟音乐的基础上，另一部分由何训田创作。杨丽萍深入挖掘了原作的精神内涵，并将其与中华东方古老的文化与审美相融合，创作出了富有东方特色的《春之祭》。于平认为，"杨丽萍自《孔雀》以来思考的'生命通过仪式'并非都是'涅槃'般'柔软而平静的品格'，却也未曾料到杨丽萍会以《春之祭》去'直面惨淡的人生'并'正视淋漓的鲜血'。或许可以说，杨丽萍作为舞蹈家最伟大的壮举，就是把《雀之灵》送上了《春之祭》的祭坛，她或许因此而获得自己艺术生命的不朽。"[2] 杨丽萍继《云南印象》《孔雀》《十面埋伏》之后，又创作了一部力作。"杨丽萍的创作超越'死亡'继而'轮回'新生，从无到有、从有到无，神俯瞰凡间、人仰望天界；神与人，相视平视；人与神，转世修行，永无起点亦无终点。"[3] 杨丽萍版《春之祭》与所有中外编创的现代舞剧不同， 其蕴积着华夏热土的温度、气韵与艺术魅力，是东方美学视角下对西方经典作品的一次再创作。

　　当前，中华传统文化正经历着全面复苏的阶段。在对待外来文化的态度上，我们一方面积极吸收西方的艺术形式，另一方面则立足于中国社会土壤的文化语境，努力将中国传统文化与西方外来艺术相融合。这种"洋为中用"的理念在中国现代舞的发展中表现得尤为明显，也因此催生了一大批在全球范围内都堪称佳作的中国现代舞作品。高津艳子的现代舞《二十四节气·花间十二声》便是一个典型的例子。该剧以中国传统文化中的二十四节气为主题，巧妙地将现代舞蹈语汇与中国特色的红灯笼、水袖、折扇等民族元素相融合，通过多元化的形式描绘了节气的律动、生命的节奏和时光的流转。作品以二十四节气变化的顺序为主线，运用动作语汇营造出时间、植物、季节、动物等丰富的舞蹈意象，充分展现了中国舞蹈美学独特的审美意境。史晶歆的《双城》系列中的《圆明园》同样令人印象深刻。该作品将历史记忆化作肢体语言的诉说，"整个作品的讲述建构在对圆明园历史的遐想与回忆之上，仿佛置身于圆明园凄凉、残破的景象中，记忆历史上不可忘怀的那一幕；同时反观我们内心深处时时涌现的不安、动乱与绝望，但绝望之后又重新开始生活的那一刻，犹如圆明园里的野草，在春天发出新芽。"[4] 该剧通过身体表达实现了对宏大主题的创生与转写，对民族文化的深入挖掘，以及对中西方艺术的融会思考，是中国当代现代舞蹈创作的成功实践。

　　北京当代舞蹈创作展现出极大的包容性，芭蕾舞、现代舞、国际标准舞等舞种在世界舞台上均呈现出民族性、本土化的表演特色。在创作中，各舞种以本体舞蹈形式为媒介，实现了中西方舞蹈文化的交融与汇聚。中国舞蹈的发展体现了中国精神，符合时代的要求。在开放包容、兼收并蓄的文化态势下，当代舞蹈创作持续发展，其中，时代特色在北京当代剧场中的表现尤为突出。

1. 陈志音 . 穿越梦境的生命轮回——杨丽萍何训田新创舞剧〈春之祭〉观 [J]. 艺术评论，2019(3).
2. 于平 . 从《雀之灵》到《春之祭》——杨丽萍大型舞作创编述评 [J]. 南京艺术学院学报（音乐与表演），2020(4)：148.
3. 陈志音 . 穿越梦境的生命轮回——杨丽萍何训田新创舞剧〈春之祭〉观 [J]. 艺术评论，2019(3)：80.
4. 张亚萌 . 歆舞界的"双城"记 [N]. 中国艺术报，2014-10-10.

思考题：

1. 结合一部优秀的舞蹈作品谈一谈其审美特征，以及带给你的审美感受。

2. 思考非遗传统舞蹈与当下现实生活的关系，谈一谈弘扬中华优秀传统舞蹈文化的重要性。

3. 结合舞蹈创作实践或舞蹈作品，如何理解北京当代舞蹈发展的开放与包容。

第九章

戏剧之美

本章概述

　　本章宏观地阐述了戏剧艺术，包括其起源、本质特征和样式分类。同时，本章从审美维度对戏剧艺术进行了探讨，并对戏剧美的价值进行了概括。需要说明的是，在广义的戏剧艺术范畴中，除"中国戏剧"这一概念下涵盖的中国戏曲与传统民间戏曲样式外，其他如话剧、歌剧、舞剧、音乐剧等戏剧类型均源自国外。戏曲之美在本书中有专门的一章详细论述，而歌剧、音乐剧、舞剧的相关内容则在音乐之美、舞蹈之美等章节中均有涉及。因此，本章在总体概述戏剧广泛定义的同时，以"京味话剧"和国家级非物质文化遗产"北京皮影戏"作为主要研究对象。最后一节专门介绍了京味话剧的艺术传统、新发展以及新样态。通过本章的学习，希望学生能够总体把握戏剧艺术概况，并以此作为感悟戏剧之美、开启更广阔戏剧世界的钥匙。

第一节 什么是戏剧艺术？

◆一、戏剧艺术的起源◆

　　戏剧是一种十分古老的艺术形式，起源于不同文明的古代宗教仪式和文化活动。人类历史中的三大古典戏剧包括古希腊戏剧、古印度戏剧和中国古典戏剧，它们各自在独特的民族土壤中孕育，并承载着各自民族文化的基因。从时间的发展历程来看，戏剧的形态经历了从起源到原始戏剧，再到现代戏剧的漫长演变，在此期间衍生了许多丰富而复杂的戏剧形态与样式。

　　古希腊戏剧作为西方戏剧的先驱，拥有 2500 多年的历史，它与酒神狄俄尼索斯的崇拜紧密相连，由此产生了悲剧和喜剧等早期戏剧形式，并由埃斯库罗斯、索福克勒斯和欧里庇得斯等剧作家将其发扬光大。中世纪欧洲的戏剧，如神秘剧和道德剧，与宗教紧密相关。文艺复兴时期，戏剧在欧洲得到复兴，莎士比亚等剧作家的作品至今仍广受赞誉。古印度戏剧拥有 1600 多年的历史，以梵语戏剧为代表，是一种将宗教与艺术相结合的戏剧形式，其特点是舞蹈、音乐和戏剧的有机融合，内容包含对宇宙和生命的深刻反思。中国古典戏剧大致可追溯至先秦时期的乐舞和汉代的百戏，后经历魏晋南北朝的歌舞戏、隋唐散乐、唐代的参军戏等阶段，也有说法将中国古典戏剧的起源定在 12 世纪的南宋。市民文化的兴起促进了瓦舍勾栏的大发展，进而催生了宋杂剧、金院本、北杂剧、南戏等，直至后来形成了京剧、昆曲、越剧、豫剧、川剧，以及众多地方民间戏等多样化的中国戏剧流派。进入现代，戏剧经历了现代主义和后现代主义的变革，发展出了表现主义、超现实主义和荒诞派等新形式和流派。作为一种艺术形式，戏剧不仅在文化上具有深远影响，还在社会和政治上发挥着重要作用，能够反映和评论社会现象，激发人们的思考。

　　关于戏剧的萌芽与起源，戏剧理论史中提出了"巫术说""歌舞说""游戏说""祭祀说"等多种观点。其中，"巫术说"认为戏剧最初起源于古代的宗教仪式和巫术活动。以英国学者爱德华·泰勒为代表的学者们认为，原始人对世界的认知较为模糊，将周围的世界视为一个神秘的存在，因此信奉万物有灵。在向神灵祈祷祭拜的仪式中，祭司或巫师通过运用象征性的动作和语言，如舞蹈、歌唱和咒语等来进行祭祀。这些仪式活动不仅是宗教信仰的体现，也蕴含了原始戏剧表演的基本元素，如模仿、扮演和情感表达。随着时间的推移，这些宗教仪式逐渐从原始的宗教功能中脱离出来，变得更加戏剧化和艺术化。仪式中的集体参与和情感表达为戏剧的公共性和观赏性奠定了基础，最终演变为了我们今天所熟知的戏剧形式。"巫术说"强调了戏剧与原始宗教仪式之间的紧密联系，尽管它并非唯一的解释，但它为我们提供了一种理解戏剧起源的视角，揭示了戏剧艺术是如何从古代社会的宗教和巫术活动中逐步发展和演变而来的。

　　"歌舞说"认为戏剧艺术的起源与古代人类的歌舞活动紧密相关。在原始社会，人们通过歌舞来庆祝胜利、祈求丰收或抒发情感。这些活动往往伴随着节奏鲜明的音乐和身体动作，人们在其中模仿自然界和日常生活中的各种情景。这些模仿行为逐渐发展成为具有叙事性和表现性的艺术形式。随着时间的推移，这些歌舞活动中开始融入更复杂的故事元素和角色扮演，人们不仅借助歌唱和舞蹈来表达情感，还开始运用语言来叙述故事，从而增强了戏剧的叙事性。这种融合了歌唱、舞蹈和表演艺术的形式，为戏剧的多样性和丰富性奠定了坚实基础。在不同的文化中，"歌舞说"可能有不同的表现形式。例如，在中国古代的祭祀活动中就包含了音乐和舞蹈，这些活动逐渐演变成了具有戏剧性的表演艺术，而在古希腊酒神节的庆典活动中，人们通过歌舞来颂扬酒神，这些庆典最终孕育了悲剧和喜剧的雏形。"歌舞说"强调了戏剧作为一种综合艺术形式，其起源和发展与人类的社会生活、宗教信仰和情感表达紧密相连。

"游戏说"是另一种具有代表性的戏剧艺术起源理论，其主要代表人物包括康德、席勒、斯宾塞和谷鲁斯等。这一理论认为，艺术活动，包括戏剧，是一种无功利、无目的的自由游戏活动，它源于人的游戏本能或冲动。康德提出，艺术是"自由的游戏"，其本质特征在于无目的的合目的性。席勒则认为，游戏不仅是审美活动的根本特征，而且是人类从动物状态向人性状态过渡的主要标志，他强调游戏的根本特征在于自由，人只有在审美活动中才能达到真正的自由。斯宾塞也持相似观点，他认为过剩精力的发泄是游戏，这也是艺术创作的原始动机，而谷鲁斯则提出，游戏虽然看似无实用目的，但艺术活动可以归结为"内模仿"的心理活动，这种心理活动在本质上与游戏相通。"游戏说"强调了艺术活动中自由精神和个体自我解放的重要性。然而，这一理论也存在不足之处，例如，它忽视了艺术起源与社会历史背景的紧密联系，以及艺术与劳动、实用目的之间并非完全对立的关系。尽管有这些局限性，但"游戏说"在阐释戏剧作为审美活动所具有的自由本质，以及推动艺术创作的根本动机方面，仍然提供了有价值的视角。

"祭祀说"认为戏剧起源于原始宗教仪式，其历史渊源最早可追溯至上古时期的埃及阿比多斯节日庆典，而欧洲戏剧的源头则可以追溯至"酒神祭祀"。该观点认为，古代的祭祀仪式中蕴含了丰富的表演元素，如歌舞、角色扮演等，这些元素随着时间的推移逐渐演变，最终形成了戏剧艺术。在中国，学者们普遍认为戏剧的本质在于"装扮与表演"，并从原始祭祀仪式中的"装神"和"乐神"环节探寻戏剧的起源。关于戏剧与仪式的关系，存在多种观点：有人认为"仪式与戏剧在发生时期实为同一事物"，有人认为"戏剧是从仪式中逐渐脱离并发展成为艺术的"，也有人认为"戏剧源于仪式中的即兴表演"，还有人认为"仪式经过演变成为了戏剧"，更有人提出"原始宗教仪式场合既用于举行宗教仪式，又供人们欣赏和创造表演艺术"。这些不同的观点反映了戏剧与祭祀之间复杂的关系。

◆二、戏剧的本质特征◆

戏剧是一种文化现象，也是人类文化活动的重要组成部分，因此它与人类的社会和文化密切相关。同时，戏剧显然也是一个艺术的门类，是人类艺术创造的成果，因此它的特质不可能脱离艺术的本质特征。当我们探讨戏剧艺术本身的本质特征时，可以理解戏剧在精神内涵与形式样态上的独特之处。

戏剧的言说是史诗的客观叙事性与抒情诗的主观抒情性的二者统一。[1]具体而言，戏剧通过直观地展现完整的故事和历史背景，体现了史诗般的客观叙述特点；同时，舞台上的冲突和情感表达则源自人物的内心世界，展现了抒情诗般的主观情感内涵。由于受到演

---

1. 董健，马俊山. 戏剧艺术十五讲 [M]. 北京大学出版社，2018:13.

出时间、地点和表现手法的限制，戏剧的叙事和抒情方式都具有其独特性，与史诗和抒情诗有所不同。因此，黑格尔认为戏剧的叙事方式融入了主观性，而抒情表达则带有客观性。正是这种独特的叙事和抒情方式，使戏剧成为黑格尔所赞誉的"诗乃至一般艺术的最高层次"，他将其称为"戏剧体诗"。在现代意义上，戏剧的创作仍然蕴含着历史主义或现实主义的底色，同时融入了时代精神和浪漫主义的人文关怀，戏剧所展现的是客观认识世界的理性与主观体验的感性世界的完美结合。

戏剧是一种综合性的舞台表演艺术。它将文学、音乐、美术、雕塑、建筑和舞蹈等多种艺术表达方式巧妙融合。戏剧作为一个整体，将这些多元的艺术语言共同编织成一种独特的戏剧情境，从而构成了一个综合且有机的审美体系。在西方古典戏剧与中国古典戏剧的传统中，诗、乐、舞的融合尤为显著，而这种高度的综合性在中国戏剧中体现得尤为突出。中国戏剧的综合性特征一直得以保持和延续，而西方戏剧在文艺复兴之后则逐渐向着单一元素发展，形成了分化，发展出了以文学为主要艺术语言的话剧、以音乐为主要艺术语言的歌剧，以及以舞蹈为主要艺术语言的舞剧。在当代，西方戏剧又呈现出了向综合性艺术语言回归的趋势，这种趋势以都市戏剧样式中的音乐剧为典型代表。

在观演的层面上，戏剧是一种强调在场性的艺术。从戏剧的起源来看，它关乎人的两种本能：一是人有模仿表演的本能和欲望，二是人有观看表演的本能和欲望。因此，戏剧是通过演员的表演来讲述故事、表达情感和思想的，这直接体现了戏剧"观"与"演"的紧密关系。

戏剧的基本特征包括现场性、直观性、互动性和即兴性。现场性指的是戏剧在特定的时间和空间内为观众现场呈现表演；直观性指的是观众可以直接观赏到演员的表演和舞台效果；互动性指的是演员与观众之间能够产生直接的情感交流和反馈；即兴性指的是戏剧表演中可能包含的未经充分排练的即兴创作元素。这些特征要求演员直面观众进行表演，从而引发戏剧的美感。在即时的观演交流中，演员与观众之间建立起感性的、直接的交流关系，这种关系决定着戏剧美感的形成。

◆ 三、戏剧的样式分类 ◆

戏剧的分类是戏剧学科研究的一个基础问题。戏剧的分类具有多维度、多逻辑、多层次、多标准的复杂性。一方面，我们可以从戏剧作品的内部结构与内容导向进行分类，如传奇剧、社会剧、都市剧等是以剧情的构成方式来区分的；历史剧、纪实剧、科幻剧、神话剧、悬疑剧等则是以剧本的题材来区分的；独幕剧、多幕剧、折子戏等是以作品的分幕和时长来进行划分的；剧场戏剧、沉浸式戏剧、实景戏剧等是以演出空间来进行划分的；而悲剧、喜剧、正剧则是从戏剧的价值取向与情绪基调来进行划分的。此外，古典主义戏剧、浪漫主义戏剧、现实主义戏剧、荒诞喜剧、存在主义戏剧等则是通过不同的戏剧创作观念形成的流派分类。另一方面，我们还可以从艺术形态与舞台呈现的差异层面进行分类，这是一种相对较为容易把握且相对宏观的分类方法。这种分类方法通过戏剧的舞台呈现与艺术语言的构成来进行划分。下文将着重对这一层面的戏剧类型进行阐述：

（一）话剧

话剧是一种 19 世纪从西方传入中国的戏剧艺术，以对话为主要表现形式。演员们在舞台上通过语言、肢体动作以及表情来讲述故事、表达情感。话剧强调剧本的文学性和演员的表演技巧，涵盖悲剧、喜剧、历史剧等多种题材。现代话剧在形式上更加多样化，包括实验剧、先锋剧等多种类型。早期的中国话剧是在西方近现代写实戏剧的基础上形成并逐渐发展起来的，"春柳社"是中国第一个话剧团体。20世纪20年代，洪深导演的《少奶奶的扇子》拉开了中国现代话剧艺术的序幕。经过几代艺术家的努力，中国话剧舞台演出艺术形成了以现实主义戏剧为其主流模式的话剧传统，既具有现实主义的美学传统，又有鲜明的倾向性、宣传性、群众性和普及性等诸多特点，其发展过程借鉴了西方现实主义戏剧创作的优秀经验，继承中国古代现实主义文学和戏曲的宝贵传统，建立和完善了自己的现实主义戏剧大厦，出现了田汉、曹禺、夏衍、老舍等伟大的现实主义戏剧家。[1]

《少奶奶的扇子》剧照

（二）中国戏曲

中国戏曲是中国传统的戏剧形式，拥有悠久的历史和丰富的艺术特色。戏曲融合了唱、念、做、打等多种表演元素，其唱腔独具特色，表演形式多样而繁复，并展现出鲜明的地域特色。我国拥有300多种戏曲剧种，其中发展为大型戏种的包括京剧、越剧、粤剧、昆曲、黄梅戏等。除了这些大型、成熟的戏曲流派，中国还有众多的民间小戏，如秧歌剧、歌舞小戏、二人转等。这些民间戏曲往往由二至三人演出，通过唱、跳、演的形式表现小型故事，极具民间风味和地域特色。

中国戏曲历史年表

（三）歌剧

歌剧是起源于17世纪初意大利的戏剧形式，最早的歌剧是1607年在曼图亚首演的克劳迪奥·蒙特威尔第的作品《奥菲欧》。歌剧以音乐演唱为主要艺术表现手段，融合了舞蹈、舞台美术等综合元素来表达戏剧情感，其特点之一是对声乐技巧的高要求。歌剧的音乐通常包括以叙事功能为主的宣叙调和以华丽技巧著称的咏叹调；其舞台制作通常华丽精美，能够营造出一种极具视觉震撼力的体验。歌剧不仅是音乐的盛宴，更是戏剧的艺术，其魅力跨越了几个世纪，至今仍然吸引着全球的观众。西方歌剧的发展经历了几个重要的阶段。在巴洛克时期，歌剧以其复杂的音乐结构和华丽的装饰风格而著称。古典时期的歌剧则更加注重旋律的流畅性和戏剧性的表达。浪漫主义时期的歌剧以激情四溢的旋律和对人物心理的深刻描绘而闻名，这一时期的歌剧作品如罗西尼的《塞维利亚的理发师》、威尔第的《茶花女》、比才的《卡门》等，至今仍是世界各地歌剧院的常演剧目。19世纪末至20世纪初，歌剧进入了真实主义时期。作曲家如鲁杰罗·莱翁卡瓦洛和普契尼，他们的作品以其对现实生活的深刻观察和对人物情感的细腻描绘而受到赞誉。普契尼的《波希米亚人》《托斯卡》《蝴蝶夫人》等作品，以其感人至深的故事和美妙的音乐，成为了歌剧的经典之作。20世纪中国歌剧创作的拓荒者是黎锦晖，他创作了儿童歌舞剧《麻雀与小孩》《小小画家》

---

1. 顾春芳. 戏剧学导论[M]. 北京大学出版社，2017:105.

等共 12 部作品，为中国歌剧创作开创了先河。1945 年，民族歌剧《白毛女》的演出标志着中国歌剧走上了具有鲜明民族特色的大歌剧发展道路。

（四）舞剧

舞剧是一种以舞蹈肢体为主要表现手段的戏剧形式，其历史可追溯至欧洲文艺复兴时期。这种戏剧样式通过舞蹈动作和身体语言来讲述故事，强调舞者的肢体技巧和艺术表现力，通常不包含对白。舞剧的音乐往往由专业作曲家创作，著名的芭蕾舞剧《睡美人》《天鹅湖》《胡桃夹子》因柴可夫斯基的作曲而堪称经典。古典舞剧起源于 16 世纪欧洲意大利宫廷的古典芭蕾，后来在法国和俄罗斯得到了进一步的发展。各个国家和地区结合自己的文化传统和民族舞蹈元素，创造出了各具特色的民族舞剧类型。同时，也出现了突破传统舞蹈形式、强调个性表达的现代舞剧类型。

中国当代也有诸多具有极高艺术价值的舞剧，比如近年来以中国历史为题材的《昭君出塞》、以中国古代绘画艺术为题材的《只此青绿》、以中国古典文学为题材的《赵氏孤儿》和《红楼梦》，以及以中国现代文学为基础的《永不消逝的电波》等。

（五）音乐剧

音乐剧是一种结合歌唱、舞蹈、对白和戏剧表演的综合性艺术形式。它起源于 20 世纪初的美国，并在全球范围内广泛流行。音乐剧是典型的都市文化样式，其形态代表了一种鲜明的现代艺术风格。音乐剧的音乐和舞蹈风格多元，对戏剧结构一般极为重视，同时它通过音乐、舞蹈共同推动剧情发展，因此音乐剧的叙事能力和戏剧张力都十分出色。音乐剧的题材广泛多样，往往改编自具有广泛观众基础的文学作品或人物传记，如法国音乐剧《巴黎圣母院》、英国音乐剧《歌剧魅影》、百老汇音乐剧《悲惨世界》等。音乐剧还常与电影歌舞片这一现代艺术样式相互转化，成为更具广泛影响力的文化商品，如《音乐之声》《雨中曲》《人鬼情未了》等。

（六）木偶剧

木偶剧是一种使用木偶作为表演主体的戏剧形式，它是表演艺术与造型艺术的完美结合，拥有悠久的历史和丰富多彩的文化背景。木偶剧通过操纵传统的手偶、提线木偶或机械木偶等道具来讲述故事，不以真人演员为表演主体，而是以木偶作为替代物面向观众，其艺术表现上具有强烈的象征性。在木偶制作和道具制作方面，木偶剧十分考究，而在操纵木偶方面，也需要掌握一些特殊技巧，这些都使木偶剧具有极强的艺术性。木偶剧适合所有年龄层的观众，尤其在儿童教育和娱乐方面发挥着重要作用，其代表剧目有《琼花仙子》等。此外，北京皮影戏也属于木偶剧的一种，其代表剧目有《樊梨花》《孙悟空三打白骨精》《水

皮影戏《孙悟空三打白骨精》

漫金山寺》等。同时，泉州木偶戏、成都木偶戏以及广东省的大朗杖头木偶戏等也都是非物质文化遗产中的瑰宝。

（七）街头剧

街头剧是一种在公共空间进行的戏剧表演形式，它强调与观众的互动性和即兴创作，注重社会公众的参与和现场体验。它起源于古希腊的露天剧场，后来在现代的欧洲街头变得十分流行。这种表演的内容一般较为广泛，属于街头艺术的一种。街头剧的表演形式多样，既可以是短小精悍的小品，也可以是大型的互动式表演。它在形式上自由轻松，在内容上可能带有强烈的社会批判性，也可能充满娱乐性。

（八）实景戏剧

实景戏剧将传统的舞台表演与真实的自然环境相结合，创造出一种以真实景观为背景的沉浸式观看体验。与传统戏剧不同，实景戏剧的表演空间不再局限于舞台，而是强调观众与表演者之间的互动，以及观众对戏剧环境的亲身体验。实景戏剧的制作通常需要精心设计和策划。导演和制作团队需要考虑如何引导观众的移动和视线，如何巧妙地利用在场环境来营造和增强演出的效果，从而确保观众获得良好的观赏体验。实景戏剧的表演也可能需要根据特定的环境进行调整，以适应不同的空间。2004年，我国第一部实景歌舞剧《印象·刘三姐》获得了巨大成功。从此，实景戏剧凭借其独特的沉浸式体验成为了文旅产业中的重要戏剧类型。

第二节 戏剧艺术的审美阐释

◆一、戏剧性——戏剧是人与社会的写照◆

戏剧性是戏剧艺术的灵魂，它不仅是戏剧作品的一种外在表现形式，更是戏剧艺术的审美特质，是构成戏剧的重要前提。它贯穿并统摄了戏剧中的剧本、导演、演员、舞台和观众等要素，是戏剧创作的最终追求。戏剧性的深度和广度，决定了一部戏剧作品的生命力。

对戏剧性的理解，需要从两个层面进行认识：一是戏剧文学中的戏剧性，这属于一度创作的范畴；二是舞台化的戏剧性，这属于二度创作的范畴。文学构成中的戏剧性体现在戏剧文本写作中的戏剧冲突、时间性，以及文字内在所蕴含的具有戏剧深度的内涵。舞台表现的戏剧性则体现在戏剧表演的表达上，包括演员通过肢体、声音等外在形式所展现出的可观的戏剧张力。

若没有跌宕起伏的戏剧叙事和深入的刻画描写，就几乎无法吸引读者和观众。戏剧性的构建离不开戏剧冲突与戏剧情节的精心设计。没有冲突，就没有戏剧性。冲突是戏剧性的核心，它广泛存在于人物与人物、人物与社会，以及人物与自我之间。戏剧中的冲突并非简单的一般性冲突，而是人性深处的欲望与情感的碰撞，这些冲突可能关乎政治、宗教、社会或人类社会最深层秩序的矛盾。它们凸显了人的性格、灵魂与命运，通过书写这些冲突，表现了人的精神面貌和特征。优秀的戏剧作品往往具有深刻的主题思想，通过对人物、情节和冲突的深入挖掘，传达出剧作者对于人生、社会、道德等问题的独到见解和深刻思考。这种主题思想的表达，不仅能够引发观众的共鸣，还能够启迪观众的思考，甚至影响观众的行为和价值观。通过对冲突的深入挖掘，戏剧能够展现某些情境下人的挣扎和抗争，以此揭示更深层的意义。

戏剧艺术中的戏剧性源自曲折的剧情。戏剧情节不仅要有紧凑的结构和合理的发展，更要有出人意料的"转折"。戏剧性的情节就体现在剧情的曲折发展中，平铺直叙的方式无法产生戏剧性，只有充满一波三折的剧情发展，才具有更强的戏剧张力。在戏剧情节的发展中，有一系列紧密相连、环环相扣的情节转折。在这些情节转折中，矛盾冲突中双方的力量对抗、冲突的张力与速度得以充分展现和变化，戏剧性的曲折特点也因此得以体现。优秀戏剧中的曲折性往往自然而然地产生，既在意料之外，又在情理之中。在剧情转折的安排上，紧密的节奏也是营造戏剧性效果的关键。这种剧情推进的节奏可以制造心理上的紧张感，若没有一定的紧张感，戏剧性也难以形成。

戏剧性在人物塑造上的表现是多维度的。人物不仅要有鲜明的个性特征，还要能够深刻刻画复杂的心理活动，并置身于深刻的社会背景之中。戏剧中人物的行为和选择，往往是在特定社会环境和心理状态下的必然产物。通过对人物内心世界的深入挖掘，戏剧性得以充分展现人物的复杂性和矛盾性。

戏剧性的实现，还依赖二度创作中舞台表现手法的创新与运用。舞台灯光、音乐、服装、道具等元素的巧妙融合，能够显著增强戏剧性的表现力和感染力。通过对这些元素的精心设计和巧妙运用，戏剧性得以在视觉和听觉上给观众带来强烈的冲击和震撼。舞台化戏剧性的实现，同样离不开演员的精湛表演。演员作为戏剧艺术的载体和表现者，他们的表演水平直接决定了戏剧性的实现程度。通过对角色的深入理解和精湛演绎，演员能够将戏剧性充分展现出来。

总之，戏剧性是戏剧艺术的核心与灵魂，它通过文学层面的人物塑造、情节设计、冲突设置和深刻思想的融入，与舞台化表现手法和演员表演等多方面的有机结合，创造出一种直击心灵的艺术效果。戏剧性不仅能够给观众带来强烈的情感体验，更能够启迪观众的思考，潜移默化地影响观众的行为和价值判断，展现出戏剧艺术的无穷魅力和深远影响。

◆二、综合性——戏剧是导演的艺术◆

戏剧艺术作为一种综合性的舞台表演艺术，其成功与否在很大程度上取决于导演的才华与构思。导演在戏剧的二度创作中扮演着核心角色，其作用贯穿于整个创作流程，从最初的剧本解读到最终的舞台呈现，导演的每一个决策都对作品的成败起着决定性的影响。导演是戏剧作品的总设计师，负责对剧本进行深入的分析与理解，构建起整部戏剧的构思并确定该戏剧的风格。通过对剧本的细致研读，导演应当能够挖掘出剧本的主题思想和深层含义，进而确定剧目的基调。在这个过程中，导演需要具备敏锐的艺术感知能力和丰富的社会历史知识及文化素养，以准确把握剧本的精神内核。导演也是戏剧创意的实现者。在对剧本有一定理解后，导演需要将剧本搬上舞台，将剧本中的文学形象转化为舞台化的视觉和听觉形象。这包括对角色的塑造、舞美调性、幕间转场、舞台空间调度布局等方面的创造性构思与设计。导演还需对戏剧的展开节奏进行精心控制，设计场景的转换、道具的使用，以及演员在舞台上的移动和定位，以最具艺术效果的方式表现剧情。同时，导演还需掌握戏剧的节奏，确保戏剧的张力起伏与剧情流畅，以保证剧目的观感体验。上述内容可以统称为导演对戏剧的构思，这几乎是整个演出的核心，也是导演工作的重要基础。

在戏剧制作的过程中，导演还需要扮演团队领导者的角色。戏剧艺术是一种集体创作活动，涉及剧作家、作曲家、演员、舞台设计师、灯光师、音效师、服装设计师、化妆师、道具师和剧务等多个工种的紧密协作。导演需要与这些团队成员进行有效的沟通和协调，以确保每个人的工作都能够紧密配合，共同为实现戏剧作品的整体效果而努力。从排练到演出，总会遇到各种预料之外的困难和挑战，只有及时解决各种技术和创意上的问题，才能够确保演出的顺利进行。在排演工作中，导演对演员的指导是至关重要的。演员是戏剧表演的主体，他们的表演质量直接关系到戏剧作品所呈现的艺术效果。一名优秀的导演往往具备调动演员情绪、启发演员塑造人物灵感的能力，通过阐述自己的构思来帮助演员深入理解角色，引导演员在表演中准确、自然地展现角色性格。这需要导演具备沟通技巧和心理洞察力，以激发演员的创作潜能，帮助他们克服表演中的困难和挑战，从而实现戏剧从艺术构思到舞台呈现的有效转化。

综上所述，导演在戏剧艺术中的作用是多方面的，其职责涵盖了从构思到实际制作的各个环节。导演不仅是戏剧二度创作的重要组成部分，也是戏剧作品与观众之间的桥梁。导演要具备敏锐的观众意识，了解观众的需求和期待。总之，正是导演的艺术巧思和技术层面的把控，使戏剧作品能够在舞台上呈现出蓬勃的生命力，它在很大程度上决定了一部剧在舞台上的成败。我们可以说，在这一层面上，戏剧是导演的艺术。

◆三、观赏性——戏剧表演之美在"角"的艺术◆

戏剧起源于人类对自然物及自身行为的行动性或象征性的模仿，用专业术语来定义，戏剧即起源于拟态行为和象征性表演。在这种模仿行为里，模仿者成为或部分成为角色而不再完全是其自身，其行动受到被模仿者行为方式的限制。[1]戏剧表演是传达原作者意图的媒介。从创作构思到最终舞台呈现，这一过程不仅涉及原作者与表演者，还包含导演、灯光师、化妆师和剧务等多个工种的紧密协作。但最终，在台前面向观众展示的唯有演员的表演。因此，演员的表演便成为了观众欣赏戏剧的核心审美对象。

表演的本质，在于演员以自己的形体、语言和情感为工具，通过各种舞台动作，演绎一段相对完整的故事，从而在观众面前塑造出另一个人物形象来。舞台表演艺术的特点是，演员既是创作者，又是创作对象，同时又是工具，这二者统一在演员一个人的身上。[2]中外许多优秀演员将这种多重性简洁地归结为"我"（演员）与"他"（角色）之间的关系。"我"如何变成"他"，就成了表演艺术的核心问题。狭义的表演艺术特指戏剧表演，二者的区别在于：前者表现的主要是演员的某种技艺，而后者除了技艺以外，还需要演员现场扮演另外一个人物，敷演一段相对完整的故事。[3]观众来看戏，绝不只是来看演员或技艺，更重要的是要看他或她是否能成功地创造出另一个人物形象来。戏剧表演的基本目的只有

1. 廖奔. 中国戏曲史 [M]. 上海人民出版社，2014:5.
2. 夏淳. 谈谈戏曲的表演体系问题 [A]. 剧坛漫话 [C]. 中国文联出版公司，1985: 96.
3. 董健，马俊山. 戏剧艺术十五讲 [M]. 北京大学出版社，2018:133.

一个，就是演员根据角色的性格在舞台上创造出一个有血有肉的人，[1] 而这种表演效果的实现，需要演员在掌握一定表演技巧的基础上来完成。

表演艺术的流派之分，是其多样性和丰富性的核心体现。这些流派在不同的历史时期和社会文化背景下应运而生，并随着时间的推进而不断演变。戏剧表演流派，如体验派、表现派、梅耶荷德的戏剧思想、布莱希特的"间离法"戏剧、荒诞派戏剧等，各自以独特的艺术追求和方法观念，塑造了戏剧表演的多维面貌。在戏剧艺术中，体验派与表现派代表了两种截然不同的表演艺术理念和实践方法。

体验派的核心在于演员与角色之间的情感融合与真实体验。英国演员亨利·欧文、意大利演员萨尔维尼和苏联的斯坦尼斯拉夫斯基等，都是这一流派的杰出代表。亨利·欧文提出了"双重意识"的概念，他认为演员应具备在表演中同时保持角色情感和艺术表达的能力。萨尔维尼则重视演员的感受能力，认为这是演员最显著的特质。他提倡演员应真实地体验角色的情绪，并在每次演出中都能重新激发这些情感，无论演出多少次，都应保持对角色的新鲜感和真实感。萨尔维尼的"双重生活论"进一步阐述了演员在表演中既要全身心投入感受，又要有能力控制和引导这些感受，以触动观众

斯坦尼斯拉夫斯基

的情感。斯坦尼斯拉夫斯基则在前人的基础上，结合俄罗斯的现实主义表演传统，强调演员必须通过有意识的心理技术，达到下意识的创作状态。他要求演员在舞台上完全融入角色，实现演员与角色的情感合一，通过真实的情感体验来驱动表演，像真实生活中的人一样去思考、感受和行动，从而实现真正的"体验角色"。体验派的表演理念对演员的要求极高，它不仅要求演员在表演中展现出角色的情感深度，还要求演员通过精湛的技艺将这些情感转化为具有艺术感染力的表演。推崇这一流派的演员通过内在感受和情感记忆，激发真实的情感反应，其艺术创作的目的不仅在于塑造角色的精神生活，更在于以艺术的形式将其外化。在斯坦尼斯拉夫斯基的《演员自我修养》中，有这样一段表述：

"演员不仅应该深入地感受角色，并且外现所感受到的东西。同时，要注意，外在传达对于内部感受的依赖在我们的艺术流派中表现得尤为强烈。为了反映出极其微妙的、经常是潜意识形态的生活，必须具备非常灵敏的和训练有素的发音器官和身体器官。声音和身体应当精准、直接地瞬间传达出最细微的、难以捉摸的内心情感。这就是为何我们流派的演员应该比其他流派的演员更加关注塑造感受过程的内部器官，也要重视忠实传达情感创作结果的外部身体器官，也就是体现情感的外部表达形式。""潜意识对这一工作影响很大。在表演领域，再高超的表演技巧也不能和潜意识媲美，虽然前者一直自负地认为自己能够占有优势。""我们相信，并且根据经验深信，只有这样充满着"人——演员"生动自然体验的舞台艺术，才能够艺术地表达所有细微的差别和角色内心的深刻，只有这样的艺术才能够完全抓住观众的心，让观众不仅明白，更重要的是能感受舞台上表演的一切，丰富他们的内心体验，并留下时间抹不去的痕迹。[2]

---

1. 郑君里. 角色的诞生 [M]. 中国电影出版社，1981:1.
2. 斯坦尼斯拉夫斯基. 演员自我修养 [M]. 叶红，译. 上海文化出版社，2020:21.

相对地，表现派注重理性控制与"理想典范"的再现。他们主张演员在表演时应保持冷静，通过细致的观察和精准的模仿来创造角色的"理想典范"，并强调演员与角色之间应保持一定的间离感。这种观念以法国演员哥格兰为代表，并在德国戏剧家布莱希特的史诗剧中得到了充分体现。表现派侧重于演员的外在技巧和身体控制，他们通过精确的身体语言和声音调控来塑造角色形象，有时甚至会采用间离效果，从而使观众产生陌生感，进而引起观众的审美惊颤。

在 18 世纪的法国启蒙运动中，狄德罗在他著名的《关于演员的是非谈》一书中主张，演员应深入研究并精心塑造人物性格，以创造出一个"理想典范"。在每次演出中，演员的目标是像镜子一样精确地反映这一典范，确保角色的表现既真实又准确。狄德罗反对演员单纯依赖天赋或敏感性进行表演，而是提倡演员运用冷静和判断力，通过观察周围物质和精神世界的现象，进而用心模仿自然。他的这些观点为戏剧表演设立了一种理想化、高度理性的追求标准。19 世纪，哥格兰继承并进一步发展了狄德罗的理念，提出了"两个自我"的论点。在他的著作《演员的双重人格》中，哥格兰强调，第一自我，即演员本人，必须始终保持冷静，控制着自己的创造物，也就是第二自我，即舞台上的角色。即便角色在舞台上表现出极度的情感波动，演员本人也应当保持内心平静，维持一种超然的观察和控制状态。他的名言"艺术不是'合一'，而是'表现'"，凸显了表现派戏剧的核心理念，即演员的表演是一种有意识的创造过程，而非无意识的情感流露。

镜映典范，形神惟真

两大流派的主要差异体现在表演理念、演员与角色的关系、表演技巧和方法上，以及对观众产生影响的侧重点不同上。体验派倾向于追求情感的真实性和内在体验，而表现派则更注重表演的技术性和对角色的理性分析。这些流派和观念丰富了戏剧艺术的表现形式，它们相互影响，共同推动了表演艺术的发展。在实际创作中，不同的演员和导演会根据剧目的具体需求和个人的艺术追求，选择适合的表演方法。

第三节 戏剧美的价值

◆一、作为舞台艺术的美◆

戏剧艺术作为一种舞台艺术形式，不仅为人们提供了丰富的现场娱乐体验，也满足了人们对于多维度审美的深层需求。戏剧的审美性和娱乐性是其重要的价值所在，它们相互依存、相辅相成，共同促使观众愿意走进剧场，而只有在娱乐功能得以实现的基础上，戏剧寓教于乐的教化功能才能得到充分发挥。

　　审美价值是戏剧艺术的核心。戏剧作为一种高度艺术化的表现形式，其戏剧文学创作、舞台视觉设计、演员表演等各个方面都是审美的对象，应当能够为观众提供深刻的审美愉悦和文化体验。许多戏剧作品所探讨的问题深刻而尖锐，这些富含深刻内涵的戏剧作品能够激发观众的思考，既提供了审美价值，又能给予观众思想上的启迪。戏剧通过人物的情感表现触动观众的内心，引发观众产生共情，这种共情本身就是一种高度的审美体验。

　　在中国美学的观念中，戏剧美的体验还包含一种心灵内化的"意象"。戏剧作为一种艺术形式，其审美意象在传统维度上承载着丰富的美学价值。在中国戏剧的悠久历史中，戏曲艺术深深植根于中国独特的美学精神之中，这种精神在戏曲的表演、音乐、舞台设计等各个方面都得到了充分的体现。中国戏曲艺术通过象征和隐喻来表达审美意象，运用虚拟化的表演方法来构建舞台空间，使观众在欣赏的过程中产生丰富的联想和情感共鸣。这种意象的创造与生成，不仅依赖外在的舞台效果，更依赖作家、演员和观众的内在情感与修养。

　　现代许多戏剧观念的形成都深受中国传统美学中"意象"理论的影响。这些观念重视舞台艺术在审美创造过程中对审美意象的直觉把握。就舞台意象而言，它并非一般意义上的可见的舞台造型或形式，而是一种非实体性的"存在"，不同于通常意义上的舞台场面、舞台形象和视觉图像。按照宗白华的说法，中国艺术的意象世界是物我交融、生生不息、循环往复的，是节奏化、音乐化了的时空合为一体。一切外在的表现形式和手段，都是为了最终表达和呈现舞台意象世界的那个"最高的真实和最本质的意义"。舞台意象呈现一个美感的世界和意义的世界，也在戏剧演出中敞开和呈现一个有别于生活本身的更加真实的世界和本真的世界。[1]

　　戏剧的娱乐性体现在其能够为观众带来直接的娱乐体验和心理放松。观众通过剧中人物的喜怒哀乐，体验到不同的情绪转变，从而达到情绪宣泄和情感释放的效果。戏剧中引人入胜的故事情节能够激发观众的好奇心和想象力，情节的精彩转折使观众在跟随戏剧发展的过程中获得精神上的愉悦和满足。此外，戏剧中幽默诙谐的对白与情节设计，以及演员精湛的表演艺术和舞台的视觉冲击，都能给观众带来愉悦的观剧体验。戏剧的审美娱乐性还体现在：通过悲剧和喜剧的方式，赋予观众一种有情趣的审美体验，让他们暂时从日常生活的琐碎和庸俗中解脱出来，从而认识到人的高贵和生命的自由。如尼采"酒神精神"指出的那样，戏剧使参与其中的人找回了他们的本真，戏剧能够使人活得更像人。[2]同时，现代人观看戏剧也是一种社交娱乐活动。人们在剧院相聚，共享文化体验，这种社交互动本身便成为一种娱乐的来源，而近年来，现代科技手段在戏剧表现形式中的应用，以及互动智能设备的融入，给观众带来了全新且兼具现场感和互动性的娱乐体验。

　　总的来说，戏剧的娱乐性和审美性是相辅相成的。娱乐性吸引着观众进入戏剧的世界，而审美性则深化了他们的体验，使欣赏戏剧不仅仅是为了消遣，更是为了获得精神上的满足与提升。戏剧艺术的美能够跨越时间和空间的限制，暂时解放人们的心绪，丰富他们的精神世界。优秀的戏剧作品在娱乐观众的同时，也提供了深层的审美体验与心灵的滋养，这正是戏剧作为艺术的重要价值所在。

---

1. 顾春芳. 呈现与阐释 [M]. 中国大百科全书出版社，2020：252.
2. 顾春芳. 呈现与阐释 [M]. 中国大百科全书出版社，2020：322.

◆二、文化的传承与弘扬◆

戏剧艺术作为一种跨越时代的文化表达形式，在文化传承中扮演着至关重要的角色。它不仅承载着历史的厚重，也映照着社会的发展，是连接过去与现在的纽带，是传递文化和价值观念的重要媒介。狄德罗也曾认为，戏剧是一种文化传承的方式，能够将一个时代的价值观、信仰和理想传递给下一代。通过戏剧，观众不仅能了解历史，更能从中汲取智慧，反思当下并启迪未来。

从广义上理解，戏剧无疑是历史的记录者。它通过舞台再现，记录着人类历史上那些容易被遗忘的、富于人性光辉或晦暗的现实，表现了不同历史时期的社会状况，使观众能够透过戏剧穿越历史的视线进行回顾与审思。同时，戏剧也是语言和艺术形式的守护者。它保存并发扬了民族语言的韵律、节奏和表现力，也保护了传统音乐、舞蹈、表演等艺术元素。中国的戏剧艺术在这一点上尤为突出，地方戏曲，无论是大型剧种还是民间小戏，一般都以当地方言为载体进行传唱，成为了当代地域文化研究的重要资源。在全球化的背景下，戏剧作品的多样性为世界文化的纷繁增添了浓墨重彩的一笔。此外，戏剧作为一种社会活动，促进了人与人之间的交流与理解。它提供了一个共同体验的平台，增进了不同情感与文化背景人群之间的相互尊重和包容。

在创新与发展方面，戏剧的创作不断吸纳新的元素。当代戏剧作品中，常常融入现代科技手段以及多元表现元素，使传统戏剧在表现形式上更加丰富多彩，样态上更具时代感。这不仅丰富了戏剧艺术本身，也展现了新时代技艺与文化所焕发出的新活力。在当代，戏剧艺术对经济和旅游业的推动作用同样不容忽视。许多地方通过举办戏剧节、开展戏剧旅游等活动吸引游客，戏剧艺术工作者挖掘并加工了鲜明的地域特色和地域文化，生产出了具有相当娱乐性和观赏性的文化消费产品，促进了当地经济与旅游事业的繁荣，也使地方文化得到了更广泛的传播。

在此意义上，戏剧在文化传承中的作用是多维度的。它不仅是历史和语言的传承载体，也是社会交流和人类情感共鸣的促进者，是美育和文化创新的践行之道，更是经济发展和旅游业的强大助力。

◆三、对人心灵与精神的提升◆

戏剧对心灵的提升作用是长久而深远的。首先，戏剧能够激发观众的情感共鸣,这种共鸣有助于人们理解不同的人生境况与心境。其次，戏剧作为一种文化载体，蕴含着丰富的历史、社会和人文内涵，通过欣赏戏剧，观众能够增进对多元文化的理解和尊重。戏剧的审美价值在于能够培养观众的艺术鉴赏能力，戏剧作品往往反映了社会现实和人性探讨，能够引发观众对社会现象和人性本质的深入思考与反思。

戏曲是人情感的
栖息地

杰出的戏剧作品，其情节常常触及人心，以真挚情感打动观众。正如孟子所言："仁言不如仁声之入人深也。"一部既富有思想深度又具有艺术美感的戏剧，能够为人们的精神世界带来净化，同时在道德层面实现升华。戏剧内容的核心，在于强调社会理性，展现人性中的至真至纯，以及对真理、美德、美好事物的不懈追求。例如，那些探讨纯真爱情与自由结合的戏剧作品，向人们阐释了爱情的真正意义；而那些利用历史故事来反映现实

问题的道德剧作，则在戏剧构建的虚构情境中给予观众深刻的警示与启迪。

戏剧在美育方面具有独特的功能。它通过具体的故事和人物形象，传递道德观念、价值理念和社会规范，对观众，尤其是年轻一代的观众进行思想启迪和文化熏陶。戏剧的教育意义在于，它能够通过共情引导人们形成正确的世界观和人生观。戏剧通过视觉、听觉和情感的多重引导，提升人们的心境，教会观众如何感受真、理解善、欣赏美，进而在生活中创造美。

狄德罗作为18世纪法国启蒙运动的杰出代表，不仅以其文学才华和哲学深度闻名，更以其对戏剧艺术的深刻见解而备受尊崇。他将戏剧视为一种超越传统艺术形式的媒介，一种能够触及人心、引发社会反思和促进道德觉醒的强大工具。在狄德罗的理念中，戏剧的舞台不仅是艺术家展示才华的空间，更是一个思想交流和社会教育的平台。他认为，戏剧有能力揭示人类本性中的善良，同时暴露和批判那些扭曲人性的社会陋习。通过戏剧，观众能够看到不同生活背景下人物的挣扎与成长，感受到道德选择的重要性。狄德罗强调，剧院内的特殊氛围能够促进观众之间的情感共鸣，即便是性

狄德罗

格迥异、观点不同的人，也能在戏剧的感召下找到共通的人性基础。这种共鸣有助于观众对自身行为进行反思，增进对他人的同情与理解，从而在无形中提升社会的道德水平。戏剧艺术的教化作用深远，它能够触及法律所不能及的领域。在狄德罗的理想中，戏剧能够激发人们内心深处的善良，促使犯罪者自我反省和转变，从而减少社会的冲突和不公。

人类的审美追求和内在潜力的多样性是极为丰富的，这些多样性在个人不断超越自我的过程中得以显现，也在与外部环境的互动及社会实践的深入探索中逐步实现和完善。这种发展进程符合自然界和事物本质的辩证逻辑。因此，人的审美追求不仅展现了个体独特的审美体验，还映射出了社会的、历史的以及超越时代的发展趋势。这意味着，个人的审美追求并非仅仅是一种个人化的体验，而是与更广泛的社会文化背景和历史脉络紧密相连。每个人在追求美的过程中，实际上是在参与一个更宏大的叙事，这个叙事关乎人类共同的价值观念和发展方向。通过个体的审美活动，我们能够洞察到人类对于美好生活的普遍向往和追求，以及在不同历史时期对美的不同理解和表现。

在艺术作品中，那些忠贞不渝的爱情、坚定不移的友情、崇高的爱国情感之所以能在人们心中激起强烈的美感，是因为人们通过艺术的感知认识到了个人与社会、个人幸福与他人之间不可分割的紧密联系。戏剧艺术的使命在于表现这些具有普遍价值的事物和情感，但这种表现不应仅仅停留在表面的模仿上，而应深入到生命的深层次，去感悟和关怀，揭示那些隐藏在表面之下的真实本质，并以最真诚和深刻的方式呈现出来。这要求艺术家在摆脱理性主义束缚的同时，保持感性直觉，并且具备深邃的洞察力，因为在他们最感性的表达中，已经天然地蕴含着伟大的理性精神。

第四节 北京戏剧的历史与新形态

◆ 一、非遗"北京皮影戏" ◆

皮影戏，又称驴皮影、影戏、灯影戏，是我国劳动人民在长期社会生活与生产中民间艺术实践的产物。这种艺术实践巧妙地利用光影原理，结合雕刻与演唱技艺，将兽皮雕刻成的皮影人物通过灯光映射在幕布上，演员手执木杆操纵影人动作，并伴随着演唱、独白来演绎故事。北京皮影戏是中国皮影艺术中的重要流派之一，其在表演风格、声腔特色、制作工艺和艺术造型等方面都与其他皮影戏流派有所区别。通常，北京皮影戏被分为东西两派：东派来自京东地区，又称"滦州影"；西派则来自京西南地区，又称"涿州影"。西派演唱时通常不使用影卷，全凭记忆，因此又被称为"流口影"。其经常表演的剧目被称为"京八本"，包括四部历史戏《英烈春秋》《背解红罗》《四大名山》《下南唐》和四部神话戏《白蛇传》《西游记》《混元盒》《小开山》（《野山救母》），而东派演唱时则全用影卷，即边翻边唱，故又被称为"翻书影"。东派的代表性本戏有《五峰会》《青云剑》《五虎平西》《望夫山》等；武戏包括《棋盘会》《黄巢抢长安》《无底洞》等；火彩戏有《火烧老道余洪》《二龙戏珠》等；闹戏则有《揣秃子过会》《双怕婆》《夏秃子闹洞房》《偷蔓菁》《偷萝卜》等。其中，旦戏数量最多，代表作品有《祭塔》《雪梅吊孝训子》《三娘教子》《千张纸》等。[1]

中国皮影戏拥有悠久历史，距今已有 2100 余年。清代初期，是北京皮影戏最为兴盛的时期，皮影在这一时期成为了社会各阶层广泛喜爱的艺术样式。康乾年间，由于政策的推动，农业和工商业得以恢复与发展，皮影戏也因此频繁演出，戏班如雨后春笋般涌现。这一时期，北京皮影戏依然延续着明代的东、西派之分。西派皮影班社众多，从北新街口至南宣武门外菜市口，这条贯穿北京西城南北的大街上，家家户户门首都高挑着木板"望子"（招牌），上面书写着戏班的名称。当时著名的西派影戏班有西天和、南永盛、北永盛、致盛和、祥顺班、福顺班、德顺班、双顺班、魁盛和、祥庆班、和成班等，还有既演皮影戏又演木偶戏的天富班，而东派皮影班社则有三乐班、永乐班、荣顺班、同乐班、鸿庆班、裕顺班、乐春班、玉顺和班、庆民升等，它们活跃在东西牌楼至崇文门一带。东、西两派的影戏班演出频繁，主要服务于"堂会"，即当时显贵人家在办喜事、满月、庆寿、过节、祭神时的演出需求。此外，商家开张、同乡聚会等场合也会邀请影戏班进行演出。同治年间，一首竹枝词描绘了节日里影戏班出"堂会"的盛况："同乡团拜又同年，会馆梨园设盛筵，灯戏更闻邀内眷，夜深歌舞尚流连。"除了"堂会"演出，在一些茶馆和外城天桥市场的小戏棚里，也能欣赏到皮影戏的演出。北京城内外，从年初到年底的每个月都有各种祭祀神灵的活动。在这些活动中，也会邀请皮影戏班来演出有敬神内容的"神戏"。[2] 到了清嘉庆朝，北京皮影戏开始由盛转衰。随后，经历了鸦片战争与接连不断的战乱，皮影艺术逐渐流散。中华人民共和国成立之后，得益于"百花齐放、百家争鸣"的

---

1. 王伟. 北京皮影戏的发展流变与文化传播研究 [M]. 北京工艺美术出版社，2023:68.
2. 路宝刚，侯永胜，常胜利. 非物质文化遗产丛书——北京皮影戏 [M]. 北京美术摄影出版社，2021: 6.

利好方针，北京皮影戏得以重新焕发生机。2008 年 6 月 7 日，皮影戏（北京皮影戏）被中华人民共和国国务院批准列入第二批国家级非物质文化遗产名录扩展项目名录；2011 年，联合国教科文组织把中国皮影戏列入"人类非物质文化遗产代表作名录"。

皮影戏的表演腔调复杂多变，使用的语言生动且富有口语化特色，能够满足大部分观众的观剧需求。同时，它还具有精良考究的制作工艺和精致的舞台布景，借助光影效果，并结合皮影操纵技术，展现出极高的艺术性和工艺美术成就。此外，皮影戏的剧作同样不容小觑。北京传统皮影在叙事上通常采用多线条分别叙事的手法，剧情错综交织、跌宕起伏。这种戏剧性结构不仅使皮影戏在人物刻画上更为深刻，还能够表现更为广阔的题材，揭示更为尖锐的社会问题与复杂的社会矛盾，具有强烈的戏剧效果，是中国传统戏剧中极具特色的一脉。

◆二、"京味话剧"的艺术传统与新发展◆

在中国当代话剧的丰富版图中，"京味话剧"无疑是一个独具魅力的存在。它依托北京深厚的历史文化底蕴，形成了鲜明地域特色的艺术风格和表现形式。这种以地域文化为标识的话剧现象，在全国范围内产生了广泛影响，进一步凸显了"京味话剧"的独特性和不可替代性。之所以"京味话剧"能在当代话剧史上占据重要地位，很大程度上是因为它产生了一系列具有世界影响力的代表作。这些作品不仅丰富了"京味话剧"的艺术宝库，也代表了中国当代话剧艺术的高峰，成为中国话剧艺术水准的重要标杆。老舍的《茶馆》《龙须沟》等作品，以其深刻的思想内涵、精湛的艺术表现和鲜明的京味特色，成为中国话剧史上的经典之作，至今仍具有强大的艺术生命力和广泛的社会影响力。

老舍的话剧《茶馆》是中国现代话剧史上的一部杰作。自 1958 年首演以来，它便以其深刻的历史洞察力、精湛的艺术表现力和丰富的文化内涵，成为北京人民艺术剧院的"镇院之宝"，并在中国话剧史上占据了重要地位。该剧以北京裕泰茶馆为历史背景，通过三个幕景展现了近半个世纪的社会风貌和社会各阶层人物的生活变迁。正如老舍所言："茶馆是三教九流会面之处，可以多容纳各色人物。一个大茶馆就是一个小社会。这出戏虽只有三幕，可是写了五十来年的变迁。"[1] 该剧不仅是一部历史剧，更是通过细腻描绘小人物的命运，深刻反映了那个时代中国社会的巨大变革，展现了普通人在历史洪流中的悲欢离合，具有深远的社会意义和文化价值。在艺术表达上，老舍运用了现实主义创作方法，注重人物性格的刻画和心理活动的展现，将北京方言巧妙融入剧中人物的对话中，既凸显了地方特色，又不失戏剧性，充满了浓厚的生活气息和鲜明的时代感。六十余年来，《茶馆》在北京人艺的舞台上始终备受观众追捧。该剧借鉴了戏曲表演的特点，创造出富有浓厚民族气息的表演形式和风格，在一代代中国戏剧工作者的传承中常演常新，使新一代的观众仍有机会亲眼见证其原汁原味的表演。《茶馆》不仅是京味话剧的代表作，更是中国话剧史上的一个里程碑。它的艺术魅力和历史价值随着时间的流逝而愈发凸显，至今仍然具有很高的研究、观赏和教育价值。

此后，一批又一批的剧作家、导演和演员继承和发扬了老一辈戏剧工作者的创作精神。其中，北京剧作家群涌现出众多优秀作品，如锦云的《女儿行》《狗儿爷涅槃》《阮玲玉》

---

1. 老舍 . 答复有关《茶馆》的几个问题 [M]. 中国戏剧出版社，2007:3.

《风月无边》，刘树钢的《一个死者对生者的访问》，白峰溪的《明月初照人》《风雨故人来》，李云龙的《小井胡同》《洒满月光的荒原——荒原与人》《正红旗下》，中英杰的戏剧《灰色王国的黎明》《哥儿们折腾记》，过士行的《鸟人》《棋人》《鱼人》等，[1] 新一代剧作家不断探索和创新，推动了北京话剧的繁荣发展。京味话剧在发展过程中始终与时代同行，不断吸收并融合新的艺术元素和表现手法。无论是在题材内容的选择还是舞台呈现的方式上，京味话剧都展现出了强烈的时代感和创新意识。这种与时俱进的创作态度，使京味话剧始终保持着鲜活的艺术生命力，成为当代话剧发展中一道亮丽的风景线。作为中国话剧史上独具地域特色的流派，京味话剧以其深厚的北京文化底蕴和鲜明的民族戏剧特征，在中国剧坛上独树一帜。其一部部深入人心的作品，深刻地揭示了北京的历史和社会现实，通过幽默讽刺而又充满人情味的笔触，塑造了一个个丰满的人物形象，展现了世代老北京人的生活状态和精神面貌。这些经典剧作不仅深受观众喜爱，更以其独特的艺术构思和语言风格，为京味话剧的持续发展奠定了坚实的基础。

新时代，扎根于北京的戏剧工作者们继承了老一辈的艺术传统，创作出了一批具有艺术价值、获得一众好评的新京味戏剧作品。这些作品在继承京味话剧传统的基础上，极具创新意识地融入了现代舞台创作技法与时代语言，深层次地展现了新北京文化的多样性和历史时代的变迁。北京人民艺术剧院近年来推出了《古玩》《小井胡同》《万家灯火》《永定门里》等重新排演的新老作品；中国国家话剧院推出了《四世同堂》《大宅门》《北京法源寺》《枣树》《豆汁儿》等新经典剧目；北京儿童艺术剧院也推出了《耗子大爷起晚了》《花猫三丫上房了》等京味儿童剧。这些新时代的戏剧创作，为京味话剧的传承和发展注入了新的活力。

在新京味话剧的繁荣发展中，北京风雷京剧团做出了显著贡献。这个历史悠久的剧团，自 1937 年成立以来，一直以京剧表演著称。然而，在团长松岩及其子松天硕的引领下，风雷京剧团突破传统，创新性地将京剧与话剧融合。他们精心打造的京话剧《胡同》系列与"梨园三部曲"——《网子》《缂丝箭衣》和《角儿》，不仅传承了京剧的精髓，更为话剧市场注入了新的活力，创作出雅俗共赏、深受观众喜爱的舞台作品。其中，《角儿》作为"梨园三部曲"的完结篇，讲述了出生于梨园世家的少奎梦想成"角儿"的故事，展现了京剧演员背后的辛酸苦辣和对京剧艺术的热爱与坚守。该剧在舞台设计上也进行了创新，使用直径为 11 米的大转台，以少年和老年两个时期并行演绎的方式，为观众呈现了少奎一生的艺术追求和人生经历。这部剧延续了京味话剧风格，在继承传统文化的同时，赋予作品新的时代内涵和现代表达方式。风雷京剧团对京味话剧的理解和追求，体现了当代戏剧人对京味文化传承与创新的深刻认识。京味特色舞台艺术不仅要在形式上保持京味语言的韵味和京味故事的讲述，更需在题材、舞台和导演等多方面进行探索，以适应新时代观众的多元文化需求。也正是这种开放包容的创作态度，为新京味话剧的发展提供了更广阔的空间。

同样在京味话剧领域做出重要贡献的，是从影视小品转向舞台剧创作的陈佩斯。他近年来推出的"戏台三部曲"中的《戏台》和《惊梦》，虽未明确标榜为京味话剧，但其主创团队的构成和作品的题材内容，都散发着浓郁的北京风情。这两部作品的编剧毓钺，原名爱新觉罗·恒钺，作为恭亲王的嫡系后裔，其独特的家世背景和丰富的人生阅历，为剧

1. 田本相. 中国话剧艺术史 [M]. 江苏凤凰教育出版社，2016:277-318.

作增添了非凡的深度和厚重感。陈佩斯与毓钺的合作，巧妙地将北京的传统与现代、历史与现实融合在一起，展现了北京文化的多面性和时代感。他们的作品不仅为观众提供了一种全新的舞台艺术体验，也为京味话剧的创新发展提供了有益的借鉴。

新京味话剧在保持京味特色的基础上，更加注重艺术创新和时代感的融入，为北京文化的传承和发展做出了重要贡献，也为中国话剧的繁荣提供了宝贵的经验。这些作品在新的时代背景下展现出蓬勃的生命力，使京味话剧成为中国话剧的一个重要流派，以其独特的艺术魅力和文化价值，在中国话剧史上占有重要地位。随着戏剧艺术的不断发展和创新，京味话剧将继续以其独特的魅力，吸引更多的观众，并作为一面社会与历史的镜子，不断获得新生，在舞台上继续生动地演绎。

◆三、新时代北京戏剧的蓬勃发展◆

近二十年来，北京话戏剧演出向着多元化的方向发展，小剧场驻场戏剧、民营剧团与独立制作人逐渐显示出强大的竞争力。戏剧商业化的蓬勃发展，为中国戏剧事业注入了更为丰富的生机与活力。这一趋势是以"独立制作人"的机制为起点的。在20世纪90年代的北京，非官方或半官方的"演出人""制作人"悄然出现，他们为商业戏剧开拓出一条新路。例如，当时的牟森创建了"戏剧车间"，孟京辉成立了"穿帮剧社"，郑铮创办了"火狐狸剧社"，林兆华则设立了"戏剧工作室"等。1993年10月，中国青年艺术剧院和中央实验话剧院与北京汇海广告公司合作，推出了两台话剧《灵魂出窍》和《疯狂过年》，并取得了较好的效果。这两出戏的成功，唤醒了话剧人的市场意识，促进了话剧"独立制作人"制度的诞生，而独立制作人制作的话剧，其鲜明的特点就是重视市场化运作。[1]1999年，孟京辉的《恋爱的犀牛》成为了商业戏剧中实验性与时尚性相融合的成功典范。进入2000年以后，陆续出现的青春剧如《涩女郎》《为你化作流星雨》等也成为商业戏剧的代表作。

2003年，开心麻花以首部舞台剧《想吃麻花现给你拧》开创了"贺岁舞台剧"的先河，并凭借其独树一帜的喜剧风格迅速赢得了观众的喜爱。自此，开心麻花不断创作出众多优秀的原创话剧和电影作品。在演出运营方面，自成立至今，开心麻花已创作出品了百余部舞台剧，其中《乌龙山伯爵》自2010年首演以来，已累计演出近4000场，成为中国舞台剧演出的传奇之作。2019年，开心麻花的演出场次首次突破3000场大关，到2023年，已累计演出超过11000场，足迹遍布全国150余个城市。此外，2008年开心麻花的《疯狂的石头》等五部剧目实现了全年无间断演出，并在全国范围内展开巡演。在过去的数年中，开心麻花有10部语言类作品登上了央视春晚的舞台，也频繁亮相各大卫视春晚和综艺节目，引领了实验性喜剧创新的潮流。2015年，开心麻花制作并发行的电影《夏洛特烦恼》取得了巨大成功，这一由话剧改编的电影不仅口碑票房双收，还一度成为现象级作品，被誉为"华语2D影片票房黑马"。开心麻花成功地将舞台剧作品影视化的做法也引起了业界的广泛关注。

此后，开心麻花陆续推出了《驴得水》《羞羞的铁拳》等热门院线电影，以及票房和口碑均不俗的《西虹市首富》《李茶的姑妈》，还有获得金鸡奖提名的《半个喜剧》等作

---

1. 宋宝珍. 心境情境——中国话剧的人文景观 [M]. 北京时代华文书局，2015：303.

品。同时，他们也培养了一批深受观众喜爱的优秀艺人，包括集创作与表演才华于一身的闫非、彭大魔、宋阳，以及喜剧界的沈腾、马丽、艾伦、常远等，他们都是活跃在喜剧创作领域的编剧、创作者和演员。开心麻花的成功，得益于其对喜剧艺术的不懈追求和对市场需求的精准把握，更离不开其在全产业链布局上的前瞻性和创新力。

与开心麻花专注喜剧不同，另一个具有代表性的驻场戏剧团体是繁星戏剧村，它展现了多元发展的特点。繁星戏剧村位于北京市西城区宣武门内大街抄手胡同64号，是集戏剧创作、剧场运营、驻场演出、艺术衍生品设计开发、主题餐饮和文艺书店等为一体的跨界文化体验型艺术园区。作为中小剧场集群中的佼佼者，繁星戏剧村以其独特的空间布局和演艺新空间理念脱颖而出。这里不仅是当代青年戏剧爱好者的聚集地，也是当代青年艺术家展示才华的舞台。繁星戏剧村拥有五个风格各异的小剧场，近年来，其演出内容丰富多样，涵盖了话剧、音乐剧、形体戏剧、儿童剧以及多种实验戏剧等。通过戏剧演出、展览、沙龙等多种形式，繁星戏剧村活跃了广大人民群众的文化生活，让观众在同一区域内游走于各种空间之间，体验互动与艺术张力。为了适应年轻观众对不同剧目的喜好和需求，繁星戏剧村不断推出具有创新精神的戏剧作品。近年来，剧村还推出了多部沉浸式互动作品，如环境式摩登民国剧《今日有囍》；又如环境式悬疑剧《朱莉小姐》，通过舞台设置和互动环节的创新，为观众带来了新鲜且富有时代气息的观剧体验。

繁星戏剧村不断探索和创新，致力于打造演艺新空间集群，推动演艺与商业、旅游的深度融合，为观众提供更加丰富多彩的文化体验。演艺新空间的演出通常采用驻场形式，这意味着剧场空间需要根据每部剧目的主题进行个性化改造，从而为观众营造一个专属而独特的观剧环境，增强了沉浸感。在这种模式下，单一剧目的演出周期较长，有利于剧目的长期口碑积累，也对运营团队提出了更高的要求。此外，演艺新空间通过融合新的消费模式，转变为一个集观剧、休闲、社交功能于一体的多功能场所。观众在享受戏剧魅力的同时，不仅可以品尝咖啡，还能进行社交互动，从而收获丰富的观剧体验。这种新型的观剧模式更加贴近当代年轻人的生活方式，满足了他们对文化消费的多元化需求。

思考题：

1. 戏剧艺术的本质特征是什么？具有什么样式分类？
2. 对戏剧艺术的审美意趣可体现在哪些方面？
3. 戏剧美的价值在于什么？说说你曾被戏剧艺术打动或影响的经历。
4. 戏剧艺术中包含的"京味"戏剧形态有哪些？特点为何？请试举一例。

第十章

绘画之美

本 章 概 述

　　本章主要以美术中的绘画为切入点，探讨中西方美术中的绘画语言、审美特征，并将以中国画为代表的东方体系与以油画为代表的西方体系进行比较，从渊源、形式语言、风格流派等角度深入阐述绘画之美。为了深入挖掘北京地域美术特色，本章特别注重凸显北京的文化韵味，聚焦北京近现代美术的发展历程，从北京民国时期的美术社团与代表流派，到北京的艺术生态环境；从主流画家到北漂艺术家，从学院派到画廊，再到各种展览和赛事，全方位地了解北京地域风格的美术。为了便于学生更好地掌握知识，本章将先从理论角度论述美术的审美，然后完善学生对北京美术的感知与认同。通过学习本章，学生应能掌握基本的绘画语言，学会运用所学知识欣赏绘画作品，提升自身的审美能力，并了解北京作为首都在美术领域的独特定位。

第一节 绘画艺术的审美特征

　　绘画是造型艺术中最主要的一种艺术形式，它运用线条、色彩和形体等艺术语言，通过构图、造型和设色等艺术手段，在二维空间（平面）里塑造静态视觉形象。绘画的种类繁多，从使用的材料、工具和技法来划分，可分为中国画、油画、版画、水彩画、水粉画、丙烯画、壁画、漆画等；从题材内容来划分，则包括肖像画、风景画、风俗画、历史画、宗教画、动物画等。绘画是一门源远流长的古老艺术，迄今发现的最早作品可追溯至一万五千年前的旧石器时代晚期，如西班牙阿尔塔米拉和法国拉斯科的岩洞壁画。这些作品表明，绘画在人类社会产生初期就备受追捧。此后，绘画逐渐成为人们广泛运用的一种艺术表现形式。单幅绘画能让参观者一览全貌，把握主题与美感，获得完整的审美感受；而多幅组画则能展现不同的主题，丰富参观者的视觉体验。同时，绘画具有极强的模仿能力，正如"艺术即模仿"的观点所言。根据模仿论的观点，一幅画的审美价值在于它所描绘的内容。绘画通过透视、色彩、光影等方式，能够表现事物的纵深和各个侧面，形成视觉上的立体感和逼真的效果。绘画的表现领域十分广泛，创作主体可以根据自己的经验描绘取材于社会和自然的一切可视形象，以及从现实生活的体验中衍生出来的幻想视觉形象。

◆一、绘画语言之美◆

　　绘画又称"视觉艺术"或"空间造型艺术"，它是运用色彩、线条和构图，在二维空间里表现物象的形体和神韵，再现现实生活，反映生活的美丑属性，表达人们的审美意识和作者审美体验的一种艺术形式。[1]美术最重要的审美特征是造型性。它运用形、光、色，以及点、线、面等造型手段，构成一定的艺术形象，使人在审美欣赏过程中，通过联想，将凝定的画面或塑像还原为活动的情景和事物发展的过程，从而感受到作品所具有的审美意义和艺术意味。绘画艺术长于描绘静态的物体，其主要审美特征是具有可视性。[2]

　　绘画种类繁多，范围广泛。从全球视角来看，绘画主要分为以中国画为代表的东方绘画体系和以油画为代表的西方绘画体系，它们各自承载着独特的基本特征和文化理念。

（一）线条

　　线条是绘画的基本元素之一，对于绘画者来说，掌握好线条的绘制技巧至关重要。线条不仅能够勾勒出物体的轮廓，还能传达画家的情感和风格。可以说，没有线条，绝大部分画作将失去光彩。在生活中，我们处处可以见到各种形态的"线"，而不同形态的"线"会给人带来不同的感受。例如，飘带般的线，我们会感受到一种自由与活力；

线条的多角度理解

水平线则让人联想到大草原或大海，传递出平静与稳定的气息；斜线则给人以倾倒、动荡、不稳定和运动的感觉；曲线则显得柔和；乱线则让人感到烦躁；网格线给人以规矩之感。线条的粗细、弯曲程度以及是否断续等变化，都能传递出不同的情感和视觉效果。

---

1. 彭吉象. 美学原理 [M]. 北京大学出版社，2019.
2. 张文刚. 中国现代文艺鉴赏理论概观 [M]. 当代世界出版社，2001:223.

东西方艺术家都注重对线条的运用，但各有侧重。中国画在运用线条时更注重表现情感和韵律。作为东方绘画的典型代表，中国画重视笔墨勾画，线条不仅具有界定形状的功能，还能展现画家的思想感情和审美追求。线条的长短粗细、轻重快慢、疏密干湿等变化相互交错使用，能够表现出丰富的内容，具有鲜明的层次感。但线条并非仅仅是对画面的附加与雕琢，它还用来营造意境和氛围。例如，山水画中的"留白"技法，就是通过线条与空白的对比，创造出深远的空间感。总之，中国绘画追求的不仅是造型的准确，更重要的是通过线条的流动和变化来表现意境、气韵与情感。

在西方绘画中，线条同样是一种强有力的语言，它不仅仅作为简单的边界标识，更承载着艺术家的情感和创作意图。从文艺复兴时期开始，线条就被赋予了更多的表现力。例如，在达芬奇的作品中，线条精确而细腻，能够精准描绘出人物微妙的表情变化和自然界的精细纹理。到了巴洛克时期，鲁本斯等艺术家则巧妙地利用线条的强烈对比和动感，进一步增强了画面的戏剧性效果。进入现代艺术阶段，线条的使用变得更加自由和多样。如立体主义画家毕加索和布拉克，他们通过断裂和重组线条的方式，挑战了传统透视法，创造出多视角并存的独特画面，而表现主义画家蒙克，则运用扭曲和夸张的线条，深刻传达了内心的恐惧和焦虑。

（二）色彩

色彩的审美特征是一个复杂而多维的概念，它不仅关乎色彩本身的物理属性，如色调、明度和饱和度，还涉及色彩在不同文化、历史和社会背景下的象征意义及情感表达。霍夫曼在《20世纪绘画》中这样写道："画家就像一个音乐家变换七个琴键，他将根据他的意图调整线条、调子和色彩。使色彩和线条服从于激发他的感情，画家因此就成了一个诗人，一个创造者。"现代著名画家康定斯基认为："色彩形式应该在画布上处理得像管弦乐谱的音符那样清楚"。色彩不仅在表达人的情绪上，而且在表现外界环境的情绪方面，都是和外在有联系的——黄的是泥土，蓝的是天空，黄的是粗率的和讨厌的，令人烦恼，蓝色是纯净和永恒的，意味着外界的和平。[1]

中国绘画中色彩的运用具有独特性。艺术家在绘画时，往往将色彩分别平涂在人体或物体的各个部分上，较少使用混合和过渡性的色彩，最典型的例证便是中国民间绘画中的脸谱。因此，在中国绘画中，色彩的明暗深浅等层次变化技巧的运用并不常见。

中国绘画中色彩的观念则显得尤为复杂。作为一个文化历史源远流长的国家，中国传统色彩观拥有悠久的历史，其中影响最为深远的是五色观。《周礼·考工记》中记载："画缋之事，杂五色。东方谓之青，南方谓之赤，西方谓之白，北方谓之黑，天谓之玄，地谓之黄。"中国画的"五色观"强调在绘画中运用五种基本颜色（青、赤、黄、白、黑）来表现自然景物和人物形象。中国传统的"五色观"与"阴阳五行说"相结合，从自然中汲取灵感。"五色观"不仅对应天地、阴阳、方位、季节、声音，还与五脏、五味、五气紧密相连，关乎人们内心的声色与动静。因此，在中国绘画中，色彩除了代表颜色本身的意义，还承载着政治、哲学、观念、道德等诸多深层次的内涵。

西方绘画中的色彩是与科学的完美结合，体现在两个方面：一是透视学和解剖学的应用。在西方绘画中，色彩不仅仅是为了美化画面，更是追求写实主义的一种重要手段。特

---

1. 赫博特里德. 现代绘画简史 [M]. 上海人民出版社，1997:109.

别是在文艺复兴时期，艺术家开始将透视学和解剖学的知识融入绘画创作中，利用色彩来塑造物体的立体感和光影效果。二是光与色的研究。到了19世纪，随着自然科学的发展，艺术家开始深入研究光的性质以及色彩与光的关系。例如，印象派画家通过对光线和色彩的科学观察，创造了分裂色彩技法，用色彩的变化来捕捉光线的瞬间变化。

西方绘画中的色彩是与情感的统一表达。西方绘画中的色彩不仅是对现实的再现，更是艺术家情感和思想的传达。例如，浪漫主义画家用热烈的色彩来表达个人情感和对自然的赞美。同时，色彩也是象征意义的载体。在西方绘画中，蓝色常常象征宁静和神圣，红色则象征热情和革命。这些色彩的运用使画作具有更深层次的思想和情感内涵。

西方绘画中的色彩是与形式的有机融合。这种融合主要表现在色彩与形式的统一上。在西方绘画中，色彩不仅是构成形式的关键要素，艺术家还通过巧妙的色彩运用来强化作品的构图和形式感，使色彩与形式相互映衬，共同营造出强烈的视觉冲击力。此外，西方绘画还强调色彩的动态感，通过色彩的对比和过渡，生动地表现出物体的运动和时间的流逝，赋予画作以生动和活力。

随着时代的变革，西方绘画的色彩观念与审美观念也在逐渐演变。例如在巴洛克时期，艺术家用富丽堂皇的色彩来反映当时社会的热情和奢华氛围，而到了现代艺术阶段，色彩则呈现出多元化和自由化的特点，反映了现代社会的多样性和复杂性。在技术革命的浪潮之下，材料与技术不断革新，西方绘画在色彩的运用上也在不断探索新的材料和技术。油画技法和数字技术等新技术的应用，为西方绘画的色彩运用带来了更多新的可能性和表现力。

（三）构图

构图是表现作品内容的重要因素。它不仅关系到艺术作品的视觉效果，也影响着作品能否有效地传达预定的思想内容，因此构图是作品中全部绘画艺术语言的组织方式，是形式美的集中体现，是揭示形象的全部手段的总和。[1]

关于中国画中的构图，古人已有多种讨论，如谢赫"六法论"中提到的"经营位置"一法，就是构图法，谢赫把它排在第五位。张彦远说："经营位置则画之总要。"荆浩《画说》："人徘徊，山宾主，树参差，水曲折。"沈宗骞《芥舟学画编》："拆开则逐物有致，合拢则通体联络"，以上种种都可见构图在绘画中的重要性。叶浅予曾在《中国画的构图讲述提纲》中提到"中国画的构图法千变万化，不像西洋画经常受到视点的限制。画家可以随心所欲，看怎样能充分表现内容来决定，不受视点束缚，是中国画构图规律之一"，[2]并撰写了一首布局歌以总结中国绘画的构图要义：

> 布置无定局，机运自造物；
>
> 合情方合理，合理便成局；
>
> 布局在相势，呼应定开合；
>
> 天地交相让，宾主不争夺；
>
> 对称见平衡，居中是正局；
>
> 奇偶合勾股，取角成偏局；

---

1. 蒋跃．绘画构图与创作 [M]．安徽美术出版社，2012:3.
2. 黄宾虹．百年大师经典：叶浅予卷 [M]．天津人民美术出版社，2021:71.

相托而相生，疏密贯虚实；
实中要见虚，疏中要见密；
取大以观小，高瞻而远瞩；
空间大无限，视野容飞越。

◆二、中西方绘画的审美特征与美学观念◆

在绘画艺术的世界里，中西方绘画各自展现了独特的审美特征。这些特征不仅体现在绘画技法上，更深刻地蕴含在其文化内涵与审美追求之中。中国画强调意境与笔墨的和谐统一，追求"气韵生动"的境界，通过水墨的酣畅淋漓、线条的流畅自如来展现自然之美，深刻体现了东方哲学中天人合一的思想，而西方油画则注重光影与色彩的运用，凭借细腻的笔触和层次分明的色彩，精确地表现出物体的质感和空间感，充分展现了西方文化中的人文主义精神和科学理性。

（一）中国绘画的审美特征

1、形与神

形与神是中国绘画审美追求的核心，体现了中国艺术的独特魅力。形与神的结合，不仅使中国绘画在表现手法上更加丰富多样，还赋予了它更高的艺术价值。形，作为绘画的基础，指的是作品在视觉上与所绘对象相似。同时，中国绘画还强调形神兼备，即在形似的基础上，更加注重作品的内在精神和情感表达。神似，则指的是作品能够超越外在形象的局限，传达出所绘对象的内在精神和气质。在中国绘画史上，关于形神问题的讨论与争议一直持续不断。顾恺之在《论画》中讲：凡生人亡有手揖眼视而前亡所对者，以形写神而空其实对，荃生之用乖，传神之趋失矣。[1]顾恺之认为人物画的核心是"以形写神"。

形与神相辅相成，形是神的基础，神则是形的灵魂。二者相互依存，不可分割。以形传神，往往需要通过精细的观察和细腻的表现手法，使作品在形似的基础上达到神似，从而传达出对象的内在精神。中国绘画追求的最高境界，便是在形似的基础上，通过笔墨、构图等手法，使作品形神兼备，展现出独特的艺术魅力。在工笔与写意两种绘画风格中，形神也有不同的体现。工笔画注重细节的刻画，追求形似的同时，也通过细腻的笔触传达出对象的神韵，而写意画则强调以简练的笔触表现对象的神韵，不拘泥于形似，更注重意境的创造。山水画常常通过山川、云雾等自然元素的巧妙运用，创造出一种超脱现实、意境深远的艺术境界。因此，形与神在绘画创作中发挥着重要作用。中国绘画创造出的这种超越形象、意境深远的艺术境界，正是形与神理念的体现，它蕴含了中国传统文化的精神内涵，是中华民族艺术宝库中的重要组成部分，展现了中华民族独特的审美情趣和文化精神。

2、意境

中国绘画美学中的意境是指通过艺术创作所营造的一种超越具体形象、富有诗意和哲理的抽象情感和氛围。意境是中国画的灵魂，它体现了画家的主观情感和对自然、生活的深刻感悟。意境的创造，不仅要求画家具备深厚的艺术功底，还需要拥有丰富的想象力和创造力。

---

1. 俞剑华. 顾恺之研究资料 [M]. 人民美术出版社，1962: 68.

意境是画家情感的流露，通过作品传达出画家对自然、生活、人生的感悟和体验。它往往蕴含着深刻的哲理，反映了画家的人生观、价值观和宇宙观。意境追求诗意美，通过艺术手法创造出一种如诗如画的艺术境界，能够激发参观者的想象力，使参观者在欣赏作品时产生联想和共鸣。美的光芒源自心灵的深处，没有心灵的映射，美便无从谈起。瑞士思想家阿米尔说，一片自然风景是一个心灵的境界。[1]

意境的创造主要通过笔墨、构图、虚实对比和意象的呈现来实现。通过笔墨的浓淡、干湿、疏密等变化，可以创造出丰富的视觉效果和情感表达；巧妙的构图设计，则使画面形成和谐、平衡、统一的美感；虚实的对比和转换，进一步营造出空灵、超脱的艺术境界；而意象的创造和运用，则为作品赋予了丰富的象征意义和哲理内涵。以黄公望的《富春山居图》为例，该作品通过简练的笔墨和独特的构图，营造出一种超脱尘世、与自然和谐共处的意境。画面中的山水、树木、云雾等元素，不仅具有形象的美感，更蕴含着深刻的哲理和情感，使参观者在欣赏时能够产生联想和共鸣。

3、格调

格调通常是指作品所展现出的风格、品味和艺术境界。它不仅体现在作品的形式和技巧层面，更深刻地蕴含在作品所传达的精神内涵和美学追求之中。作为评价绘画艺术价值的重要标准之一，格调也是艺术家个性和创作理念的直观体现。例如，王希孟的《千里江山图》以其雄浑的气势、丰富的色彩层次和宏大的构图，生动展现了壮丽的江山景色。该作品的格调雄浑壮阔，充分体现了作者对自然景观的深切热爱和对国家河山的崇高赞美，而王冕的《墨梅》则以简练的笔法、高洁的意境和匠心独运的构思，传神地展现了梅花的高洁之美。该作品的格调奇峭清新，深刻反映了作者对梅花精神的由衷赞美和对艺术创新的不懈追求。

4、气韵

在中国传统绘画艺术中，"气韵"是一个至关重要的美学概念，堪称中国绘画艺术的灵魂。它是指画作中所蕴含的生命力和节奏感，是画家借助笔墨技法所展现出的独特艺术魅力。气韵不仅彰显了作品的生命力和动态美，还深刻蕴含了画家的情感和精神气质。在"六法论"中，"气韵生动"被置于首位，足见其在中国画评价中的重要地位，被视为最高标准之一。中国绘画中的气韵生动，既体现在对自然景物的细腻描绘上，也体现在对人物形象的传神刻画中。画家巧妙地运用墨色的浓淡干湿、线条的粗细曲直等技法，将自然与人物的内在精神与气质生动地呈现在画布之上，赋予画作一种鲜活而深邃的生命力。

综上所述，中国绘画在形与神的表达上更侧重于神似。它强调通过简约的线条和墨色变化，表现出物体的神韵和内在精神，而非单纯追求光影效果的真实再现。尽管中国绘画中也不乏细腻的笔触和丰富的色彩，但其核心在于通过艺术手法捕捉并展现物体的内在生命力。在意境的营造上，中国绘画则更注重笔墨的运用和画面的布局，以此营造出一种超越画面具体形象的深远意境，给人以无尽的遐想与回味。此外，中国绘画强调画家的个人修养与气质在作品中的体现，其格调往往与画家的品格、学识、阅历等密切相关，从而赋予作品一种独特的文人气质。

---

1. 宗白华. 中国文化的美丽精神 [M]. 武汉：长江文艺出版社，2015:144.

（二）中国绘画的美学观念

1、书画同源

书法和绘画都极为注重线条的运用，通过线条的粗细、曲直、疏密等丰富变化来塑造艺术形象并传达情感。我国古代众多书画家都认同"书画同源"的理念。中国的绘画与文字常被视作源自同一根源，而甲骨文作为中国最早的成熟文字系统，其发展历程为我们深刻理解书画同源提供了生动例证。甲骨文中的线条运用，为后世的书法和绘画艺术提供了宝贵的启示。无论是刻在龟甲和兽骨上的文字、陶器上刻划的符号，还是青铜器上刻铸的图像，都可视作早期绘画的雏形。这也预示着书法和绘画在艺术表现手法、审美追求和文化内涵等方面存在着诸多共通之处。唐代张彦远在《历代名画记·叙画之源流》中记载："颉有四目，仰观垂象。因俪鸟龟之迹，遂定书字之形，造化不能藏其秘，故天雨粟；灵怪不能遁其形，故鬼夜哭。是时也，书画同体而未分，象制肇创而犹略。无以传其意，故有书；无以见其形，故有画。"这段记载被视为对"书画同源"说最早的阐述。元代大画家兼书法家赵孟頫则云："石如飞白木如籀，写竹还应八法通。若也有人能会此，须知书画本来同。"赵孟頫强调中国绘画应以"写"代"描"，即用书法的笔法来创作绘画。书法的用笔技巧是中国画造型的重要语言，离开了书法的用笔，就难以真正领略中国画的精髓。因此，中国画本身蕴含着强烈的书法趣味，其线条、墨韵无不透露出抽象之美，展现出独特的审美价值。

2、天人合一

天人合一是中国绘画所追求的一种至高美学境界，它强调人与自然、人与社会的和谐共生，并视艺术为表达这种和谐关系的重要媒介。在中国绘画中，无论是山水画、人物画还是花鸟画，都着重表现人与自然的关系。画家们通过对自然景物的细腻描绘和对人物形象的生动刻画，传达出对天人合一理念的深切追求。他们运用笔墨来抒发对自然景观的感悟和理解，这种美学境界强调的是画家与自然之间的深刻对话。通过观察自然、体验自然，画家们能够敏锐地捕捉到自然界的生命力和节奏感，并将其巧妙地转化为绘画语言。在山水画中，天人合一的境界体现得尤为淋漓尽致。画家们巧妙地运用山川、云雾、流水、亭台楼阁等元素，营造出一种超凡脱俗、与自然和谐共融的意境。对此，美学家宗白华在中西艺术精神比较后指出："中国画和诗，都爱以山水境界做表现的中心，和西洋自希腊以来拿人体做主要对象的艺术途径迥然不同。"山水画不仅是中国绘画中成就斐然的领域，更是中华文化和美学精神精髓的集中体现。

中国绘画的两大流派——工笔画与水墨画，各自展现了独特的意境之美。无论是工笔还是水墨，中国画家都试图通过笔墨来传达人与自然和谐相处的哲学理念。工笔画凭借精细的笔触和丰富的色彩，展现出细腻入微、生动逼真的艺术效果；而水墨画则运用简约的线条和墨色的浓淡干湿变化，营造出空灵深远、意境悠长的艺术效果。这两种绘画形式在技法与审美上各具千秋，共同构筑了中国绘画艺术的丰富内涵。

（三）西方绘画的审美特征与美学观念

西方绘画注重色彩的表现力和象征性。例如，梵高的《星月夜》运用明亮的色彩和夸张的手法，充分展现了画家内心的激情与对自然的热爱。在构图上，西方绘画追求平衡、对称与和谐之美。在笔触上，西方绘画多变且丰富，既有细腻入微的描绘，也有粗犷豪放的表现。莫奈的《睡莲》通过细腻的笔触和丰富的色彩变化，细腻地展现了自然之美与光影的变幻，而梵高的《星月夜》则以其独特的笔触，赋予画面中的物体以灵动之感，色彩虽较莫奈的《睡莲》更为简单直接，却强烈、活泼且不失自然韵味。

西方绘画注重透视法的运用，通过光影的巧妙变化来塑造形体和营造空间感。例如，达·芬奇的《蒙娜丽莎》以其精心设计的构图和透视技巧，创造了独特的空间感和深度；莫奈的《鲁昂大教堂》系列画作，则通过光影的细腻变化，展现了教堂在不同时间段下的多样面貌。

西方绘画艺术拥有悠久的历史和丰富的传统，其美学观念多元且包容，随着不同的历史时期和艺术流派而不断发展变化。达芬奇的《蒙娜丽莎》不仅展现了文艺复兴时期对现实主义和理想美的追求，还反映了西方文化的发展和变迁，同时体现了艺术家对美、艺术和生活的深刻理解和独特见解，而梵高的《星月夜》则传达了浪漫主义和表现主义的情感，展现出截然不同的艺术风格。当然，在某些时期，西方绘画还承担了社会批判的功能，艺术家们通过作品来反映和评论社会现象，如德拉克罗瓦的《自由引导人民》和毕加索的《格尔尼卡》等。

达·芬奇的《蒙娜丽莎》

西方绘画在形式语言上尤为注重画面的形式和结构，通过构图的平衡、对称或动态布局来巧妙地引导参观者的视线和情感走向。色彩在西方绘画中同样扮演着重要的角色，从文艺复兴时期追求色彩的和谐之美，到印象派对光与色的深入探索，色彩不仅被用于再现现实，还被用于表达情感和氛围。西方绘画常常与哲学思想紧密相结合，反映着时代的文化和哲学观念，如存在主义、超现实主义等。西方绘画强调艺术家个人的独特视角和创作自由，积极鼓励艺术家勇于表达个性和追求创新。因此，流派众多且各具特色。在某些艺术流派中，如表现主义的艺术家们更注重通过色彩和形式的强烈表现来传达内心的情感波动和精神状态，而非仅仅追求外在形象的再现。

文艺复兴以来的写实绘画主要运用透视法和解剖学知识，以及"事物看起来应该如何"的理论，在人为创造的画室环境中再现物体。画家让模特在画室内摆好姿势，利用由明渐暗的光影变化来画出人物的三维立体效果。19世纪学院派的大师，如大卫、安格尔、库尔贝等将其发展到难以超越的高度。然而，照相机的发明和摄影术的发展给肖像画带来了巨大的冲击，促使年轻画家思考绘画的新出路，并在色彩方面寻求突破。传统绘画往往忽略自然光源，导致画面多呈灰暗色调。印象派画家如马奈、莫奈等发现，色彩的变化受光色的影响。对光与色的探索，成为他们表达情感和营造氛围的重要手段。在现代艺术中，形式和结构成为重要的艺术语言，如立体主义、抽象表现主义等流派，它们探索形式本身的美和表现力。与注重写实、追求物体外形精确描绘与光影效果真实再现的传统西方绘画不同，现代艺术往往通过简洁的笔触、强烈的色彩对比和创新的构图来展现艺术家的主观情感和创意。在格调方面，西方绘画既有古典主义的庄重典雅，也有浪漫主义的激情奔放，还有现代主义的创新与反叛。这些不同的艺术风格和流派与中国绘画有着显著的区别，展现出东西方绘画在审美追求和艺术表达上的独特性。

在西方绘画的美学观念中，早期阶段模仿自然被视为艺术的最高目标，画家们试图通过绘画精确地复制自然界的形态和色彩。同时，西方绘画也常常追求理想化的美，如古希腊雕塑和文艺复兴时期的人体比例，体现了对完美形态的执着追求。然而，在表现主义等流派中，画家更注重通过色彩和形式的运用来表达内心情感和精神状态，而非仅仅追求外在形象的再现。到了 20 世纪初，抽象艺术和象征主义的兴起，标志着西方绘画开始探索超越具体形象的表达方式，通过抽象的形式来传达更深层的意义。在这一过程中，西方绘画始终强调画家个人的独特视角和创作自由，画家的个性和创新在艺术创作中占据着举足轻重的地位。此外，在某些时期，西方绘画还承担了社会批判的功能，画家通过作品来反映和评论社会现象，展现了艺术的社会责任感。

综上所述，中西方绘画艺术在审美特征上各有千秋。通过对形与神、意境、格调、气韵等方面的深入探讨，我们可以更加全面地理解中西方绘画艺术的魅力所在，并深刻认识到中国绘画所独有的美学价值。

第二节 北京近现代美术发展概况

◆ 一、民国前期的美术社团 ◆

民国前期，艺术社团的蓬勃兴起成为近现代艺术史上一个鲜明的现象。北京作为新文化运动的策源地，美术社团如雨后春笋般涌现，北京的艺术家们在 20 世纪 20 年代前后相继成立了宣南画社、中国画学研究会、松风画会、湖社画会等社团。这些社团大多由志同道合的艺术家组成，他们通过组织展览、交流技艺、研讨艺术理论等方式，推动了北京美术的发展。此外，社团还通过举办美术展览、音乐会等开放性的活动和创办学术期刊，搭建了艺术传播的平台，起到了普及艺术知识、提高大众艺术修养的作用。

宣南画社成立于民国初期，由余绍宋及其若干同事发起，并邀请著名画家汤定之指导组织。汤定之被誉为松梅圣手，其代表作品有《墨松》《隶书》《山水四屏》《御霜簃图》《墨梅》等。后来，梁启超、姚华、陈师曾、贺良朴、林纾、萧俊贤、陈半丁、沈尹默、萧嶙、郁曼陀、王梦白等人也相继加入。宣南画社在民国初期北京美术社团的创立中起到了开创性的作用。

松风画会成立于 1925 年，以劲松品格为精神和艺术宗旨，每位会员均取一个含有"松"字的别号。该画会由清室贵胄、清廷遗老、遗臣及宫廷画家结社而成立，主要发起人有溥雪斋、溥毅斋、关松房、溥心畬、惠孝同五位，早期会员有清廷遗臣陈宝琛、罗振玉、宝熙等。不久以后，又有溥松窗、祁井西、启功等人加入。松风画会以传统为主导，以切磋笔墨功力为平台，吸引了以新知识和科学为趣味的艺术家、文人、社会名流加入。它是近代继承、弘扬国粹文化的重要书画团体之一，与宣南画社、中国画学研究会、湖社画会共同奠定了京津画派的基础。

除了宣南画社和松风画会，民国时期北京的艺术社团组织中影响较大的还有中国画学研究会和湖社画会。这两个社团不仅吸引了众多本地画家加入，还吸引了来自全国各地的艺术家前来交流学习，形成了浓厚的艺术氛围。

中国画学研究会成立于1920年5月，由金城、陈师曾等艺术家发起创立。该社团以"精研古法，博采新知"为宗旨，致力于弘扬中国传统文化，推动中国画学的创新与发展。金城不仅是该社团的创始人之一，也是一位杰出的画家和富有远见的领导者。在他的带领下，中国画学研究会汇聚了当时最负盛名的艺术家和收藏家，通过招生授徒、举办展览等方式，培养了大量的美术人才，为后来的美术界输送了新鲜血液。

湖社画会则是由金城之子金开藩及金门弟子于1926年12月创立的，作为中国画学研究会的后继者，它在继承前者的基础上，更加注重学术研究和艺术创新。该社团的成立得到了当时社会各界的广泛支持，影响力逐渐扩大，成为北方地区乃至全国范围内的知名美术学术组织，成员多达200余人。中国画学研究会和湖社的画家们创作了许多具有极高艺术价值的作品。金城的山水画以其深邃的意境和细腻的笔触赢得了广泛赞誉；陈少梅的《西园雅集图》则以其独特的构图和生动的人物形象成为了中国画坛的经典之作。此外，中国画学研究会还培养了胡佩衡、刘子久等杰出画家，他们的作品在中国画坛上占有一席之地。湖社画会则汇聚了马晋、陈半丁、溥儒等一批优秀画家，他们的作品风格各异，但都体现出了对传统中国画学的继承与创新。

◆二、"京派"画家及作品◆

随着国画艺术团体的发展、交流与融合，特别是在中国画学研究会的发展过程中，广泛吸纳了来自京津两地及河北的画家。"京派"指的是活跃在北京、艺术主张相近的画家群体，他们与同期的岭南画派和上海画派形成鼎足之势，在中国现代绘画史上占据着重要地位。

"京派"叶画

"京派"画家大多深受中国传统文化熏陶，他们既注重传统笔墨技法的运用，又勇于创新，将西方绘画技法融入中国传统绘画之中，形成了独具特色的艺术风格。在创作题材上，"京派"画家多聚焦于现实生活，以北京的风土人情、名胜古迹等为描绘对象，展现了北京地区的独特魅力。

"京派"拥有众多杰出的艺术家。然而，由于时间的久远，一些画家逐渐被后来的画界淡忘了。其中，人物画家有徐燕荪、吴光宇、刘凌沧、潘絜兹、王叔晖、郭慕熙、黄均等；山水画家有溥雪斋、溥心畬、启功、吴镜汀、萧谦中、谢子衡等；花鸟画家则有陈半丁、王雪涛、汪慎生、刘继瑛等；动物走兽画家有马晋、曹克黉、曹克家、吴伯康、吴仲康、何镜涵等。这些画家均来自中国画学研究会和湖社，中华人民共和国成立后大多加入了中国美术家协会，成为该会会员。

与此同时，北京地区的中国画家们在吸收西画观念和技巧方面不断探索，将其融合为中国画的创造元素。他们中，一条路线是坚持传统，陈师曾、齐白石等人是这条路线杰出的代表人物；另一条路线则是"以西润中"或"中西融合"，徐悲鸿、蒋兆和、黄胄等人在这方面做出了杰出的贡献。他们各自在绘画领域有着深厚的造诣和独特的艺术风格。齐白石作为京派画家的代表人物之一，他的花鸟画作品以笔墨简练、形象生动而著称。他善于运用水墨的干湿浓淡来表现花鸟的神韵，画面清新自然，富有生活气息；而另一位京派画家徐悲鸿，则以其独特的写实主义风格而闻名。他的画作线条流畅、色彩丰富，尤其擅长表现马的神态和动感，给人以强烈的视觉冲击。

京派画家不仅代表了京派绘画的高度，还与南北两派共同推动了中国绘画由传统向现代的转变，促进了中国美术的发展。

第三节 北京当代美术生态

2006 年，北京市政府明确提出"十一五"期间将文化创意产业提升为支柱产业。此后，798、宋庄等地被冠以文化创意产业园区或艺术园区的称号。这些园区集聚了一部分当代艺术家，他们之前曾在 20 世纪 90 年代的圆明园画家村、朝阳区亮马桥东侧的画家东村、本世纪初的昌平上苑艺术家村落等地活动。主流艺术机构的"二厂时代"与另类艺术的 798 仅一路之隔，这种并置的特殊地理位置成为了当代艺术家的集聚地。通州宋庄的北漂艺术家也应属于这一范畴。如今，北京当代美术领域集北京国际设计周、画廊周、北京未来论坛、北京科技周等活动于一体，展现出了现代与多元的发展趋势。

◆一、当代主要画派与艺术区◆

（一）北京写实画派

北京写实画派最初由艾轩、杨飞云、王沂东等人发起，当时共有 13 人。后来，陈逸飞加入其中。2005 年 3 月，该画派正式更名为"中国写实画派"，成员也扩大到 30 人，包括艾轩、杨飞云、王沂东、陈逸飞等在内。这些画家在油画创作上风格各异，但都致力于用本源的油画语言与内涵传承中国文化，提倡严谨的艺术表达方式。他们运用西方绘画技巧，赋予作品中国传统的文化精神，题材广泛，涵盖风景、人物等多个方面。他们崇尚理性精神和传统文化，坚持从油画语言的"本源"和油画内涵的"本质"出发，吸收西方油画精华，融入本土深厚的文化内涵，成为中国本土油画市场的主导者。

（二）艺术区

1. 圆明园画家村

圆明园画家村是 1989 年至 1995 年期间存在的一个艺术聚集地。一群毕业于北京艺术院校的艺术家，主动放弃了国家分配的工作机会，自发聚集于此，形成了京城较早的流浪艺术家群体。这些艺术家以其自由择业的勇气和独特的艺术追求，不仅为后来的艺术家们树立了榜样，也深刻影响了当代艺术界的氛围。然而，1995 年，由于各种原因，圆明园画家村在地理上逐渐消失，许多艺术家也离开了这个曾经的艺术圣地。尽管圆明园画家村已经不复存在，但它在艺术史上的地位和影响仍然被后人铭记。这里涌现出了许多杰出的

189

艺术家，如华庆、张大力、牟森、高波、张念、康木等。他们的艺术风格各异，例如，张大力的作品颜色鲜艳强烈、构图简单朴实、笔触率直厚实，倾向于具象表现；而张念则是一位行为艺术家，他多聚焦于历史题材，通过一系列历史影像和历史绘画作品，展现出历史的震撼力。

2. 宋庄原创艺术聚集区

宋庄原创艺术聚集区坐落于北京通州区宋庄小堡环岛西南角，园区内文化氛围浓厚，艺术形式多样，人文景观丰富，随处可见各种艺术涂鸦。这个园区的建立，为宋庄的艺术发展注入了重要动力。

3. 798 艺术区

798 艺术区位于北京市朝阳区酒仙桥路，其前身为苏联援建、东德设计建造的重点工业项目——718 联合厂中的 798 厂。自 2002 年起，由于租金低廉，众多艺术家工作室和当代艺术机构纷纷入驻 798，逐渐汇聚成一个艺术群落。798 艺术区等北京艺术园区的早期艺术家，在多元文化碰撞的初期，以另类的声音力争成为主角，成为中国当代美术史的重要篇章，后来也被区政府视为城市名片。艺术区总面积超过 60 万平方米，汇集了画廊、设计室、艺术展示空间、艺术家工作室等 400 余家文化机构。近年来，它已成为北京的文化创意产业集聚区，并被文化和旅游部列为第二批国家级文化产业示范园区创建单位。如今，798 艺术区不仅是北京的文化地标和旅游景点，还推动了整个周边地区艺术产业链的形成。

4. 中间艺术区

中间艺术区是一个集剧场、影院、美术馆、书店、咖啡馆、餐厅和艺术家工作室于一体的艺术园区，它位于北京城西，靠近西山，邻近西五环的海淀区杏石口路地区。

5. 草场地艺术区

草场地艺术区位于北京市朝阳区崔各庄乡，距离 798 艺术区较近，是自发形成的艺术聚集地。它定位为当代艺术家的创作基地、展示窗口、交流平台以及教学、培训等多功能的文化场所。目前，进入草场地艺术区的机构、画廊等单位已超过 300 家。

此外，还有位于北京市内的方家胡同、二十二院街艺术区、雍和艺术区和通州的大稿国际艺术区等，它们构成了独特的现代文化与市井生活对话的景观，是以空间艺术与视觉艺术为主体的创意园区，真正实现了艺术融入生活、生活视为艺术的理念。

◆ 二、北京地区艺术活动 ◆

当代北京的艺术生态展现出了蓬勃的活力和丰富的多样性。其中，北京当代艺术博览会作为北京规模最大的艺术博览会，与"北京国际设计周""画廊周北京"等其他重要的艺术展览和博览会共同构成了北京艺术生态的重要组成部分，并显著提升了公众对艺术的参与度和认知度。

（一）北京当代艺术博览会

北京当代艺术博览会自 2018 年创办以来，每年都能吸引百余家媒体的广泛报道，社交媒体上的传播声量和互动量更是达到了亿级水平。经过多年的发展，北京当代艺术博览会已逐渐成长为中国乃至亚洲地区最具影响力的艺术博览会之一。在2019年，三天的观展人数就达到了8万人次；而在2020年，其外展更是吸引了超过120万的公众前来参观。参展机构与艺术家来自全球90多家精选的艺术文化机构，其中不乏国内外顶级画廊，如佩斯画廊、白石画廊等。该博览会涵盖了绘画、雕塑、装置、摄影、影像、公共艺术、虚拟艺术等多种媒介，为观众呈现了一个多元而丰富的当代艺术世界。到了2024年，北京当代艺术博览会更是汇聚了来自14个国家36座城市的122家参展机构，充分展现了其国际化和多元化的特点。

（二）北京国际设计周

北京国际设计周是在北京举办的大型年度文化活动及国际性创意设计盛会，旨在为国内外设计机构和人才提供一个常态化的展示、交流、交易的服务平台，打造服务公众的"展示周"、服务专业的"交流周"以及服务产业的"交易周"。自2009年10月创办以来，北京国际设计周在每年的9月至10月期间举办。经过多年的发展，该设计周已成为国际创意设计界的重要盛事之一。党的二十大报告中提出的"形成具有全球竞争力的开放创新生态"理念，推动了北京乃至全国的设计产业发展与创新。

北京国际设计周的主体活动涵盖开幕活动、设计大奖、设计市场、智慧城市、设计人才、主宾城市和设计之旅七项核心内容。近年来，该设计周还举办了设计名城对话、主题展览、北京设计与艺术博览会、北京国际儿童设计周、北京国际品牌周等一系列丰富多彩的活动。这些活动吸引了来自全球的设计师、设计机构和企业积极参与，有效促进了国内外创意设计领域的交流与合作。2023年，该设计周在通州区张家湾设计小镇、中华世纪坛、中国儿童中心和京津冀地区的70余处场所举办了超过1000项的展览、论坛、竞赛、工作坊、发布会、市集等创意设计活动，活动场地面积总计超过350万平方米。来自50余个国家和地区的6000余位设计师参与了本届北京国际设计周，共吸引了国内外观众超过350万人次。

（三）画廊周北京

画廊周北京自2017年首次亮相以来，已成功举办多届，并以其独特的主题和丰富的展览内容吸引了全球的目光。例如，第八届"画廊周北京"以"漂留"为主题，旨在助力北京本土优质艺术家和艺术项目"漂"向国际舞台，同时让优秀的国际艺术"留"在中国，推动国内外当代艺术行业的深度交流。作为北京5月艺术季的重要组成部分，"画廊周北京"致力于以先锋、专业的态度打造国际化的当代艺术对话和推广平台。该活动以798艺术区为核心，联动多个主要本土艺术区，展现了北京作为当代艺术重要城市的多元风采。"画廊周北京"的主题和内容紧跟时代潮流，不断创新，为观众带来了新颖独特的艺术体验。为了丰富展览项目内容，"画廊周北京"还设立了多个特约单元，包括"艺访单元""新势力单元"和"公共单元"。这些单元从不同角度推广中国当代艺术，为观众提供了多元化的艺术体验。其中，"艺访单元"致力于为国内外特色画廊提供展览推广机会，"新势力单元"则展示了华语地区年轻艺术家的创作风貌，而户外"公共单元"则强调了作品与其所处环境的关系。

（四）"90后"艺术家群体

"90后"艺术家群体是近年来备受瞩目的代表团体之一。他们以独特的视角和新颖的表达方式，展现了当代青年的精神风貌和创作理念。这一群体包括郑龙一海、彭勇、黄子欣等多名杰出的90后艺术家。这些艺术家不仅通过跨界合作和国际化交流，将中国当代艺术推向了更广阔的舞台，还通过作品传达了他们对时代的深刻理解和独特见解。例如，《返场时代》展览就邀请观众走进这批处于时代剧场幕间的年轻人之中，记录下他们真实、激荡的观点，从而侧写出这个时代鲜活、多元的相貌。总之，"90后"艺术家群体为当代艺术界带来了新的活力和创新，使观众能够更深入地理解这一代人的价值观、生活方式和对未来的期待。

综上所述，北京近现代美术生态在美术文化积淀、艺术生态圈构建、艺术区建设等方面均取得了显著的成就。美术创作的主题与风格日益丰富多样，传播与推广手段不断创新，风格与流派纷呈。这些成就不仅彰显了北京在美术领域的领先地位，也为全国乃至全球的美术创作提供了重要的借鉴和启示。

思考题：

1. 举例说明中西方绘画在审美上的不同特征？

2. 民国时期北京地区主要的美术社团和代表人物有哪些？

3. 如何认识并评价北京当代美术生态？

第十一章

设计之美

本章概述

　　本章深入探讨艺术设计的审美属性、核心原则及其构成要素，并追溯其在不同历史时期的演变轨迹，审视了中国工艺美术自唐宋至明清时期的演变历程，分析了现代设计如何巧妙地将传统美学理念与创新思维相结合，以促进跨文化设计的发展。此外，本章还探讨了北京地区的工艺美术与艺术设计的美学特点，特别是京派工艺美术的传统韵味与现代转型。本章旨在培养学生对艺术设计的审美感知能力，鼓励学生批判性地思考艺术设计的历史演变，以及在全球化背景下跨文化设计的可能性和挑战。

第一节 艺术设计的审美特征

艺术设计的审美特征是多维度的，它不仅涉及形式与视觉的直接感知，还涵盖了功能、文化、地域和创新个性等多个层面。

◆一、艺术设计的定义与范畴◆

艺术设计作为一个独立的艺术学科领域，其精髓在于将艺术的审美价值与日常生活需求巧妙结合，旨在创造出既具有观赏价值又满足实用需求的作品。这一领域超越了单纯的美学追求，融入了广泛的社会、文化、经济和技术因素的综合考量。如同设计大师保罗·兰德在其著作《关于设计的思考》中指出的那样，任何视觉传达的形式都应体现形式与功能的统一，以及美学与实用性的结合。[1]

艺术设计的定义随时代变迁而发展，早期可能更多聚焦于手工艺品的美化，而现代则扩展到了包括数字界面、环境体验在内的多个维度。18世纪初的《大不列颠百科辞典》对设计的解释为"艺术作品的线条、形状，在比例、动态和审美方面的协调。在此意义上，设计与构成同义，可以从平面、立体、结构、轮廓的构成等诸方面加以思考，当这些因素融为一体时，就产生了比预想更好的结果。"[2]随着工业化发展及科技的变革，艺术设计的概念不断拓展，现代日本学者利功光在《设计的本质》中指出，（设计）新的限定是以美和有用性为目标的工业计划，乃至设计是以大工业机械生产为前提的工业设计。[3]

艺术设计是一个广泛且多元的领域，它涵盖了从最初的创意构思到最终成品制作的全过程。这个领域不仅包含创意思维，还融合了技术应用和实际操作，构建了一个多维度的实践平台。在艺术设计的众多分支中，以下七个类别尤为突出。

1.平面设计：这一领域专注视觉信息的传递，通过文字、图像和形状的巧妙组合来表达信息、理念和品牌个性。它涵盖了品牌标识设计、广告创作、出版物的视觉呈现、包装设计以及数字媒体的视觉效果等方面。例如，可口可乐的标志性设计，以其鲜明的红白色彩和动感的波浪图案，在全球范围内塑造了品牌的活力形象，增强了品牌的识别度。

2.环境艺术设计：这一领域致力于改善和创造人类生活环境，包括室内空间设计、景观规划、城市设计和公共艺术创作等。以北京奥林匹克公园为例，其设计巧妙地融合了体育设施的功能需求与文化特色，将中国传统元素与现代设计理念相结合，创造了一个既具有地方特色又展现国际风采的公共空间。

3.产品设计：专注产品的功能性与外观设计，旨在设计出既满足使用需求又具备审美价值的商品。这涵盖了家用电器、家具、智能设备等。产品设计尤为关注用户体验、人体工程学和可持续性。苹果公司的 iPhone 系列，凭借其简洁流畅的设计和用户友好的界面，引领了智能手机设计的新潮流。

4.视觉传达设计：与平面设计紧密相关，但更注重信息的动态传递和交互性，涵盖网

---

1. 保罗·兰德. 关于设计的思考 [M]. 吴梦妍, 译. 湖南美术出版社, 2017:9.
2. 李砚祖. 艺术设计概论 [M]. 湖北美术出版社, 2009:1.
3. 利功光. 设计的本质 [J]. 设计, 1988.

页设计、用户界面与用户体验设计、多媒体设计等。例如，微信应用程序的界面设计，通过直观的图标、合理的布局和流畅的交互体验，有效促进了用户之间的沟通。

5. 服装与服饰设计：专注服装和配饰的设计与制作，结合时尚趋势、材料特性和文化元素，创造出富有个性和审美价值的穿戴作品。香奈儿的小黑裙，凭借其经典而优雅的设计风格，成为了时尚界的一个标志性符号。

6. 工业设计：侧重于大规模生产的产品，如交通工具和电子产品等。它不仅关注产品的外观和功能，还涉及生产流程、材料选择和成本控制等多个方面。特斯拉的电动汽车，凭借创新的能源技术、流线型设计和智能化内饰，为汽车行业带来了革命性的变革。

7. 动画与数字媒体艺术：涵盖动画、视频制作、游戏设计等，利用数字技术创造动态的视觉内容。国产动画电影《大圣归来》和《长安三万里》，凭借精美的视觉效果、引人入胜的故事情节和创新的动画技术，充分展现了数字媒体艺术的巨大魅力。

艺术设计的各个领域相互交织，共同推动着社会审美、文化表达和技术创新的进步与发展。随着人工智能、虚拟现实等新兴技术的融入，艺术设计的边界日益扩展。设计师们在传统艺术形式的基础上不断探索新的表现手法和交互方式，不断丰富艺术设计的内涵与外延。

◆二、艺术设计的基本原则与元素◆

（一）形式美与视觉传达

形式美是艺术设计中最直观的原则之一，它通过形状、色彩、纹理、空间、光影等基本要素的组合，创造出既有视觉吸引力又能触动人心的作品。英国美学家克莱夫·贝尔在谈到艺术的本质时提出："在各个不同的作品中，线条、色彩以某种特殊方式组成某种形式或形式间的关系，激起我们的审美感情。"[1]这种形式美的观念对后来的设计艺术产生了深远的影响。

形式美的审美特质体现在对和谐、对照、节律、比例和均衡等元素的精妙应用上。设计中的协调性指的是各个设计要素之间的相互配合和统一，共同构建起一个整体的审美效果。这种协调性可以通过色彩的配比、形状的组合或材质的选择来实现。对比则是通过明暗、大小、质感等元素间的差异来创造视觉的冲击，赋予设计作品更多的活力和趣味性。节奏的运用则通过设计元素的重复或变化，形成视觉上的流动性，类似于音乐节奏，为作品增添动感和韵律。比例的适宜运用能够为设计带来平衡和稳定的感觉，而尺度的恰当处理则关系到设计与人或环境的协调性，适当的比例和尺度有助于设计作品的和谐统一。均衡可以是对称的，也可以是非对称的，通过调整元素的布局，设计可以在视觉上实现稳定，无论是静态还是动态，都能增强视觉美感。

这些设计原则的共同作用，为设计作品注入了生命力和艺术的吸引力。作为设计美学的基石，形式美不仅追求视觉上的审美和艺术的享受，还要求与功能性相融合。设计师在遵循这些美学原则的同时，需要创造出既和谐又统一的设计作品，以实现视觉上的协调和愉悦感。

---

1. 克莱夫·贝尔. 艺术 [M]. 江苏教育出版社，2005:4.

（二）功能性与实用性

功能性是艺术设计所遵循的重要原则之一。它强调产品的功用与使用者需求之间的匹配程度，追求形式与功能的完美结合。

一个优秀的设计作品除了具有优美的形式和外观之外，更应具备实用、适当的功能，满足一定的使用需求，其核心在于通过设计来提升物品或空间的使用效率和用户体验。同时，设计在满足特定使用需求的基础上，通过形式、材质、色彩等设计元素，展现出一种基于功能之上的美感，这种美感不仅体现在直观的视觉享受上，还蕴含在设计对使用者体验的优化和提升之中。设计史学者李砚祖在《艺术设计概论》中谈道："实用价值植根于人的生命价值，其他价值是在其基础上生发出来的。由于实用价值即物的功能价值能满足人生命生存的需要，合乎人的目的性，因而使人感到满足和愉悦，进而体验到一种美，即功效之美。"[1]这不仅是衡量设计作品实用价值的关键指标，也是设计与人类生活紧密相连的桥梁。功能性这一原则要求设计师在创作过程中要深入理解目标用户的需求、行为习惯及使用场景，确保设计成果能够有效解决实际问题，而不仅仅是视觉上的装饰品。功能性设计追求的是设计与功能的无缝融合，使产品或空间在满足基本用途的同时，也带来愉悦的使用感受和高效的操作体验。

艺术设计的核心在于其功能性的深度挖掘，这不仅体现在简洁性、整体和谐、人体工程学的应用，以及对环境的适应性等方面，而且通过这些维度的综合考量，创造出既实用又具有审美价值的设计作品，这些作品能够与周围环境形成和谐的共存。简约设计理念倡导以最简练的形式表达功能，通过减少不必要的元素，减轻视觉压力，同时突出材料和工艺的精致，为参观者带来深刻的美学体验。在设计中，比例、色彩和材质等元素的选择需精心协调，以在复杂视觉环境中维持秩序和平衡，增强整体的视觉美感。奥地利设计师阿道夫·路斯批判过度装饰，提倡设计应追求和谐与功能的统一。现代设计的起源包豪斯学院的教学理念也强调形式追随功能。[2]这些都是艺术设计强调功能性的反映。

优秀的设计不仅关注形式与功能的结合，还深入应用人体工程学原理，确保设计作品在高效使用的同时，能够保护用户的身心健康，避免给用户带来身体负担。这种对用户细致入微的关怀，是设计审美价值的重要体现，彰显了以人为中心的设计哲学。

设计并非孤立存在，它需要与自然环境或人造环境相协调，尊重并巧妙利用现有条件，以实现设计与环境的和谐共生。在现代城市快速发展的背景下，将环保理念融入设计之中，实现绿色可持续发展，已成为衡量设计卓越性的重要标准。艺术设计的真谛在于综合考虑功能需求、美学价值和环境和谐性，创造出既实用又富有美学深度的设计作品，从而提升人们的生活品质，丰富人们的精神世界。

（三）文化与地域特色

艺术设计领域重视地域文化的独特性。每个地区都拥有其特有的自然景观、经济结构、文化传统和民俗风情。设计作品应深植于其独特的地理、历史、文化和社会背景之中，利用视觉艺术手段来表达一个地区独有的特性和精神面貌。地域特色在设计中的体现，常常

---

1. 李砚祖. 艺术设计概论 [M]. 湖北美术出版社，2009:104.

2. 包豪斯档案馆，玛格达莱娜·德罗斯特. 包豪斯 1919-1933[M]. 丁梦月，胡一可，译. 江苏凤凰科学技术出版社，2017:58-63.

是对本土历史、文化和自然元素的提炼和再创造。设计师需要深刻理解本土文化，并将其精髓融入设计之中，以创造出具有地域特色的设计作品。

首先，地域特色在设计作品的形状和结构上得到体现，这些作品在形态上反映出特定地区的自然特征、建筑风貌或传统工艺。例如，中国古典园林设计深受道家"天人合一"思想的影响，追求曲折变化和借景造势，展现了东方美学对人与自然和谐共生的追求；而在西方，哥特式建筑的尖塔和飞扶壁不仅显示了技术的发展，也反映了中世纪欧洲对宗教神秘主义的探索。这些设计形式与其文化背景和地理环境紧密相连，形成了各自的审美特质。

其次，色彩和材质的选择是地域特色最直观的表现。在中南美洲，鲜艳的蓝色、橙色和黄色不仅体现了热带气候的热情，还体现了对当地传统陶瓷和纺织品色彩的致敬。意大利的托斯卡纳地区广泛使用当地的石材和陶土砖，这些材质不仅因其耐久性和实用性被选用，更因为它们的色泽和质感与周围景观的和谐统一，体现了材质的地方特色。现代设计师在创作中经常巧妙地将这些传统材料与现代设计相结合，实现传统与现代的交融。

再次，传统图案和符号作为文化传承的媒介，它们在设计作品中的应用赋予了作品强烈的文化认同感，如中国的青花瓷图案、非洲的图腾纹样、苏格兰的格子图案等，都是其文化背景下的独特视觉语言。日本设计师原研哉在《设计中的设计》一书中强调了在设计中对传统元素进行现代诠释的重要性。例如，将和纸的纹理和折纸艺术的几何形态融入现代产品设计，既保留了传统的魅力，又赋予了新的生命力。

最后，设计作品往往蕴含着丰富的叙事，这些叙事强化了地域特色。设计的叙事性能够传达一个地方的历史和文化背景，增强设计的情感深度。通过精心安排的视觉元素、材料选择、造型语言甚至使用体验，设计作品将抽象的历史脉络和文化精髓转化为具体可感的艺术形态。例如，澳大利亚悉尼歌剧院的设计灵感来源于帆船和海浪，其独特的造型讲述了悉尼作为港口城市的海洋文化故事。北欧设计以其简洁的线条和自然材料的使用，传达了一种与自然和谐共生的生活哲学，唤起了人们对那片土地上的皑皑白雪、悠长夏日和对生活质量追求的联想。

（四）创新与个性化

创新与个性化是艺术设计的另一个关键原则。创新是艺术设计不断前进的动力，而个性化设计则强调设计师的独特视角和创意表达。设计师通过独特的视角来观察和解读世界，不断探索新的设计理念和技术，突破传统思维的限制，不断尝试新的表现形式、技巧、材料等，将传统的艺术形式进行改良和创新，创造出更加独特、新颖的作品。这种创新手法使作品在表现力和视觉效果上更加出色，给受众带来全新的感受和体验。创新是推动行业进步的关键力量，它要求设计师不仅要跟上时代的步伐，还要有前瞻性的思考，勇于探索未知的领域。[1] 在艺术设计中，这意味着不断挑战现有的设计规范，寻求新的设计语言和表现手法。

技术进步是个性化表达的强大驱动力。数字化、虚拟现实（VR）、增强现实（AR）等技术的快速进步为设计师们提供了全新的工具，使他们能够创作出具有个性化和沉浸感的艺术作品。例如，3D打印技术使艺术家能够创造出复杂的雕塑作品，这些作品不仅突

---

1. 克莱顿•克里斯滕森.创新者的窘境[M].中信出版社，2010:217-219.

破了物理限制，还体现了设计师独特的艺术风格和个性。同时，人工智能算法，如谷歌的DeepDream项目，通过机器学习技术生成超现实图像，为设计师提供了新的个性化表达方式，展现了技术与艺术结合的广阔前景。

在全球化的背景下，文化融合成为艺术设计创新的重要源泉。设计师深入研究不同文化的传统元素，并将其与现代设计理念相结合，创作出具有跨文化意义的设计作品。例如，中国设计师郭培在高级定制时装设计中巧妙地融合了中国传统刺绣技艺和西方裁剪技术，展现了东西方美学的和谐共生，也体现了设计师独特的文化视角和创新思维。这种文化融合不仅丰富了设计的内涵，也增强了作品在全球化市场中的识别度和竞争力。

面对全球环境问题，环保意识在艺术设计中占据了重要地位。设计师在追求个性化的同时，也在积极探索可持续材料和循环利用技术，推动了材料创新的新趋势。例如，使用回收塑料和生物降解材料来制作家具和时尚单品，既体现了对地球环境的关怀，也展现了设计的个性化和创意。

随着用户对个性化体验需求的增长，交互设计成为艺术设计中不可或缺的一部分。设计师通过深入了解用户的行为和心理，利用智能技术为用户提供定制化的交互体验。例如，在线音乐播放平台的个性化推荐算法根据用户的听歌历史和偏好生成独特的播放列表，这种个性化服务不仅提升了用户体验，也加深了用户与平台之间的情感联系。在实体空间设计中，如耐克的"House of Innovation"概念店，通过数字试衣镜和个性化产品定制等交互设计，为消费者提供了沉浸式和定制化的购物体验，展现了交互设计在提升用户个性化体验方面的潜力。

艺术设计的综合表现力在于其能够通过形式美和视觉传达激发感官体验，通过功能主义实现实用性，融入文化和地域特色以丰富内涵，并通过创新和个性化表达时代特征。设计师在尊重传统的同时，勇于创新，兼顾美观与实用，融合地域文化与个人风格，创造出具有深度和广度的设计作品。这些案例不仅丰富了我们对艺术设计审美特征的理解，也展示了中国当代设计在传统与现代、本土与国际之间的对话与融合。

◆三、艺术设计的社会影响与价值◆

（一）文化传承与创新推动

艺术设计不仅是一种审美创造的过程，它也是文化传承和创新的关键途径。在历史长河中，设计风格与形式的变化深刻反映了一个时代的精神风貌与文化特征，而艺术设计则在保留传统精髓的基础上，不断探索新的表现手法和思想内涵，促进文化的活态传承与发展。根据英国艺术史学家贡布里希在《艺术的故事》中的观点，艺术是文化的表现形式，它随着社会和技术的发展而演变，艺术史是"各种传统不断迂回、不断改变的历史，每一件作品在这历史中都既回顾过去又导向未来"[1]在悠悠历史长河中，每一个时期的审美倾向、设计风格与形式的演变，都如同一面棱镜，折射出那个时代的社会心态、哲学思考、科技进步与文化交融的多彩光谱。设计不仅是外在美的堆砌，还深刻地嵌入了历史的脉络，记录着人类文明的每一次跃迁。

---

1. 贡布里希. 艺术的故事 [M]. 范景中，译. 广西美术出版社，2014:14.

2008 年北京奥运会的标志性会徽"中国印·舞动的北京"，巧妙地融合了中国传统的印章艺术与奥林匹克的五环标志，展现了中国深厚的文化遗产，并体现了现代设计的简约之美。这一创新设计不仅向全球推广了中国的传统文化，也是文化创新实践的典范。在 2010 年上海世博会上，中国馆以"东方之冠"为设计主题，其建筑造型汲取了中国古代斗拱结构的灵感，并与现代建筑技术相结合，彰显了中华文化的深远影响与时代精神的融合。这座标志性建筑不仅展示了中国的国家形象和文化自信，也促进了不同国家间的文化交流，加深了国际社会对中国传统文化和现代发展观念的认识。

（二）生活品质提升与可持续发展

艺术设计对于提高公众的生活质量至关重要，并且是促进社会可持续发展的关键动力。在当代社会，随着人们生活水平的提高和对生活质量追求的日益增长，艺术设计不再局限于物品外观的美化，而是深入到生活的每一个细微之处，从居住空间的布局到日常用品的设计，从公共设施的功能性到城市环境的规划，无一不体现出设计对于提升生活品质的深刻影响。设计关注人的需求与环境的关系，通过优化功能、美化形态、倡导绿色消费，引导社会向更加环保、健康的生活方式转变。美国设计理论家维克多·帕帕奈克在其著作《为真实的世界设计》中强调，"设计必须适应人类一般的设计经济秩序"，

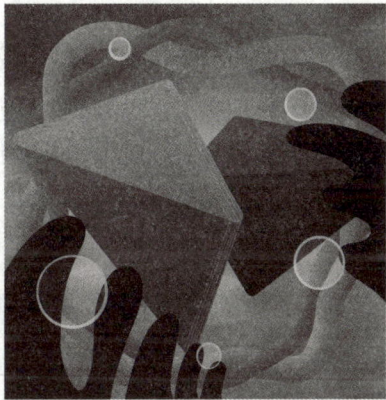

设计中的视觉协调性

[1] 应该解决实际问题，服务于社会和生态的可持续性。这意味着设计不仅要满足美学和功能性需求，更要考虑其对环境和社会的长期影响。

在国内，艺术设计领域正在提高居住质量及促进社会可持续发展中发挥着关键作用。以智能家居为例，海尔集团推出的 U+ 智能家居平台，通过智能化设计，不仅实现了家电产品的远程操控，还能根据用户的日常习惯自动调整，如智能空调能够自动调节室内温度，智能冰箱则能根据储存的食物推荐相应的菜谱，极大地提升了家庭生活的便利性和舒适度。此外，服装设计师马可所创立的"无用"品牌，致力于使用天然材料并采用手工制作，推崇一种简约而富有美感的穿着方式，这不仅减少了生产过程中对环境的污染，也提高了消费者对慢时尚和可持续消费的意识。这些设计实践通过减少资源消耗、倡导循环利用和尊重自然的原则，正在引领社会向更加环保和健康的生活方式转变。

综合来看，艺术设计作为文化与经济活动的交汇点，不仅在文化传承与创新中扮演着桥梁的角色，而且在提升生活品质和推动社会可持续发展方面承担着重要的责任。通过将理论与实践相结合，我们能够更深入地认识到艺术设计的社会价值，并在未来的教育与实践中继续传承和发展这一价值。

---

1. 维克多·帕帕奈克. 为真实的世界设计 [M]. 周博，译. 中信出版社，2013:17.

第二节 传统工艺美术与现代艺术设计
的人文意蕴

◆一、传统工艺美术的审美特征◆

　　"工艺美术"在《辞海》中的定义为"造型艺术之一。以美术技巧制成的各种与实用相结合并具有欣赏价值的工艺品。"[1]简单理解是指采用手工艺方式制作的造型艺术。然而它的含义却远不止于此。设计史学者杭间在《中国工艺美学史》中指出，工艺并不限指手工……它既有工，也有美；既包括生活日用品制作，也包括装饰欣赏品创作；既有手工过程，也有机器生产过程；既有传统产品的制作，也可包括现代产品的生产；既有设计过程，也有制作过程；它是融合造型、色彩、装饰为一体的工艺形象。[2]传统工艺美术的审美特点根植于丰富的历史文化土壤之中，展现出独特的艺术风貌与精神内涵。

（一）个性化情感的手工温度

　　在传统工艺美术领域，手工温度是其最为核心的魅力所在。这不仅仅关乎技艺的高低，更多的是匠人将自己的情感、经历，甚至是哲学思想灌注到作品之中。手工艺的制作过程"是一种用外在的艺术形式表现内在情感的艺术行为"。[3]每一道工序，每一次敲打、编织、雕

致敬中国工艺美术大师

刻，都是匠人心意的流露，使每一件作品都承载着独特的灵魂和故事。由于这种非机械化生产的特性，即便是同一位匠人重复制作相同类型的作品，每一件成品也会有细微的差别，这种差异正是手工艺术无可替代的魅力所在。对于欣赏者而言，这种个性化的表达更容易触动人心，引发共鸣。例如，在苏绣艺术家们制作描绘四季变换的屏风时，会精心挑选丝线，以确保色彩与季节相得益彰。他们的针法不仅展现了对时间流转和生命循环的深刻感悟，而且每一针每一线都显露出对自然世界的细致观察和对生活的热情。观众在欣赏这些作品时，能够感受到四季变化的节奏和生命的暖意。同样，在日本京都，金属工艺大师通过手工制作的茶壶来表达他们对禅宗哲学的理解。茶壶的每一条曲线和每一处设计都旨在传达"和敬清寂"的茶道理念。在制作过程中，工匠会根据自己的情感和心境调整敲打铜片的力度和节奏，使每个茶壶都具有独一无二的特性。使用这些茶壶泡茶的过程，仿佛是与工匠进行一场无声的对话，让人感受到超越日常生活的宁静与平和。

（二）自然人工的技艺和谐

　　"天人合一"是中国传统文化中重要的哲学思想，钱穆认为其"是整个中国传统文化思想之归宿处"。[4]因此，中国的传统工艺美术对于材料的选取、技术的运用及最终作品

---

1. 夏征农. 辞海 [Z]. 上海辞书出版社，1999:1455.
2. 杭间. 中国工艺美学史 [M]. 人民美术出版社，2018:11.
3. 刘益众. 民间工艺美术的情感特征 [J]. 南昌教育学院学报，2011(8):36.
4. 钱穆. 中国文化对人类未来可有的贡献 [J]. 中国文化，1991(1):93.

呈现的品质都追求自然与人工的和谐。传统工艺美术品在材料选择上，倾向于天然材质，如陶瓷的温润、丝绸的柔滑、竹木的质朴、金属的光泽等，这些材料本身即富有美感，而匠人则通过高超的技艺，不仅保留了材质的原始韵味，还赋予了它们新的生命。"在了解自然的前提下，尊重并顺应自然，发挥人工之巧，使人的造物与用物行为与自然产出和谐统一，实现人与自然的共赢。"[1]

当陶瓷艺术家运用釉色和烧制技术，能够使泥土在高温中展现出丰富多彩的变化，而竹编艺术家则巧妙地利用竹子的柔韧性和弹性，创造出既实用又具有审美价值的日用品。这种技艺与材料的完美结合，不仅体现了人与自然的深度交流，也彰显了人类对自然之美的深刻理解和尊重。

特别值得一提的是中国宜兴的紫砂壶，这种壶以其独特的材质和设计而闻名。紫砂土具有天然的双气孔结构，这使它既透气又不透水，非常适合用于泡茶。艺术家们在保持紫砂土自然色泽和质感的同时，通过手工塑形和雕刻等技术，将壶体制作得既实用又充满艺术感。例如，明代的供春所创作的"树瘿壶"，其设计模仿了自然界中树木的瘤状形态，壶身上的凹凸纹理不仅展现了树木生长的自然节奏，也体现了艺术家对材料特性的深刻洞察和巧妙应用，实现了人工技艺与自然之美的和谐统一。

（三）实用美观的功能形态

当我们讨论传统工艺美术作品时，其设计往往致力于实现外观形态与实用性的完美融合。无论是日常使用的餐具、家具，还是庆典仪式中的礼器和装饰品，设计者在满足实用需求的同时，都致力于赋予其视觉上的美感。在中国的传统工艺中，这种形式与功能相辅相成的理念表现得尤为明显。

以明清时期的青花瓷为例，这种瓷器以其清新脱俗的蓝色图案和洁白细腻的瓷质而闻名，是形式与功能结合的杰出代表。青花瓷的设计不仅注重实用性，确保器皿坚固耐用且易于清洁，也高度重视其装饰性，巧妙地将自然景观、动植物形象以及人物故事等元素融入装饰之中，从而形成了一种别具一格的艺术表达。这些装饰不仅给人以美的享受，还蕴含着丰富的文化象征意义，如莲花代表纯洁，牡丹象征富贵，反映了中国人对美好生活的向往和对高尚道德的追求。青花瓷作为饮食文化的一部分，使人们在日常生活中也能体验到艺术的韵味，体现了实用与审美并重的生活理念。

这种既注重实用性又追求审美价值的设计思路，不仅展现了古人对生活质量的高要求，也为当代设计提供了重要的启示。在当今快节奏的消费文化中，设计师们面临着如何使产品在满足基本功能的同时，也能拥有更深层次的文化意义和审美吸引力的挑战。借鉴传统工艺的灵感，结合自然元素与现代设计理念，不仅可以增强产品在市场上的吸引力，也有助于传统文化的传承与创新，满足人们对美好生活的不断追求。

（四）文化承载的象征寓意

在传统工艺美术品中，我们经常可以发现一些充满象征意义的图案，这些图案通常根植于民间故事、宗教信仰和历史传说，蕴含着丰富的文化意义。

以中国传统文化中的龙和凤为例，它们在中国社会中具有极高的地位，被视为吉祥的

1. 李雪艳. 中国传统造物工艺中的生态文化 [J]. 民族艺术，2017(6):66.

象征。龙代表帝王的权威和尊贵，而凤则象征美德与和平。在明清时期的皇家用品，如瓷器、织物和建筑装饰中，龙凤图案非常普遍。龙凤的结合象征着男女之间的和谐及国家的繁荣昌盛，反映了古代人民对国家稳定和社会和谐的期望。

莲花在佛教文化中因其"出淤泥而不染"的特性而被视为纯洁和清净的象征，代表精神的觉醒和超越。在佛教艺术作品中，如敦煌莫高窟的壁画，莲花图案广泛出现，象征着佛性的纯净和智慧的完满，激励人们追求心灵的净化和精神的自由。莲花图案的广泛使用不仅美化了物品，也引导人们追求高尚的道德和精神境界。

云纹是中国传统文化中常见的装饰元素，其流畅的形态象征着天空中的祥云，寓意着吉祥、升华和长寿。从古代青铜器到明清时期的家具，云纹一直是中国工艺美术的重要组成部分。这些图案不仅为作品增添了动感和优雅，而且在更深层次上体现了古人对和谐共生的理想追求。

这些富有象征意义的图案使传统工艺美术品不仅限于物质价值，还承载着传播文化价值和道德观念的使命。在古代，这些工艺美术品不仅用于装饰，还作为教育工具，通过图案背后的故事和寓意，影响着人们对善恶和美丑的认识，增强了民族认同感。在当代，这些传统图案继续在现代设计中发挥作用，成为连接古今、传承和发扬中华优秀传统文化的重要纽带。

◆二、中国工艺美术概况及历史沿革◆

中国的工艺美术拥有深远的历史根基和丰富的传统。从新石器时期开始，人们就已经掌握了制作彩陶和玉器的精湛技艺。不同历史阶段的工艺美术品不仅展现了当时社会的文化和审美趋势，也是技术进步和文化互动的重要标志。"通过工艺美术，能对时代审美风尚及其变迁有全面、深入地理解，这是凭借其他文艺门类难以做到的。"[1]

（一）秦汉的雄浑与古朴

秦汉时期，青铜器、陶俑等工艺美术品，以其雄浑的气势和质朴的风格，展现了大一统国家的气度和力量。此时，中国进入了首个大一统时代，这不仅在政治上实现了前所未有的集中，也在文化艺术领域产生了深远的影响。田自秉在《中国工艺美术史》中提到，秦汉时期的装饰风格"具有古拙、朴质的特点，但古拙而不呆板，朴质而不简陋"。[2]这一时期的工艺美术品，尤其是青铜器，既继承了先秦的厚重风格，又融入了新的元素，如秦始皇陵的兵马俑，就是这一时期工艺美术的杰出代表。这些陶俑规模宏大、排列整齐，面部表情各异，生动地再现了秦军的雄壮军容，体现了秦代追求永恒与权力的雄心。同时，汉代的青铜器在造型上趋向于简洁大气，如汉代的铜镜，不仅实用性强，其背面的纹饰也体现了古朴之美，常见龙凤、四神等象征吉祥的图案，反映了秦汉时期对宇宙秩序和神秘力量的崇拜。

（二）唐宋的开放与精致

唐代是中国历史上的一个鼎盛时期，其工艺美术品充分展现了这个朝代的开放性和国

---

1. 尚刚. 极简中国工艺美术史 [M]. 人民美术出版社，2014:11.
2. 田自秉. 中国工艺美术史 [M]. 东方出版中心，2010:124.

际交流的广泛性。唐代的三彩陶器，色彩斑斓、造型生动，不仅吸收了中亚和西亚的艺术风格，也融合了本土的审美情趣，如三彩骆驼、胡人俑等，反映了丝绸之路贸易的繁荣及其对文化交流的促进。正如工艺美术史学者尚刚所言："吸收外来文明，又使它日益中国化，这是此期工艺美术发展的一个重要方面"。[1] 宋代虽然在军事上不及唐代强大，但在文化、科技和艺术上却达到了一个新的高峰，工艺美术尤为注重内在品质和外在雅致。宋代五大名窑——汝、官、哥、钧、定，其中汝窑以其温润如玉的天青色釉面著称，体现了宋代文人士大夫追求的淡雅与和谐之美，这种美学理念深刻影响了后世。这一时期的工艺美术，不仅在技术

唐代陶骆驼载乐舞
三彩俑

上达到了新的高度，而且在设计上更注重雅致与和谐，反映了那个时代社会的开放与文化的繁荣。

（三）明清的繁复与华丽

进入明清时期，随着商品经济的繁荣和社会阶层的分化，宫廷和贵族对工艺美术品的需求日益增长，促进了工艺技术的进一步发展和创新。这一时期的工艺美术品，如景泰蓝，以其复杂的掐丝珐琅工艺和绚丽的色彩，成为皇家御用的象征，其繁复的设计和精细的制作工艺，体现了皇家的奢华与权势，展现出一种华贵的宫廷风范。清瓷也是这一时期工艺美术的典型代表，反映出此时期手工艺技艺的高超和风格的转变。"乾隆时期，（清瓷）品类丰富，既仿古瓷，又仿洋瓷，在技术上到了无以复加的程度，装饰风格上富丽繁密，细致精巧。"[2] 紫砂壶在明代开始兴盛，尤其是宜兴紫砂，以其独特的材质和精妙的造型，以及与茶文化的紧密结合，成为文人雅士推崇的对象。牙雕、玉雕等小型艺术品，则在细节上极尽繁复，追求极致的工艺美，体现了明清社会对精致生活和艺术享受的追求。

从秦汉到明清，中国工艺美术的风格变迁不仅反映了工艺技术的进步，还揭示了各时期社会文化、经济状况和审美观念的演变，是中国古代文明发展的一个缩影。

◆三、现代艺术设计的文化传承与融合创新◆

（一）现代艺术设计的发展概况

当代艺术设计已经成为一个全球性的现象，它不仅与工业化和科技进步紧密相关，也深受社会文化变迁的影响。在中国，这一领域的发展呈现出独特的多样性，既吸收了西方设计思想的影响，又融入了中国传统文化的精髓，形成了具有中国特色的现代设计路径。

中国现代艺术设计的起源可以追溯到清末民初至 20 世纪中叶，设计活动和教育体系在这一时期初步形成。在西方设计思想和教育模式的影响下，中国设计师开始尝试将本土文化元素与现代设计理念相结合，形成了具有时代特色的设计风格。这一时期，蔡元培提倡的"美育"理念促进了艺术与实用设计的结合，强调图案设计的实用性和装饰性，推动

1. 尚刚. 隋唐五代工艺美术史 [M]. 人民美术出版社, 2005:245.
2. 杭间. 中国工艺美学史 [M]. 人民美术出版社, 2018:188.
3. 柳红林. 蔡元培与我国早期艺术设计教育的历史渊源——以杭州国立艺术院为起点的考察 [G]. 艺术学研究（辑刊），2014:708.

了传统手工艺向现代工业生产的转型。[3]

中国的设计师开始尝试将西方的设计风格与中国的传统艺术元素相结合，如民国时期的月份牌，就是一种典型的中西合璧产物。月份牌是20世纪初至中叶上海流行的广告画，它融合了西方的透视画法、人体比例和色彩搭配，同时又展现了中国传统人物形象和生活方式。月份牌通常以美女、儿童或家庭生活为主题，采用水彩或油画技巧，结合了东西方绘画风格，既具有艺术欣赏价值，又起到了商品宣传的作用。代表艺术家有郑曼陀、杭穉英等。

受西方功能主义影响，中国现代设计开始强调实用性和功能性，不仅在视觉上追求新颖，而且注重信息的有效传达，这适应了城市商业的快速发展。张裕葡萄酒公司的商标设计是早期现代设计的典型案例，由著名画家徐悲鸿参与设计，巧妙地融合了中国书法艺术和西方图形设计原则，体现了中西合璧的设计理念，至今仍受到广泛认可。

进入20世纪中叶，随着社会主义建设的推进，中国的设计艺术开始强调服务于国家经济建设，工艺美术逐渐向更广泛的艺术设计领域拓展。在这一时期，随着国家政策的引导和社会经济的需要，工艺美术的传统边界被拓宽，其核心逐渐从手工技艺的传承转向更广泛、更现代的设计理念和应用领域，标志着中国设计艺术从"工艺美术"向"艺术设计"的全面过渡。设计不再局限于传统手工艺，而是涵盖了工业产品、环境艺术、视觉传达等多个领域。

比如，20世纪50至70年代，人民大会堂室内装饰设计、首都机场壁画装饰等国家大型公共艺术项目，就体现了集体创作精神与国家意志的融合。人民大会堂作为国家的政治象征，其内部装饰设计集合了当时顶尖艺术家和设计师的智慧，不仅展现了高超的艺术造诣，还体现了强烈的国家意志和集体主义精神。袁运生在1979年创作的首都机场壁画《泼水节——生命的赞歌》结合了中国传统重彩形式和西方油画语言，运用了多视角的构图手法，展现了生命的活力与美好，反映出了改革开放初期蓬勃的时代精神。这样的项目不仅要求设计师具备精湛的传统工艺技能，更需要他们有现代设计的创新思维，能够处理复杂的空间布局、材料选择和视觉传达问题，以满足大型公共空间的功能性和艺术性双重需求。

改革开放以来，中国现代艺术设计迎来了快速发展的新时期。西方的现代设计理念，如包豪斯的功能主义和后现代主义，被引入中国并与中国的实际情况相结合。同时，随着市场经济的发展，设计的商业化和市场化趋势日益显著。深圳等地的设计产业园区的建立，吸引了众多国内外设计公司和设计师，成为中国设计创新的重要基地。

（二）传统美学的现代诠释

艺术的发展是一个连续的过程，每个时代的艺术都是对前代艺术的继承与创新。李泽厚在《美的历程》中提出，不同时代的艺术包含着继承性和统一性，"心理结构创造艺术的永恒，永恒的艺术也创造、体现人类流传下来的社会性的共同心理结构。"[1]这一理论为现代艺术设计中传统与现代的结合提供了哲学基础。在当代社会，艺术设计已成为文化传承与创新的重要载体之一，它不仅继承了传统艺术的精华，还在全球化的背景下实现了跨文化的交流与融合，展现出前所未有的活力与魅力。现代艺术设计通过对传统美学的重新解读与创新演绎，赋予了传统文化以新的生命力。设计师在汲取古代艺术元素的同时，

1. 李泽厚. 美的历程 [M]. 生活·读书·新知三联书店，2014:217.

结合现代审美趋势与技术手段，创造出既具有民族特色又符合当代审美的作品。

在现代设计领域，设计师致力于挖掘并重新诠释传统艺术元素，这一过程超越了单纯的复制或模仿。他们深入探究这些元素所蕴含的深层文化价值和艺术技巧。例如，宋代瓷器以其简约的风格著称，这不仅体现在其色彩和线条上，更反映了宋代文人对于"天人合一"理念的追求，以及对自然和谐之美的向往。在现代家居设计中，设计师将这些元素融入创作，旨在传达宋代文化的精神内核，而不仅仅是追求外观上的相似。

明清时期的家具设计同样体现了古人对于实用性和美学的双重考量。这些家具的比例和结构不仅考虑了人体的舒适度，还展示了对空间布局的精心设计和对自然材料的尊重。现代设计师在继承这些理念的同时，将它们与现代家具设计相结合，创造出既具有古典魅力又满足现代生活需求的作品。

在维护传统美学的同时，设计师也密切关注当代人的生活方式和审美趋势。他们利用现代设计理念和技术手段，如新材料和新技术，对传统图案和纹理进行创新。激光雕刻技术使得古代纹样能够在金属或玻璃上以更高的精细度和艺术效果重现，而3D打印技术则为雕塑艺术提供了更大的创作自由度，使设计师能够灵活地探索新的形状和结构，创作出既具有传统意蕴又富有现代感的雕塑作品。

此外，现代设计理念，如将极简主义和功能主义融入设计中，使作品在保持传统美感的同时，更加适应现代生活的需求和审美。设计师在这一融合与创新的过程中，特别注重提炼民族文化的核心价值和审美特征，并通过艺术设计语言将其转化为现代语境下的表达。

在服装设计领域，设计师将苗族的银饰、彝族的刺绣、藏族的氆氇等传统手工艺元素与现代服饰设计相结合，这不仅展示了对民族文化多样性的尊重，也体现了对传统手工艺传承的承诺。这样的设计能够激发民族自豪感，增强文化自信，并促进国际文化交流，让世界看到中国文化的独特魅力和创新活力。2024年央视春晚上的节目——《年锦》，正是这种融合与创新理念的生动例证。该节目将汉、唐、宋、明四个朝代的传统纹样，通过93岁的"敦煌少女"常沙娜的手绘，转化为现代观众易于接受的艺术形式。这种跨时代的艺术对话不仅展现了传统纹样的历史深度，还赋予了它们新的生命力和时代感。舞台设计中充分利用了现代科技，如LED屏幕、虚拟现实、增强现实等，使得传统纹样在视觉上更加生动和立体，增强了观赏体验，让古老的文化遗产焕发出新的光彩。这不仅是对传统文化的致敬，也是对其未来发展的积极探索。

通过这些实践，我们可以看到，传统美学的现代诠释不仅是对过去的回顾，更是对未来的探索。它促使我们重新审视和理解自己的文化根基，激发创新思维，推动艺术设计领域的持续发展，为构建一个充满文化自信和创新精神的社会贡献力量。

（三）跨文化设计的融合与创新

在当今全球化的大潮中，艺术设计扮演着促进不同文化间沟通与交流的关键角色。在这一背景下，跨文化设计的出现，不仅为艺术设计领域带来了新的发展趋势，而且也推动了全球多元文化的共存与理解，促进了全球审美观念的构建与发展。设计师们跨越地域和文化的界限，将全球各地的美学理念和工艺技术进行创新性的融合，创作出既具有国际视野又保留本土文化特色的艺术作品。

全球化现象不仅限于经济层面，它还涉及文化、信息和知识的全球性流动。在这一背景下，艺术设计成为不同文化间交流的重要媒介。随着全球化的不断深入，设计师们有机会接触到来自世界各地的设计灵感和技巧，这为跨文化设计的发展提供了丰富的土壤。

跨文化设计的核心在于尊重并维护文化多样性，同时在设计中凸显本土文化的独特性。设计师们需要深入理解不同文化中的象征意义、价值观念和内涵，避免文化上的误读或滥用，确保设计作品能够真实地反映和尊重其文化根源。

在全球化的推动下，设计师的角色已经从单一的风格模仿者转变为文化的传播者和创新者。他们需要具备跨文化交流的能力，能够在不同的文化背景下寻找共鸣，并展现各文化的独特美学价值。

跨文化设计往往需要设计师与人类学家、社会学家、历史学家等其他领域的专家进行合作，共同探索不同文化背景下的设计表达。这种跨学科的合作有助于深化对特定文化的理解，使设计作品更加深入和丰富。

科技进步，尤其是新材料和新技术的应用，为跨文化设计提供了更多的可能性。数字技术的应用使得设计师能够通过虚拟现实或增强现实的形式展示跨文化的艺术作品，而3D打印技术则使得传统手工艺与现代制造技术相结合，创造出既传统又现代的产品。

以北京的国家大剧院为例，这座由法国建筑师保罗·安德鲁设计的建筑，其外形灵感来自中国传统"天圆地方"的哲学思想，而内部则融入了西方现代建筑的先进技术和设计理念，成为东西方文化融合的杰出代表。

第三节 北京地区的工艺美术与
艺术设计美学特点

◆一、京派工艺美术的传统韵味◆

（一）皇家御用与民间艺术的交融

作为千年古都，北京自古以来便是皇家文化和民间艺术交融的热土。在这里，京派工艺美术得以孕育，它不仅继承了皇家的尊贵与庄严，也融入了民间的朴实与生动，形成了一种独特的艺术风格。

皇家文化对京派工艺美术产生了深远的影响。从元代开始，皇家对工艺美术的关注逐渐显现，到了明清时期，这种关注达到了顶峰。在明清两代，宫廷中建立了众多专门的制作机构，如造办处，它们负责制作供皇家使用的各类器物，涵盖了瓷器、玉器、金银器、景泰蓝和牙雕等多个领域。这些机构聚集了来自全国各地的技艺高超的工匠，他们使用最优质的材料，凭借精湛的技艺，创造出一系列体现皇家审美的工艺美术品。乾隆时期的"大禹治水图"玉山子便是其中的一个杰出代表，它不仅展示了玉雕艺术的高超技艺，也反映了皇家对历史英雄的敬仰和对治国理念的追求。正如美术史学者吴明悌所说："北京工艺美术品种能更多地保持传统风范……有模有样，不失法度，没有离谱的'荒腔走板'，也没有形式上的怪诞扭捏。"[1]

北京的民间艺术与皇家文化相辅相成，共同塑造了京派工艺美术的独特风貌。这些艺术形式深深扎根于民众的日常生活之中，展现了人们的智慧、情感和对美好生活的渴望。北京的民间工艺，包括剪纸、风筝、面塑和皮影戏等，都是从日常琐事中提炼出的艺术精华，它们不仅反映了普通人的生活乐趣，也展现了民间的创造力和审美情趣。

这些工艺美术品不仅具有实用性，还具有很高的装饰价值，其设计和制作过程体现了工匠的聪明才智和对美的追求。这些艺术形式常常与节日、宗教和民间故事紧密相连，展现了浓郁的地方特色。例如，春节时流行的年画和窗花，不仅为家庭环境增添了美感，也表达了人们对新年的美好祝愿。北京的面人艺术，通过面团捏塑出栩栩如生的人物和动物形象，展现了民间艺术家的高超技艺和对生活的热爱。

正是皇家文化与民间艺术的这种相互影响和融合，为京派工艺美术创造了一个独特的艺术环境。皇家对工艺美术的高标准推动了工艺技术的发展，而民间艺术的普及和生活化则使京派工艺美术更加贴近民众，增强了其生命力和吸引力。这种互动不仅丰富了京派工艺美术的表现形式，也使其内在意义更加深刻。

（二）经典技艺的独特魅力

北京的工艺美术，作为中国文化宝库中的璀璨明珠，其精湛的技艺不仅展现了卓越的美学品质，更蕴含着深厚的地域特色和社会价值。这些传统技艺，作为非物质文化遗产的宝贵组成部分，承载着丰富的历史和文化价值，体现了中华民族的智慧和审美追求。

玉雕是北京传统工艺美术的经典技艺之一。它要求极高的雕刻技巧，包括线雕、浮雕和圆雕等多种技法，以及对玉石材料特性的深刻理解，能够在坚硬的玉石上表现出细腻的线条和立体的形态。玉雕艺术追求"温润而泽"的美学境界，玉的质地与人的品德相呼应，体现了中国传统文化中"君子比德于玉"的理念。玉雕作品多以山水、花鸟和人物为主题，展现自然之美和人文情怀。北京的玉雕结合了皇家文化和民间艺术，既有庄重典雅的宫廷风格，也有生动活泼的民间趣味，体现了北京作为古都的文化积淀。由玉雕大师夏长馨创作的作品《现代东方巨龙花熏》，以"龙"为主题，形象威严而生动，其体态蜿蜒，气势磅礴，展现了龙的灵性和力量。在玉雕技艺上，采用了高浮雕、圆雕、透雕等复杂技法，以及精细的线条勾勒，使整件作品显得立体感强、细节丰富。作品既体现了工匠对工艺的极致追求和高超水平，也反映了中国人民对美好生活的向往和对国家繁荣昌盛的祈愿。玉雕不仅是一

现代东方巨龙花熏

种艺术形式，也是社会地位和财富的象征。历史上，玉雕常作为皇家御用或贵族之间的馈赠，对促进文化交流和社会交往起到了积极作用。

牙雕以其高洁的质感和精湛的工艺著称，同样需要精细的雕刻技巧和艺术修养，尤其在牙材的利用上，要考虑到材料的脆硬特性，因此在设计和制作过程中需要格外小心，避免开裂或损坏。匠人需精通各种雕刻技法，如浮雕、透雕、圆雕等，且需对材料的特性有深刻的理解，以确保作品的完美呈现。牙雕作品常用历史故事、神话传说为题材，展现深

---

1. 吴明悌，梅松松．北京传统工艺美术的"京味儿"[J]．中国文艺评论，2020（11）：74.

牙雕

厚的文化底蕴和高超的艺术造诣。北京象牙雕刻既继承了南方的细腻，又融入了北方的雄浑，注重"刀法"和"意境"，形成了独特的风格。作品大气磅礴，细节精致，体现了皇家艺术的尊贵与高雅。随着环保意识的增强，象牙雕刻面临转型，现代工匠开始使用牛骨、树脂等材料代替象牙进行创作，在继续传承这一古老技艺的同时，也体现对生态平衡的尊重。

景泰蓝是北京传统工艺中的另一项经典之作，它在京派工艺美术领域中占据着举足轻重的地位。其制作工艺复杂，工匠先在铜胎上用细扁铜丝掐出各种图案花纹，再填充上不同颜色的珐琅釉料，经过反复烧制、打磨和镀金等多道工序后，最终形成色彩斑斓、光泽耀眼的艺术品。景泰蓝以丰富的色彩、精美的图案和华丽的装饰效果著称，融合了金属的坚韧与珐琅的柔美，形成了独特的视觉冲击力，展现了东方艺术的魅力，常用于制作瓶、罐、盘等生活器具和陈设艺术品。景泰蓝以其独特的工艺和风格深受皇家喜爱，成为明清两代皇家御用的工艺之一，代表了北京乃至中国传统工艺美术的高超水平。故宫馆藏的清乾隆掐丝珐琅锦纹扁壶是典型工艺美术品之一，该壶造型独特，锦纹工整，釉色清纯，体现了乾隆时期掐丝珐琅技艺的巅峰状态。这类景泰蓝作品常常作为宫廷内的陈设品或赏赐给官员、贵族的礼物，体现了皇权的荣耀和宫廷文化的繁荣。它们不仅代表了当时的工艺水平，也影响了后续的工艺发展和审美趋势。它们是研究清朝历史、文化和艺术的重要实物资料，对于了解中国传统工艺美术的演进历程具有重要意义。此外，这些景泰蓝作品也成了中国与世界文化交流的载体，展示了中华文明的独特魅力。

京绣，亦称宫绣，是北京及周边地区的一种传统刺绣艺术。它历史悠久，可以追溯到唐朝，并在辽、元、明、清等朝代得到了极大的发展和繁荣。京绣的特色在于其用料讲究、技艺精湛、格调风雅，工艺繁复，包括平绣、堆绣和盘金等多种技法，能够创造出立体感强、层次分明的绣品。作品多为宫廷服饰、屏风、挂轴等，纹样图案丰富，常有花卉、鸟兽和人物图案等，寓意吉祥如意。清朝时期，京绣达到了一个艺术高峰，其技艺和风格对后世产生了深远影响。清乾隆金龙十二章龙袍是京绣的标志性作品之一，其图案精细，绣工复杂，充分展现了皇室的尊贵与威严。金龙十二章代表着皇帝的权威和美德，是清朝皇帝朝服的一部分。作为国家级非物质文化遗产之一的京绣，承载着历史的记忆和文化的传承，同时在现代社会中也起到了美化生活、提升审美情趣的作用。京绣不仅用于宫廷装饰和服饰，还深深影响了民间高档刺绣艺术的发展。在现代社会，京绣作品仍然受到人们的喜爱，被用于各种领域中。

清乾隆明黄芝麻纱彩绣平金龙袍

这些传统技艺不仅体现了北京作为古都的文化积淀，也展现了北京手工艺人对技艺的精益求精和对美的不懈追求，是北京乃至中国传统文化的重要载体。

（三）文化传承与身份认同

京派工艺美术是一种深具文化意义和社会价值的艺术形式。它不仅在视觉上给人以艺术享受，更深刻地体现了北京乃至中华民族的精神追求、价值观念和生活习俗。作为连接古今、融合传统与创新的桥梁，京派工艺美术通过如景泰蓝、玉雕和内画鼻烟壶等工艺美术品，将传统文化的精髓和审美情趣具体化。

这些工艺美术品不仅展现了高超的技艺，还传达了丰富的文化意涵，如对自然的尊重、对家庭的珍视，以及对美德的推崇。通过色彩、形状、纹理和布局等视觉元素，它们展现了中国传统美学的核心，包括和谐、平衡、内敛和意境。欣赏和了解这些工艺美术品能够激发人们的想象力，提升审美能力，进而影响个人的价值观和生活方式，带来内心的宁静与满足。

京派工艺美术与历史事件、节日和生活习俗紧密相连，成为社会共同的记忆。如春节的剪纸和中秋的灯笼，它们不仅美化了居住环境，还在家庭和社区中扮演了情感联系的角色，增强了社区的凝聚力。通过展览、交易和教育活动，工艺美术品促进了不同年龄、性别和职业人群之间的交流，推动了文化的传播，构建了共享的文化记忆。

京派工艺美术的人文价值在于其作为物质和精神文化载体的双重角色。它通过艺术形式连接了个人与社会、过去与现在、自然与人文，促进了文化多样性、社会和谐和个人心灵的成长。

◆二、现代艺术设计的首都风貌◆

（一）北京艺术设计的历史沿革与现代转型

作为中国的政治和文化中心，北京一直是艺术设计创新的重要发源地。在20世纪初期至中期，北京的艺术设计产业主要集中在传统的手工艺制作上。然而，随着社会生产力的提升和全球化的推进，北京的艺术设计经历了显著的转型，逐渐与国际现代艺术设计接轨。

进入20世纪80年代，随着经济体制的转型，中国的经济活力得到了释放，文化艺术领域也迎来了新的发展机遇。在这个时期，北京的艺术市场开始复苏，艺术品交易和展览活动变得日益活跃，这标志着中国艺术市场现代化的起步。北京出现了多个艺术品交易场所，如潘家园旧货市场，从一个简单的摊位集合和临时交易会发展成为一个有影响力的市场。随着国际文化交流的增加，北京也开始举办更多的国际和国内艺术展览，这不仅促进了艺术作品的展示和销售，也推动了艺术创作的国际化进程。美术馆和画廊开始展示外国艺术家的作品，并将中国艺术家的作品推向世界，为现代艺术设计的发展打下了坚实的基础。

21世纪以来，北京的现代艺术设计产业及文化创意产业经历了快速而深远的发展。相关资料显示，2006年至2016年，北京市文化创意产业总体呈现高速增长的趋势，2016年北京文化创意指数（综合指数）达到281.6，比2006年提高了181.6个百分点。文创产业成为仅次于金融业的第二大支柱产业。[1] 在这一时期，北京的艺术市场、设计产业、数字媒体、广告、出版、动漫和游戏等领域都展现出了强劲的增长势头。北京还建立了多个文化创意产业基地，如798艺术区、首钢园、77文创基地、首创朗园Station和天宁一号文创园等。这些基地不仅为创意人才提供了工作和展示的平台，促进了产业间的交流与

1. 刘达. 北京文化创意指数及经济增长效应测度 [J]. 城市问题，2019(2)：49.

合作，也成为首都年轻群体的热门地点，为城市带来了丰富的文化活力。

（二）当代艺术展览与设计周的国际视野

作为中国的文化之都，北京是亚洲乃至全球艺术与设计的重要枢纽。其举办的当代艺术展览和国际设计周活动，不仅展现了本土文化的深厚底蕴，也彰显了其面向国际的视野。自 2009 年首次举办以来，北京国际设计周已经成为国内设计界极具影响力和国际知名度的年度活动。该活动通常聚焦于全球化背景下的文化多样性议题，讨论艺术如何超越地域、种族和语言的障碍，展现人类共通的情感和思考。例如，2018 年的设计周主题为"致敬生活"，着重于设计对提升日常生活品质的贡献；而 2023 年的主题为"开放创新"，则积极响应了党的二十大报告中提出的构建具有全球竞争力的开放创新生态系统的目标，强调了创新与开放的互动关系。北京国际设计周汇集了来自世界各地的设计师的作品，覆盖了工业设计、平面设计、时尚设计和建筑设计等多个领域。活动不仅展示了资深设计师的成就，也特别重视年轻设计师和学生的作品，为他们提供了展示自己才华的机会。策展团队通常由国内外知名设计师、艺术家、学者和行业专家组成，他们策划了各种展览、论坛和工作坊，确保了设计周内容的专业性和前瞻性。例如，在 2023 年的设计周中，主题展览"置身何处"由国际策展人 Anouchka van Driel 和 miman 工作室创始人周衍联合策展。

通过展示和推广设计文化，北京国际设计周不仅提升了公众对设计价值的认识，增强了城市的文化软实力，而且为设计产业的发展注入了新动力，推动了相关产业链的升级和经济增长。同时，它也激发了创新思维，促进了新技术、新材料和新方法在设计中的应用，为城市空间的活化和社区文化的繁荣提供了重要的推动力。"北京设计周就已初步建成了一个具有国际视野和格局的'大设计'体系，上承国家政策下接民众生活。这个关注设计以及设计产业发展的活动，其意义超越了'设计'本身，文化和经济影响力从一个区域逐步扩展至世界的其他区域，成为代表中国设计发展成就的一个闪亮符号。"[1]

（三）城市公共艺术的设计创新

随着科技进步与公众需求的变化，现代公共艺术与设计实践在北京城市建设过程中的作用日益凸显，不仅丰富了城市的文化景观，也促进了社会的多元发展，体现了艺术与城市共生共荣的美好愿景。

作为一座历史悠久的城市，北京城市公共艺术设计巧妙地将传统元素与现代审美相结合，创造了一种历史与现代的对话。城市公共艺术在城市更新中扮演着重要角色，它能够激活被遗忘或未充分利用的城市空间，如老旧工厂、废弃仓库、街头巷尾等。通过艺术的介入让这些空间焕发新生，成为市民休闲、文化活动的场所。例如，798 艺术区、二七厂科创城、龙徽 1910 文创园等就是城市更新的成功案例，它们将工业遗址转化为艺术与设计的聚集地，在保留原有工业建筑结构的基础上，融入了当代艺术的展览与创作，既保留了历史痕迹，又赋予了空间新的生命和功能。这种创新不仅让市民和游客感受到城市的历史脉络，同时也体现了对未来的展望。北京的城市公共艺术有助于塑造城市的文化身份，强化城市的品牌形象。优秀的作品往往能够成为城市的标志性符号，如北京的天安门广场、鸟巢体育馆、国家大剧院、中国工艺美术馆、中国非物质文化遗产馆等，不仅承载着历史

---

1. 王丽梅. 北京国际设计周的品牌构建路径研究 [J]. 包装工程，2021(12)：325.

意义，也成为城市对外宣传的重要元素。此外，通过"创意点亮北京""北京文博创意设计大赛""北京中轴线文化遗产传承与创新大赛"等一系列公共艺术项目活动，展示了北京作为创意之都的魅力，提升了城市的国际影响力。

此外北京城市公共艺术与商业空间的结合也愈发紧密，购物中心、酒店、写字楼等商业环境中融入了大量艺术元素，不仅提升了空间的美学价值，也为公众提供了更为丰富和多元的艺术体验。例如，北京的侨福芳草地购物中心，集绿色生态与现代艺术为一体，其内部的公共艺术品展示，将艺术带入了日常消费场景，使得艺术不再局限于传统的美术馆或画廊。如萨尔瓦多·达利的雕塑《骑海豚的人》，以及杨韬的作品《空束》等，为商场中庭增添了一抹亮丽的色彩。此外，侨福芳草地还定期举办艺术展览和活动，使得艺术与商业的界限变得模糊，为消费者创造了一个充满惊喜和灵感的购物环境。北京的城市公共艺术与商业空间的结合，正在以一种创新而富有成效的方式，重新定义人们对于艺术与日常生活的认知。正如设计史学者李砚祖所说："设计是嵌入生活方式之中的，它通过设计之物介入人的生活，服务于人的生活。"[1]

◆三、北京艺术设计的融合与创新◆

（一）古今交融的设计案例分析

在当代北京，艺术设计正以其多样化和开放性的特点，彰显着对传统文化的尊重与创新。"新中式"风格便是这一趋势的体现，它将中国传统的设计元素融入现代设计之中，展现了中国设计独有的魅力。此外，数字技术与可持续设计概念的应用，如3D打印、智能产品设计和环保包装，正推动设计行业的技术革新和对环境保护的关注。

2022年北京冬奥会的视觉形象设计，是一个展现创新与传统结合的杰出案例。会徽"冬梦"巧妙地将汉字"冬"与滑雪赛道的造型结合，既传达了冰雪运动的速度感，也展现了中国书法的艺术美。色彩系统采用了天霁蓝、长城灰等源自中国自然风光和古建筑的色彩，既体现了中国的色彩美学，又通过现代色彩理论的应用，确保了视觉的和谐与时代感。国家速滑馆"冰丝带"的设计，采用了古代玉璧的形状，象征和谐与运动员的卓越表现，同时运用了高效节能的建筑技术，体现了可持续发展的理念。海报和导视系统的设计融入了云纹、水波纹等中国传统图案，采用了简洁的构图和现代排版技术，确保了信息的清晰传达，并利用现代印刷技术保证了设计的高品质。冬奥会的开幕式更是将传统文化与现代科技完美融合，运用了二十四节气倒计时、中国结、灯笼等元素，结合了地面LED、无人机编队和AR技术，创造了震撼的视觉效果。

故宫博物院近年来推出的文化创意产品不仅在国内市场受到热捧，也在国际市场上赢得了极高的评价，成为中华传统文化与现代设计结合的典范。故宫的文创产品成功地将古老的文化遗产与当代生活方式相融合，不仅提升了公众对传统文化的兴趣，也推动了文化产业的发展。故宫文创产品系列以故宫的文物、藏品、建筑为灵感源泉，提炼出具有代表性的文化符号，如"朕知道了"胶带、故宫彩妆、故宫猫系列文具和千里江山系列盖碗茶具等，每个产品背后都有一个与故宫相关的故事，通过产品讲述历史，增加产品的文化价

1. 李砚祖. 设计的诗性尺度：从生活到"日常生活世界"[J]. 南京艺术学院学报（美术与设计），2022(4):87.

值和情感联系。产品兼顾实用性与美观性，通过现代设计手法重新诠释了故宫藏品，不仅促进了传统文化的传播，也展示了设计在文化遗产活化中的重要作用。

（二）艺术设计的数字化发展

数字化和新媒体技术为艺术设计带来了多样化的表达方式和更广泛的传播途径。艺术家们利用数字媒介、互动装置和虚拟现实等技术，将经典艺术与现代科技融合，创作出既生动又富有互动性的艺术作品。北京在数字化艺术设计方面取得了显著进步，特别是在利用数字技术改造城市空间、传承文化遗产和提升艺术体验方面表现突出。

北京石景山区的首钢园，一个曾经的工业遗址，经过转型，成为一个集合文化、科技与娱乐的综合空间——SoReal 科幻乐园。这个乐园以中国科幻故事为主线，运用 5G、AR、VR、MR 和全息投影等尖端技术，为游客提供了深度的沉浸式体验，包括虚拟旅行和互动游戏，实现了数字内容与实体环境的完美融合。通过三维建模和数字化重建技术，乐园还原了首钢历史上的重要场景，让游客能够更直观地感受到首钢的发展历程和城市的变迁。首钢园的这一变革不仅为北京的艺术设计注入了新的活力，也推动了文化与科技的紧密结合，将一个废弃的工业区转变为一个充满活力的数字艺术中心，既保留了历史的痕迹，又展望了科技的未来，使其成为北京城市更新和文化产业发展的一个标杆。

（三）艺术设计的智能化发展

以人工智能和机器学习为代表的智能化技术，正在重塑艺术设计的流程，为设计师提供了前所未有的高效率创作工具，同时也带来了新的机遇与挑战。

通过智能化技术，艺术设计的过程变得更加高效和精准。设计师现在可以依靠机器学习算法对海量数据进行分析，从而捕捉设计灵感和发现流行趋势。人工智能的生成式设计能力，不仅可以独立创作艺术作品，还可以辅助设计师提出创新建议和优化方案。例如，在时尚界，设计师可以通过分析社交媒体的流行趋势来预测未来的流行色彩和图案；而在艺术领域，AI 系统通过学习历史上的名画，可以创作出风格相似的新作品。

随着智能化技术的不断进步，艺术设计正在向自动化和个性化方向发展。设计师能够使用自动化工具迅速生成多种设计方案，并通过算法进行优化，挑选出最合适的方案。此外，智能化技术还能够根据用户的特定需求和偏好，定制出个性化的设计作品，以满足用户的个性化需求。这种技术的发展，不仅提升了设计的质量和效率，也使得艺术设计更加贴近用户，满足了市场的多样化需求。

如北京白塔寺的"未来之家"项目，作为一项前瞻性的智能家居实验，致力于探索适合年轻一代的居住模式。该项目巧妙地融合了互联网硬件技术与现代家居设计理念，展示了智能化技术在居住空间设计中的实践应用。在产品生态链设计领域，小米公司同样展现了其卓越的创新能力。小米通过汇聚全球设计资源，构建了一个包含智能家居和消费电子等多元化产品线的生态系统。其设计理念着重于简洁性、实用性和高性价比，这不仅反映了现代设计亲民化的趋势，也展现了中国企业在产品设计上对国际视野和本土市场需求的深刻洞察与融合。

北京的现代艺术设计，不仅在物质层面上有所体现，更深刻地反映了一种文化和思想内涵。它超越了对历史的单纯纪念，积极地探索着未来可能的趋势和方向。在这个过程中，北京的设计作品成为传统与现代之间的纽带，既承载了对传统的尊重，又展现了对创新的追求，塑造了一个充满生机与创造力的现代都市形象。

思考题：

1. 选取一件你认为具有代表性的设计作品，分析其设计原理、美学特征以及它如何体现功能与形式的和谐统一。

2. 结合中国工艺美术的变迁，讨论艺术设计如何反映和影响社会文化。请撰写一篇小论文，探讨唐宋至明清时期工艺美术风格的变化是如何体现当时社会文化特征的。

3. 设计一款融合传统与现代元素的产品，可以是任何类型，如家具、服装、电子产品等。请提交你的设计草图和设计理念说明，着重讲述你是如何在设计中体现跨文化融合的。

4. 选择一个现代艺术设计的案例，分析它是如何继承并创新传统美学的。你可以从设计的创意来源、设计过程、成品的呈现等方面入手，撰写一篇分析报告。

第十二章

建筑之美

本 章 概 述

　　建筑艺术通过人与建筑的感知互动来展现人的精神世界与审美追求，它融合了表现性艺术、造型艺术以及时间艺术等多种元素，形成了一种独特且紧密结合的艺术形式。古都北京的建筑艺术不仅彰显了中华民族的文化底蕴，更展现了多元文化兼容并蓄的历史进程，成为展现北京城历史风貌和城市文化的名片。本章以中国建筑艺术的审美特征为起点，通过对北京建筑历史发展和审美意蕴的剖析，作为切入点来诠释北京建筑艺术的风格特点。本章内容将围绕建筑艺术的审美特征、北京城市建筑概况和北京传统建筑艺术之美三个部分，浅析北京建筑艺术的美学价值，以期对当下北京城市建筑的发展、保护与创新有所启发。在学习本章时，要求学生重点掌握中国建筑艺术各阶段的语言特点，在了解北京城市建筑发展历史的基础上，厘清北京建筑中轴线布局的独特性和美学意蕴，并以具体案例为基础，深入分析各建筑形式的美学价值。

第一节 中国建筑艺术的审美特征

中国建筑艺术，作为中华优秀传统文化的外在表现形式之一，以空间、结构和场域为三大核心要素。这三者之间相互并行、共生共荣，在逐步"内化"与"扩散"的过程中，既协同又背离，共同编织了中国传统建筑艺术绵延不绝的辉煌篇章。建筑作为城市文化的物质载体，深刻体现了城市文化系统中的精神内涵、制度规范与文化传承。中国建筑美学不仅是一场技术与艺术的"对话"，是建筑材料功能与"诗意"的完美结合，更是空间"形式"之美的极致展现。

中国传统建筑设计之美

◆一、中国建筑艺术发展概述◆

中国建筑艺术作为中国传统文化的重要组成部分，在世界建筑史上具有重要的地位。中国建筑一脉相承，各历史时期各具特色，同时在继承和创新的基础上又存在着一定的相似之处。通过其风格的转变，我们亦可窥探中国历史和文化的发展脉络。

梁思成认为"建筑之始，产生于实际需要，受制于自然物理，非着意创制形式，更无所谓派别。"[1]中国建筑以实用性为基础，原始社会已经出现以洞穴为主的建筑雏形，黄河流域的黄土地带多以穴居形式为主，如仰韶文化的木骨泥墙和木土结合的地穴；而长江流域多水地带则以巢居为主，如河姆渡文化中以"桩木"为基础的干栏式建筑。随着大量奴隶劳动力的出现，青铜工具、铁制工具和砖瓦材料的发展，以及人们生活期待的提高，我国建筑艺术在奴隶社会时期获得了巨大发展，不仅开始出现都城、宫殿、宗庙、陵墓等宏伟的建筑，而且初步形成了以夯土墙和木构架为主体的古代建筑风格。[2]如春秋战国时期，建筑以土木混合结构的台榭最为盛行，台榭的高度高于殿阁，借助夯土垒砌，形制上以平直为主要特征，通过"阶""陛"等踏步形式，[3]形成层次阶级，既体现了帝王将相祭祀天地、仰观俯察的实用需求，又满足了先秦士子们道德批判的审美诉求。与此同时，中国传统建筑美学的基本框架也萌发于先秦时期，并作为人民日常生活的主要内容，被赋予了价值观念，《考工记》《周书名堂解》和《大戴礼》等均可见一斑。中国古代建筑文化以"宅"为核心，以家族、宗法为依托，以祭祀为主要职能，在土木构造的人为空间中，实践着空间与时间[4]的交融，涵盖了宇宙万物生生不息的哲理，其本身也被视为"宇宙"。[5]正如老子云："不出于户，以知天下；不窥于牖，以知天道"。[6]"合抱之木，生于毫末；九层之台，起于累土；千里之行，始于足下"。[7]都体现了建筑的空间建造与实践运动须臾不可分离。[8]

1. 梁思成. 中国建筑史 [M]. 天津：百花文艺出版社，2005.
2. 张晶. 从中国建筑发展演变理解文化自信 [J]. 经营管理者，2023(8)：82-83.
3. 傅熹年. 战国中山王墓墓出土的《兆域图》及其陵园规制的研究 [J]. 考古学报，1980(1)：102-105.
4. 建筑中的时间在指自然时间之外，更多指向"社会时间""人文时间"，以及对于"时运"之势的关怀与期待。
5. 王耘. 中国建筑美学史 [M]. 太原：山西教育出版社，2018：5.
6. 王弼. 老子道德经：下篇 [M]. 杭州：浙江古籍出版社，1998：1347.
7. 王弼. 老子道德经：下篇 [M]. 杭州：浙江古籍出版社，1998：1351.
8. 王耘. 中国建筑美学史 [M]. 太原：山西教育出版社，2018：18-19.

《周易·系辞下》曰："上古穴居而野处，后世圣人易之以宫室，上栋下宇，以待风雨，盖取诸大壮。"[1] 封建社会随着生产力水平和人民审美水平进一步提高，铁骑、砖瓦等建筑工具和材料的出现，以及木质结构建筑技巧的发展，尤其是隼牟结构的应用，极大提升建筑的稳定性，进一步促进建筑风格更加多样化，建筑样式也由单层式结构，向复式结构转变，在此基础上逐渐发展为园林式的建筑风格。[2] 秦汉时期的建筑美学在"方圆"的基础上，围绕"制度"展开，通过建筑体现大一统的帝国皇权。"始皇广其宫，规恢三百余里，阁道通骊山八十余里。表南山之巅以为阙，络樊川以为池。作阿房前殿，以木兰为梁，以磁石为门。"[3] 此外，秦在原来各诸侯国旧长城的基础上进行扩建并连接，形成了中国建筑史上宏伟的万里长城。除此之外，骊山陵墓的修建也开创了大型陵墓建造的先河。汉高帝建都长安后，"徙齐诸田，楚昭、屈、景及诸功臣家于长陵。后世世徙吏二千石、高訾富人及豪桀并兼之家于诸陵。"[4] 又《白虎通》曰："明堂上圆下方，八窗四闼，布政之宫，在国之阳。"《李盛德记》载："明堂自古有之，凡有九室，室有四户八牖，三十六户，七十二牖，以茅盖屋，上圆下方，所有朝诸侯，其外有水名曰辟雍。"[5] 可见建筑作为道德律令和君王权力的外化，参与制度的营造，将"五方错杂"的各色人等构造出"新世界"。[6] 两汉时期木结构的成熟应用奠定了中国建筑木架构的主要形式，其中以阙和阁的构建为鲜明标志。此外，砖券技术也得到了长足发展，长乐宫、未央宫和建章宫成为当时建筑艺术的杰出代表。

魏晋时期的建筑体现了魏晋风度、玄学、丹药、酒与山水精神等元素的融合，并将这些精神元素物化在建筑中，反映了当时人们对现实境遇的深刻思考。"濠上之客，柱下之史，悟无为以明心，托自然以图志，辄以山水为富，不以章甫为贵，任性浮沈，若淡兮无味。"[7] 建筑作为"起点"和"终点"，构建起魏晋士子折返于自然的存在形态，与此同时，魏晋风度为建筑发展铺垫了多元文化的底蕴。在佛教初传之始，佛教教性与魏晋风度并未达到一体两面的水平。[8] 但随着佛教文化的深入，佛寺的建筑结构和布局逐渐融入我国的建筑风格，形成庭院式木结构和园林相结合的形式，且佛塔的建筑样式也得到了长足发展。与此同时，印度、中亚一带的雕刻绘画艺术传入我国，促进了佛教石窟和壁画的发展，如甘肃敦煌莫高窟、大同云冈石窟、洛阳龙门石窟和太原天龙山石窟等。[9] 其中北魏云冈石窟在公元 465 年至公元 494 年迎来其繁盛时期，这一时期"窟龛不仅继续雕造禅观的主要佛像三世佛、释迦、弥勒和千佛，并且雕出更多的禅观时所需要的辅助形象，如本生、佛传、七佛和普贤菩萨以及供养天人等，甚至还按禅观要求，把有关形象连缀起来，如上龛弥勒，下龛释迦。这种连缀的形象，反映在释迦、多宝、弥勒三像组合，释迦、多宝二佛并坐以及多宝塔上，极为明显。这样安排，正是当时流行的修持'法华三昧观'时所必要的。"[10]

1. 王弼，韩康伯，陆德明，等.周易注疏：卷十二 [M]. 中央编译出版社，2016：384.
2. 韩文洋.论我国建筑风格的演变及发展 [J]. 装饰装修，2019(1)：24.
3. 顾炎武.历代宅京记：卷之三 [M]. 北京：中华书局，1984(2)：43.
4. 何清谷.三辅黄图教释：卷之一 [M]. 北京：中华书局，2005(6)：70.
5. 陈立，吴则虞.白虎通疏证：卷六 [M]. 北京：中华书局，1994：265.
6. 王耘.中国建筑美学史 [M]. 太原：山西教育出版社，2018：75-77.
7. 杨衒之，周祖谟.洛阳伽蓝记校释：卷二 [M]. 上海：上海书店出版社，2000：90.
8. 王耘.中国建筑美学史 [M]. 太原：山西教育出版社，2018：87-99.
9. 段步军.谈中国建筑发展史 [J]. 山西建筑，2014(8)：25.
10. 宿白.云冈石窟分期试论 [J]. 考古学报，1978(1)：31.

　　隋朝时期，物质和文化的发展促进了建筑技术的发展，大规模的城市建设、水利建设和基础建设促进了全国物质和文化的交流，如洛阳城方格网道路系统成为我国古代城市规划的范例；此外，横贯南北的京杭大运河，以及将科学性、实用性和艺术性完美结合的河北赵州桥，都成为这一时期建筑的典型代表。[1]经过魏晋南北朝山水文化的熏染，唐宋时期建筑更多体现了中国文化"向内转""心性化"的趋势，开始形成自己完整的建筑体系和独特风格，并影响到东亚和东南亚地区。唐代建筑形成了以纵轴为主，左右对称布局为辅的城市建设规划，建筑样式更加成熟大气，颜色简洁明快，给人以庄重之感。长安城和大明宫的文字记载，以及敦煌莫高窟中唐代壁画中重点描绘的宫殿，都可见其风貌。此外，唐朝还拟定了专门的建筑法规《营缮令》，形成了标准化、模式化的建筑规模和装饰样式。相较于东汉的转角初步分位，魏晋南北朝的叉手补间，以及隋至初唐的单斗支替都变得更加豪华。唐代建筑的重要特征是斗拱开始大量使用，辅佐出跳的形制，以其结构性的组织形式在唐代日臻成熟，[2]"斗拱由不出跳或最多只出两跳，而且无昂等形式过渡到盛唐时期斗拱出跳增多，最外跳头绝大多数都有令拱，柱头缝以一拱一枋为一组，补间只用一朵等形式特点。"[3]宋代，人们特别钟情和善于捕捉无形之美，建筑艺术也尝试打破有形与无形的界限，与中国文化"向内转"的趋势同步，禅宗的顿悟和快慰成为心灵化的载体，乃至主体。[4]与此同时，随着商业和手工业的高度发展，虽然建筑艺术不如隋唐时期那般宏大雄浑，但却展现出更加细腻纤巧的特点，建筑装饰也愈发讲究。北宋时期，朝廷颁布了《营造法式》，对历代建筑进行了归纳总结，并对宫殿、寺庙、官署、府第等官式建筑样式作出了规范，这标志着中国传统建筑样式在工程技术上的成熟。其中，"斗拱"之法最为显著，其特征是辅作雄大，檐出如翼，例如辽宁义县的奉国寺就是典型代表。除此之外，现存的宋、辽、金古建筑中，很多都体现了《营造法式》的规范，因此该书被誉为"建筑法典"。

　　元朝主要的建筑成就体现在大都城（今北京）的建造上，以及对前朝所建的京杭大运河的贯通。明清时期的建筑以场域为主体，其中园林建筑场域尤为突出，远远超过了建筑结构主体本身。在文人的细腻体验中，建筑脱离了单纯的实体形式感，更多地体现了构建的艺术感。这一时期的建筑追求"仁者乐山，智者乐水"的观念，塑造出文人古雅的生活气息和文化范式，如"石令人古，水令人远"。明朝，由于手工业的发展以及包砌法的出现，砖建房屋得到了长足发展，与此同时，琉璃砖、琉璃瓦工艺的发展，为建筑防水和装饰多样化提供了更大的空间。明清时期，北京城市规划已根据不同行业划分，且以大量精美的园林建筑最为著名，[5]如北京的圆明园、颐和园和承德的避暑山庄，它们的建筑设计更多地在于满足审美需求，营造出均质而精巧的建筑空间。对于单体建筑的设计和思考，这些园林达到了极致，如宏伟壮观的故宫，其高低错落的楼台殿宇展现了中国传统建筑艺术的精髓和独特风格。

　　民国时期，随着欧美建筑与我国传统建筑的融合，当时的建筑样式更加趋于现代化。20世纪之初，欧洲现代主义建筑在中国出现，哈里·胡赛、亨利·基拉姆·墨菲开创了"西

1. 段步军. 谈中国建筑发展史 [J]. 山西建筑，2014(8):25.
2. 王耘. 中国建筑美学史 [M]. 太原：山西教育出版社，2018:131.
3. 张铁宁. 唐华清汤池遗址建筑复原 [J]. 文物，1995(11):64.
4. 王耘. 中国建筑美学史 [M]. 太原：山西教育出版社，2018:164.
5. 段步军. 谈中国建筑发展史 [J]. 山西建筑.2014(8):25.

体中用"的"中国式"建筑的模式（如金陵女子大学）。之后"中国固有式"和"民族形式"的设计方法在中国迅速蔓延。[1]童寯、庄俊、范文照、杨廷宝等中国第一代建筑师在西方接受了严格的学院派建筑教育，先后接受了现代建筑的设计原则和方法。在其影响下，以华揽洪、林乐义、冯纪中、汪坦等第二代建筑师也确立了现代建筑的基本方向。[2]中华人民共和国成立后，我国建筑业蓬勃发展。20世纪50年代，受到苏联"社会主义现实主义"观念的影响，国内形成了融合现代建筑功能与传统建筑外观的中国样式，并建成了人民大会堂、中国革命历史博物馆、民族文化宫、北京火车站等十大标志性建筑。与此同时，杨廷宝主持设计的北京和平宾馆、黄毓麟主持设计的上海同济文远楼、莫伯治设计的广州白云宾馆等一批优秀的现代主义建筑作品问世，为新时期的探索奠定了基础。[3]20世纪70至90年代，国内对传统建筑现代性问题的研究达到了高潮，建筑师试图为民族形式找到新的出路，并加深与现代建筑之间的融合，着重探讨如何在当代继承传统、如何将传统在当代创新的问题。[4]随着符号学、乡土主义、地域主义的兴起，建筑师们开始尝试运用解构主义的手法，将传统建筑的符号进行混杂使用，或者将传统建筑符号与现代建筑空间进行融合与嫁接。1979年改革开放以后，随着全球经济一体化的发展，中国近现代建筑风格在吸收国外建筑风格元素的基础上，逐渐趋向于简洁化、多元化的风格。在此期间，建成了如国家大剧院、鸟巢、水立方和东方明珠等标志性建筑。

◆二、中国建筑艺术的人文意蕴◆

《辞海》中提到："建筑艺术是一种审美性和实用性统一的艺术，建筑的本质是供人居住和生活的场所，所以实用性是首位的，但审美性是随着社会技术的进步伴随建筑而逐步产生的"。[5]中国传统建筑美学的观念并非单一的，而是趋于复杂多元的，它体现了中华民族传统的精神信仰和丰富内涵。这些观念不仅是中国传统儒、道、释思想的外化表现，也是风水堪舆观念的物化体现，更是文化包容性和时尚并蓄性的集中展示。中国传统建筑在营造过程中，体现了"天人合一""张弛有度""时空和谐"等美学追求和意境机制。

中国传统建筑艺术作为中国传统造型艺术的重要组成部分，蕴藏着中国传统哲学观念和美学思维的辩证统一关系，折射出中国优秀传统人文思想的精髓，同时承载着当地社会发展和历史变迁的丰富信息。受儒、道、禅观念的影响，中国传统人文思想形成了独特的语义内涵和目标追求，这使中国建筑艺术成为反映社会观念和文化价值的重要载体。中国儒学思想以"仁、义、礼、智、信"为德性论，尊崇社会道德为其根本核心。孔子在倡导人道、博爱的精神的基础上，追求人格修养，并逐步成为士大夫和文人雅士们立身行事的准则。[6]孟子在此基础上推行"仁学"，强调性善，曰"可欲之谓善，有诸己之谓信，充实之谓美，充实而有光辉之谓大，大而化之之谓圣，圣而不可知之之谓神"，将品德追求提升到社会责任的层面，以"仰不愧于天，俯不怍于人"作为安身立命的准则。[7]自汉武

1. 邹德侬. 中国现代建筑论集 [G]. 北京：机械工业出版社，2003.

2. 李春. 贝聿铭现代主义建筑美学研究 [D]. 山东师范大学，2019:200.

3. 李春. 贝聿铭现代主义建筑美学研究 [D]. 山东师范大学，2019:200.

4. 郝曙光. 当代中国建筑思潮研究 [D]. 东南大学，2006.

5. 舒新城. 辞海 [Z]. 上海：中华书局，1936.

6. 孔子. 论语 [M]. 南昌：江西人民出版社，2016:83.

7. 孟子. 孟子·尽心下 [M]. 北京：中华书局，2017:54.

帝推行"独尊儒术"以来，儒家思想逐渐成为中国主流意识，并在历史发展中广泛而深刻地渗透到了人们的思想观念和行为习俗中，对艺术创作本体和受众都产生了深远的影响，形成了中华民族特有的文化基础和心理导向。[1]在儒家思想的影响下，艺术创作的责任在于"成教化，助人伦"，艺术情趣的追求在于"乐而不淫，哀而不伤"（《论语·八佾》），[2]这就要求建筑艺术在实用性的基础上，以德操作为艺术审美的基准，以古朴高洁作为建筑品评的准绳，体现和谐的精神追求和尊卑有序的伦理观念。例如，位于义乌西部上溪镇黄山村的清代建筑黄山八面厅，在其建筑布局和装饰题材中自然而然地流露出儒家思想的烙印。其中，最为出彩的建筑构件如牛腿和琴枋等，选取了《张良拾履》《长醉不复醒》[3]《二十四孝图》《鞭打芦花》[4]《百忍堂寿》[5]《桃园三结义》《岳飞抗金》等历史故事和神话传说作为装饰题材，以巧夺天工的技艺，时刻警醒后人牢记"忠孝礼义廉耻信"的传统美德。

除此之外，道家的"天人合一"观念与禅宗的"物我两忘"观念无疑是中华民族特有的艺术观念。与积极入世的儒学思想追求不同，老子推崇"无知无欲"的出世型人格，庄子将这一思想发展到极致，以"独与天地精神往来"（《庄子·天下》）的方式，追求"无情""无己""无为"的理想型人格境界。[6]即唐张彦远在《历代名画记》中所说："凝神遐想，妙悟自然，物我两忘，离形去智。身固可使如槁木，心固可使如死灰，不亦臻于妙理哉？所谓画之道也。"[7]《庄子·人世间》有云："虚室生白，吉祥止止。"此言意指止住欲望之心，方能达至大吉祥之境。因此，中国传统艺术多运用比喻、象征、谐音等手法，以表达对美好事物的向往。在庄禅哲学思想的影响下，中国建筑艺术在注重实用性的同时，更崇尚"意境"的创构，追求"物我交融""迁想妙得"的艺术境界，力求通过线性语言结构、意象思维等手段，实现实用与意蕴的融合、心灵与自然的契合以及主体与客体的统一。例如，由贝聿铭设计的中国银行总部大楼，便巧妙地体现了这一理念。该大楼由两栋"L"形办公楼围绕着一个高40米的中庭而建，从中可以眺望北京古老的精致与现代的风貌。整座建筑参照了四合院的结构模式，楼中有园，中庭顶部和四周配以通透的玻璃，使建筑整体显得轻盈而通透。同时，在中庭园林的设计中，借鉴了江苏园林的造景手法，做到了一步一景。此外，建筑米黄色的整体色调与玻璃窗外变化莫测的光影相互映衬，共同营造出了一个和谐宁静而又充满活力的环境氛围。办公楼丰富饱满的设计元素与中庭巧妙留白的处理，形成了一种建筑语言上繁与简的对话，实现了空间与形式的完美契合。

---

1. 孙琳. 慧木匠心：中国民间木雕美学及其创新应用研究 [M]. 北京：九州出版社，2022：113.

2. 孔子. 论语 [M]. 南昌：江西人民出版社，2016：113.

3. 其创作题材源于历史人物李白所作的《将进酒》中的诗句"钟鼓馔玉不足贵，但愿长醉不复醒"。这句诗看似作者以醉酒逃避的消极态度排解内心忧愁，实则表现了怀才不遇而渴望被理解的积极本质。

4. "鞭打芦花"属于二十四孝之一，它讲述的是春秋末年孔子的弟子闵子骞十岁丧母，继母李氏对他虐待，给自己亲生的两个儿子棉衣里装棉花，而给闵子骞做的棉衣里装的却是芦花。冬天外出驾车时，其父发现了这件事，决定休了李氏。但闵子骞双膝跪地，极力劝说父亲，继母深受感动，从此对三个儿子一视同仁的故事。

5. 在传统儒家思想影响下，人们崇尚宗族宗亲意识，以家族的兴旺发达和数代同堂同居为荣。《百忍堂贺寿》源于唐代百忍堂的故事。唐郓州张公艺九世同堂，和睦相处。唐高宗问如何做到，张公艺在纸上写了一百个"忍"字，唐高宗看后，赐号"百忍"。此题材一方面说明了"忍"对家族兴旺和社会和谐的重要性，另一方面以家族的兴旺从侧面反映了儒家思想中"以孝为本"的观念。

6. 庄子. 庄子 [M]. 北京：中华书局，2015：43.

7. 张彦远，章宏伟. 历代名画记 [M]. 郑州：中州古籍出版社，2016：23.

"建筑的最高境界与其说是一个充满装饰的结构,倒不如说是一个结构精妙的装饰。"[1] 在中国传统思想观念的熏陶下,中国建筑艺术在感知世界的同时,完美地诠释了"吾心自有造化,静而求之,仁者见仁,智者见智"的审美判断和意象思维的表现形式。通过营造充盈的空间层次,建筑在秩序感的主导下,实现了对中国传统哲学理念的深刻体现和"圆满"意蕴的生动表达。

◆三、中国建筑艺术的语言特征◆

黑格尔在《美学》一书中提出"就存在或出现的次第来说,建筑也是一门最早的艺术。"[2] 乔森纳·格兰西在《建筑艺术》一书中对建筑艺术的概念进行了明确的界定,即"建筑艺术是按照美的规律,运用建筑独特的艺术语言使建筑形象具有文化价值和审美价值,具有象征美和形式美,体现出民族性和时代感。"[3] 西方古典建筑,无论是埃及的金字塔、希腊的帕特农神庙、罗马的凯旋门,还是印度的泰姬陵、君士坦丁堡的圣索菲亚大教堂、法国的巴黎圣母院等,都注重单体建筑的宏伟与永恒,通过巨大的体量,渲染出对宗教的敬畏之情。相比之下,中国建筑则以"群体"为整体布局,在和谐统一的有机组合中,寻求井然有序的层次美。它们既能在远观时给人以整体性的恢宏气势,又能在近观时展现出局部的审美情趣。中国传统建筑的美学特征可归结为序列层次美、自然和谐美、结构精巧美、规格稳定美、造型意境美、屋顶曲线美和色彩纷呈美。[4] 凭借精巧的结构和优美曲线,中国传统建筑在园林环境中展现出建筑与自然的和谐共生,体现了中国传统哲学思想、礼仪制度和审美情趣,同时为参观者带来了丰富的感官体验。

在材料的选择上,与西方建筑多以石料为主不同,中国传统建筑空间多以土木为原料进行设计。它们以木构架为结构体系,进行精细的加工与雕饰,就地取材,因材施艺,创造出了众多不朽的建筑精品。例如,北京的故宫、颐和园和承德避暑山庄等宫殿建筑,展现了皇权至上、威严肃穆的建筑理念;以苏州拙政园、南京瞻园为代表的苏州园林,其亭台楼阁、雕梁画栋中透露出自然和谐、隐逸质朴的精神追求;福建土楼、山西民居和北京四合院等民居建筑,因地制宜、技艺精湛,充分展现了当地的地域文化和风土人情;而山西五台山、西藏布达拉宫、鹿邑太清宫和昆明金殿太和宫等寺院和道观建筑,则布局严谨、历史悠久,展现了人们的宗教信仰和精神寄托。"三分人工,

故宫建筑群

1. 肯尼思·弗兰姆普敦. 建构文化研究:论19世纪和20世纪建筑中的建造诗学 [M]. 王骏阳,译. 北京:中国建筑工业出版社,2007:154.
2. 王振复. 建筑美学笔记 [M]. 天津:百花文艺出版社,2005:1.
3. 乔森纳·格兰西. 建筑艺术 [M]. 北京:旅游教育出版社,2010:10.
4. 孙小涵. 滞后与展望——浅论中国传统建筑美学 [J]. 中国住宅设施,2021(3):51.

七分天成"，木作为一种纯自然的可再生资源，独具形、色、质、纹等特点，从古至今都是一种理想的绿色材料，广泛地应用于建筑，成为传承文化的重要媒介。[1]中国建筑以木结构为主，采用特有的榫卯连接技术，并在建筑上运用雕梁画栋的装饰手法。这些建筑透过表象所展现的自然感、图案的象征性以及多变的层次感，在保留天然动势的基础上，运用古朴质朴的表现手法，达到了天人合一的完美境界，同时体现了对人文意象的回归。随着科学技术的发展，现当代建筑在材料上逐渐采用钢筋混凝土、铝合金、铜合金等现代材料，以提高建筑的稳定性和承载力，并加入轻制砖、五金材料、人工制成品等，增强建筑视觉的现代科技感，与此同时，将环保隔热材料和太阳能板等应用其中，增强建筑节能环保的建筑理念。[2]

色泽美是木材作为建筑材料直接展现的一种天然之美。正如李白所言："清水出芙蓉，天然去雕饰。"自然之灵气，贵在淡雅质朴，无须过多雕琢与装饰，否则便会失去其本真之美。在作品创作时，色泽可根据设计意图而定：浅色设计给人以明朗、动感的感受；深色设计则显得稳重大气，代表着内敛与深沉；而采用干厚木材的设计，则呈现出粗犷古朴、崇尚素清的风格。作为中国文化的象征和人们生活的缩影，中国建筑艺术在色彩选择上有着独特的偏好。与西方建筑常采用白、灰、米等低纯度色彩，追求柔和视觉效果的做法不同，中国传统建筑善选用红、黄、绿等喜庆的颜色，寓意吉祥富贵，让人感受到由俗而雅、化俗为奇的和谐之美，同时利用色彩展示建筑不同的象征意义和等级差异，如皇家建筑多采用黄色，宗教建筑多选用红色。[3]

梁思成在《中国建筑史》一书中说："至今为止，世界上真正实现过建筑设计标准化的只有中国的传统建筑。"中国古典建筑以古典园林为代表，追求山水与诗画的相辅相成，在空间构成上强调中轴对称，建筑布局以中心空间为主体，营造出宽敞的内外空间。通过院落、回廊等元素，组建出丰富的空间结构，这既体现了人与自然环境的和谐共生，也展现了对中和、平易、含蓄、深沉等美学品质的追求，以及中华民族传统的审美习惯。相对而言，西方传统建筑则遵循整齐、平衡、对称和谐等形式美法则，追求超脱自然、驾驭自然的"人工美"。在建筑设计上，西方建筑更加注重整体比例和秩序的把握，以及个性的表达。它们强调空间的创新性，如通过多样化的柱式、拱门和穹顶的运用，展现力学和空间的美感；通过浮雕、壁画等装饰，强调建筑的历史厚重感；通过空间组织形式和体块比例的精心营造，展现各种建筑风格独特的造型特点和象征意义。

随着社会经济全球化的发展，中西方建筑艺术不断互动融合。中国建筑中的许多美学元素，如屋顶飞檐、木构架、中式假山、水池和驳岸等，被西方建筑吸收借鉴。与此同时，西方的建筑风格，如巴洛克、洛可可和古典主义等，也被引入中国，影响了中国建筑美学的发展。例如，北京鸟巢的建造就选取了中国传统建筑中"巢"的形态和寓意，同时融入了现代建筑技术和设计理念。这种中西方建筑美学理念的融合和优势互补，既体现了传统与现代的结合，也彰显了东西方文化和艺术的交融与创新。

1. 邢启龙 . 美在天然 贵在新奇——木艺装饰的天然之道与创新 [D]. 青岛大学，2011.
2. 金日学，李厚璞 . 基于建筑美学的中西方粗野主义风格研究 [J]. 四川建材，2020(9)：45-46.
3. 鲍靖元，杨博文 . 中西方建筑美学之差异探析 [J]. 美与时代（城市版），2023(7)：8.

第二节 北京城市建筑概况

"幽州之地，左环沧海，右拥太行，北枕居庸，南襟河济，诚为天府之国。"北京作为中国重要非物质文化遗产的聚集地和多元文化碰撞并存的城市，从最初的封建王朝中心，到中华人民共和国成立后迅速发展的现代化都市，百年都城的历史积淀促使北京的城市建筑不仅见证了历史的发展，更体现了城市发展中浓厚的人文情怀。

◆ 一、北京城市建筑的历史与发展 ◆

刘易斯·芒福德认为大城市"本身也是一个博物馆：历史性城市，凭它本身的条件，由于它历史悠久，巨大而丰富，比任何地方保留着更多更大的文化标本珍品。"[1]中国历史上城市的出现可以追溯至夏朝，而周朝时期，营建都邑则是国家的重要任务。北京拥有超过3000年的建城史和860余年的建都史。

据《水经注》载"昔周武王封尧后于蓟，今城内西北隅有蓟丘，因丘以命邑也，犹鲁之曲阜，齐之营丘矣。"由此可见，北京城最早见于历史记载的名称为"蓟"，最早的城市蓟城位于北京西南，即今广安门内大街。[2]春秋时期，燕国吞并了蓟国，并受河流水系和交通枢纽的影响，将都城迁至战略位置更为重要的蓟城，这一变迁使北京地区的政治格局发生了重要变化，从而有了"燕都蓟城"的说法。秦朝时期，蓟城因军事地位重要而遭到拆毁，但随后又被修复。城址在两汉时期未发生变化，一直是"兵家必争之地"。

魏晋北朝时期，由于永定河改道，蓟城城址向西迁移至现今白云观以西一线。此后，历经隋、唐两朝及五代、辽、金，城址未再发生大的变动，仅在规模上有所增减。唐朝时，蓟城被称为"幽州城"，其规模"南北九里，东西七里，开十门"，占据重要政治地位，为大都督府或大总管府的驻地。悯忠寺（今法源寺）为北京城现存的唐代遗址之一。公元10世纪，北方少数民族日益强盛，并相继南下。公元938年，契丹统治者吞并燕云十六州后，改国号为"辽"，并将幽州城作为陪都，称为"南京"或"燕京"，这标志着辽南京开始成为辽国乃至北方地区的政治中心和文化中心之一。辽南京作为辽五京中最为繁华的城市，沿用了唐朝幽州26坊的形制，并兴建了众多佛教寺院。现存的天宁寺塔即为辽南京的重要见证。

公元1115年，女真族建立政权——金，定都会宁府。在对辽的战争中，金占领了辽的大部分国土。公元1122年，金将中枢密院迁到燕京。公元1153年，金帝完颜亮迁都燕京，并改名为中都，这标志着北京城市发展进入了一个新阶段。在金中都的城市规划中，完颜亮以辽南京城为基础，按照北宋汴京城的形制进行了城池扩建和宫殿兴修。建成后的中都城，内外三套方城相套，皇城居大城中心位置略偏西，宫城居皇城中心略偏东。其前方为太庙，右侧为中央政府和地方衙署，西侧为御苑。在扩建都城、营建宫殿的同时，金还在辽园囿的基础上开辟了众多皇家园林，如著名的"西山八院"。此外，又选定了"燕京八景"，如元大都宫城东北部的万宁宫（今故宫乾清宫以北到景山北墙以南），对后来

---

1. 刘易斯·芒福德. 城市发展史 [M]. 宋峻岭，倪文彦，译. 北京：中国建筑工业出版社，2004.
2. 张妙弟，李泂，张帆. 图说北京城 [M]. 北京：北京大学出版社，2011.

元大都的选址和北京地区的园林建设具有重要的意义。[1]

公元1266年，忽必烈派遣刘秉忠前往燕京兴建新城。公元1274年，元大都建成，并命名为"汗八里"。元朝摒弃了长期以来依托莲花水系建城的传统选址形式，转而选择以金中都旧城大宁宫东北面的湖泊沼泽（今中海和北海）为中心，依托高粱河水系新建元大都城，同时巧妙地将水系规划与城市建设相结合。

在元大都的设计规划中，实践了《周礼·考工记》和《周易》中关于皇城的理想规划理念。皇城（今东四牌楼附近）的东西两侧分别设置了太庙和社稷坛，以符合"左祖右社"的制度。城内的街道布局则遵循了"旁三门，国中九经九纬"的规制。宫城正北的中心区域周围设有街市，体现了"面朝后市"的制度。此外，元大都还完成了宫城、宫殿、皇城、都城以及王府等工程的建造。元大都的平面布局呈长方形，共设有11座城门。其南城墙位于今西长安街稍南的位置，北城墙则大致在今北四环一带，而东西城墙则与明清北京内城的东西墙相重合。皇城位于外城南部中央，中部为纵观南北的太液池（今北海、中海）御苑区，西部为兴圣宫、隆福宫、太子宫组成的宫殿群。东部为宫城，大部分与今故宫重合略偏北。宫中前朝大明殿（今故宫后三殿）、后朝延春阁（今景山下）。[2]

明清北京城在元大都城的基础上经历了四次重要的改建。明军攻下元大都后，将其改名为"北平府"。为了加强军事防守，徐达对大都城进行了大规模的改建，放弃了北部城区，在北面城墙以南约五里处另筑新墙，并设立了"安定门"和"德胜门"，从而确定了明北京城的北界。永乐元年（公元1403年），北平府被改为顺天府。从永乐四年至十八年（公元1406年至公元1420年），北京城迎来了明朝的第二次重要修建。据《明成祖实录》记载，"北京营建，凡庙社郊祀坛场、宫殿、门阙规制，悉如南京，而高敞壮丽过之。"由于新修建的皇城和宫城较元大都南移，因此北京城的南城墙也相应外扩了两里，直至崇文门、前门、宣武门一线。此外，还修建了太庙、社稷坛，并新开凿了太液池南端的湖泊（南海）。同时，在承天门（今天安门）前开辟了"T"字形的宫廷广场，沿东、西、南三面建起了宫墙，并在东西两翼及南端突出的部分开设了长安左门、长安右门和大明门。大明门沿中间的御道直达承天门。明正统元年至正统十年（公元1436年至公元1445年），北京城迎来了明朝第三次改造。这次改造主要对北京城的城墙及城门进行了改造，并确定了九个城门的名字，这些名字一直沿用至今。同时，城楼、门阙、角楼、桥梁的建筑设计也堪称中国古典建筑的设计典范。明嘉靖三十二年至四十三年，完成明朝北京城最后一次大规模的改建，南城的扩建和修筑构成了北京城特有的"凸"字形平面轮廓，形成了外城（部分）、内城、皇城、宫城组成的"四重城"规制，奠定了北京旧城的规模和格局。[3]公元1644年，清顺治帝定都北京后，对北京城进行了全面的修整，但基本上沿袭了明朝北京城的城市格局和主要建筑形式。

中华人民共和国成立以来，北京在城市建设方面，不仅对元、明、清三朝的北方建筑标本进行了选择性的保护和利用，还随着国家的发展不断对城市进行修整和增补。特别是国家在制定"十一五"规划时，将《京津冀都市圈区域规划》作为一个重要的区域规划，

1. 张帆. 设计美学史脚下的北京城中轴线[M]. 北京：北京理工大学出版社，2019：29-33.
2. 李仕澂. 也谈北京中轴线[G]. 第四届国学国医岳麓论坛——中医治未病与亚健康暨第二届亚健康经络调理学术研讨会精选论文集，2010：67.
3. 张帆. 设计美学视角下的北京城中轴线[M]. 北京：北京理工大学出版社，2019：39-42.

按照"8+2"的模式进行制订：该模式包括北京、天津两个直辖市，以及河北省的保定、廊坊、唐山、秦皇岛、沧州、张家口、承德和石家庄 8 个地市，旨在共同推动区域协调发展，提升京津冀地区的整体竞争力，打造京津冀地区的知名历史文化街区。

◆二、北京城市建筑的布局与设计◆

建筑艺术是人类文明在建筑领域的体现，它融合了文化、技术、审美等多种因素，并在建筑上得以表达。北京，这座集古建筑与现代化建筑于一体的国际性大都市，拥有众多价值深厚、类型经典、艺术水平高超的建筑遗产和现代化建筑设施，共同构成了其独特而鲜明的建筑艺术风貌。永定河、高粱河以及莲花河等水域系统，以及北京便利的地理交通条件，是北京从原始聚落发展成为都城的重要基础。从蓟城到北京城，这些水域系统和交通条件一直是城市选址和规划布局所要考量的重要因素，也为北京的城市建设和布局提供了得天独厚的物质基础。据史料记载，元大都的兴建是由刘秉忠主持的。刘秉忠是一位博学多才的人物，他儒、释、道兼修，同时精通周易、河洛之学、天文、地理以及奇门遁甲之术。在元大都的规划建设中，他不囿于《周礼·考工记》对王城的规制，而是结合地理条件，以高粱河水系为核心规划城市布局，以隋临朔宫和金大宁宫的宫殿布设为参考，依托天然湖泊兴建宫城，宫殿呈"品"字形绕太液池而建形成皇城，将庄严雄伟的建筑与妩媚多姿的水上景色交相呼应，达到人工美与自然美的和谐统一，充分体现了元大都"天人合一"的设计理念和建筑规划的创造性发展。[1] 在经历了明清两代的扩建和修补后，北京城的营建达到了历史的巅峰。城市布局完善合理，既契合了中国古代古城营造的理念，又密切结合了自然地理条件，实现了人工与自然的高度和谐。

与此同时，北京城市的规划设计、整体布局，以及城郭与城门的设立、道路与建筑的规划，都深受中国传统文化中"天圆地方"的自然观念和"中"的思想影响。据《周礼·考工记》记载，中国都城的形制布局多采用完整的内城、皇城与宫城"三重城"的嵌套规制，形成由内城经皇城进入宫城的基准线，即中轴线。在都城的营造及皇权的象征中，"中"被赋予了先进文化和生产方式的特殊含义。此外，自明清伊始，许多达官贵胄聚集于北京内城，他们的建筑融入了中国礼仪规范的思想特点，衍生出北京内城建筑等级严谨、层次有序、高雅庄严的建筑理念和布局规范。相比之下，北京外城建筑则更多地体现了平民文化中实用性、多样性和包容性的建筑风格和布局理念。在多元文化的并存与碰撞中，随着岁月的流逝，北京古建筑通过其结构构件展现了自身的雄伟感。裸露的结构清晰地显示出建筑和材料的原始美感，给人带来震撼。与此同时，这些古建筑的精心规划和演变历程也展现了不同民族、不同文化相互吸收、融合与创新的演变过程。

近代以来，随着中国社会和知识体系断裂式的转型，建筑的布局及设计理念也产生了深刻的变革。西方现代主义建筑运动主流于 20 世纪 20 年代传入我国，[2] 现代主义建筑强调科学与历史、城市与自然的关系，专注功能和构造，强调以空间为核心形成的功能性、抽象性和构造性等美学原则，传达简洁、明确的美学原则。随着现代主义建筑理论和实践体系的传入和移植，中国传统木结构建筑体系逐渐解体，中国建筑思潮融入世界建筑潮流。

---

1. 张帆. 设计视角下的北京中轴线 [M]. 北京：北京理工大学出版社，2019:36-37.
2. 邹德侬. 论中国现代建筑起始期的确定 [J]. 建筑学报，1955(1):51-53.

以工业建筑为先导，20世纪20年代末到1937年形成了中国现代主义建筑的第一次高潮。[1]

　　1949年中华人民共和国成立后，尽管建筑活动受到了苏联模式的影响，但仍然自发地承接并发展了现代主义建筑形式。为庆祝中华人民共和国成立十周年，北京新建了一系列重大公共建筑工程，如人民大会堂、中国革命博物馆与中国历史博物馆、中国人民革命军事博物馆、民族文化宫、民族饭店、钓鱼台国宾馆、华侨大厦、北京火车站、全国农业展览馆和北京工人体育场等。这些被誉为"中而新"的建筑是由我国自行设计与建造的，它们既延续了中华民族的特色，又体现了鲜明的时代风貌。这些具有政治象征意义和纪念性的公共建筑，不仅展示了当时中国建筑界的技术水平和设计能力，还在建筑美学上具有重要价值，成为了中国现代城市建设的标志性建筑。改革开放后，中国建筑创作开始向经典现代主义回归，迎来了现代主义建筑的空前繁荣，从贝聿铭设计的香山饭店便可见一斑。

　　贝聿铭立足中华古老文明和深厚的传统，在坚持第一代现代主义建筑大师沃尔特·格罗皮乌斯、路德维希·密斯·凡德罗、勒·柯布西耶、弗兰克·劳埃德·赖特和阿尔瓦·阿尔托等人的思想和建筑理念的基础上，把"天人合一""中庸之道"等东方智慧精髓，以及中和、温润、诗化的独特美学效果融入现代主义建筑，并通过诗词、绘画、园林等传统艺术汲取创作灵感，巧妙地将中国园林的经典轴线与

北京香山饭店

收放自如的空间序列相结合，将深邃的东方智慧和诗意融入极高的视觉品质之中，推动现代主义向着雅致化和多元化的文化适应性发展，成为官式建筑的主流，同时为中国建筑的现代化之路带来深刻的启示，鲜明地反映了中西两大传统交融产生的新美学特色，以及建筑民族性和地域性的显著特点。[2]20世纪90年代，北京建筑发展进入了活跃期。然而，随着商品全球化的重新启动，中国建筑的独特性和审美性受到了巨大冲击。冰冷坚硬的功能空间和千篇一律的建筑模式逐渐成为建筑发展的桎梏。面对这一困境，许多建筑师不断进行反思，他们立足传统文化形式和精神内涵，将现代主义建筑的美学意图和形式语言加以修订、转化、嫁接，[3]以鸟巢、水立方、国家大剧院、中央电视台等标新立异的现代建筑成为北京的新地标和多元文化的代表。

◆三、北京城市建筑的美学意蕴◆

　　乔森纳·格兰西在《建筑艺术》一书中对建筑艺术的概念进行了明确的界定，即"建筑艺术是按照美的规律，运用建筑独特的艺术语言使建筑形象具有文化价值和审美价值，具有象征美和形式美，体现出民族性和时代感。"[4]北京作为一座政治与文化交融的城市，在地理上处于南来北往的交通枢纽位置，在行政上则是政权管理的中心地带。长期正统文化的熏陶和感染，以及朝代更替所带来的人口迁徙和民族融合，使北京成为文化交织的渊

1. 邓庆坦. 中国近、现代建筑历史整合研究论纲 [M]. 北京：中国建筑工业出版社，2008：7.
2. 李春. 贝聿铭现代主义建筑美学研究 [D]. 山东师范大学，2019：1-2.
3. 李春. 贝聿铭现代主义建筑美学研究 [D]. 山东师范大学，2019：4-5.
4. 乔森纳·格兰西. 建筑艺术 [M]. 北京：旅游教育出版社，2010：10.

涡中心。在这样的背景下，北京的城市建筑艺术无形中成为了历史的积淀和文明交融的缩影。北京城市建筑的形成与时代的发展息息相关，"过去的每个时代都曾拥有自己的真实风格，表达了时代的真实进程。"[1] 取长补短、兼容并蓄、共存共生成为北京从古至今建筑美学最鲜明的特征，"多元化""包容性"和"大众性"的建筑文化和审美标准也展现了北京城市建设的文化属性。

北京城市建筑的审美表达首先体现在其映射出的特有历史记忆上，以及体现着民族国家治理意图的城市规划标识上。建筑作为思想的载体和外在表现形式，使北京建筑艺术在潜移默化中体现了儒家思想，追求"天人合一""中庸"等建筑意境，从而在建筑中达到人与自然的和谐统一。与此同时，古都北京的建筑设计深受都城主流价值观的影响。"城市中轴线"这一认知对北京地区的城市布局、建筑理念以及人们的生活方式都有着深远影响，使都城文化的北京中轴线的审美意识成为了一种直觉性的对美的赏析。[2] 北京城市建筑作为城市建设、城市文化和建筑艺术的媒介，在延续中华优秀传统文化的同时，不断衍生出新的文化内涵和艺术表现形式。

作为一座文化与政治交融的城市，北京的包容性在建筑中尤为明显。文化的融合体现在宫殿、寺庙、园林、民居等多种建筑形式上，如故宫、景山和天坛等古代建筑，它们不仅是对民族融合历史的纪念，更反映出北京始终以包容的胸怀接纳新的理念、技术和建筑文化，并将其与自身的地域人文环境相融合。进入21世纪，中国的建筑师对传统建筑艺术的理解达到了一个新的高度，他们在当代建筑中对传统建筑文化、元素、空间和色彩的传承方法均有所突破；而北京，这座处于文化交织漩涡中的城市，在城市发展和建筑布局中更是取长补短，互相兼容，共存共生。新版城市总体规划中明确的北京城市定位是政治中心、文化中心、国际交往中心、科技创新中心。[3] 这种城市定位显然对具体的城区规划和公共文化产品的生产产生影响，从而不断完善和丰富北京中轴线的建筑内容及文化内涵。

美国学家米歇尔认为视觉文化是关于视觉经验的社会构建，它不仅关注图像本身，是人类文化的重要方面，而且也是人认识世界和把握世界的一种重要方式，通过视觉经验还可以进行特定的社会构建，使作者和参观者能置身其中的文化意义。[4] 诸多建筑以相对稳定的形态"储存"并"展示"纪念性记忆的同时，还以"可用"的方式与当下产生开放且不断生长的时空对话。例如，中华人民共和国成立后修建的天安门广场建筑群，作为新中国的象征，不仅是对艰苦奋斗记忆的纪念和表达，还反映了不同时代人们的家国情怀。它承载了那段历史记忆的群体性回望、思考和表达，时至今日，人们仍热衷于在此驻足、留念。这些建筑仍是重温中华人民共和国成立历史、表达爱国情思的重要场所，构成了一处带有纪念性的城市文化记忆空间。与此同时，北京的城市建筑以丰富的社会文化内涵影响着城市生活和人们的行为反应，并以参与性的表达方式塑造着北京城的城市名片，强化着自身在城市中的身份认同。故宫博物院原院长单霁翔曾指出，北京中轴线不仅是文化艺术轴线，汇聚着众多代表性建筑；也是思想文化轴线，"既反映出人类在城市规划和建设方面无比杰出的成就，也是中国古代都城规划思想集大成者"；还是民族融合轴线，反映着

---

1. 威廉·J·R·柯蒂斯. 20世纪世界建筑史 [M] 本书翻译委员会，译. 北京：中国建筑工业出版社，2011:2.
2. 刘圣楠. 北京清代王府建筑艺术与传承设计 [D]. 北京建筑大学，2021:17.
3. 孔岺蔚. 博物馆城市——基于文化遗产展示的城市研究新视角 [D]. 中央美术学院，2020.
4. W. J. T. 米歇尔. 图像学：形象，文本，意识形态 [M]. 陈永国，胡文征，译. 北京：北京大学出版社，2006:35.

各民族共同创造的古都北京历史。[1] 例如北海公园、大栅栏、天桥等地，更多地承载了人们的生活文化，体现了北京城人们朴实自信、包容团结的生活观。这些地区使北京城市建设不再只是遥远历史的陈列，而是将建筑的叙事拓展到了当下城市发展的脉络之中，展现了北京建筑的"大众性"。

第三节　北京传统建筑艺术之美

北京作为世界著名的历史文化名城和国际大都市，其建筑艺术宛如一座博物馆，用其百年沧桑见证着历史和文化的记忆。它完整体现了中国封建社会都城文化建造的艺术成就，同时从展示文化、吸纳公众参与等层面与社会生活保持着可持续性互动，并作为中介空间参与着城市文化的传承与发展，集中展现了中华民族优秀的历史文化传统和文化古都的恢宏气魄。

◆一、北京中轴线建筑的美学价值◆

梁思成曾说："北京独有的壮美秩序就由这条中轴线的建立而产生。"2024 年 7 月，联合国教科文组织第 46 届世界遗产大会通过决议，将"北京中轴线——中国理想都城秩序的杰作"列入《世界遗产名录》。中轴线的发展见证了北京建筑群在定位、文化和审美等功能上的变迁，记录了城市的性格和历史的变迁。

在中华文明的传统观念中，突出中心和中轴线的规划，以追求"王者必居天下之中""皇权至尊"的思想，成为中国古代城市规划的鲜明特征，如《吕氏春秋》中言"古之王者，择天下之中而立国，择国之中而立宫，择宫之中而立庙。"[2] 中国历史上以曹魏时期的邺北城摒弃了夏朝以来以宫殿和庙宇为主体的布局方式，较早采用中轴线为核心的里坊式城市布局，其后北魏的洛阳城、唐大明宫、北宋东京城、金中都城、元大都城直至明清北京城均采用中轴线的城市布局，并不断赋予中轴线原则以新的内容。[3]

虽然根据现有史料无法复原蓟城到幽州的城市布局原貌，也无法确认是否存在明确的中轴线，但自商代以来，在都城建设中已经可以清晰地窥视到"三重城"与中轴线的关系。依据传统的城市规划理念，北京城作为地区的行政中心，拥有明确的外城和子城设计，因此，其存在中轴线的可能性极大。公元 605 年，隋炀帝远征高丽时期在今故宫、景山、北海、中海一带建离宫——临朔宫。[4] 临朔宫存在明显的南北向中轴线，由宫城、宫城夹垣、禁垣、外垣构成"四重城"布局，轴线上设置了十五座门阙，这表明中轴线概念在辽代城市规划中已被广泛使用。此外，辽南京城的中轴线在沿用唐幽州城子城中轴线格局的基础

1. 朱蓉. 城市记忆与城市形态——从心理学、社会学视角探讨城市历史文化的延续 [D]. 东南大学，2006.
2. 李建平. 魅力北京中轴线 [M]. 北京：文化艺术出版社，2012。
3. 张帆. 设计美学视角下的北京城中轴线 [M]. 北京：北京理工大学出版社，2019：15.
4. 郭超. 北京中轴线变迁研究 [M]. 北京：学苑出版社，2012.

上，向外扩展至西南面，形成了大城、外罗城、紫城"三重城"的格局。中轴线位于城西部，北起拱辰门，南至丹凤外门，全长 3900 米。金中都城在辽南京城的基础上外扩，形成宫城、皇城、内城、外城，达成"四重门"形制，中轴线北起通玄门，南至风易门，全长 4520 米，至此，北京中轴线的营建规模已经基本确定。[1]

元大都依托莲花池水系，开辟了北京城市规划的新历史时期。在"前朝后寝"的理念下，元大都通过大明殿和延春阁的相对位置，确定了宫城的中轴线。元大都中轴线贯穿太液池东岸整个宫城的中心线，并向北延伸至积水潭东北岸，并竖立了一个石刻的测量标志，题为"中心之台"，作为全城平面布局的几何中心。[2]明代，随着北京城的扩建，北京城的几何中心南移至万岁山（今景山）。整个中轴线布局在严谨而匀称的平面设计中，该设计以几何图案为基础，通过人工造景的实体，展现了封建王朝至高无上的权力。除此之外，明代外城的扩建使北京中轴线向南延伸，穿过了天坛和云川坛（今先农坛），一直延伸到永定门。北京中轴线至此明确形成，从永定门向北贯穿紫禁城中心和景山，终于钟楼和鼓楼，全长近八千米。[3]清代基本沿袭了明代北京中轴线的基本形制，以紫禁城为中心，南起永定门，北达钟楼。这条中轴线既是当时都城空间规划的轴心，也代表着政治、文化权力的中心。传统中轴线沿线分布有永定门、正阳门等城门，以及两侧的天坛、先农坛、太庙、社稷坛、鼓楼、钟楼等重要建筑，它们分别用于祭祀、庆典等活动，并兼具城防功能。周围辅以低矮的民居，这些建筑在"群体"中共同彰显了皇权的权威和以皇权为中心的向心意识，体现了北京城特有的建筑秩序和美学。

中华人民共和国成立后，修建了天安门广场及其周边建筑，包括人民大会堂、中国国家博物馆、毛主席纪念堂以及人民英雄纪念碑等。随着城市建设的发展，中轴线北端从钟楼延长至如今的奥林匹克森林公园，南中轴也已延伸至大兴机场。[4]北京中轴线，被誉为"北京脊梁"，不仅体现了对中华优秀传统文化的继承与发展，还彰显了中国建筑多元共生、中和之美的独特韵味，以及都城文化的深厚美学立场。它不仅是人类智慧的结晶，更是人类文明的宝贵财富。

◆二、北京四合院建筑的艺术语言◆

四合院建筑样式是中原建筑最根本、最突出的代表之一，其丰富的内涵和多彩的形式在世界民居文化中独树一帜。四合院丰富的建筑空间、严谨的建筑形制和精美的建筑装饰，反映出中国传统文化的独特意蕴和礼仪习俗。作为北京城延续数百年历史和优秀传统文化的载体，北京四合院建筑不仅体现了中国古代建筑理念，还以特有的形制展现着北京城城市发展的历史文脉和深厚的文化价值。

北京四合院

合院式民居作为北方传统民居的代表，最早发端于周代，发展于唐宋，成熟于元明，至清朝达到繁荣时期，并在民国时期继续发展。四合院一般由北面的正房、南面的倒座房和东西厢房合围中间的庭院而成。北京四合院的大规模建造始于元朝，元世祖忽必烈对都

1. 张帆. 设计美学视角下的北京城中轴线 [M]. 北京：北京理工大学出版社，2019：33-36.
2. 张帆. 设计美学视角下的北京城中轴线 [M]. 北京：北京理工大学出版社，2019：36-38.
3. 张帆. 设计美学视角下的北京城中轴线 [M]. 北京：北京理工大学出版社，2019：42-43.
4. 姚珊珊. 北京中轴线：生长的建筑艺术博物馆 [J]. 油画艺术，2022(4).

城进行了统一规划，元大都都城建设的形制接近方形，为四合院建筑的形式奠定了基础。都城内部除皇城外，以坊为单位划分居民住宅的建设用地，基本确立北京传统方正街巷格局的规划格局形成的基础，四合院方正的建筑组合形式与城市道路布局的契合，促使以矩形为基本特征的四合院布局一直延续到明清时期。[1]北京城的规划格局，后经明清两朝不断发展和完善，在数百年的发展过程中，北京四合院的建筑格局历经精炼、强化和调整的过程，最终形成了主次有序、内外有别、开合有度、布局完整的砖木构架院落式建筑样式，力求在一门一户的独立院落中运用空间的闭合和房屋的等级秩序展现着中国传统家庭人伦文化、封建社会的礼法秩序和中国本土文化的典型特征，契合中华民族深沉内敛的民族性格和温和儒雅的礼仪习俗。[2]

北京四合院院落大小不同、功能有别、形式多样，但都以"间"为基本单元组成"院"，以"院"的重复组合形成"进"，根据主人的地位有一进四合院、二进四合院、三进四合院等，最多可达八进。[3]一进院落为基本型院落，由四面或三间房屋合围而成，小巧方正，主要承担居住功能。宅门一般设于东南方，正房位于北侧，通常带有两个耳房，形成"三正两耳"的布局。正房南面东西两侧为东西厢房，东厢

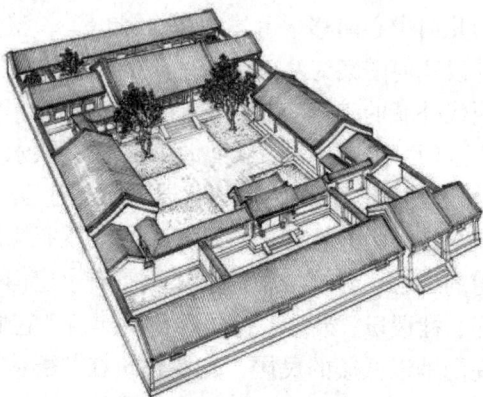

北京四合院建筑草图

房山墙处设有座山影壁。正房对面为倒座房（又称南房），间数与正房相同。院内以砖铺甬道连接各房门。二进院落由两个院落组成，在一进院落的基础上，于东西厢房南山墙之间增设障墙，障墙中间设二门以供出入，从而将院落分为内外两层。隔墙、南侧的倒座房和两侧的屏门合围成外院，隔墙、正房和东西厢房则合围成内院。三进院落属于较高级别的四合院形制。大门宽敞，设有独立影壁，两侧则设立带有屏风的隔墙以分割空间。右侧院落多用于私塾空间。经由左侧屏门进入外院后，可见二门和屏门构成的"勾连搭"屋顶形式。两侧紧贴隔墙设有抄手游廊，以增加院落空间和视觉上的连通性。多进院落以复合四合院的形式，通过增加跨院、私家花园等元素，构建出北京四合院流畅、内敛的空间意蕴。

北京四合院在构建理念上，无形中以"轴线"作为空间构建的控制线，尤其在多进院落的空间布局中，更是以"轴线"来规制院落的空间序列。四合院落中的"轴线"并非客观存在，而是以房屋、屏风、垂花门等在心理感受上形成逻辑线，通过打破和重组形成"前厅后室"的格局，以及"北屋为尊，两厢次之，倒座为宾"的伦理秩序观念。[4]除此之外，四合院还强调"择中而居""居中为上"的中庸理念。正院及纵向中轴线的中心地位，象征着"阴阳和谐""藏风纳气"的功能空间。四合院以这一中心地位为依托，营造出前院、后院和旁院等，共同构成一个有机整体。这体现了"天人合德"的建筑理念和同居同乐的人文情怀。与此同时，四合院在空间的营造上通过迂回曲折、错位打断等形式弱化中轴线

1. 杨梦雪. 北京四合院建筑空间研究［J］. 艺术科技，2016(9).

2. 王其钧. 中国民居：第一版［M］. 北京：中国电力出版社，2012:44-45.

3. 业祖润. 北京民居：第一版［M］. 北京：中国建筑工业出版社，2009:78-80.

4. 陆羽. 北京四合院人居环境：第一版［M］. 北京：建筑工业出版社，2013:101-103.

的秩序感，在曲折递进的流线布局中，通过人群实现和活动的转换将建筑内敛的精神巧妙融合在空间安排中。[1]

◆三、北京王府建筑的风格特点◆

王府建筑作为四合院建筑的精髓，其建筑样式集中展现了北京地域文化的重要内涵。它是满蒙文化与汉文化相互融合、借鉴与创新的结晶。从王府建筑的演变过程中，我们可以窥见各民族文化交流互鉴、融合创新的发展历程。

关于王府，通常有两种解释：一是帝王用以收藏财物或文书的府库，二是王爷的居所，即府邸。《大清会典·工部》中记载："凡亲王、郡王、世子、贝勒、贝子、镇国公、辅国公的住所均称为府，其中亲王、郡王的住所称为王府。"北京王府起源于元代，"文明门，即哈达门。哈达大王府在门内，因名之。[2]明朱棣在建立燕王府后，称帝后于永乐十五年（1417年）在东安门附近建造了十王府，作为诸王进京时的驿站。由于清代特有的封王不赐土、只封爵的制度，使数量众多的王府建筑几乎都集中在北京内城，成为首都北京建筑艺术与城市风貌的集中体现。清代王府的建造大致可以分为三个时期：第一阶段是清初至顺治末年，这一时期正值清朝的起步阶段，据《天咫偶闻》记载："内城诸宅，多明代勋亲之所。"[3]第二阶段是顺治末年至乾隆后期，这是清朝最为繁荣鼎盛的时期，王府的数量在这一时期迅速增加。第三阶段嘉庆年间至清末，随着清朝政府的逐渐衰落，新封的王爷多沿用现有府邸。[4]在"东富西贵"的思想影响下，王府的建造多聚集在西城宣武门内、西四、什刹海等地。据统计，北京现存清代王府46座，其中西城22座，包括亲王府13座，郡王府4座，贝子府2座，贝勒府、镇国公府、辅国公府各1座。[5]东城现存王公府第21座，其中王府14座，郡王府7座，贝勒府1座，贝子府1座。[6]

王府建筑在美学表达上与故宫相似，同时融入了民间四合院的恬静与静谧，集皇家气派与民间文化于一体。在沿袭满族传统三合院的基础上，受汉文化影响，清代北京的王府取消了建筑下的高台，将三合院改为四合院。其总体布局以传统的四合院布局形式为主，但也带有鲜明的政治色彩和民族特征。院落以空间序列和轴线韵律为准则，对主路建筑的用工、用料、开间、高度、色彩等都有明确的规定，以强化等级观念。这些王府建筑形成了师法自然、小中见大、巧于因借、造景表意的艺术特点。"室大则多阴，台高则多阳，多阴则蹷，多阳则痿，此阴阳不适之患也"，[7]王府建筑的布局由纵向轴线向两侧对称展开，在纵横方向上均呈现出对称与平衡的态势。其木结构构架不仅稳定受力，还给人以美感享受，更多地体现了人文生活的韵味和自由的气息。此外，王府建筑的营建追求自然因素与人为因素的巧妙结合，通过一动一静、一紧一松的过渡，展现出建筑序列的空间变化，体现了建筑的稳定感、秩序感与庄严感，彰显了中国传统艺术所追求的中和之美。

1. 杨梦雪. 北京四合院建筑空间研究 [J]. 艺术科技，2016(9):304.
2. 熊梦祥. 析津志辑佚 [M]. 北京：北京古籍出版社，1983:2.
3. 震钧. 天咫偶闻：十卷 [M]. 北京：北京古籍出版社，1982.
4. 王珊珊. 北京东城区清代现存王府建筑研究 [D]. 北京建筑大学，2013:15-16.
5. 丁艺. 北京西城王府建筑研究 [D]. 北京建筑大学，2016:18.
6. 刘圣楠. 北京清代王府建筑艺术与传承设计 [D]. 北京建筑大学，2021:26.
7. 吕不韦. 吕氏春秋 [M]. 北京：中国文史出版社，2003.

　　"中国建筑既是延续了两千余年的一种工程技术，本身已造成一个艺术系统，许多建筑便是我们文化的表现艺术的大宗遗产。"[1]北京作为世界级历史文化名城，如何在当下平衡北京老城保护、修复与发展三者之间的关系，如何适时地将城市特有的文化品牌和象征融入现代城市建设中，为优秀的传统历史文化注入新的活力，是我们在北京城市建设中需要深思的问题。在《北京市推进全国文化中心建设中长期规划（2019—2035年）》中提到，到2035年，北京作为全国文化中心，将"古都文化"作为其基本要素之一。党的十九届五中全会在部署"十四五"时期经济社会发展任务中强调"繁荣发展文化事业和文化产业，提高国家文化软实力"。王府建筑作为北京古都文化的重要组成部分，对于完善北京城市形象、推动传统文化在国际的传播、加强对外文化交流、满足人民的文化需求等方面具有重要价值。[2]

◆四、北京寺院建筑的空间营造◆

　　北京寺院建筑是北京城市建筑中不可或缺的一部分，其特色主要体现在皇家园林与民俗活动的相互影响，以及宗教活动与日常生活的密切关联上。北京寺院建筑一方面营造出至高无上、虚无缥缈的宗教权威氛围，另一方面也继承和发扬了中国传统的风水堪舆理论，体现了"天人合一"的朴素思想观念。

　　佛教大约在两汉之际传入中国内地，最初主要在上层统治阶级中流传。到了东汉末年，在统治阶级的支持下，佛教开始逐渐走向民间。至西晋时期，佛教在北京及其周围地区才显露踪迹，缓慢发展。[3]据嘉福寺（现潭柘寺）寺志载"潭柘山下有古刹，俗呼潭柘寺……开创于晋，时谓之嘉福寺。肇兴于唐，名曰龙泉。"[4]南北朝时期，佛教在北京地区尚处于初传阶段，寺院也处于初建阶段，先后建立了奉福寺、广林寺、魏使君寺等。隋唐时期，北京地区汉传佛教的地域特征已经初露端倪，逐渐形成了以房山云居寺石刻造经、幽州城区弘传律学和盘山举扬禅宗为特色的发展格局。在沿袭唐风的基础上，辽代燕地佛寺多为律宗寺院，且作为五京之首的燕京，有"僧居佛寺，冠于北方"之称，成为辽朝佛教发展的中心。作为全国的政治中心，金中都佛教以禅宗最盛，其代表人物如万松行秀禅师、广慧通理禅师等。贞元元年（公元1153年）至贞祐三年（公元1215年），皇帝借修建中都之机，兴建了大量的离宫别院，如北海、香山、钓鱼台、玉泉山、陶然亭、玉渊潭等，这些寺院与园林结合，形成了独特的寺庙园林景观。元代伊始，藏传佛教开始在北京地区传播发展，元大都广建藏传佛教寺院。明代统治者对藏传佛教采取"多封众建，因俗以治"的扶植政策，而清统治者为了拉拢蒙藏关系，进一步巩固和发展各民族之间的政治、经济和文化交流，推行了萨满教与藏传佛教相融合的政策。藏传佛教在乾隆时期得到了长足发展，并逐渐渗透到民间。在北京地区，保留了大量融合汉、满、蒙、藏文化的建筑，寺庙建筑是其中的典型代表。以雍和宫为例，作为清代至民国沟通中央政府和蒙藏地区关系的纽带，其建筑风格和设计理念展现了中国传统建筑因地制宜、多元一体的文化内涵。雍和宫在康熙、雍正和乾隆三朝分别承担了贝勒府、雍亲王府、行宫、影堂和庙宇等不同

1. 梁思成. 中国建筑史 [M]. 生活・读书・新知三联书店，2011.
2. 刘圣楠. 北京清代王府建筑艺术与传承设计 [D]. 北京建筑大学，2021:1.
3. 何孝容. 明代北京佛教寺院修建研究：上 [M]. 天津：南开大学出版社，2007:7-8.
4. 神穆德. 门头沟区地方志丛书——潭柘山岫云寺志：卷一 [M]. 北京：燕山出版社，2007:1-2.

的社会角色，实现了从个人空间向公共空间的有机转化。乾隆九年（公元1744年）至乾隆十五年（公元1750年），对雍和宫原有建筑群及殿宇进行了重新规划和分配，并对内部的装饰等进行了改造和扩建，使雍和宫初步具备了寺院的规模。乾隆四十四年（公元1779年）至乾隆五十七年（公元1792年），为迎接班禅抵京，兴建了班禅楼和戒台楼，形成了六进院落的宏大寺院规模。雍和宫总体布局严谨，是宫殿改造成庙宇的成功案例。从雍和门殿开始到雍和宫殿、永佑殿、法轮殿、万福阁和最后的绥成殿，形成其建筑群的中轴线，围绕中轴在四周又兴建了不同的配殿，从而形成雍和门院落、雍和宫殿院落、永佑殿院落、法轮殿院落、万福阁院落和绥成殿院落。[1] 雍和宫的建筑构思精妙，如宫法轮殿建筑平面呈十字形，殿顶设五座天窗式的暗楼，楼上饰五座小型铜质鎏金喇嘛塔，塔状似曼陀罗的五塔构

鸟瞰雍和宫

图，此外，永康阁和延绥阁为两层建筑，中间采用飞廊连接。[2] 这些装饰风格带有鲜明的蒙藏文化特色，从侧面体现出北京作为多民族文化交汇之地独特的文化包容性。

北京寺院建筑在遵循中国传统文化脉络和严整的中轴格局下，不断拓展自身的思想境界和意义结构，并以此为基础重构寺院建筑的空间结构，在融合传统审美趣味和伦理思考的同时逐渐渗透到空间营造之中，使寺庙建筑在满足崇拜空间的同时展现文化审美功能，既体现了儒家的"和而不同"，也包含了道家的"以退为进"，并统一纳入本土空间建筑体系。[3] 我国早期的汉传佛寺，受印度影响，其布局原本以塔为中心。然而，随着时间的推移，这种布局经历了前塔后殿、前殿后塔的演变过程，并逐渐过渡到以佛殿为中心，而塔的位置则逐渐退居到寺院中轴线的最后端。北京保留下来了大量的古塔，戒台寺的月泉新公长老塔幢、居庸关云台、真觉寺金刚宝座塔、妙应寺白塔、西黄寺清净化城塔等古塔不仅数量庞大，而且时间跨度久远、类型丰富，体现北京作为汉文化与少数民族文化交汇之地而具有的文化包容性。[4]

"建筑艺术是一种审美性和实用性统一的艺术，建筑的本质是供人居住和生活的场所，所以实用性是首位的，但审美性是随着社会技术的进步伴随建筑而逐步产生的。"北京的建筑艺术作为一种存储空间、记忆空间与参与空间，其在不同发展阶段所体现的可持续性的、互动性的艺术之美，既是珍贵的文化遗产，也见证着社会情境的绚烂多姿。

1. 苏昊 . 雍和宫：汉藏文化融合的典范 [J]. 东方收藏，2023（2）：5-7.
2. 刘圣楠 . 北京清代王府建筑艺术与传承设计 [D]. 北京建筑大学，2021：22.
3. 金秋野 . 北京宗教空间中的庭院和居所 [J]. 北京规划建设，2010-11-15.
4. 迟群 . 北京古塔的建筑艺术与结构技术 [D]. 北京建筑大学，2014.

思考题：

1. 简述中国各历史阶段建筑的艺术特点。
2. 概述北京城各历史时期建筑布局的特点。
3. 结合具体案例分析北京中轴线建筑艺术的风格特点。
4. 选取北京具有代表性的建筑实例分析其艺术特征。

第十三章

博物馆之美

本章概述

　　博物馆起源于人类的收藏意识。虽然现代意义上的博物馆缘起于西方，但却给我国的博物馆事业带来了许多启示。本章旨在追本溯源，为大家打开多维欣赏博物馆的视角。同学们在梳理中西方博物馆历史的过程中，可尝试从艺术与生活、艺术与科技、艺术与收藏等角度，去探寻博物馆内美的发生。大家需要重点掌握博物馆的概念、界定，以及中西方博物馆的发展历程，尤其是对北京地区博物馆的建设要有较为全面和清晰的认识，并能对一些典型案例做出自己的判断与理解。

　　我们无法掌控时间，但却可以留住历史的痕迹。博物馆，不仅镌刻着永久的历史记忆，还记录着新时代的故事。博物馆是保护和传承人类文明的重要场所，是连接过去、现在和未来的一道桥梁。如今，博物馆的话题逐渐成为时代的风尚。举目四望，西方博物馆的蓬勃发展历程与我国古代艺术珍藏的传承之路虽各有特色，却存有共性之处。无论是西方还是中国，博物馆从无到有的创业之路都充满了艰难，可谓举步维艰。

第一节 博物馆概述

博物馆是为社会服务的非营利性常设机构，它主要研究、收藏、保护、阐释和展示物质与非物质遗产。这些机构向社会公众开放，展现出可及性和包容性，旨在促进文化的多样性和社会的可持续性。通过以符合道德且专业的方式进行运营和交流，并在社区的参与下，为教育、欣赏、深思和知识共享提供多种体验。[1]

◆一、博物馆的概念界定◆

国际博物馆协会（International Council of Museums，ICOM）自 1946 年 11 月成立以来，一直在根据时代的变化修改博物馆的定义，并将其界定为："一个非营利性的永久性机构，服务于社会、服务于自身发展，向公众开放，以研究、教育、娱乐为目的，获取、保存、研究、传达和展览人类及环境的物质见证。"[2] 而美国《简明不列颠百科全书》指出："现代的博物馆是征集、保藏、陈列和研究代表自然和人类的实物，并为公众提供知识、教育和欣赏的文化教育机构"。[3]

初步厘清了博物馆的概念后，来了解一下博物馆的分类。国际博物馆协会（ICOM）对博物馆的分类主要包括艺术博物馆、工艺美术（应用工艺）博物馆、历史和考古（包括考古遗址）博物馆、人种史（人类学与民族学）博物馆、民间民俗博物馆、地方志（包括乡土）博物馆、科学技术博物馆、自然历史博物馆、专业（行业）博物馆与专题博物馆等。除了依据博物馆展藏内容的主导性进行分类外，还有许多其他的分类方式。例如，按照博物馆所在的地理空间划分，可以分为城市博物馆和乡村博物馆；按照博物馆的主办机构划分，可以分为企业博物馆、学校博物馆、医院博物馆等；按照博物馆的服务对象定位划分，可以分为儿童博物馆、特殊人群博物馆等。当然，还有一些新的博物馆类型在新时代中不断涌现，例如依托数字技术、智能技术、数字博物馆、虚拟博物馆、云博物馆、交感博物馆、智慧博物馆及元宇宙博物馆等。[4] 美国著名博物馆学家乔治·埃里斯·博寇在《新博物馆学手册》中划分出了艺术、历史、科学（又分为科技工业、自然历史两类）三大类博物馆。[5] 该国学者爱德华·P·亚历山大与玛丽·亚历山大在《博物馆变迁——博物馆历史与功能读本》中列出了艺术博物馆、自然历史和人类学博物馆、科学技术和科学中心、历史博物馆、植物园和动物园及儿童博物馆。[6] 英国的《大英百科全书》原先将博物馆划分为艺术、历史、科学三大类，后来修订并拓展为艺术、历史、自然历史、科学技术以及综合五大类型，而日本的博物馆分类方法则较为多样，伊藤寿朗、森田恒之等在《博物馆

1. 刘茜贤. 什么是"博物馆"? 新定义来了 [N]. 新京报, 2022. https://baijiahao.baidu.com/s?id=1742056217007522494&wfr=spider&for=pc.
2. 简杰弗里, 余丁. 向艺术致敬: 中美视觉艺术管理 [M]. 徐佳, 译. 北京: 知识产权出版社, 2008:76.
3. 大卫·卡里尔. 博物馆怀疑论: 公共美术馆中的艺术展览史 [M]. 丁宁, 译. 南京: 江苏凤凰美术出版社, 2009:1.
4. 徐望. 中国博物馆类型划分与美术馆在其中的位置思考 [J]. 东方收藏, 2024:144.
5. 博寇, 张云. 新博物馆学手册 [M]. 重庆: 重庆大学出版社, 2022:33.
6. 爱德华·P·亚历山大, 玛丽·亚历山大. 博物馆变迁——博物馆历史与功能读本 [M]. 陈双双, 译. 南京: 译林出版社, 2014:1.

概论》中构建了一个包含三个分类系列、七个大类、二十四个小类的博物馆分类体系。若以博物馆的展藏内容作为分类标准，最具概括性的分类方式是将博物馆分为综合类、人文科学类和自然科学类三大类。

　　博物馆对于中国而言是一种舶来品，其相应的分类体系也受到了国外分类习惯的影响。在中国，博物馆的主导性分类方式同样以所藏、所展为依据。在我国国家文物局主编的《中国博物馆学概论》中，论述了中国博物馆界常用的两种分类方式：以藏品性质和博物馆所反映的内容来划分，分为社会历史类、自然科学类、综合类三大类；以兴办博物馆的目的并结合藏品性质来划分，可以分为专门性、纪念性、综合性等类型。[1] 此外，还有两种便于统计的辅助性分类方式：按隶属关系分为中央、省市、地市、县市区各级博物馆；按系统分类则有文物部门、其他部门、非国有三类。[2]

◆二、博物馆的内涵◆

　　"博物馆是一种'社会技术'、一种'发明'，将文化打包供我们生活消费；而我们的职责是解构这种包装，从而成为寻求改变的批评性消费者和说客。"[3] 博物馆的历史起初是为皇室或宫廷所开创的，它小众且诠释着精英阶层的审美风尚。然而，那些曾经只面向少数观众（包括学者）的艺术展示场所，早已转变为广为开放的、民主化且大众化的机构。博物馆的内涵丰富多样，但综合其重要内容，大致可归纳为以下两个方面。

（一）博物馆的文化内涵

　　作为历史的守护者，博物馆通过收藏、展示和研究各类文物、艺术品及历史遗迹的方式，记录和传承着人类社会的发展历程、文明成果和文化遗产。它不仅保留了物质文化遗产，如古代器物、书画、建筑模型等，还通过口述历史、影像资料等形式保存了非物质文化遗产，如民俗、技艺、传统音乐等，使后人能够直观地感受到历史的厚重与文明的多样性。作为社会教育和文化传播的重要机构，博物馆的文化内涵极为丰富且深远。

　　首先，博物馆内的艺术品可以实现非语言的文化交流。尽管严谨的历史学家并非一开始就对艺术作品所提供的证据感兴趣，但在漫长的历史长河中，文字记录并非唯一的历史素材，艺术品同样承载着丰富的历史信息和文化价值。"历史学家所关心的并不是唤醒历史，而是从中汲取道德与心智上的启示。"[4] 然而，在很长一段时间里，阅读都被视为一种特权，而"观看"图像的历史则远远早于"阅读"文字的历史。在博物馆里，我们通过对艺术的"观看"能够感受到不同时代在宗教、政治、军事和文化等方面所传达的信息。这意味着，博物馆的工作方式在本质上并非完全依赖文字。其次，博物馆也是国际文化交流的重要平台。博物馆工作人员通过精心策划跨国展览、学术研讨会和公益事业等活动，将不同地域、不同民族和不同时代的文化特色呈现给公众。这种展示不仅增强了文化认同感，还推动了不同文化之间的交流与理解，彰显了文化的多样性和包容性。再次，作为公共文化服务机

1. 国家文物局. 中国博物馆学概论 [M]. 北京：文物出版社，1985：42.
2. 中华人民共和国国文化和旅游部. 2019 年全国博物馆基本情况·中国文化文物和旅游年鉴（2020）[J]. 北京：国家图书馆出版社，2016：276.
3. 珍妮特·马斯汀. 新博物馆理论与实践导论 [M]. 钱春霞，等译. 南京：江苏美术出版社，2008：7.
4. 弗朗西斯·哈斯克尔. 历史及其图像—艺术及对往昔的阐释 [M]. 孔令伟，译. 上海：商务印书馆，2018：2.

构，博物馆的文化内涵还体现在其社会价值和伦理导向上。通过展示和传播正能量、弘扬社会主义核心价值观，博物馆既能引导公众树立正确的历史观、文化观和价值观，又能为社会的和谐稳定贡献出无形的精神力量。

（二）博物馆的社会功能

博物馆是人类文明的见证者和传承者，作为为社会服务的非营利性常设机构，它负责收藏、保护和展示文化遗产，并具备文化传承、社会交流、审美享受及科普教育等多种社会功能。这些功能不仅能为公众提供启发性的信息，提升他们的科学素养，还能增强公众的文化认同，进而推进社会主义精神文明建设。

当人们进入博物馆，艺术品以其独特的方式激发参观者的视觉体验，实现跨越时空的对话与交流。这既是文明的延续，也是审美体验的传递。美，对每个人而言，并非神秘抽象的概念，也不仅局限于那些被专家学者誉为"杰作"的伟大作品中。它同样存在于普通人的日常生活中，成为意义构建的资源。日常的审美判断与品位无直接关联，而是帮助人们整理和理解世界中的物象，以及他们自己的生活。博物馆则提供了非日常的审美体验环境，汇聚了在审美判断上可靠且有深度的人，无论他们是为博物馆工作，还是来自艺术界、学术界和科学界等社会各阶层，都在艺术的特定领域积累了丰富的观感体验。博物馆自身的权威性，也是其审美经验可靠性的保证。这些应是博物馆在面对不同观众提供相应美育活动时，需要考虑的基础性问题。此外，随着信息技术和智能化设备的普及，博物馆的社会科普教育功能得到了更好的支撑。只要运用得当，这些技术就能强化博物馆的社会科普教育效果。时下流行的数字博物馆打破了时间和空间的限制，将博物馆展品转化为数字化形式，并通过互联网等渠道为公众提供在线浏览、学习和参观的便利。

◆三、博物馆的发展历程◆

博物馆肩负着保存人类遗产、承载和诉说历史之责，然而其本身的时间演进过程却常常被人们忽视。当我们踏入那些由钢筋混凝土构建的建筑中，这些看似冷冰冰的躯壳，实则是温情的艺术疗愈所，更是不同时间维度下人类对"美"的侧面诠释。在慢慢梳理的过程中，我们沿着过往的痕迹，追溯着博物馆的缘起。

（一）世界博物馆的缘起与演变

博物馆最初源于人们的收藏意识。早在4000多年前，埃及和美索不达米亚的统治者就开始留意收集珍品奇物。公元前4世纪，马其顿的亚历山大大帝在建立横跨欧、亚、非的大帝国的军事行动中，搜集和掠夺了许多珍贵艺术品和稀有古物，并将它们转交给其老师亚里士多德整理研究。亚里士多德利用这些文化遗产进行教学，传播知识。亚历山大去世后，其部下托勒密·索托建立了新的王朝，在南征北战的过程中，又收集了更多的艺术品。公元

缪斯神庙

前3世纪，托勒密·索托在埃及的亚历山大里亚城创建了一座专门收藏文化珍品的缪斯神庙，这座神庙被公认为是人类历史上最早的"博物馆"。博物馆一词，便由希腊文的"缪斯"演变而来。与我们今天看到的现代化博物馆不同，亚历山大城的"museion"是国王供养的学术机构，更像是今日的大学或研究所。

如果从收藏的角度来界定博物馆的概念，那么公元前5世纪出现在雅典的"画库"可以被视为公共美术馆的雏形，其理念与今天博物馆的概念更为接近。到了文艺复兴时期，建筑、雕塑和绘画等造型艺术被提升到了高雅殿堂文化的地位，随后在意大利佛罗伦萨出现了专为收藏艺术品而建的乌菲齐美术馆。这座美术馆始建于公元1560年，起初是佛罗伦萨公爵兼托斯卡纳大公科西莫一世·德·美第奇委托修建的市政办公厅。在美第奇家族不断扩充藏品的过程中，它逐渐演变成了艺术品的宝库，这一传统一直延续到洛林家族统治时期。大航海时代的探险活动激发了西方收藏家们对古玩珍奇的浓厚兴趣，随后出现了旧政权时代的奇物柜，这些奇物柜实际上就是现代艺术博物馆和自然历史博物馆的前身。在这些私人或皇室贵族的收藏室内，密集地展示着各种稀有珍贵的宝物：贝壳、硬币、化石、宝石、钟表、岩石、水晶、刀剑、生物标本、动物骨架、象牙雕刻、科学仪器和艺术品。尽管当时还没有现代美术馆那种展签设计，但这些展示物仍然给人们带来了极大的视觉满足感。展柜中陈列的各地奢侈品，不仅展示了欧洲殖民扩张时期的丰富物产，也成为了那个时代欧洲殖民势力的缩影。

启蒙运动推动了众多私人收藏向大众共享的博物馆转型。18世纪的英国，有一位名叫汉斯·斯隆的内科医生，他也是一位兴趣广泛的收藏家。为了确保自己的近8万件藏品能够"维持其整体性、不可分散"，他决定将这些藏品捐献给英国王室。在此背景下，大英博物馆于1753年应运而生，成为了全世界第一个对公众开放的大型博物馆。在《个性化的参观博物馆：博物馆、论述和访客》一书中，作者塞普·罗德尼详细阐述了艺术博物馆的重要历史，特别是艺术博物馆如何努力取代传统的自上而下管理方式的过程。这种变化反映了中西方美术馆发展历程中人类社会、政权和文明的演进，也体现了博物馆工作的重心由物向人的转变。1793年7月27日，法国国民议会宣布："卢浮宫将于8月10日作为公共博物馆对公众开放，以纪念旧制度消灭一周年。"[1] 至此，现代意义上的公共艺术博物馆正式诞生。艺术品不再仅仅是旧王朝的奢侈品或特权阶层的享受品，而是转变为了国家财产，成为了激发爱国热情和启蒙大众的重要资源。这种艺术博物馆的发展模式起初在法国兴起，随后逐渐影响到了其他欧美国家，并最终蔓延至全球。在这样的背景下，19世纪的欧洲迎来了人类历史上博物馆发展的春天。

（二）中国博物馆的发展历程

中西方博物馆的缘起有相似之处，起初都是辅佐于上层阶级的产物，而后随着社会性质的变化，逐渐转变为具有大众性、普及性的场域。我国古代的艺术事业就很发达，在繁盛时期，有皇帝亲自主持画院并亲自参与教学；而在低迷时期，则有众多隐士寄情于山水之间，以艺术为寄托。早在《礼记·曲礼下》中就记录了古代文物收藏机构："君子将营宫室，宗庙为先，厩库为次，居室为后。"[2] 宗庙是侍奉祖先神明的地方，而厩库则用于存放物

---

1. 李万万. 艺术博物馆的时代 [M]. 南昌：江西美术出版社，2022:12-13.
2. 刘岩，房政伟. 周代宗庙 [EB/OL]. [2018-10-09] http://www.chinakongzi.org/zt/zhonghualiyue/201810/t20181009_183504.htm

品和饲养马匹。根据考古发掘报告，河南安阳的殷代王宫遗址中，宗庙建筑的周围分布有窖穴或地下室，这些地方是殷王用来贮存器物的，其中以钟鼎类器物居多，还收藏了大量的甲骨。在周朝，文物收藏机构被称为"天府"和"玉府"。据《周礼》记载："天府掌祖庙之守藏"；"玉府掌王之金玉、玩好、兵器。凡良货贿之藏，共王之服玉、佩玉、珠玉"。"天府"和"录玉府"设有专职官员藏室史来管理藏品，并使用"簿"进行登记。到了春秋、战国时期，除了天子的庙堂和府库，公卿的庙堂也被用来保存文物和纪念品。例如，孔子曾参观过鲁国的庙堂，并看到了那里所藏的古代礼器。《荀子·宥坐》篇第二十八中记载：孔子观于鲁桓公之庙，有欹器焉……孔子曰："吾闻宥坐之器者，虚则欹，中则正，满则覆。"孔子去世后，后人也在他的故居立庙，保留了孔子生前所用的衣冠琴车书。司马迁曰："适鲁，观仲尼庙堂车服礼器"，并"观孔子之遗风"。[1]

诸如此类的文史记载不胜枚举，即便是在清王朝黯淡的时期，流落民间的艺术稀世珍品依旧在民间夺目，贵族士大夫的私藏也同样丰富。中国近代博物馆事业是在具有西方视野的爱国志士的倡议下发展起来的，清末的状元实业家张謇是这个时期的代表性人物。1905 年，他创建的南通博物苑便是在"教育救国"的初衷下建立的。张謇创造性地将中国古代苑囿艺术与西方近代博物馆理念相融合，营建成一种陈列馆舍与园林环境有机结合的形式，使博物馆在中国诞生之初就体现出浓郁的本土化民族特色。随后，陈嘉庚、李石曾等人纷纷投身博物馆建设事业，倡导发挥博物馆的社会教育职能。时任中华民国首任教育总长的蔡元培就提出了博物馆、美术馆的重要性，并将其重要性提升至淳风化俗、教育国民的高度。他在考察欧洲时曾说过："我向来旅行很注意三点：第一是看一种不同的自然美；第二是研究古代的建筑；第三是注意博物院的美术品……""美术博物馆是'图像证史'的史料宝藏"。[2] 那时，教育部还设立了国立历史博物馆，内务部又于 1913 年创立了古物陈列所。随后的 1926 年，颜文樑于苏州沧浪亭筹备成立了中国最早的私立美术馆。[3] 1934 年，马衡、袁同礼、傅斯年、翁文灏、朱启钤、叶恭绰和李济等人仿照西方博物馆行业组织的建设模式，发起成立了中国博物馆协会，旨在推进中国博物馆理论与实践进一步与国际接轨。此外，中国近现代美术馆在汲取博物馆发展经验的基础上，独立探索着自身制度建设的新途径。从零星片段的思考，到中国美术馆制度的创设，这一进程逐渐引起了文化界的重视。

自 20 世纪 50 年代起，随着西方新博物馆学的兴起与发展，中国博物馆界紧跟国际学术思潮，将注意力转移到了博物馆的公共服务，特别是社会教育方面。步入 21 世纪，中国在博物馆事业上的发展态势由"跟跑"逐步转变为"并跑"。纵观历史，中国博物馆事业主要经历了以下三个发展阶段。

第一阶段：中华人民共和国成立之前，中国共产党便开始对文物和博物馆进行保护。1949 年 1 月 16 日，毛泽东为中共中央军委起草致林彪、罗荣桓、聂荣臻电，电报指出："让敌人去占据这些文化机关，但是我们不要攻击它，我们将其他广大城区占领之后，对于占据这些文化机关的敌人再用谈判及瓦解的方法使其缴械。即使占领北平延长许多时间，也要耐心地这样做。为此，你们对于城区各部分要有精密的调查，要使每一部队的首长完全

---

1. 曹意强. 美术博物馆学 [M]. 中国美术学院出版社，2008:42.

2. 曾意强. 美术馆博物馆的定义与国际学术现状 [J]. 新美术，2008(1):38.

3. 李万万. 艺术博物馆的时代 [M]. 南昌：江西美术出版社，2022:8-9.

明了,哪些地方可以攻击,哪些地方不能攻击,绘图立说,人手一份,当作一项纪律去执行。"这一指示使北京的古都避免遭破坏,力保和平解放,使城内的文化古迹得以保存,并回到人民的手中。中华人民共和国成立后,国家又通过立法的形式对文博事业予以保护,一方面抢救流失文物、濒危古建;另一方面,明确办博物馆的方针,建成首都博物馆主体框架。

第二阶段:改革开放以来,党中央、国务院高度重视博物馆事业的建设。在全国博物馆人的积极推动以及全社会人民的广泛参与下,我国博物馆事业取得了长足的发展。首先,博物馆的建设达到了一定的规模化和体系化水平;其次,"首都博物馆网"逐渐建成,馆舍改扩建工程拉开序幕,同时博物馆馆际联合也不断加强;最后,以故宫博物院为代表的博物馆率先走出国门进行文化交流。

第三阶段:新时代,博物馆不仅数量大幅增加,其门类也日渐丰富,展览品质也日渐提升,各显特色。各地域分布日益广泛,即使是博物馆基础薄弱的西部地区,也逐步打破了以往博物馆发展不平衡的局面。以党史、革命史为主题的博物馆建设开创了新的高潮;此外,在博物馆人才辈出、研究成果不断涌现的大趋势下,首都逐渐形成了以特色主题类博物馆为代表的"博物馆之城"。

第二节 博物馆与美育

今天,当观众驻足于博物馆时,尽管对于这些来自遥远过去的艺术品,抑或是其他种类繁多、数不胜数的人类造物可能一无所知,但这并不妨碍观众欣赏它们的魅力。无论是17世纪法国艺术家的油画巨制,古埃及墓葬中的木雕肖像,中世纪德国修士精心绘制的插画手抄本,还是18世纪歌颂非洲历史的青铜祭坛等,观众或许并不了解这些物品被创造出来的具体情境和背景,但这并无大碍。一件艺术品的"美",就足以震撼人心——可能是它巨大的尺寸让人印象深刻,也可能是艺术家精湛的技艺让人叹为观止,又或者是艺术品所表现的主题和内涵让人为之动容。这就是美的接受过程。

◆一、博物馆美育的内容与形式◆

美育包含了两个基本的范畴:"美"与"审美"。早在古希腊时期,柏拉图就曾阐述过艺术对于教育的意义。克莱蒙斯指出,博物馆是"缪斯诸神寓身的场所",它涵盖了希腊人文活动的全部内容。缪斯教育的实质就是智育和美育,它主张通过培养审美意识和能力来治愈各方

博物馆创意短片

面的分裂;而博物馆,这个萌发于人类爱美好奇本能的地方,其工作本质也偏向于让大众共享美,满足人类爱美的天性,并引领心灵达到自在的和谐状态。总之,现代美育理论以及博物馆美育都起源于西方。尽管美育的实施尚未达到完全自觉的程度,但博物馆、美术馆作为学校美育、家庭美育的补充,在美的欣赏教育(审美教育)与美的创造教育等方面发挥着独特作用。它们的重要区别之一在于文化内容构成的多元性,以及所借助的素材和使用的手段的多样性和普及性。

（一）艺术审美教育的培养

博物馆的美育功能侧重于审美教育，而艺术审美教育又是美育的核心内容与最主要的手段。一方面，博物馆、美术馆本身的建筑形式就是极佳的审美欣赏对象，其形式主要分为三类：第一种是利用旧有的古建筑进行改造的。例如，1793年法国决定将路易王朝的收藏品向公众展示，从而开创了古建筑博物馆的先河。我们熟悉的卢浮宫、奥赛美术馆以及我国的故宫博物院等都是这一类型的经典案例。第二种是专门设计的博物馆，如古根海姆博物馆，它是世界上著名的私立现代艺术博物馆之一。这座创办于1937年的博物馆以连锁的方式遍布美国纽约、西班牙毕尔巴鄂、意大利威尼斯、德国柏林和美国拉斯维加斯等地。其中，毕尔巴鄂古根海姆博物馆由生于加拿大多伦多的解构主义建筑大师弗兰克·盖里设计，于1997年正式落成启用。它以奇特的造型、独特的结构和新颖的材料立刻赢得了全世界的瞩目。在20世纪90年代人类建筑的辉煌创造中，该博物馆与悉尼歌剧院一样，都属于伟大的建筑之列。第三种是直接利用一般性展览馆进行改造的，这一类型的美术馆十分常见，因此不再赘述。另一方面，博物馆、美术馆是各种学科知识与各种技艺的汇集与展示场所，是传承乃至传播多元艺术与文化的重要机构。在梳理众多文化线索的过程中，我们发现，与学校美育、家庭美育相比，博物馆美育所借助的素材与使用的手段具有多样性，而不仅仅局限于艺术。例如，学校通常开设美术、音乐、舞蹈等艺术课程，家庭则培养孩子的琴棋书画等兴趣爱好；而博物馆则涵盖了艺术类、综合类、历史类、考古类、自然生物类和科学类等多种类型，其中美育的最主要素材是馆中包罗万象的物品，既有艺术品也有非艺术品，有文物也有日常之物。例如，淮安市美术馆开创的"笔墨纸砚的前世今生"系列活动，就将文房四宝的诞生、技艺流变与艺术传承汇聚到艺术的场域内，供当地百姓观摩、学习和体验。就我们常欣赏的临时展和常设展而言，展览的板块内容可帮助参观者更高效、更清晰地理解展览的主题。鲜明的主题内容能让大家在有限的展示空间内，以最直接的方式凝练作品的特点，彰显展品的艺术风格和时代特征，反映作者不同阶段的艺术风貌和创作的精神实质，进而引导观众对该领域美育方向的探索。

（二）各种体验式公教活动的构建

博物馆依托馆内丰富的藏品，通过利用各种艺术化与技术化的展陈手段及活动形式，进而实现大众美育的目的。近现代技术的进步为博物馆与时间维度的交汇提供了新的机遇。博物馆中的器物、档案、摄影和影片等，通过戏剧、舞蹈等美的形式，将表演艺术引入博物馆体系，创造了属于博物馆特有的体验形式。造型艺术与表演艺术的结合，使博物馆焕发出成为艺术发动机的新活力。相较于视觉艺术，表演艺术更贴近百姓生活，具有更强的市场化运作的美育效能。以盐城市美术馆的《伟大的作品：意境重逢》公教活动为例，博物馆工作人员扮演世界名画中的角色，为当地百姓上演了一场各地艺术家穿越时空齐聚馆内的对话。这种将物理空间作为不同艺术形式发生地的案例还有很多，例如，北京大运河博物馆围绕大运河与北京的紧密关系，以人、水、城为内容主线，基于馆内收藏的1000余件文物和艺术品，以时间为轴，分别根据人文地理的视角和生态文明的高度，运用多媒体互动的装置展陈、"运河之声"曲艺秀、"运河之星"创意汇、"运河有戏"演艺周、"运河有约"惠民月等主题性活动，为不同年龄段的观众群体展现了北京的历史风貌。总之，旧时的博物馆往往只为画家、雕塑家和建筑师等提供委托性的创作或驻场创作的舞台，但如今，它也能为表演艺术界的艺术家和艺术爱好者们创造多元融合与跨界的机会。 因此，在美育素材的类别、数量，教育传播的文化内容，以及展览视觉呈现的形式上，学校美育和家庭美育都难以与博物馆、美术馆相媲美。博物馆、美术馆的美育是百科全书式的美育，其美育生成和积累的文化素养，绝非内容单一的审美艺术文化素养，而是内容、手段多元化、多样性、普及性的文化素养。

◆二、博物馆美育的特点及功能◆

博物馆美育是社会美育的重要组成部分，也是博物馆社会服务职能的重要体现。它以艺术审美教育为核心内容和首要手段，致力于培养公众的审美情操，并促进社会公众积累与审美艺术相关的多元文化素养。与学校美育、家庭美育主要集中于训练受教者掌握各类艺术技艺不同，博物馆、美术馆通常不以艺术培训的方式开展美育活动，换言之，它们不会简单地开设书法、美术、舞蹈和钢琴等课程。相反，馆内公教部门更倾向于开展对技艺要求较低而趣味性较高的艺术体验活动。例如，首都博物馆组织的"新春惠民公益鉴定"专场活动，就以一种深入浅出的方式向公众传播了健康的收藏理念，不仅提升了公众的文物保护意识，还引导大家学习了收藏的相关知识。只有当审美不再停留在理论上，而是切实转化为激发人们美感的精神实践活动时，才能产生应有的社会效力。

值得注意的是，在博物馆参观者和博物馆活动规划设置中，家庭一直是一个备受关注的美育群体。通过参与馆内的活动，家庭成员可以在相互鼓励与结伴同行中培养快乐的情感，更有可能将博物馆的趣闻转化为家庭聚会、茶余饭后的主要话题。这种轻松自如的美育过程，是家族维系情感、传递价值观的重要方式，而博物馆正是家门以外凝聚家庭成员的重要物理空间。与美国同行相比，欧洲的海氏艺术博物馆非常注重参观者而非馆藏，并试图通过社区、学校、家庭等类别的社会团体推动艺术教育。该艺术博物馆在建设家庭学习画廊等空间时，以孩子为主体，营造了大量温馨、安全、有趣的环境，同时结合最新科技设计出开放式的、符合直觉的、能调动多种感官的活动。通过这种共建的画廊，家庭成员可以共同开发家庭记忆，培养更强烈的欣赏馆藏能力，并激发孩子们对美、对艺术的好奇心。未来，人们或许会更加依赖共同的价值观、兴趣点来凝聚和维系血缘关系，家人之间无论采用什么样的形式，都会更加希望以相同或相似的价值观寻求家庭的和谐，建立更加稳固而平等的代际关系，而博物馆正是为百姓家庭审美体系的建构提供着不可或缺的养分。

◆三、博物馆美育的综合价值◆

2015年2月15日，习近平总书记在参观西安市博物院后强调："一个博物院就是一所大学校。"这里的"大"不仅指物理空间上的广阔，还指全面的美育实践理念的深远。博物馆作为传承民族文化软实力的载体，是弘扬中华民族丰富文化基因的重要美育场域。其内丰富的藏品是古物美育实践不可或缺的宝贵资源，这些藏品记录着不同的历史风貌，承载着不同时期的文明精髓。将博物馆建设成社会美育的大课堂，是坚定大众文化自信、增强民族自豪感、帮助青少年群体树立正确世界观、人生观、价值观及塑造独立人格素养的关键一环，也是保护并传承中华优秀传统文化的重要途径。此外，对于高校及科研机构而言，博物馆为研究民族历史、赓续时代文明提供了丰富的一手资料。这些资料为高校及各专家学者更好地发挥专业优势，深入挖掘各馆内藏品、展品的学术及文化价值，激活博物馆美育功能，提供了良好的素材和平台。

习近平总书记曾指出，社会实践、社会活动以及校内各类学生社团活动是学生的第二课堂，对拓展学生眼界和能力、充实学生社会体验和丰富学生生活十分有益。共青团中央、教育部联合印发的《关于在高校实施共青团"第二课堂成绩单"制度的意见》要求全国高校推广实施"第二课堂成绩单"，深入挖掘第二课堂的育人价值，系统提升育人实效。作为美育第二课堂的博物馆，可以丰富和补充高校传统课堂教学内容，提升高校育人成效，促进学生全面和谐发展，更为国家培养具有民族文化自信与自豪感、创造力与高尚道德的新时代大学生提供了丰富的精神财富。

第三节 北京博物馆事业的发展

◆一、北京博物馆概述◆

1、北京博物馆的总体概况

北京的古都文化底蕴深厚，博物馆种类繁多，除了以中国国家博物馆、故宫博物院、北京鲁迅博物馆、首都博物馆、明十三陵博物馆为代表的社会历史类博物馆外；还有以中国地质博物馆、中国古动物馆、北京自然博物馆为例的自然科学类博物馆；更有以中国美术馆为引领，炎黄艺术馆、观复博物馆、中央美术学院美术馆等为代表的文化艺术类博物馆。以性质来划分，大致可分为国有博物馆、非国有博物馆、高校博物馆及美术馆等。围绕这些博物馆的建设，又涵盖了大量主题性质的活动，如校馆合作、科技赋能、博物馆夜游与沉浸式体验等形式的美育手段。作为中国的首都和文化中心，北京近年来在博物馆事业的发展上也取得了显著的进步：

第一，博物馆数量的增加与整体布局的不断优化。据《北京日报》报道，截至2023年末，北京地区共有226家备案博物馆，其中国家一级博物馆18家，数量位居全国首位；北京地区博物馆的馆藏藏品总数高达1625万件（套），同样排名全国第一；当年全市博物馆累计推出约700场展览活动，接待人次超8000万。北京博物馆门类丰富、特色鲜明，目前已形成全国规模最大、实力最强的博物馆集群，为北京打造"博物馆之城"奠定了坚实基础。尤为重要的是，除了原有的国家级博物馆外，越来越多的民营博物馆和艺术机构也如雨后春笋般涌现，无论在数量还是在布局上都使北京城的博物馆建设更趋合理，这也极大地方便了市民参观和欣赏艺术作品。

第二，展览品质逐步提升，并呈现多样化发展趋势。北京博物馆、美术馆在展览品质上也有了显著提升。越来越多的国内外知名艺术家和艺术机构选择在北京举办展览，这些展览不仅展示了高水平的艺术作品，还带来了丰富的艺术交流和合作机会。同时，美术馆还注重展览形式的多样化，既有传统的绘画、雕塑等艺术形式的展览，也有当代装置艺术、数字艺术等新兴艺术形式的展示，满足了不同观众的需求。

第三，公共教育功能的逐渐强化。北京博物馆、美术馆在公共教育方面也取得了显著进展。它们通过开展各种形式的艺术教育活动，如讲座、工作坊、艺术导览等，向公众普及艺术知识。随着北京博物馆、美术馆国际化程度的提高，越来越多的国际艺术展览和交流活动在北京举办，这不仅为市民带来了更多欣赏国际艺术作品的机会，也促进了中外艺术界的交流与合作。同时，北京的博物馆、美术馆还积极引进国外先进的艺术管理理念和运营模式，推动了自身的发展和创新。

2、北京博物馆的发展历史与动态

在1898年"戊戌变法"期间，梁启超在《论学会》中提出"开博物院，以助实验"[1]的主张，《京师大学堂章程》也有仿照西方"各国都会，率有博物院，搜集各种有用器物，陈设其中，以备学者观摩"的设想。[2]五四新文化运动为北京城的博物馆事业注入了新的生机。随后，我们熟知的故宫博物院于1925年正式成立。这座曾是明清两代的皇家宫殿，不仅收藏了大量珍贵的文物和艺术品，还是世界上保存最完整、规模最大的古代宫殿建筑群之一。当然，北京博物馆在经历抗战的历史变迁后，各地区的博物馆也开始逐步恢复。直至北京打造"博物馆之城"的进程中，北京市委、市政府又尝试引入社会力量参与运营，以配合京津冀协同发展、北京城市副中心建设等国家重大战略。在推进以长城、大运河国家文化公园建设等国家重大文化工程为核心的同时，加速了大运河博物馆（首都博物馆东馆）、路县故城考古遗址博物馆和国家自然博物馆等一批代表首都形象的现代化博物馆的建设，并启动了中国长城博物馆、北京奥运博物馆的改扩建及展览提升工程。至此，首都博物馆业的发展迈上了新的台阶。

◆二、北京地区的中国国家代表性博物馆◆

中华人民共和国成立以来，北京地区的博物馆作为北京城市文化的重要标志和形象，其建设始终走在全国前列。改革开放后，该地区博物馆建设又得到了空前的大发展，呈现出总体规模大、数量多、公益性突出、地域特色鲜明等特点，集中、全面、深刻地诠释了首都城市的精神品格。以下以中国国家博物馆、故宫博物院、首都博物馆为重点示例进行说明。

1、中国国家博物馆

中国国家博物馆的前身可追溯至1912年，以蔡元培、鲁迅先生为代表的有识之士奔走推动成立国立历史博物馆筹备处，迈出了典守文物、增进教育的第一步。2003年2月，中央决定中国历史博物馆和中国革命博物馆合并组建中国国家博物馆，以更好展示中华文化、培育民族精神、引领文博事业发展。2012年，中国国家博物馆改扩建完成并正式对外开放，建筑面积增加到近20万平米、拥有48个标准展厅，是世界上单体建筑面积最大的现代化综合性博物馆。中国国家博物馆现有藏品数量143万余件，涵盖了从新石器时期的玉龙到殷商时期的军事刻辞牛骨，再到唐朝的羽人花鸟纹金银平脱铜镜。以及元代的白釉黑花婴戏图瓷罐等珍贵文物和艺术品。它是保护好、传承好、赓续好民族血脉、弘扬好

1. 中国史学会 . 中国近代史资料·丛刊戊戌变法：第4册 [M]. 上海：上海人民出版社，1957:375-376.
2. 北京大学，中国第一历史档案馆 . 京师大学堂档案选编 [G]. 北京：北京大学出版社，2002:28.

民族精神，并展示中国优秀历史文化、革命文化和当代中国先进文化的重要窗口。其中，馆藏珍品后母戊鼎，是目前所知中国古代最重的青铜器之一。该鼎于 1939 年 3 月 18 日出土于河南安阳武官村，其轮廓方直，厚立耳，折沿宽缘，直壁深腹平底，腹部呈长方形，下承四柱足。因腹部内壁铸有铭文"后母戊"三字而得名。此鼎工艺精湛，器耳上饰有一列浮雕式鱼纹，首尾相接；耳外侧则装饰着浮雕式双虎食人首纹；腹部周缘则饰以威严的饕餮纹，这

中国国家博物馆

些纹饰共同展示了该时期青铜文明的辉煌成就。在展览方面，中国国家博物馆的展览包括基本陈列、专题展览和临时展览三大系列。其中，"古代中国""复兴之路"以及"复兴之路·新时代部分"作为国家博物馆的基本陈列，不仅是弘扬中华优秀传统文化、革命文化和社会主义先进文化的重要阵地，也是培育和践行社会主义核心价值观的重要平台。

2、故宫博物院

五四新文化运动后新成立的故宫博物院，是在明清皇宫及其收藏的基础上建立起来的集古代建筑群、宫廷文化、收藏品以及历代文化艺术为一体的大型综合性博物馆。它位于北京市中心，前通天安门，后倚景山，东近王府井街市，西临中南海。除了保存、复原前三殿（太和殿、中和殿、保和殿）、后三殿（乾清宫、交泰殿、坤宁宫）以及西六宫等处的原状陈列

故宫博物院

故宫博物院

外，还开设了珍宝馆（位于宁寿宫）、钟表馆（位于奉先殿）、陶瓷馆（位于文华殿）、书画馆（位于武英殿）等专题展馆。尽管在第二次世界大战期间，该院经历了文物的大规模转移，但目前它依旧是中国最大的古代文化艺术博物馆之一。在藏品方面，故宫博物院拥有数量庞大的藏品，总量多达 180 余万件（套），分为 25 个大类，69 个小类，其中珍贵文物达 168 万件。步入故宫博物院，沿着中轴线前行，你会被那宏大气势的皇朝建筑所震撼，这些建筑不仅是该院绝无仅有的独特藏品，也是世界上规模最大、保存最为完整的紫禁城木结构宫殿群。作为全民族的骄傲和全人类的珍贵文化遗产，故宫博物院于 1987 年被联合国教科文组织列入"世界遗产名录"，并被誉为"世界五大宫"之首。步入 21 世纪，故宫博物院展开了史上规模最大的古建维修工程，使这座斑驳古老的皇城焕然一新。同时，供职于该院的研究人员对宫廷历史文化遗存、清宫典籍、明清档案以及 80 多年的院史进行了更为深入的研究，并建立了"故宫学"体系。此外，故宫文创产品和"数字故宫"项目的推出，又将紫禁城内取之不尽的文化资源奉献给了世界各地的友人。

3、首都博物馆

首都博物馆，自 1953 年开始筹建，在经历了"三起两落"[1]的曲折筹建历程后，于 1981 年正式开放。2001 年，新馆开始建设，2006 年对外开放。首都博物馆是一座集收藏、展览、研究、考古、公共教育、文化交流等功能于一体的综合性博物馆。该馆占地面积 24800 平方米，总建筑面积达 63390 平方米，分为地下二层和地上五层，是北京地区乃至中

首都博物馆

国省市级综合性博物馆中的重要一员。新馆以历年收藏和北京地区的出土文物为基础，融合了北京历史、考古、文物及相关学科的最新研究成果，形成了以"古都北京·历史文化篇"为展陈核心，辅以"京城旧事——老北京民俗展""燕地青铜艺术精品展"等馆藏文物展的地域特色现代化展馆。其中，出土于北京房山琉璃河遗址的伯矩鬲是周初青铜器中的杰作，各部均以牛头纹装饰，主体纹样采用高浮雕手法，给人以雄奇威武之感。此外，以青花凤首扁壶为代表的陶瓷馆藏珍品展现了大草原文化与中原文化交融的风格，壶体以昂起的凤首为流，以卷起的凤尾为柄，呈现出凤鸟飞翔的生动情景。元代著名书法家鲜于枢的《进学解》卷等书画典藏也彰显出别样的艺术魅力。在展陈方面，馆内形式新颖雅致，圆厅一层设置了多媒体互动体验区域，充分展现了古老文明与现代科技交融共生的理念。

◆三、北京地域特色博物馆◆

北京的博物馆一直呈现特色发展趋势。在传统与现代、科技与艺术、区域与全球等多元跨界方面不断探索，同时，更多贴合中国式发展主题的场馆如雨后春笋般涌现。2023 年，北京市新增 11 家备案博物馆，包括北京天桥印象博物馆、北京牛栏山二锅头酒文化博物馆、石景山区石刻博物馆、北京公交馆、北京天元中医药博物馆、视障文化博物馆、中国木偶艺术剧院博物馆、景泰蓝艺术博物馆、北京六必居博物馆、北京福履布鞋文化博物馆、慈善寺古香道文化陈列馆等。此外，北京还有大量开放空间，如北京祥体育博物馆、声音艺术博物馆、北大二院旧址等 27 家"类博物馆"也陆续挂牌开放。同时，"北京博物馆云"微信小程序和首个博物馆文物元宇宙平台"文博跑酷"等数字化项目也在持续推进博物馆的数字化进程。这些特色在大运河博物馆和北京文旺阁木作博物馆等场馆中得到了充分体现。

1、大运河博物馆

大运河博物馆是首都文化新地标之一，也是首都博物馆东馆，与邻近的北京城市图书馆、北京艺术中心共同构成了北京城市副中心新的重要公共文化设施。该博物馆梳理了"柳荫龙舟""古塔凌云""长桥映月"等众多与大运河相关的名胜、遗产和文化记忆。在场馆

北京大运河博物馆

---

1. 北京市档案馆. 档案中的北京博物馆之城 [M]. 北京：新华出版社，2023:297.

建设中，水、船、帆等元素随处可见。观众可以通过"宫廷乐舞人画像石"看到曹操统一北方时广开漕渠、连接海河、滦河、黄河三大流域而形成的华北水上交通系统。此外，展陈通过有趣而逼真的方式再现了隋唐大运河如何将北京地区与中原、江淮地区紧密相连，成为经济动脉和维护中华民族统一的重要纽带。除了北京大运河博物馆，扬州的中国大运河博物馆也极具特色。

2、北京文旺阁木作博物馆

北京文旺阁木作博物馆，是一座以研究、收藏、展示中国传统木作工艺、木作文化及木作科普知识为宗旨的特色主题类博物馆。该博物馆不仅设有展示部、文物储藏部、文创部、

北京文旺阁木作博物馆展厅

教研部等常规部门，还研发了上百种木作手工作品。经过几十年的积累和筹备，该馆于2017年6月29日正式投入使用。常设展览包括木匠展、二十四节气与农具展、古代度量衡展、三百六十行展、古代建筑展、古代建筑与家具展、美丽纹饰展、古代招幌展、古代婚俗展、大运河文化展、中国古代明清家具展，以及古代攻守城器械展等。此外，博物馆还设计了丰富的木作体验课程，如组装（制作）榫卯板凳、榫卯鲁班锁，手工制作无动力小车，木屑刨花创意画，组装木牛流马，通州八景拓印，中国三百六十行模型制作，行走运河娃制作，潞河都运图制作，中国古代瓦当纹饰拓印，以及杆秤制作等。这种社会美育大课堂，既在展览中修史修志，又让古老的文物与技艺实现了创造性的转化和创新性的发展。该馆的鲁班学堂也颇具特色，馆内开设的小鳄鱼直尺、猫爪钥匙扣、平衡鸟、党徽笔架等木作活动，都是深受大众喜爱的DIY（自己动手）美育项目。

◆四、时代下的新兴博物馆◆

博物馆是时代的镜子，每一座城市都应该有浓缩其过去、现在和未来的地标性场所。当前，北京新兴的博物馆展览主题日益多样化，展览形式也趋于大胆创新。以遇见博物馆为例，它多采用了虚拟现实（VR）、增强现实（AR）等现代化科技手段；而声音博物馆则通过无形的听觉盛宴，瞬间让观众感受到老北京的魅力。

1、遇见博物馆

数字多媒体技术的运用是遇见博物馆的突出亮点。通过高清投影等技术手段，观众可以更加直观、沉浸式地感受"遇见浮世""遇见拉斐尔""遇见敦煌""遇见古埃及""遇见夏加尔"等原创视觉大展。无论是画作细节与展厅内部流光溢彩的展现，还是音乐、视频音响等现场氛围的营造，大众都能在新时代

遇见博物馆

AR、VR、AI 等多维场景的设计中，化身为梦幻大片的一部分。其次，该博物馆另一个特色在于"打造流动的艺术博物馆"。[1] 目前，遇见博物馆不仅在北京、上海等地设立常设展馆，还致力于为各地的大众带去更加优质、多元的观展体验。在 2021 年的《遇见敦煌：光影艺术展》中，该原创展汇集了国内文博领域的专家学者，共同探讨"文化＋科技"在沉浸式光影艺术展中的运用。规模空前的大型单体展以先进的数字光影技术，以年轻化的方式全新演绎了敦煌石窟艺术中的"飞天舞乐""反弹琵琶""九色鹿""张骞出使西域"等经典故事。同时，该馆还与央美师生、20 余位视觉设计师及插画师合作，并启用日本创意团队，将 200 余幅作品打散、重构，共同再现盛唐，充分体现了数字化展览的新理念和新方法。

2、声音艺术博物馆

声音是文化的一部分。专注声音艺术的创作及声音美学传播的声音艺术博物馆是记录老北京声音的地方。创始人秦思源虽然生于英国，童年时期却是在北京度过的。出于对北京城深厚的情谊，他始终坚持以一种独特的方式记录、保存并传播着北京生活中的一些声音，如胡同里的知了低鸣、吆喝叫卖、黄包车的脚铃、鸽哨等声音。这座深藏在史家胡同 24 号

声音艺术博物馆

的胡同博物馆，以"老北京声活"展区为例重塑着 20 世纪 30 年代左右老北京的声音，极致的听觉享受背后是团队精心的采集、过滤和音效系统的出色呈现；而对于各地的游客及首都年轻的一代而言，这些声音科学地、系统地帮他们打开了了解北京城文化与历史的一扇窗。除此之外，该馆还开设专门的"网上声音博物馆"，记录北京的昨天和今天。[2]

在中国百年博物馆体系建构的历史进程中，我国博物馆数量的增加无疑是一个重大的进步。然而，多数博物馆侧重于宏观展示历史及艺术的流变，导致在内容多元性和博物馆美育建构方面存在"千馆一面"的现象。尽管本章花费了大量笔墨介绍博物馆创建的历史缘起、美育的功能与建设，但各家博物馆在空间美学、展陈设计和"浸润式"美育课堂的质量上仍参差不齐。要实现社会美育的理想，还需更多年轻一辈的努力。

思考题：

1. 中国博物馆的历史与西方博物馆的历史有什么相似之处？
2. 北京的博物馆有什么特色？
3. 去自己家乡的博物馆或者美术馆体验一下艺术展。

1. 艺术中国."遇见拉斐尔"大展亮相嘉德艺术中心助力中意文化交流 [EB/OL].[2021-07-09].http://art.china.cn/txt/2021-07/09/content_41612943.shtml
2. 祁梦竹.北京首家声音博物馆创始人：声音是文化的一部分 [EB/OL].[2015-03-27]. https://www.chinanews.com.cn/cul/2015/03-27/7163317.shtml

参考文献

曾繁仁. 美育十五讲 [M]. 北京：北京大学出版社，2012.

杨辛，甘霖. 美学原理 [M]. 北京：北京大学出版社，1993.

凌继尧. 美学十五讲 [M]. 北京：北京大学出版社，2014.

朱志良. 中国美学十五讲 [M]. 北京：北京大学出版社，2006.

刘勇. 北京历史文化十五讲 [M]. 北京：北京大学出版社，2009.

刘彦顺. 中国美育教育思想通史：当代卷 [M]. 济南：山东人民出版社，2017.

杜卫. 美育论 [M]. 北京：教育科学出版社，2014.

何齐宗. 改革开放以来中国美育学术发展研究 [M]. 北京：人民出版社，2023.

叶朗. 中国美学史大纲 [M]. 上海：上海人民出版社，1985.

郑萼. 美育经典导读 [M]. 北京：高等教育出版社，2021.

吕艺生. 舞蹈美学 [M]. 北京：中央民族大学出版社，2011.

于平. 舞蹈文化与审美 [M]. 北京：中国人民大学出版社，1999.

文鹰，文静. 京西太平鼓 [M]. 北京：文化艺术出版社，2015.

爱因斯坦. 爱因斯坦文集：第 1 卷 [M]. 许良英，范岱年，译. 商务印书馆，1976.

刘叔成，夏之放，楼昔勇，等. 美学基本原理 [M]. 上海人民出版社，1997.

刘仲林. 论科学美的本质 [J]. 天津社会科学，1984(1).

马克思. 1844 年经济学哲学手稿 [M]. 人民出版社，1985.

彭加勒. 科学的价值 [M]. 光明日报出版社，1988.

苏霍金. 艺术与科学 [M]. 生活·读书·新知三联书店，1986.

张帆. 技术美学与技术艺术 [M]. 中国人民大学出版社，1990.

周忠厚，蒋培坤，丁子林. 美学概论 [M]. 文化艺术出版社，1988.

王耘. 中国建筑美学史 [M]. 太原：山西教育出版社，2018.

张帆. 设计美学视角下的北京城中轴线 [M]. 北京：北京理工大学出版社，2019.

乔森纳·格兰西. 建筑艺术 [M]. 北京：旅游教育出版社，2010.

威廉·J·R·柯蒂斯. 20 世纪世界建筑史 [M]. 本书翻译委员会，译. 北京：中国建筑工业出版社，2011.

郭超. 北京中轴线变迁研究 [M]. 北京：学苑出版社，2012.

雅克·郎西埃. 美感论 [M]. 商务印书馆，2016.

朱光潜. 谈美 [M]. 东方出版中心，2016.

彭锋. 美学导论 [M]. 复旦大学出版社，2011.

宗白华. 美学漫步 [M]. 长江文艺出版社，2019.

张世英. 美在自由：中欧美学思想比较研究 [M]. 人民出版社，2012.

保罗·兰德. 关于设计的思考 [M]. 吴梦妍，译. 湖南美术出版社，2017.

李泽厚. 美学四讲 [M]. 武汉：长江文艺出版社，2023.

王国维 . 美学三境 [M]. 苏州 : 古吴轩出版社，2022.

李砚祖 . 艺术设计概论 [M]. 湖北美术出版社，2009.

田自秉 . 中国工艺美术史 [M]. 东方出版中心，2010.

杭间 . 中国工艺美学史 [M]. 人民美术出版社，2018.

吴明悌 . 百年京作——20 世纪北京传统工艺美术的传承与保护 [M]. 首都师范大学出版社，2014.

于民 . 中国美学史资料选编 [M]. 上海 : 复旦大学出版社，2008.

国家文物局 . 中国博物馆学概论 [M]. 北京 : 文物出版社，1985.

曹意强 . 美术博物馆学 [M]. 杭州 : 中国美术学院出版社，2008.

后记

美育，播种人类情感的种子，孕育着人生最美的底色。作为一名高校教师，能用美育为我们的学生"系好人生的第一粒纽扣"，是我终生致力于研究的课题。我开设的《文心涵濡：大学美育》课程，作为北京联合大学通识教育的核心课程，已在全校范围内开设多年。"以美育人、以美化人、以美培元"，是我一直以来的教学目标，也是身为高校教师的职责与使命所在。我一直怀揣着这样的初心和动力，并将此融入本教材的编写中。

本教材坚持"立德树人"的根本任务，扎根于时代生活，弘扬中华民族精神与中华美育精神。其特色主要体现在以下几方面：第一，理论体系全面清晰，阐释了从美、审美到美育的基本内涵，引领学生在自然美、社会美、科技美与各类艺术的审美中观照历史与当代，既立足中国，又放眼世界；第二，教材突出北京地域特色，聚焦于北京文化艺术的传统与现状，内容与时俱进，回应时代之问，且具有全国辐射影响力；第三，教材全面铸牢中华民族共同体意识，将课程思政融入内容，突出弘扬中华优秀传统文化、社会主义革命文化、社会主义先进文化，旨在培育学生的中华民族精神和中华美学精神，促进学生健全人格的涵养。本教材具有普适性、特色性与辐射力，适用于全国普通高等院校、各类专业艺术院校以及高职高专等不同层次学校的美育课程教学。众人拾柴火焰高，教材的编写汇聚了集体的智慧。他们在繁忙的工作与学业中，与我一同思考美育课程建设的问题，依托各自的学术专长完成了每一章的编写。在此，衷心感谢我的编写团队。

《当代美育教程》编写具体分工如下："美育的本质"与"舞蹈之美"由马健昕（副教授，北京联合大学艺术学院教师）负责编写；"自然美"与"绘画之美"由王翠萍（博士，北京联合大学艺术学院教师）负责编写；"设计之美"与"审美与美感"由周婕（博士，中国艺术研究院《中国艺术年鉴》编辑部）负责编写；"科技美"由侯博君（博士，中国农业大学教师）负责编写；"建筑之美"由孙琳（中国美术馆副研究馆员）负责编写；"音乐之美"与"戏剧之美"由刘昱君（南京艺术学院音乐学院博士）负责编写；"社会美"与"博物馆之美"由周霞（清华大学美术学院硕士，中国博物院协会会员）负责编写；"戏曲之美"由詹丽琴（讲师，北京联合大学艺术学院教师）负责编写。

本教材为"北京联合大学教材资助项目"。在本书的编写过程中，我得到了清华大学美术学院陈池瑜教授的悉心指导。陈教授的指导使得教材编写的方向更加鲜明，理论体系构建更为严谨且全面，在此特别向他表示感谢。同时，感谢清华大学美术学院的黄婧茜同学，她完成了书籍的版面设计等工作。此外，感谢诸多专家与学者的潜心研究成果，为本教材的编写提供了宝贵的参考与启示。最后，我要感谢我的学生们和同事们，感谢他们在课程建设和教材编写过程中所提供的诸多宝贵经验和支持。本书内容难免会有错漏，敬请广大读者批评指正。

主编：马健昕

2024 年 11 月于北京